职业抉择
产品和运营求职
实战攻略

陈军 许晓姗 著

電子工業出版社
Publishing House of Electronics Industry
北京•BEIJING

内 容 简 介

本书主要讲解了与求职者密切相关的主题，内容包括求职者如何建立选择意识，如何通过“利弊分析法”和“因素加权法”选择适合自己的职业，如何使用“START 法则”打磨简历，如何使用框架思维以及逻辑、数据、故事“三大法宝”进行面试实战，如何在初入职场时修炼九种思维和三种通用工作能力等。

本书倡导“选择比努力更重要”的理念，通过具体可行的方法告诉读者，在诸如职业、行业、企业、自己的上级等相关的重要维度上，如何做出更好的选择。

本书适合互联网产品和运营职位的求职者阅读，是求职入门或转行入门不可多得的阅读材料。同时，本书适合有志于进入互联网行业的毕业生、职场新手，或希望从传统行业转行到互联网的求职者阅读。

图书在版编目（CIP）数据

职业抉择：产品和运营求职实战攻略 / 陈军，许晓姗著. —北京：电子工业出版社，2020.10

ISBN 978-7-121-39703-5

Ⅰ. ①职… Ⅱ. ①陈… ②许… Ⅲ. ①职业选择 Ⅳ. ①C913.2

中国版本图书馆 CIP 数据核字（2020）第 189867 号

责任编辑：宋亚东　　特约编辑：田学清
印　　刷：北京天宇星印刷厂
装　　订：北京天宇星印刷厂
出版发行：电子工业出版社
　　　　　北京市海淀区万寿路 173 信箱　　邮编：100036
开　　本：787×980　1/16　印张：26.25　字数：630 千字
版　　次：2020 年 10 月第 1 版
印　　次：2020 年 10 月第 1 次印刷
定　　价：89.00 元

凡所购买电子工业出版社图书有缺损问题，请向购买书店调换。若书店售缺，请与本社发行部联系，联系及邮购电话：（010）88254888，88258888。

质量投诉请发邮件至 zlts@phei.com.cn，盗版侵权举报请发邮件至 dbqq@phei.com.cn。

本书咨询联系方式：010-51260888-819，faq@phei.com.cn。

推 荐 语

这本书是两个资深互联网人的经历和思考，职场萌新可以对身处的行业有大体的感知，职场老手也能查漏补缺、温故知新。

陈力岩

阿里巴巴达摩院人工智能专家

一个人具备某些优势，知道自己具备某些优势以及表现自己所具备的优势往往是三个不同的方面。面试是在求职者与面试官双方交流及理解的基础之上，通过相对较短的时间，对求职者的能力、经验和当前状态做出的判断，在这个过程中除了求职者的真实情况，还会有很多其他主观和客观因素会影响面试官的结论。本书内容出自在互联网行业摸爬滚打十余载的职场老手，是从求职者和面试官的双重经历中历练出来的经验和理论，是每个面试者都应该了解和掌握的面试方法和技巧。读者借助于这些方法和技巧可以将自己的优势进行更精准有效的展示。

高方宇

小米安全专家

产品和运营是互联网企业的重要岗位，特点鲜明，尤为看重基础能力、思维框架能力与综合发展潜力。本书总结了作者多年的实践经验，在职业定位、简历打磨、面试修炼等章节，以实战攻略帮助读者补全不足、提升技巧、提高求职成功率。而对于已入门的读者，若能仔细研读书中职场生存与职业规划的内容，审视自身职业发展规划，相信更能理解产品与运营的本质，实现自己职位的不断跃升。

郭雪梅

阿里巴巴高级商业伙伴运营专家

十几年前，职场人理想的目标企业是外企；十几年后的今天，这个目标换成了互联网企业。这种局面不仅是因为互联网在整个经济中的地位越来越重要，更是因为互联网企业已成为和金融并驾齐驱的高薪行业，每当明星互联网公司上市时，职场人的选择天平就会不断倾斜。很多人想进入互联网企业，但是除了良好的愿望，他们缺乏的是切实可行的进入路径，本书很好地给出了入行互联网的具体方法和操作指引。如果你想进入互联网企业，本书是不可多得的一本引路书。

贺小桥

美团网大数据专家

陈军是三节课的用户和朋友，在我看来也是一位心中充满真诚与热忱的人。这种真诚与热忱也同样体现在了本书中——他掏心掏肺地把自己知道的有关互联网和求职的一切都和盘托出。在我看来，一位初入职场的新人，一定能从本书中收获良多。

黄有璨

三节课联合创始人

《运营之光：我的互联网运营方法论与自白 2.0（珍藏版）》作者

互联网经济欣欣向荣，在成为新经济发展引擎的同时，蕴含和催生了巨大的互联网就业市场，而产品和运营职位因广阔的发展空间而备受瞩目。本书作者有资深和丰富的职业经历，详细地阐述了互联网产品和运营求职准备及职业发展，内容丰富、层次清晰、案例翔实、观点鲜明。本书是求职指南领域的佳作，相信读者读完此书，都会受益良多。

惠　泉

字节跳动高级数据专家

本书通俗易懂地介绍了什么是互联网（What）、为什么选择互联网（Why）、如何打开互联网的大门（How），以及如何持续地把自己经营得更好（Be Better）。内容涵盖了理论、实战和经验沉淀，介绍的方法论和技能通俗易懂、易于掌握。本书犹如身边的一位工作导师，让从业者拥有了一把通往更广阔未来的钥匙。

贾　哲

百度前面试官，360 金融公司高级运营经理

互联网无疑是这个时代最富有激情和梦想的行业，对于参与其中的每个人来说，如何找到一份待遇优厚并且有助于职业发展的工作至关重要。本书从互联网发展趋势、个人回报、职业发展、求职关键环节等方面着手，系统地阐述了互联网产品和运营的求职过程。本书的观点不仅对互联网产品和运营的求职者有益，而且也可以被互联网其他从业者借鉴。

李　浩

字节跳动高级算法专家

职业抉择是每个职场人面临的难题，本书作者从自身经历出发，娓娓道来，介绍如何从传统行业转战到互联网行业。本书既有行业选择和职业定位方法，也有如何准备简历、储备技能和面试修炼的内容，更有高阶版本的职业规划知识。本书不仅适合初入互联网职场的小白阅读，也适合工作多年的迷茫者阅读。读完本书，可以让大家少些碰壁挫折，多些从容自信。

田江山

腾讯前高级内容运营经理

回想自己离开校园，即将踏入职场时的那种茫然感至今历历在目。职场中五花八门的岗位数不胜数，自己到底适合做什么？心仪的岗位对求职者的要求是什么？在求职的过程中应该注意哪些问题？这些实际的问题实实在在地困扰着当初作为新人的我。非常欣喜地看到本书作者从职业定位、打磨简历、面试修炼到职场生存和职业规划几个方面，系统性地提出了职业发展的建议。这正是我当年在踏入职场时所热切期待的内容。真心希望作者这本十多年职场实践的呕心之作能带给职场新人切实有效的帮助。

王　超

快狗打车前端负责人

互联网是大众创业、万众创新的新工具，目前传统行业也在加入互联网，互联网与传统行业进行深度融合，将创造新的发展生态。“互联网+”正在蓬勃发展，互联网人正迎来更多的新机会。这是一本有关互联网行业的职场指南，内容通俗易懂、面面俱到，对即将步入职场的大学生以及职场“菜鸟”来讲是一本难得的好书，可以帮大家正确开启互联网的职业生涯。

徐素梅

奇虎 360 资深产品经理

在毕业后或者工作 1 ~ 2 年内获得高额的薪酬和优厚的福利待遇，到大型互联网公司从事产品或运营等相关岗位的工作是一个不错的选择，而掌握面试技巧和职场生存之道则是进入大厂的必修课。本书从入门开始，详细介绍了运营新人职场成长所必备的基本技能，从能力培养、简历制作、职业定位到办公室文化，应有尽有。特别是作者分享的思维模式和运营逻辑，不仅对即将步入职场的大学生很有启发，而且对工作了 1 ~ 3 年的职场新人也非常适用。

翟旭虎

京东云运营专家

提到“高薪”行业，人们想到的不再只是金融，还有“互联网”。因此，近几年不论是毕业生还是职场人士都想进入或者转战互联网行业，拿到这张高薪的“船票”。那么，如何才能进入或转战互联网行业？需要具备哪些底层能力？本书从职业定位、打磨简历、面试修炼、职场必备的九种思维和精进的三种通用工作能力等角度，进行了系统、深入的阐述。相信您读完本书必定有醍醐灌顶的感觉，为您的互联网进入或进阶之路助一臂之力。

张 勇

网易、阿里巴巴前资深内容运营

每隔十年，比较一下福布斯全球企业排行榜，就能看出这十年的国家实力和行业趋势的变化。如今的世界无疑是互联网的天下，而支撑互联网行业的三个基石，就是产品、运营和技术。不同性格、不同能力结构和知识背景的人，几乎都可以在这三个岗位中找到适合自己的位置。相比汗牛充栋的技术类书籍，产品运营类的专著还远远不够。本书作者根据在互联网大厂工作的亲身经历，从理论和实战的角度，深入浅出地介绍了如何迈入互联网产品和运营的大门。希望有更多的读者通过本书了解互联网产品和运营，相信互联网的明天会更好。

张宇航

蚂蚁集团产品专家

推荐序

互联网在中国蓬勃发展了几十年，且已渗透到人们生活的方方面面。互联网企业如今也已成为很多职场人求职的首选，尤其是以阿里巴巴、腾讯为代表的传统互联网知名企业，和以字节跳动、美团、滴滴等为主的互联网“独角兽”公司。

但是，市面上关于互联网求职的书籍并不多，尤其是关于互联网企业中的两大核心岗位——产品和运营的求职书籍，更是凤毛麟角。2020 年，800 多万名大学毕业生涌入职场，他们中除那些顶尖学府中的部分毕业生可以借助于校招进入互联网企业外，其他绝大部分毕业生想进入互联网企业，几乎完全要靠运气和自己的努力。但是，很多时候，这样没有参照的自我探索和尝试，往往要付出巨大的时间代价和精力，最终还不一定能够找到正确的路径如愿以偿。本书的出现在一定程度上弥补了这方面的空白，为越来越多想进入互联网的求职者和互联网行业的职场新手做出了指引。

本书的两位作者以自己多年在互联网行业的求职经历与职业发展的经验为基础，总结提炼了与互联网产品和运营求职相关的经验和方法论，尤其是作者许晓姗，从一个小型的电商公司起步，历经新浪网、奇虎 360 公司，最后进入互联网巨头阿里巴巴集团，她的经历不仅是互联网时代的一个个体缩影，也是一个互联网职场人进阶成长的典型样本。她在自己的互联网大厂晋级之路上总结的经验和方法论，对于大部分的互联网求职新手来说，有着不可多得的借鉴意义和价值。虽然从书名来看，本书似乎只是一本有关求职的书籍，但是作者的写作范围远超出了这个边界。本书从初识职场、职业定位、打磨简历、面试修炼、职场生存、职业规划六个方面，为求职者提供了更加广阔的视野和丰富的内容。

本书的内容不仅侧重于介绍求职实战方面的经验，而且非常注重培养观念、方法论和思维。

首先，在观念方面，作者一再强调在职场中“选择比努力更重要”的观念，建议求职者从地域选择、行业选择、企业选择、职业选择、直接上级的选择等方方面面关注选择的重要性，并提出具体可行的参考方法。

其次，在方法论方面，作者非常注重方法论的建立。在第 2 章“职业定位”中，作者介绍了人生选择决策的简单方法（利弊分析法）和高级方法（因素加权法），为求职者提供了具体、科学的实操方法。在第 3 章“打磨简历”中，作者介绍了 START 法则。在传统的求职经验中，一般介绍的是 STAR 法则，但是作者通过自己的总结提炼延展了 T（Thinking）——反思这个非常重要的维度，为 STAR 法则赋予了新的生命力，也为求职者提供了更具现实指导性的求职面试思路和方法。在第 4 章“面试修炼”中，作者提供了框架思维方法论，帮助求职者提高说服的能力；针对面试实战，作者还提出了使用逻辑、数据、故事“三大法宝”作为重要的手段，帮助求职者在求职竞争中“大杀四方，成功突围”。

最后，在思维方面，作者还非常重视工作中的思维工具的应用，认为“思维是职场生存最重要的武器”。在第 5 章“职场生存”中，作者花了较大的篇幅介绍了九种工作思维，如系统思维、拆解思维、复盘思维等。这些思维工具对职场人来说非常值得借鉴、参考、学习、实践和应用。

职场是一个阶梯，对于不同的人来说，阶梯是不一样的。

有的人的职场是上行的阶梯，职场之路越走越成功。

有的人的职场是平行的阶梯，一直原地踏步。

有的人的职场是下行的阶梯，职业之路越走越窄，越走越挫折。

每个人最终走什么样的阶梯，其实不仅取决于日常工作的努力和业绩的加持，还取决于对求职这件事的仔细筹谋规划和长远思考。在这方面，职场人多参考过来人的经验教训，将会少走很多弯路。希望本书的出版，能够帮助更多的职场人，尤其是帮助职场新人迈向上行的阶梯。

顾　斐

阿里巴巴达摩院算法专家

自 序

从小型电商公司到阿里巴巴：我的互联网大厂晋级之路

春寒料峭的2008年年初，似乎预示了金融危机的前兆。雪后的天气让人倍感寒意。考研失利的我，打断了对中国传媒大学的最后念想，带着遗憾和不甘，成为“北漂”的一员，投入找工作的人潮中。

2008 年对中国和世界都是难忘的一年，金融危机席卷全球，遭受重创之后的全球经济走上了萧条的道路。即使已过去十多年，但如今想起来依然令人心有余悸。

这场金融危机严重影响了很多人的职业，我的求职与职业之路也不可避免地受到了很大的影响，正如 2020 年很多人遇到的情况一样。在 2008 年后一年多的时间里，我只能在中小型企业中艰难挣扎，微薄的薪水只够吃饭和交房租。这种生活一度让我倍感无奈、挫折、迷茫和困惑。但我始终坚信：有付出就会有回报。

2009 年，电商行业蓬勃发展，各种垂直电商纷纷崛起，创业公司不断涌现。我有机会进入一家做创意礼品的小型电商公司，在那里完成了我的互联网职业生涯启蒙。这一年，新浪网推出微博，社交软件全民化和公众化走上正轨。我在电商公司做的是新媒体运营工作，新浪微博刚刚推出公测，我就在第一时间注册了账号，并经常与新浪微博的工作人员沟通交流。我们公司的官方账号在我的运营下，很快成为微博上的第一批大 V，我也因此成为公司里的优秀员工。

2011 年，由于这家电商公司要搬离北京，我无法一同前往外地，于是决定寻找新的工作机会。因为有微博大 V 的运营经验，我非常顺利地入职了新浪网云计算部门，成为一名云计算行业的运营人员。如今回过头看，入职新浪网成为我整个职业生涯的关键转折点，它开启了我的互联网大厂晋级之路。

在新浪网云计算部门，我运营的是程序员群体，也就是人们常说的开发人员群体。我通过不断地尝试和努力，并借助微博的蓬勃发展，3 年时间积累了 90 万名程序员粉丝，并成为行业数一数二的微博大 V。

虽然我所学的专业是经济学，与云计算完全不相干。但是，互联网行业的包容性和专业分工的特性，依然让我这个文科生有了从事云计算的机会。所以，那些常常说自己专业不好的求职者，其实完全没有必要抱怨。专业在找工作时并不具有决定性作用，尤其是在互联网行业。

2014 年，我从新浪网离职，进入了奇虎 360 公司，在搜索部门继续从事与运营相关的工作。

2016 年年底，由于家庭原因我离开了奇虎 360 公司，再次回归我的老本行——云计算，这次是一个在外人看来更加羡慕的公司——阿里巴巴集团旗下的云计算公司。在这里，我继续服务于程序员群体，用 4 年时间将粉丝从 0 运营到 300 万名，从微博到微信，从知乎到简书，从头条到抖音，从 CSDN 到开源中国……几乎每一个有程序员的地方，都有我的身影，我感谢这些平台让我有了肆意挥洒的疆场，也让这些平台因为有和我一样的万千运营者而精彩。

回头看这一路的大厂晋级之路，有运气的成分，但更多的还是自己的选择和努力，还有在面对困难和挫折时候的乐观自信，而后者是这本书特别希望带给大家的。

我很庆幸，遇到了互联网蓬勃发展的时代，让我一个非顶级学府的普通学子有机会在互联网大厂施展梦想和抱负。

我很幸运，选择了运营这样一个适合我，同时我也非常喜欢的岗位，一个曾经被它折磨而痛苦，但也为我带来极大乐趣和成就感的职业。

我很幸运，在遇到那些生活困难和巨大挫折时，自己依然保持了理性的乐观，没有对生活失去信心，没有对自己失去信心，这才有机会在北京定居下来。这也是我特别想告诉很多人的，当我们面对生活中的挫折和困难时，坚持一下可能就是另外一番天地。如果轻易放弃，那我们就可能错失很多机会和可能性。

很多求职者可能觉得互联网大厂高不可攀，觉得以自己的学历和专业是不可能进入大厂的，大家会从网上找到各种各样的理由，用各种各样的借口为自己开脱。其实完全不必如此。

我想对大家说的是，互联网是一个开放包容的行业，大厂虽然也看学历，但更看重个人的工作能力和学习能力。只要我们在毕业之后尽早选择一个合适的职位，并且不断精进自己的工作能力，再加上自己的决心，其实每个人都有机会。互联网大厂的门不会向普通人关闭，它永远会为那些做好准备的人敞开。

最后，我想用一句自勉的话与大家共勉：机会不只留给有准备的人，它更垂青敢于行动的人。

许晓姗
阿里巴巴运营专家

前 言

为什么写这本书

2008 年 3 月，春节刚过，我就踏上了返京之路。那时的天气还比较冷，笨重的棉服还没有脱下，我在北京四环边租下了一间六平方米的筒子楼后就投入了求职的人潮中，从此正式成为一名“北漂”。

曾经满怀期冀地想在万千“北漂”大军中一展自己的抱负，在北京占据一席之地，在尝试了各种所谓“快速赚钱的职业”却无果后，我又两度尝试靠做生意来摆脱困境。但现实让我一次次败北，在最后一次投资几十万元的生意亏损后，我才被迫认清现实、认清自己，静下心来真正审视自己的职业选择。

我开始认真思考自己适合做什么，应该选择什么行业、选择什么职业、选择什么样的公司、选择什么样的领导……虽然对这些方面的思考如今看来还不是很深入，但和刚刚毕业那时相比，已经更加系统。我在进行选择的过程中考虑了很多关键因素，不再偏狭、草率和盲目。基于这样的慎重选择以及不断调整纠偏，加上自己的努力，我终于成功转型到互联网行业，从此走上务实的职业之路。

如今，反思我在互联网行业之前的失败经历，其实是早就注定的。因为引发那些经历的决策其实根本就是随意的、没有充分理由和依据的决策，甚至很多决策只是自己想当然的想法。

与此相反，本书的合作者许晓姗女士与我在同一年踏入职场，虽然在职业生涯的早期，也遇到了和我同样的职业困境，但是她在自己的职业道路上，适时调整了自己的职业选择并坚定地选择了互联网。在互联网快速发展的年代，她以一家小型的电商公司为突破口进入了互联网行业，然后通过自己的努力进入了新浪网，又进入奇虎 360 公司，后来进入了如今众所周知的互联网巨头阿里巴巴集团旗下的云计算公司。

与她相比，我是“不幸”的，因为我进入互联网行业的时间晚一些，所以在职业发展等诸多方面都比她慢了一拍，她的职业之路走得稳健、踏实，而我的职业之路则充满波折与艰辛。但是，我又是幸运的，因为我终究还是调整了职业方向，踏入了互联网行业。正是基于两个人职业发展这种非常鲜明的对比，于是我们决定一起合作写一本关于职业选择的图书。

我们衷心希望，那些做出正确职业选择的职场朋友，继续坚定自己的步伐，走好自己的职业进阶之路。同时，我们也衷心希望那些仍旧困惑而迷茫的职场新手，能够多考虑一些因素，拓宽自己的选择维度，选好自己的职业方向，做出正确的职业选择。大家的时间还充裕，想好了慢慢来，不要焦虑、不要着急。

我们还想对那些已经步入职场多年、职业发展有些许不顺的朋友们说："往事已矣，既往不咎。"永远对我们所处的这个时代保持理性的乐观，努力学习、努力改变，尽力扭转自己的职业之路，只要付诸行动，总会有奇妙的改变发生。

在职业之路上，很多时候，选择真的比努力更重要。希望每个人都能做出正确的选择，达成心中所愿。

本书主要内容

本书共分为 6 章，主要涉及初识职场、职业定位、打磨简历、面试修炼、职场生存，以及与职业规划相关的主题。

第 1 章主要分析为什么要选择互联网行业，从哪些方面来着手进入互联网行业，以及怎样以理性的乐观心态来面对职业选择和职场中的困境。

第 2 章主要围绕"职业定位"这一话题展开，介绍了修炼职业选择能力的意识和方法，给求职者提供了两种职业选择的具体操作方法——利弊分析法和因素加权法。本章介绍了如何在互联网行业选择合适的职业，全面阐述了产品和运营这两大职位的特点、选择依据及一些入门的建议。另外，本章还介绍了"如何选择适合自己的企业"这一重要的主题，从宏观和微观两个维度提供了一些视角和方法。

第 3 章主要围绕写作简历和投递简历展开。在写作简历方面，介绍了 START 法则和两大写作要点——逻辑和数据，并且简单介绍了产品和运营职位简历写作的要点。在投递简历方面，介绍了投递简历的方法及投递的渠道——招聘网站、内部推荐和猎头等方式。

第 4 章主要围绕与面试准备和面试实战相关的话题，介绍了一种面试的思维方法——框架思维，以提高求职者的说服能力。在面试准备方面，介绍了面试简历的准备、面试常见的问题、关于行业问题的准备、关于目标公司的准备等，帮助求职者做到知己知彼；在实际的面试过程中，介绍如何使用工具，如何应用逻辑、数据和故事提高面试的成功率。

第 5 章主要围绕职场生存的策略，介绍了初入职场需要注意的基本事项，包括正确的心态、经营职业的注意事项、处理人际关系的方法。同时，还介绍了职场新手需要修炼的九种思维，以及需要精进的三种通用工作能力。

第 6 章主要介绍与职业规划相关的内容，介绍了互联网职场人职业规划的策略和方法，并为产品新手和运营新手的职业规划提供了一些具体的操作方法。

如何阅读本书

本书的写作有一条时间暗线，在一个人求职的时间轴上，从选择合适的职业，到准备简历及准备与面试相关的问题，再到面试实战，最后到面试成功及初入职场的职场生存策略，在时间方面有一定的先后关系。在章节体系的设置方面，虽然各章有时间先后关系，但每章尽可能做到独立成章，各章之间不受明显的制约。对于尚未进入互联网行业的读者，可以按顺序阅读，这样会对互联网求职有一个完整的认知；对于已有互联网从业经验的读者，可以根据自己的兴趣阅读相关章节，从而快速地解决问题。

总之，本书既可以作为一本帮助读者全面了解互联网求职的指南，也可以作为一本随取随用的职场工具书。

致谢

本书之所以能够付梓，首先要感谢母校的金福子老师，是她的牵线搭桥让我有机会回母校演讲，从而有了写这本书的初始可能；其次感谢那些提出问题的学弟学妹，是你们的问题和阅读陪伴，促使我写完了这本书。

我要感谢李笑来老师，是他对于“写作”这件事的观点启发了我，使我有勇气动笔和付诸行动。在我写作的过程中，他的写作理念——“要写对读者真正有用的书”一直鞭策着我，使我能够尽自己最大的努力做到更好。

我要感谢得到，得到中很多专栏老师的文章是我部分观点的源泉。

我还要感谢三节课，曾经在三节课接受的培训和后续的职业实践，使我具备了产品和运营的双重经验和视角，从而有了写完本书部分篇章的可能。

我要感谢尹卓先生，是他助推我走上职业的新台阶。他每每冷峻地提问和理性思考，让我意识到职场思维的重要性，从而不断提高自己的职场思维能力。

十分感谢电子工业出版社的宋亚东先生和杨中兴先生。中兴是本书的牵线人，正是得益于他的引荐，才有机会认识亚东，完成这本书的出版。亚东是本书的责任编辑，在本书的整体规划、审稿和出版过程中，他不厌其烦地给我指出书稿中的问题，提出了很多非常有价值的建议和意见。同时，也感谢电子工业出版社的其他编辑，正是你们的辛勤付出，才使这本书得以尽快和读者见面。

最后，还要感谢本书的合作者许晓姗女士，是她在互联网行业的成功进阶激励了我进入这个行业，进而有了写作本书的可能性。她在互联网行业丰富的经验，为本书的写作提供了开阔的思路。正是有了她的知识补充，才使得本书的体系更加完善。

由于个人水平有限，书中不足之处在所难免，敬请广大读者给予批评指正。

陈　军

【读者服务】

- 加入读者交流群，与作者互动
- 获取各种共享文档、线上直播、技术分享等免费资源
- 获取博文视点学院在线课程、电子书 20 元代金券

扫码回复：39703

轻松注册成为博文视点社区（www.broadview.com.cn）用户，您对书中内容的修改意见可在本书页面的“提交勘误”处提交，若被采纳，将获赠博文视点社区积分。在您购买电子书时，积分可用来抵扣相应金额。

目 录

Contents

第1章

初识职场：向互联网职场进击

1.1 为什么一定要选互联网行业

职场人在选择职业时，既要从个人的微观实际出发，又要考虑互联网的整体宏观趋势。从微观上看，一个职场人选择进入互联网行业或企业，往往能够获得比较高的经济回报，职位升迁也会更容易。从宏观上看，互联网给社会生活的方方面面带来了巨大的改变，并将持续改变社会经济生活。互联网对于个人求职的宏观与微观影响，如图 1-1 所示。个人的职业选择应该顺势而为，而不是逆势而行。

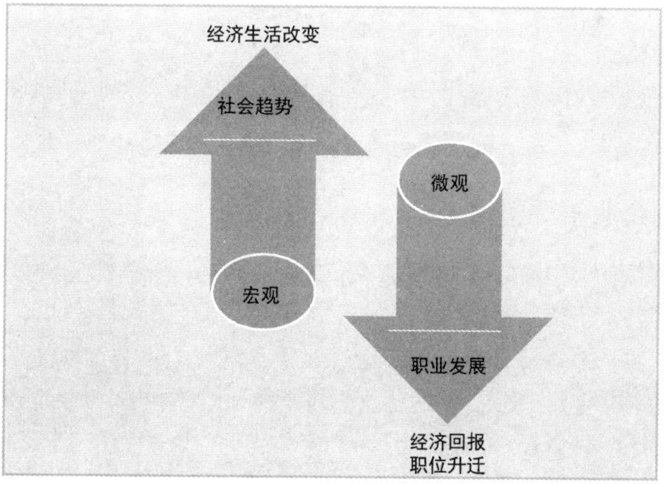

图 1-1　互联网对于个人求职的宏观与微观影响

俗话说：男怕入错行，女怕嫁错郎。在职业选择中，绕不开的一个最为关键的选择就是行业选择。作为从传统行业转行到互联网行业的从业者，在这两类不同行业中不同阶段、不同公司就业之后，我开始反思自己的职业道路，而反思之后最大的感触就是：进入互联网行业太晚。为此，我曾经懊悔了很长一段时间，如果早一点进入互联网行业，如今就能拿到更高的工资、身处更高的职位，就能更早地实现自己的抱负。但我的职业之路无法再重新来过，过去的终将过去。幸运的是，在职业生涯的中途，我选择了互联网行业，这使我进入了正确的轨道。

从严格意义上来说，互联网行业不算是一个行业。如今，任何行业都有互联网企业也有非互联网企业。互联网是一种精神，是一种工作氛围，是一种做事的方法。互联网代表了奋斗、拼搏、成长。以互联网区分行业将越来越无法适应未来的经济现实。

不过，从职业选择的角度来说，在所有行业没有完全互联网化的今天，职场人依然可以采取这种划分方法，以使求职者在选择行业时便于区分、明确自己的目标。

对于那些没有在互联网企业工作过的人来说，互联网是一座“围城”，城内的很多事情都是新奇的，但因为不在城内，一切又都是陌生的，所以互联网对于他们来说就是一个“黑箱”。对于在互联网行业工作过的人而言，一旦进入互联网领域，往往就再也无法回去。作为一个有幸从“围城”外进入“围城”内，且深刻理解这种不可逆转的原因之后，我真诚地希望那些迷茫的求职者能尝试进入互联网企业工作。这种强烈的倾向主要基于两个方面的原因：个人职业发展和整体的经济趋势。

1.1.1 从微观上看，互联网行业给个人更多的机会

任何一个职场人都希望自己的职业道路能够一帆风顺、蒸蒸日上，希望能够得到更高的职位、拿到更多的薪水，希望能够做出一番成就以实现自己的抱负。而互联网行业则恰恰为此提供了更大的可能性。

1. 互联网企业薪资待遇高

求职找工作首要的期望就是有更高的工资收入，这也是马斯洛需求层次理论中人的最基础的需求，也是追求更高人生目标的基础。与传统行业相比，互联网行业的薪资待遇普遍要高很多，这一点我自己深有感触。作为一个在传统行业工作过、如今身处互联网行业的从业者，就我的观察来说，在同等学历、能力条件下，在互联网行业普遍能够拿到远高于在传统行业的薪资。就平均水平而言，两者之间的差距至少在 1 倍以上。而且，互联网企业的职位工资增长的速度会非常快。由于互联网企业竞争激烈，对于人才的渴求比较强烈，所以互联网职场人跳槽

时一般都会获得较大幅度的薪资增长。

图 1-2 所示为互联网企业产品类职位薪酬前景。

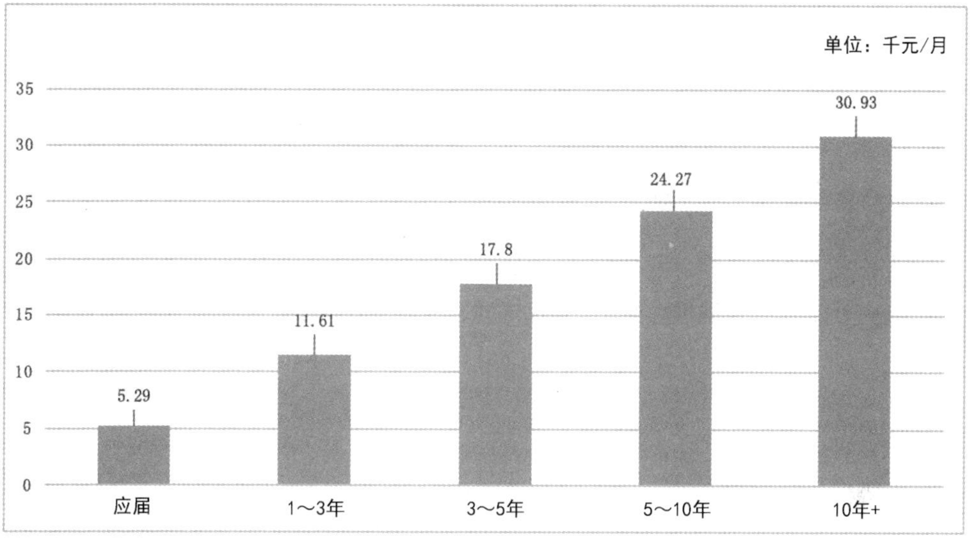

数据来源：拉勾网

图 1-2　互联网企业产品类职位薪酬前景

2. 员工持股给从业者更高的经济回报可能

互联网企业的典型特征是高速成长。为了激励员工努力工作，保持公司的快速发展，互联网企业普遍采用员工持股计划（Employee Stock Ownership Plans，ESOP），这是一种通过让员工持有公司股票并参与公司经营利益分成而实行的激励机制。

员工持股计划最早起源于美国，在美国的企业中，这是一种比较普遍的激励机制。在我国，这种机制真正的蓬勃发展是在互联网企业中。百度在上市时，员工持股计划曾经创造了 8 位亿万富翁、50 位千万富翁、240 位百万富翁。阿里巴巴在上市时，员工持股计划更是造就了上万名千万富翁。如今，在阿里巴巴工作达到一定级别也会获得价值可观的股票期权奖励，这些期权在达到一定工作年限后就可以行权兑现以获得丰厚的非工资回报。

不仅百度、阿里巴巴这样的互联网巨头如此，但凡有一定规模的互联网公司，都会有股票期权的激励。如果公司能够成功上市，可能公司中的很多人就会一夜暴富，从此改变命运。但在传统企业中这种情况是比较少见的。

3．职位升迁更看重能力

在互联网企业中，公司更加看重能力，对于年龄等其他因素的考虑很少。只要你有足够的能力，不管是“80后”还是“90后”，都有可能快速升迁，而且互联网企业一般以追求高速成长为目标。因此，求职者如果进入一家快速成长的企业，其职位升迁的速度将更快。在很多互联网企业中，无论是创始人还是企业员工都普遍年轻化，而在传统企业中，这种情况相对来说比较少见。

4．管理更扁平，人员关系更平等

互联网行业发端于美国，在互联网企业中更加讲求“开放、平等”的精神，国内互联网企业也具有这一特点。在互联网企业中，员工之间、员工和上级之间，甚至老板之间都相对更加平等；在传统企业中，尤其是上下级分明的企业中，这种情况比较少见。在互联网企业中，大家相互之间以昵称、英文名或者姓名直呼其人，很少以某某总、某某经理相称呼。

对于大部分人来说，职业的发展无非追求的就是升职加薪、财富积累，而互联网公司在这方面比传统行业更有优势。所以，在求职中选择互联网行业将有更多机会实现自己的职业期望。

1.1.2 从宏观上看，一切行业互联网化是未来的大趋势

互联网在中国发展的几十年，给我们的生活带来了巨大的改变：微信让我们的沟通更便捷，滴滴让我们打车更方便，美团和饿了么让我们足不出户可以点外卖，天猫和京东则彻底改变了我们的购物方式。当我们身处当下社会享受种种便利时，浑然不觉今昔巨大的差距。但某个时刻当你突然意识到这一点时，你会对这种改变如此急剧和彻底感到非常惊讶。

1．互联网行业给社会生活带来了巨大改变

发端于苹果的智能手机以及手机App的大规模发展，给我们的日常生活带来了极大的便利。如今我们可以使用手机购物，足不出户就可以进行水电煤生活缴费、话费充值、外卖点餐；即使不在办公室，我们也可以非常便利地使用手机进行一些简单的工作处理。这在以前是无法想象也无法实现的。互联网改变了很多行业领域，如图1-3所示。

以阿里巴巴、京东为代表的电商改变了我们的购物习惯，也改变了很多行业，如物流行业。如今我们使用顺丰等快递有时一天之内就可以收到包裹，与曾经动辄以周为单位的传统物流时代相比有着天壤之别。

图 1-3 互联网改变的行业领域

以蚂蚁金服（支付宝）为代表的互联网金融企业，改变了我们的理财习惯和金融生态，为我们提供了更加便捷的金融服务，让我们的金融生活更加有活力。

以腾讯视频、优酷土豆、爱奇艺为代表的互联网视频企业，改变了传统的娱乐场景，让我们可以随时随地在手机上看电视、看电影。

以微信、手机 QQ 为代表的移动社交通信软件，让我们可以随时随地都能以成本极低的方式和亲朋好友、工作伙伴进行无缝沟通。

以微博、微信公众号为代表的互联网信息媒介工具，颠覆了传统的媒体行业，让我们从信息匮乏走向信息充裕，甚至是信息超载，获取知识的鸿沟被大大缩小。

虽然上述改变也使我们的工作和生活出现了一些问题，但是，总体上是利大于弊的。从时间和空间上看，我们获得了更大的自由度。

互联网带给社会生活的改变不仅仅是上述这些方面，也不会止步于这些方面。人工智能、大数据、云计算、无人驾驶等，这些新技术还会进一步改变我们的生活方式，而且这种改变是不可逆转的。

2. 互联网企业已经全面超越传统企业

正如上面所说，媒体、视频、娱乐、物流、在线职业教育等很多行业已经被互联网所撼动、颠覆、超越，同时还有很多行业正在被改造、被颠覆。

马云曾说：如果银行不改变，我们就改变银行。当时很多人觉得这句话多少有点自大，但仅仅几年时间，余额宝已经成为世界第一大货币市场基金。在看到余额宝的巨大成功后，各个银行被动迎战，纷纷推出自己的“宝宝类”产品，互联网金融的战火已经波及更广泛的领域，证券、保险、基金领域也陆续受到互联网企业的冲击。

2017 年，在我国 GDP 增速约为 7%的情况下，传统银行出现了人员缩编、网点关闭的情况。在互联网技术的支撑下，消费金融、科技金融等新的互联网金融形态如雨后春笋般出现。

从以上的例子中可以看出，互联网真正实现了对很多传统企业的降维打击。从资本市场也可以看到这个非常明显的特征。2017 年，腾讯、阿里巴巴先后市值超过中国工商银行，成为彼时中国和亚洲市值最大的两家公司。

未来 5～10 年，以阿里巴巴和腾讯为代表的互联网企业，将利用自身积累的技术、大数据以及创造力对各个传统行业展开持续的互联网改造，包括传统物流、线下门店、传统零售等行业。

在历史潮流和大趋势下，个人的职业选择要顺应这种趋势，这样才能在财富积累和职业发展方面取得更大的突破。

1.2 如何成为优秀的互联网职场人

职场是一场漫长的修行。在竞争激烈的互联网职场中要成为一个优秀的职场人，应从选择、思维、能力和职业规划四个方面入手。首先，职场人要有选择的意识和能力，在行业、职业等方方面面能够做出更好的选择。其次，职场人要提高自己的思维能力，利用思维找到解决问题的方向，并利用思维工具解决一类问题，学会利用系统思维、流程思维、数据思维、复盘思维等职场必修的思维工具。再次，职场人要锻炼自己的能力，不仅包括解决专业问题的能力，而且包括解决通用性问题的能力，如语言表达能力、书面写作能力以及学习能力。最后，职场人要做好自己的职业规划，不仅做好长期职业规划，考虑自己的最终目标是什么，而且能够从短期出发，制订具体可行的职业计划和路线图，并按照路线图稳步推进，监控计划的执行情况并及时调整。

每个职场人都期望在职业生涯中平步青云，每一个高速发展、充满机遇的行业又是竞争最激烈的行业，在激烈竞争的行业中脱颖而出是一件有挑战性的事情。互联网行业就是这样，这是一个充满朝气的行业，是一个充满无限可能的行业，也是一个竞争异常激烈的行业。无论是一名职场新手进入互联网行业，还是其他行业的人中途转型到互联网行业，要在激烈的竞争中胜出，不是一件容易的事情。这不仅要求一个人拥有很强的个人能力、逻辑思维、十足的勤奋，还需要较好的运气和机遇。运气和机遇是无法把控的因素，但个人能力的提高、思维的养成是职场人可以付诸行动的。本节从可以把控的确定性因素——选择、思维、能力、职业规划四个方面入手，来剖析一个人如何才能成为优秀的互联网职场人，为求职者的职场之路提供一些思路。优秀互联网职场人的四项修炼如图 1-4 所示。

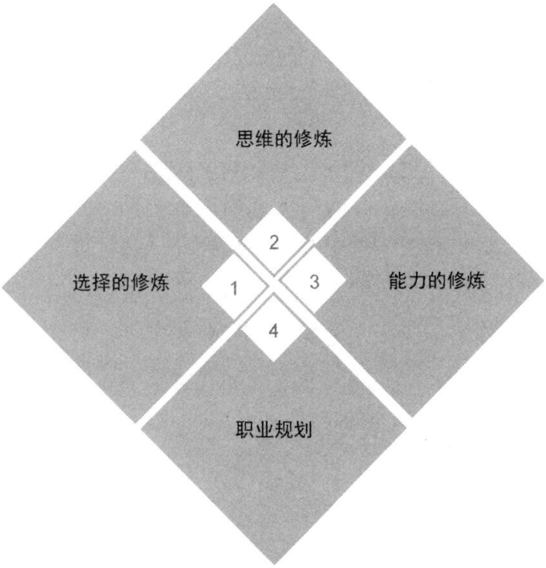

图 1-4　优秀互联网职场人的四项修炼

1.2.1　选择的修炼

每个人在步入社会之后会有多种选择：有的人选择进入正式的职场成为职场人；有的人选择进入政界成为一名公务员；有的人选择创业，实现自己的抱负；有的人选择做个小本生意，勤劳致富……能够做出这些选择的前提首先在于一个人有选择的意识，至于这些选择是不是适合自己，则考验着每个人的选择能力。

选择无时不在、无处不在，不仅在这种关键方向上需要进行选择，在关键方向确定后的细节上也需要进行选择。一个人选择进入职场只是起点，后面还有很多需要进行选择的方面：如选择进入传统行业，还是选择进入互联网行业；进入互联网行业后，是选择做产品岗位还是选择做运营岗位，在每一个颗粒度更细的选择节点上，既要有选择的意识，又要有选择的能力。

1．选择的意识

在求职时，职场人不是在做一个单一维度的决策，而是在多个维度上做一组决策集合。因此，在职业发展的很多方面，如行业、职业、工作城市、公司、上级等方面都要有选择的意识。选择的意识不仅体现在这些最基础的方向上，而且在每一个具体方向上也要有选择的意识。例如，在职业方向上，要知道有产品、运营、市场推广、品牌管理、商务等方向可选择；在公司的选择上，要知道有创业型公司、成长型公司、成熟型公司可供选择。还有对就业城市、跟随的上级等都要有选择的意识。

选择的意识有助于全面考虑问题，如果一个人没有意识到选择是在多个维度上做出决策，不知道在大的方向和具体的环节方面有很多选项，那么他的选择必然被局限在一两个选项上。例如，很多人毕业时选择职业方向往往选择的是听同学、老师说过的几个岗位，而不是有意识地去了解企业完整的组织结构中都有哪些岗位，那他就无法选择最适合自己、最能发挥自己优势的岗位。这种缺乏全面性、多维度思考的决策带来的结果是显而易见的，一个人在自己不擅长的岗位上奋斗，往往无法取得优异成果。

选择的意识可以通过刻意练习来增强，职场人可以在反思自己的经验中进行这种刻意练习，经常复盘那些经历过的事情，反思在决策中遗漏的重要方面，这些被遗漏的方面就是下次做决策必定要意识到的地方。如果没有反思回顾，这种意识仍旧会比较薄弱，下次可能还会犯同样的错误。

2．选择的能力

职场人仅仅有选择的意识还不够，还要有做出选择的能力，要知道如何在不同的职业之间做出选择，如何在不同的城市之间做出选择，如何在不同的公司之间做出选择。

在选择不同的职业时，职场人首先要从总体上了解互联网企业的组织架构和部门设置的逻辑，以及各个部门的岗位设置的逻辑和主要工作内容，了解各个部门不同岗位成员之间的职责分工和协作关系，要具备宏观的视野，以拓宽自己的选择维度。例如，职场人要知道互联网企业的组织架构中既有基础活动部门，如产品部门、运营部门、技术部门、市场部门、设计部门、商务部门、公关部门、品牌部门、客服部门，又有辅助活动部门，如人力部门、行政部门、财务部门、法务部门。当一个人把自己的选择视野放在整个公司的大框架之下时，做出的职业决策比仅仅听说一两个岗位做出的选择更明智。

图 1-5 所示为典型互联网企业的基本组织架构。

其次，无论选择哪一类职业，职场人都要根据特定职业发展成长的路径、岗位的薪资情况、岗位的工作内容、技能工具，结合自己的兴趣和优劣势来进行匹配选择。只有在综合了解各种职业类型的综合情况之后，职场人才可能做出最适合自己的职业选择。例如，产品经理要知道自己的职业终点在哪里？从起点到终点的路径有多长？如何才能快速且顺利地从起点到达终点？运营人员在职业道路上遇到同样的问题是如何处理的？产品经理和运营人员的职业路径之间的差异又是什么？在综合了解了这些信息之后，职场人才会具备较强的选择能力，通过这些信息做出的决策才能算是优质的决策。

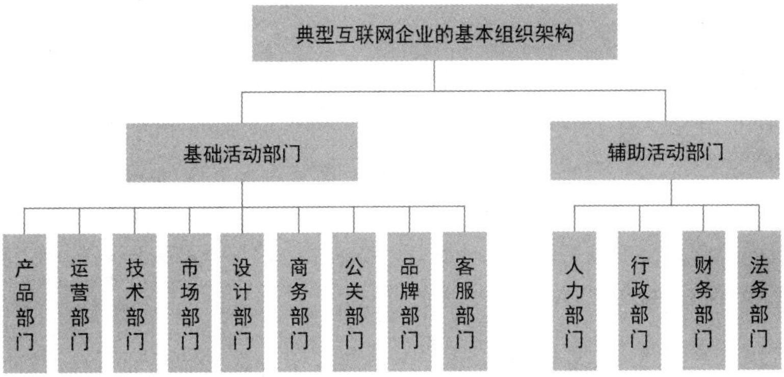

图 1-5　典型互联网企业的基本组织架构

在选择不同的城市时，职场人要结合自己的职业目标、方向和价值进行选择，考虑是去大城市还是去小城市，在大城市中，哪些城市相对更有优势，更符合自己的职业发展需要。在做这些选择时，不仅要从国家整体的经济形势出发、从整体的城镇化趋势出发，还要从各个城市的经济发展水平、城市的资源禀赋、产业布局等方面来考虑。

在不同的公司之间进行选择时，职场人不要仅仅依赖于单一的因素，要多考虑一些关键的因素。不仅要考虑公司提供的薪资福利，还要考虑诸如公司所属的行业领域、公司的业务类型、公司的创始人或者创始团队、直接上级、办公环境和氛围、人员规模等宏观的维度。尤其是在职业生涯的早期，职场人要在综合考虑这些因素的基础上，对一家公司形成总体的判断，避免仅仅依赖于一两个因素进行简单的决策。

1.2.2　思维的修炼

思维是思考问题的方式，互联网职场人要想在激烈的职场中胜出，需要以思维取胜。在职场人依赖的经验、技能、能力、思维这些工具中，思维是最重要的。这不仅因为思维具有引导性，能够提供解决问题的基本方向，而且因为思维具有广泛的适用性，能够为一类问题提供解决思路。

1. 思维的价值

思维具有引导性，能够提供解决问题的基本方向。职场人在工作中常常会遇到一些全新的问题，很多人在面对这些问题时会束手无措。此时，利用思维工具进行思考往往能拨开迷雾继续前行，寻找可能的出路。例如，产品经理和运营人员在工作中常常会碰到一些工作内容转换或者开展全新项目的情况，此时如果无法利用过去的经验解决问题，那么可以借助系统思维、拆解思维等思维工具来寻找解决问题的方向。

思维具有广泛的适用性，一种思维通常能够应用到各种各样的问题场景中。以拆解思维为例，在工作中，无论是产品经理还是运营人员，都经常会遇到各种无处下手的问题，此时可以使用拆解思维，把大问题拆解成小问题，小问题还可以进一步拆解成更小的问题。在层层拆解问题的过程中，更容易把问题梳理清楚，进而得出解决方案。所以，不管是什么行业、什么岗位的人，当遇到全新的问题或者复杂的问题时，都可以采取拆解思维来解决。同样地，其他的思维工具也具有解决一类相似问题的特点。

2. 职场人必修的思维工具

初入互联网职场的人，要通过修炼习得职场的思维，提高解决问题的能力。这不仅决定了职场人在短期内能否达成自己的目的，能否获得应有的经济报酬，而且决定了其能否成为一个有决策能力的人，以及能否获得不断升迁的资本。

对于初入互联网职场的人来说，至少有一些必修的思维工具可以帮助自己达成上述目的，如图 1-6 所示。这些思维工具对于职场人各有不同的价值，能够应用在不同的场景中解决不同的问题。

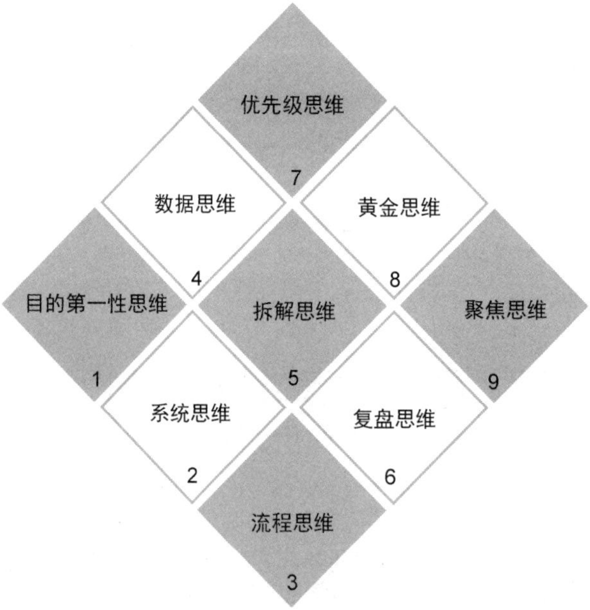

图 1-6 互联网职场人必修的思维工具

目的第一性思维能够帮助职场人明确自己的目的是什么，帮助职场人时刻记住自己的目标，在正确目标的指引下行事，避免做事偏离目标。

系统思维能够帮助职场人从全局的角度看问题，避免从单维视角看问题导致无法把握事情本质以及做出错误的判断和决策。

流程思维不仅能够最大限度地避免解决问题过程中出现错误的可能，而且能够帮助排查解决问题过程中存在的问题，提高职场人解决问题的效率。

数据思维能够帮助职场人从依赖感觉做决策的困境中摆脱出来，进而依靠更为可靠的定量思维，使判断和决策有精确可衡量的判断依据。

拆解思维能够帮助职场人把握事情的本质，从更加精细的角度来考虑问题，提高解决问题的效率，从而找到解决问题的、明确的路线图。

复盘思维不仅是发现问题的重要手段，而且是总结和学习经验的重要方法。它能够提高职场人思考问题的能力。

优先级思维能够让职场人从时间和资源的束缚中解脱出来，把精力和资源投入更重要的事情上，从而提高个人和企业资源的投入产出比。

黄金思维是职场人解决问题的最基本的一种思考工具。它不仅能够帮助职场人形成对于事物的完整认识，而且能够帮助职场人找到解决问题的更好方案。

聚焦思维能够让职场人摆脱时间和资源的束缚，使其把精力集中在特定的事情上以提高工作效率。

每一种思维工具都有独特的价值。对于职场人来说，要有意识地学习这些思维方法，通过刻意练习掌握这些方法。在工作中遇到全新的、难以解决的问题时，职场人可以从这些思维工具出发以找到破解之道。关于这些思维工具，在本书第 5 章中还会进行详细的讲解，我们可在相应章节进一步了解每种思维的价值和使用方法。

1.2.3　能力的修炼

优秀职场人的职业生涯是一场“升级”之旅，从初入职场的小白，到第一次升迁成为基层的管理者，再到中层管理者，一直升迁到高层管理者，这是一条充满艰辛的荆棘之路，支撑这条“升级”之路的重要砝码之一就是能力。能力不仅包括特定岗位所需要的专业能力，更包括在职场自始至终都需要的通用性工作能力。

1. 岗位专业能力

社会分工导致了职业的专业化发展，每个工作岗位都形成了迥异于其他工作岗位的工作内容，进而需要不同的专业能力来完成相应的工作内容。当职场人确定自己的职业方向后，需要开始修炼自己的专业能力，以适应职场中具体工作的需要。例如，如果你是一位产品经理，需要提高自己的用户需求挖掘能力、竞品分析能力、数据分析能力、逻辑思维能力、项目管理能力、沟通协调能力、商业分析能力等各种能力。只有具备了这些能力你才能胜任这份工作；只有在这些能力方面做得出色，你才能成为一位优秀的产品经理。

同样，如果你是一位运营人员，需要提高自己的用户调研能力、内容运营能力、活动运营能力、数据分析能力等各种能力。尤其是在更为基础的阶段，你还需要根据产品运营、用户运营、社区运营、新媒体运营、社群运营这些更加细分的岗位，掌握具体的专业工作能力。

岗位专业能力是解决所承担岗位上的具体问题，产出工作成果，进而获得晋升的重要支撑。没有工作成果和优秀业绩的加持，一个人很难脱颖而出获得升迁，因而也就很难实现自己的职业发展目标。

2. 通用性工作能力

在职场中，职场人不仅要修炼自己的岗位专业能力，而且要修炼自己的通用性工作能力。通用性工作能力包括语言表达能力、书面写作能力和职场学习能力，如图 1-7 所示。

图 1-7 通用性工作能力

语言表达能力

语言表达能力是最基础的通用性工作能力，职场中绝大部分的沟通都是通过口头语言表达来完成的。无论是在开会发言时，还是在和同事讨论问题、向上级汇报工作成果时，都是展现一个人语言表达能力的重要场合，也是一个人的能力被领导者发现的时机。语言表达不仅是职场人最主要的生存工具，而且语言表达能力强的人更容易获得机会。所以，在职场中不仅要敢于表达、善于表达，而且要会表达，在表达观点时要做到观点鲜明、逻辑结构清晰，能够容易让信息接收者听清楚。

书面写作能力

书面写作能力是职场中另一类重要的工作能力，它是职场中进行有效沟通的另一种重要方式。无论是日常的邮件沟通、工作周报，还是阶段性成果的汇报展现，都需要借助于书面表达。书面写作能力具有语言表达能力无法替代的价值，它能够让信息得以记录和保存，那些成功或失败的工作经验，都可以借助书面记录保存下来，从而获得叠加的成功。

书面写作能力主要包括公文写作能力、业务文案写作能力、PPT 写作能力。提高书面写作能力最重要的途径是实践，通过多写作、长期写作的实践来强化这方面的能力。如果不会写，那么职场人可以从模仿他人开始。在写作中最重要的也是表达逻辑，书面写作能力需要在逻辑思维方面进行大量的基础训练。

职场学习能力

职场的学习与学校的学习是不同的，职场的学习重在解决职场中遇到的各种各样的问题。不同于学校的纯理论性的学习，职场的学习更多是一种技能性的学习。因此，职场的学习更多是以实战型的练习和直接用于解决问题的方式来完成的。

职场人要提高自己的学习能力，可能需要重新出发，从了解学习的方法开始，掌握学习的基本原理，然后探索自己的学习方法。在这个过程中，职场人也可以借鉴前人不错的学习经验和方法。

优秀的职场人不能仅仅把学习的范围局限在职业技能方面，而应该向更加宽广的范围拓展，也就是跨界学习。跨界学习不仅能够突破思维的限制，而且能够提高解决问题的综合能力，因此更加有助于完善自我。

对于优秀的职场人来说，学习不应该随着完成学业而结束，步入社会应该是完全自主学习的起点，要树立终身学习的理念。职场人如果希望自己具有持续的竞争力，那么终身学习必须成为一种内化于自身的习惯。优秀的职场人都是终身学习的践行者。职场人如果期望成为优秀的职场人，就要与优秀的人为伍，让自己也成为一名终身学习的践行者。

1.2.4 职业规划

“凡事预则立，不预则废。”对于一个优秀的互联网职场人来说，规划自己的职业生涯是一件非常重要的事情。一般来说，职业生涯长达几十年，无论是从当下的发展来说还是从长远的发展来说，职场人都需要对自己的职业路径进行清晰的规划。

职业规划要从职位升迁的角度考虑，虽然每个人有晋升的美好愿望，但是如果没有明确的路径规划、不了解升迁的逻辑，就很难达到自己的目的；职业规划要从能力进阶的角度考虑，即该在哪个阶段锻炼什么能力，为职位升迁提供持续的动力；职业规划要从工作成果产出的角度出发，结合能力的锻炼，为职位升迁提供砝码。因此，职业的规划要考虑时间因素，不仅要考虑长期职业规划，还要考虑短期职业规划，如图 1-8 所示。

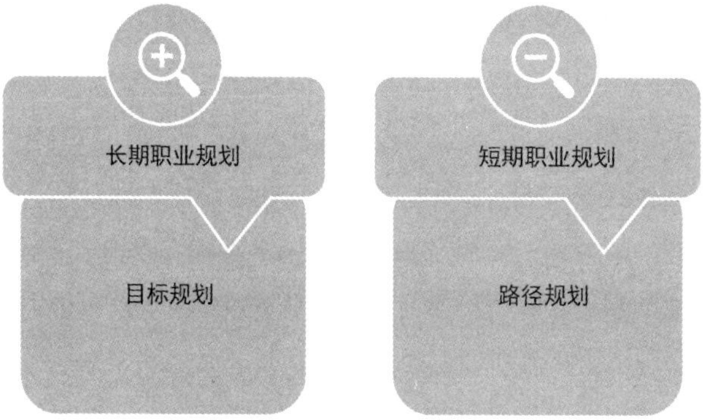

图 1-8 长期与短期职业规划

长期职业规划主要是目标的规划问题，在几年的时间内达到什么样的职业成就、获得什么样的职位，要有一个基础的方向。短期职业规划则要确定非常明晰的路径，要能具体执行落地。职场人在进行短期职业规划时可以采取“三步走”的策略：首先，通过职业测评工具和自我评估发现自己的优劣势和职业兴趣；其次，确定职业目标和方向是走管理线还是走专业线，具体选择互联网行业中的哪一类职位，可以通过理论学习加自我实践的方法逐步进行探索，必要时需要咨询行业过来人的意见；最后，需要确定具体的路线图，打算在多长时间内完成哪些技能的训练，拿到什么工作成果，完成怎样的具体职业目标。

职业规划完成之后需要执行并且监控执行的情况，定期回顾来看实际和目标的差距并进行修正，这是一个动态的过程。在职业规划执行的过程中，职业目标和方向可能还会随着自我认识和社会经济环境的变化而调整，因此这就需要职场人对过往的规划也要进行及时的调整。

1.3　永远做个理性的乐观派

在漫长的职业生涯中，我们可能会面临各种困境。在困境中最重要的是要保持乐观，理性的乐观能给人希望，让人有信心坚持下去。要做到理性的乐观，即正确分析情势，认清事实真相，做出可靠的判断；要树立长期思维，拉长看待问题的时间尺度，不要被当下的问题所困住；要认清悲观情绪的来源，降低他人的悲观情绪对自己的影响。

每个人在职业生涯中都会遇到困难：有的人克服了困难，从此打开了一片新天地；有的人则没能经受困难的考验最终退缩回去，从此被束缚在牢笼中再也没有出来。我曾经在职业生涯中也遭遇到了极大的困难，比较幸运的是我闯过了难关，成为前者，最终让自己的职业回到了正轨。如果问支撑我克服困难的到底是一股什么力量，我认为那就是乐观，一种基于理性的乐观。

1.3.1　乐观的价值

乐观是一种积极的心态，无论遇到什么事情，都会在内心笃定事情总会向好的方向发展。乐观能够带给人希望，让人有信心坚持下去。

我大学毕业之后就来到北京，因为没有技能傍身，而且对于找工作也完全没有经验，所以开始找工作的那个阶段极为艰难。当时碰巧遇到了金融危机，很多企业都在裁员，好在北京的工作机会多，虽然找到好的工作比较难，但找到工作并不难。在长达两三年的时间里，我的工作都不称心如意，工资低、企业没有什么生机、工作没有进步、个人能力也没有成长。有时候非常迷茫，感觉工作没有什么前途，但即使这样，我也依然比较乐观，有时候甚至是一种盲目的乐观。正是这种有点“盲目的”乐观，支撑我过了一年又一年，终于在工作几年后顿悟，摸索到了职业突破的方法，加上自己努力学习，最终从原来的传统行业转行到了互联网企业，使自己的职业一步步走上了正轨。所以，我深知对于一个人来说，能否克服困难继续前进，精神的力量是很重要的，这其中乐观又是最重要的。

其实，大学毕业正是很多人真正为自己的人生前途认真思考的关头，也往往是人生最为迷茫和困惑的阶段，很多人在这个关键的时刻选择了退缩，选择了一个没有前途的城市，随意选择了一个日渐没落的行业，选择了一家没有成长性的公司，选择了退回舒适区，之所以这样是因为悲观、不自信。对大环境悲观、对自己缺乏自信、对找到工作比较悲观，因为悲观，所以退缩。

悲观情绪给人造成的损害可大可小，大到可能造成财富损失，小到职场求职做出错误的决策。2008 年，我国的经济虽然遭遇了世界性的金融危机，但是总体还是处于上行阶段，2008—2012 年这段时期的 GDP 仍保持在 9%以上。在这种经济背景下，很多专家仍在极力鼓吹自己的观点——房价马上要下跌了，号召大家不要买房。接下来的几年中，房价不但没有下跌而且在持续攀升。后来，这种房价下跌的论调一再出现，房价却一再上涨。虽然这些论调每次都被现实证明是错误的，但是总有很多人无视我国经济不断增长的现实，仍旧相信这些悲观的论调，一直在苦等房价下跌之后买房，但终究没有等来房价下跌，没有跟上中国经济发展的快车，没能分享到经济增长带来的红利。虽然不可否认很多人“受人愚弄”，但是这些人的悲观思想是没能抓住机遇的重要原因，这类人的悲观可以说几乎是盲目的，他们根本没有做任何关于时局的合理分析。

在职场中，我们也常常听到关于经济形势好坏对于求职的各种影响的论调：在经济形势好时没有媒体关注；经济形势一旦稍差，很多媒体就开始争相报道，大肆渲染悲观气氛，给职场人造成不良的心理阴影，很多人不敢再换工作了。同时，很多求贤若渴的企业又招聘不到合适的人才。当然，不是所有的人都会听信这些说辞，他们依然我行我素，该辞职还辞职，该找工作还找工作，那些对自己充满信心、比较乐观的人，仍旧能够找到理想工作。可见，面对外界环境，人们的不同心态决定了做决策的基础，进而决定了最终的结果。乐观的人无所畏惧仍然能够达成自己的目的；悲观退缩的人可能做出了错误的决定，错失良机。

1.3.2 如何才能做到理性乐观

理性的乐观是指在正确判断形势和自身情况的基础上，保持积极向好的状态，认为事情总会变好，不好的事情终将过去的一种心态。践行理性乐观可以从以下三个方面入手，如图 1-9 所示。

图 1-9 践行理性乐观的三个方面

1. 正确地分析情势，认清事实真相

要做到理性乐观，首先要正确地分析情势，认清事实真相，对事情要有自己的判断。职场

中有很多人容易被两极情绪所左右，乐观时盲目乐观，悲观时盲目悲观，他们总是喜欢做情绪的“奴隶”，而没有一点点自己的分析判断力，甚至根本没有这种意识。其实，在不利的情况下，只要稍微进行一些客观理性的分析就会看清事实的真相，这样也就更容易避免做出错误的决策。

2012 年，有一件事情让我印象深刻——关于世界末日的传言。进入 2012 年，各种谣言始终不断，人们都在等待 12 月 21 日这个“终极时刻”的到来，有的人选择不信，有的人半信半疑，有的人则全然相信了。我曾经耳闻一件离谱的事情，某企业高管在北京某地自家的房子里囤积了整整一屋子的食物，以便在世界末日来临时避难。这样的事情听起来荒唐可笑，但它确实发生在我们身边，而且是发生在有一定知识和分析能力的人身上。

2. 树立长期思维

要做到理性乐观，需要有长期思维，从长远的角度来考虑问题。很多人之所以容易陷入悲观是因为没有长远的眼光，心中没有时间尺度，看问题总是被困在当下而不会想到未来。其实，生活中很多事情在当下来看是一件难事，只要稍微把时间拉长一点，拉长到一年后或者半年后，甚至仅仅一个月以后再看，就不算什么事情了。

以求职为例，很多人找工作时非常着急，一旦遇到一家公司发 Offer（录用通知），也不做认真考虑便贸然加入了。之所以这样就是因为受悲观情绪的影响，总觉得自己能力不行，担心找不到更好的公司，担心错过这家公司不会再有更好的了。求职本来是一件需要考虑长远的事情，因为加入一家公司不仅决定了你的收入水平，决定了未来 2 ~ 3 年要生活的环境，而且决定了你下一份工作的方向。但很多人却非常草率地做了决定，这是一件多么可悲的事情。很多人买东西时尚且知道货比三家，但在求职和职业发展这样的大事上居然采取了一种“随意找一家企业”的态度，实在是不可思议。

所以，在职场上，无论是求职还是规划职业方向都要树立长期思维，从长期的角度考虑问题。当你从长期的时间维度来看一件事情时便不会焦虑、匆忙，而能更加从容、理性、客观地做出正确的决策。

3. 认清悲观情绪来源，抵制悲观情绪影响

人类的天性决定了从众是不可避免的一道“魔咒”，悲观情绪又有很强的“传染性”。所以，在悲观氛围下，很多人不由自主地也会悲观。但如果我们能够做到理性一点，在悲观情绪弥漫时能够有一点定力，让自己从大环境的影响下解脱出来，认真地做一点关于形势好坏的分析，我们就会发现实际情况没有那么糟糕，事情没有那么坏。

做到理性乐观，一个重要的方面是远离悲观情绪的传染源。我们应了解媒体的特性，不要盲信不良媒体的渲染和鼓吹；我们应熟悉周边人的特点，降低他人对自己产生的消极影响。

在我们身边总有一些人天性悲观，看到不好的事情容易陷入悲观情绪中，他们不仅自己悲观，而且还成为悲观情绪的传播者，使周边的人受到影响。所以，如果我们身边出现这样的人，那么可以远离他们。如果无法远离他们，我们就要让自己产生“抗体”，以降低他们的影响。每当他们传播悲观情绪时，我们要告诫自己：不要太当回事儿。这样我们就容易摆脱悲观情绪的影响，避免让自己也陷入悲观情绪中。

第 2 章 职业定位：选择比努力更重要

2.1 修炼职业选择能力的意识与方法

2.1.1 选择比努力更重要

埋头干活时，也要时不时抬头看路。在职业道路上，努力是必须的，但选择可能更重要。

古人云："良禽择木而栖，贤臣择主而事。"这句话道出了古人仕途选择的一种智慧。如今，这句话依旧是非常普适的箴言，把它放在今天的职场上就是，选择比努力更重要。

以我个人为例，2008 年我初到北京，在完全没有认真思考的情况下，稀里糊涂地选择了传统行业，并在传统行业的不同公司里工作了多年。后来，我发现传统行业的薪资水平、职业发展同互联网行业都存在巨大差距，于是毅然转到了互联网行业。而那些曾经和我一起共事过、还在原来行业（企业）里的同事，依旧拿着增幅极小的薪水做着重复性的工作。我不禁感叹，不同的选择给个人的生活境遇和职业道路带来了如此不同的改变。

得到的专栏主理人吴军老师讲过一件关于职业选择的事，在他毕业的年代，他的师兄都去了 IBM、AT&T、微软等这些知名的大公司，而他则去了当时还很小的谷歌，没有选择那些大公司。仅仅半年后，AT&T 开始裁员，有一个曾经在 AT&T 面试他的人也去了谷歌，因此他们赶上了谷歌的快速发展时代，并抓住了公司上市的良好机遇。

这个案例其实可以投射到每个职场人身上，从毕业时选择一个什么样的行业、选择一家什么样的公司开始，便决定了未来几年每个人不同的职业发展状况和生活境遇。

本书会讲很多关于选择的话题：如何选择未来生活的城市，如何选择自己的职业，如何选择计划从事的行业，如何选择一家公司，如何选择自己的直接上级……这些话题的目的都是希望帮助职场人能够在职业道路上做出更好的选择。但**我认为最重要的是给大家强化这种意识和观念：选择比努力更重要！大家一定要有做更好选择的意识，尤其是职业生涯这样的人生大事，不能稀里糊涂。**

吴伯凡老师说：奋斗要先搞清楚自己站在一个什么样的扶梯上，如果扶梯是向下走的，你的奋斗会是一件很郁闷的事情。

仍以我个人为例。在我中学毕业的年代，毕业升学流行的并不是考高中、上大学。很多人，尤其是学习好的人，优先选择是考中专，然后毕业分配工作。

当时我们那一届年级前 10 名的同学基本都读了中专，随后的一年，大家纷纷选择读高中，而不再读中专。我因为疾病休学，晚一年参加中考，自然而然读了高中，后来有机会上了大学。

很多年来，我一直在比较这两拨人的处境和状况：那些当年学习成绩优异、读了中专的同学，完全消失在了我的视野中，再也很少遇到，但我知道他们基本没有几个人的工作地域是超出省内的。那些第二年一起读高中、考大学的同学，如今大部分在全国一二线城市工作，他们所处的社会阶层及各自的经济条件，普遍要比读中专的同学好。

这就是不同的选择造成的人生结果。当然，我的机遇并不完全是主动选择的结果，更有一些运气的成分，但我前一年成绩优秀的那些同学的处境都是自己或父母帮忙选择的结果。

其实，在日常生活中，我们无时无刻不在面临各种各样的选择并据此做出决策。例如，最简单的每天接触到的信息，每个人选择看哪些来源的信息都可能会给自己的职业和人生造成不同的影响。

过去十年中有一个话题始终能够刺激到人们的神经——“房产泡沫论”。如果选择相信房产泡沫，对于各种缺乏逻辑的观点听之信之，那么会坚定人们的错误信念——房产有泡沫，买房子是要吃亏的。

相反，如果选择一些真正有见地的学者的建议，如北京大学国家发展研究院徐远教授的见解，你就会明白房价上涨是因为我国经济持续增长，国家对房地产的调控是要调控房价上涨的速度，而不是房价的水平。当明白了这一点之后，你就会做出正确的选择。对于这一点，很多“80 后”应该深有体会。

北京大学的金融学教授唐涯在她的得到专栏课中做过以下这样一个假设：假设你 2007 年毕

业有 10 万元，你的花钱决策将会产生截然不同的结果。你可以吃吃喝喝把它花掉，也可以进行投资理财。

如果你把 10 万元存银行，假设按照 5 年期定期存款的利率为 5.85%，那么 10 年后你得到的本息约为 18 万元。

如果你买股票，假设买的是中石油，那么如今你仅剩下 4 万元；如果你买的是腾讯的股票，那么目前你拥有 360 万元。

如果你当时在北京某区付首付买一套 30 多平方米的房子，那么如今你的财富约为 300 多万元。

通过这个例子也能看出，不同的选择会给一个人的生活带来差异巨大的结果。

回归到职业发展的各种选择上，如果你希望自己的职业之路能够更加精彩，那么在与你的职业生涯相关的关键选择的多维度考虑方面，需要考虑得更加认真一些，这样才能做出更好的选择，如图 2-1 所示。

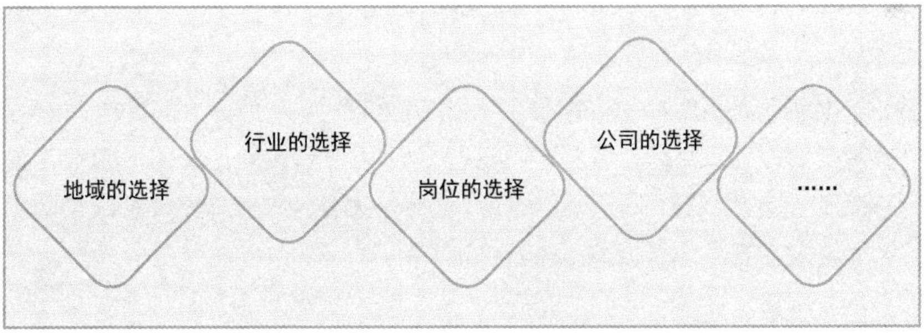

图 2-1　职业选择的多维度考虑方面

- 在地域的选择上，尽可能选择一线或二线城市。
- 在行业的选择上，尽可能选择与互联网相关的朝阳行业，而不是已经非常成熟的夕阳行业。
- 在岗位的选择上，尽量选择互联网公司的一些前景岗位，如产品、运营、开发等。而不是一些收入水平相对不高的岗位，如会计、出纳、客服等。
- 在公司的选择上，职业早期尽量选择一个高速发展的公司，或者发展速度较快的互联网知名公司，而不是一个非常成熟但已经机制僵化的公司。

最后再次强调：职业路上，选择比努力更重要！

2.1.2 如何修炼选择的意识

在求职时，你首先需要注意的是在行业、工作城市、具体岗位、上级等很多方面都要有选择的意识，不要仅仅从单一的维度做选择，而要从多维的视角来选择。要增强自己选择的意识，你可以在反思自己的经验中通过刻意练习来增强，也可以通过建立自己的意识清单来强化。

1. 什么是意识

在工作中我曾经多次犯过同样的错误，事后反思时不禁产生了疑惑：“我为什么会在同一个地方摔倒？”结果发现，这是因为我忘记了做这些事情最重要的原则和方法，而忘记的原因是没有建立相应的意识。

例如，在解决问题时，我往往容易从问题快速进入寻找解决方案的阶段，但实际上，更为重要的是应从分析问题开始，把问题分析透彻，解决方案自然就形成了。这里的“从分析问题开始”就是一个极为重要的意识。

在哲学课程中，我们学习过物质和意识，意识是指客观事物在人脑中的反映。但本节中所说的意识并不是这个意思。

本节中的“意识”是指面对一件事情时，先于其他想法想到的更为重要的、根本性的问题。例如，在决定是否做一件事情时，你是否能够优先问自己“目的是什么”，这就是一种重要的意识。是否能够问自己这个问题并进行认真思考，在很大程度上决定了最终的决策质量和事情的结局。

2. 选择的意识

当你求职时，会想到哪些问题呢？

- 会想到考察行业问题吗？
- 会想到在地域或城市问题上应进行深入思考吗？
- 会想到在具体岗位方面应进行认真选择吗？
- 会想到要对公司管理人员进行认真考察吗？
- 会想到要考虑公司的业务类型吗？

能够在求职时想到上述这些问题就是有选择意识的表现。如果没有想到这些问题，那么你对求职的规划就可能是不全面的。只有对行业、城市、岗位、公司领导、公司的业务类型等方面进行全面充分的考虑，才能说是认真考虑了求职这件事。

回想一下当你毕业找第一份工作时，是否认真考虑过要去哪个城市工作？你的决策依据是什么？有没有考虑过不同的城市有什么优劣势？以及在此基础上到底哪座城市才适合自己？

在 2007 年我毕业时，周边很多人的选择策略无外乎在学校所在地工作或者回老家求职，可能还会有一类人选择跟随同学一起去一个大城市工作，但这几种选择方法显然是有缺陷的。所以，后来出现的情况是：有些跟风去了大城市的人，工作几年后无法适应，选择回到了老家；有些毕业后直接回老家工作的人，在经过几年平淡的生活后，又会感叹自己当初没有在大城市拼搏一次。

其实，无论是在老家工作也好，还是在毕业学校所在地工作也好，或者在其他城市工作也好，只要是自己认真考虑做出的选择就无可非议，这不存在绝对的好坏对错，每个人有自己的价值判断标准和生活的要求。关键的问题是你所选择的城市是自己真心喜欢的地方吗？是自己认真思考所做出的决定吗？如果不是，问题很可能就出在根源上：当初没有启动选择的意识。可能是选择的意识不强，也可能是完全没有选择的意识，没有想到自己应该在城市选择这个问题上深入探究下去。

当你没有意识到要在工作城市这个问题上深入思考下去时，就不会考虑应该从哪几个维度去考察一座城市，进而在这些维度的基础上把哪几座城市作为备选项。

所以，选择的意识会影响求职考虑的全面性。而缺乏全面性的考虑，极大概率会给自己的职业道路埋下很多“坑”，从而在职业道路前进过程中出现各种各样的问题，最终影响正常的职业发展道路。

3．增强自己选择的意识的方法

遗忘是人的天性，尤其是面对不经常做的决策、不经常遇到的事情。在下次面对时总是会忘记在应对这些事情时需要优先启动的意识。那么怎样才能增强自己选择的意识呢？

图 2-2 所示为增强自己选择的意识的两种方法。

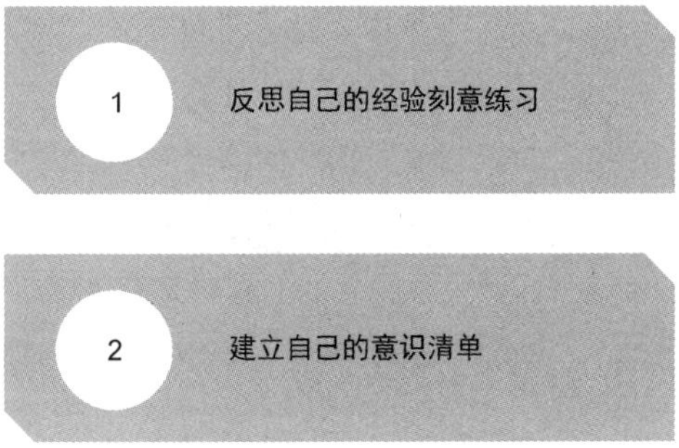

图 2-2　增强自己选择的意识的两种方法

（1）在反思自己的经验中通过刻意练习来增强

首先，意识的增强需要刻意练习。那些我们经历过的事情，要经常进行反思和复盘，那些在决策中被我们遗漏的重要方面，就是下次决策必定需要意识到的方面。没有反思，下次可能还是无法意识到那些重要的决策方面。所以，反思是增强自己意识的一个重要方式。

选择的意识也是一样。当你进入一家公司，经过一段时间的工作后要回过头来反思当初自己的选择，这时候你很可能会发现有些问题就是由于当初没有意识到，导致自己在当下的职业路径上有一些不如意的地方。因为这种意识的忽略而产生的不良后果会活生生地摆在自己的面前，所以这些事件中的经验就会深深地植入自己的脑海中，当下一次面临同样问题时，很可能就会更容易启动相应的意识。

例如，在你进入某一家公司时，只是看到这家公司在窗明几净的写字楼中办公，薪资水平也不错，上级也很好，但这家公司所在的行业却已经日薄西山。因为其他方面太好了，以至于你会忘记对行业领域的考察，结果三年以后这家公司快速没落，你的工作经验在行业之外的适用性很低，跨行业找工作面临不小的挑战。这种惨痛的记忆太深刻了，下一次求职时，你必然会优先考察行业的问题，这就是一种被动性的意识的增强。

但意识的增强不能都靠自己经历之后的反思才能获得，如果我们把所有的事情都经历一遍才能积累这些意识，那代价和成本都太高了。

（2）建立自己的意识清单

我们可以通过经验的积累和传承复用别人的经验，所以增强意识的第二种方法是主动建立自己的意识清单，把别人的经验放进自己的意识清单中。

一种意识要深深地植入自己的脑海中，在每次遇到问题时都能想到是一件不容易的事情。所以，建立意识清单是一种非常不错的方法。我们可以把面对特定类问题时需要优先启动的意识全部列在清单上，保存在一个笔记本电脑中，以后遇到类似问题时，直接拿出清单来快速查阅即可。

例如，在做产品工作和运营工作中，我们可以积累关于发现问题的意识清单，如图 2-3 所示，其中包括反思复盘、数据分析、流程再梳理、善用周边的资源、反复使用与体验等相关内容。有了这个意识清单，我们在解决工作中一些棘手的问题时就有了至少五个方向（路径），不会面对问题再无从下手。

清单：发现问题的意识清单

- [ ] 反思复盘
- [x] 数据分析
- [ ] 流程再梳理
- [ ] 善用周边的资源
- [ ] 反复使用与体验

图 2-3　发现问题的意识清单

2.1.3　人生选择决策的简单方法：利弊分析法

当遇到那些相对比较重要的人生选择时，不要简单地依赖自己的直觉进行判断，我们可以尝试采用利弊分析的方法，运用理性思维帮助自己做出更好的决策。

2017 年冬天，我给母校的学弟、学妹做求职分享，有一个学弟跟我说："学长，我现在特别纠结，现在已经大三了，不想考研，想毕业后立即找工作。但看着别的同学都在考研，我又特别担心，如果他们都考上研究生了，只有我一个人没考又会觉得不甘心。你看我应该怎么办？"

你是否曾经遇到过类似的困境？当遇到这种两难问题时你会怎样抉择？

决策无处不在。无论在日常生活中还是在整个人生中，我们会经常面临很多大大小小的决策。小到决定中午吃什么，周末去哪里玩，换季要买什么衣服，手机该买哪个品牌；大到毕业后考研还是工作，如何在两份心仪的工作之间选择，选择在哪个城市生活，买什么品牌的汽车，在哪里买房，选择和一个什么样的人结婚生活等。

和很多人一样，以前当我遇到类似情形时往往依赖直觉，或者经过简单思考便草草做了决定。

对于生活中的小事情，这种决策方式可能没有问题。但当面对是考研还是工作，从事什么样的职业这种人生重大决定时，我们还能那样随意和敷衍吗？

讲一个我自己的例子，在长达数年的工作经历中，关于求职与面试，我做出了很多错误的决策，以至于职业之路一波三折。

例如，在当初找第一份工作时，我的决策简直糟糕得一塌糊涂。当时，我想快速赚钱，觉得只有销售能够快速赚钱，才有在北京立足的可能，而其他的岗位赚钱都很慢。所以，第一份工作我选择了房产中介这样一个看似能够"赚大钱"的职业，但这份工作并没有让我赚到钱，对于后来的职业成长也几乎没有任何帮助。

实际上，在多年后我发现很多岗位只要付出努力，有合适的发展机遇，随着时间的积累，就可以达到一个较好的收入水平。那么当初我决策的失误在哪里呢？

第一是信息不对称，不了解工作中到底有多少个工种，对于各个岗位到底是做什么的、将来能够有怎样的职业发展并不清楚。

第二是非常短视，只看到眼前可能会拿到不错的佣金提成，却没有考虑 5 年后、10 年后长期职业道路该怎样走的问题。

当然，这些只是问题的一方面，更大的错误在于：我只是在用“窄框架思维”思考，而不是用“宽框架思维”思考。或者说我只是基于自己的直觉思维在思考，而没有动用理性思维在思考。窄框架思维和宽框架思维如图 2-4 所示。

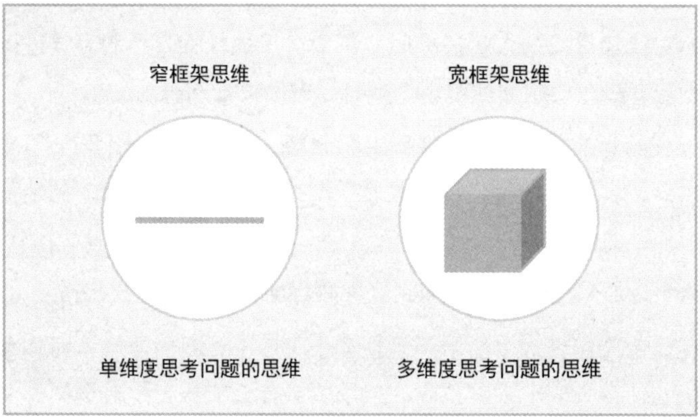

图 2-4　窄框架思维和宽框架思维

窄框架思维是片面思考的思维，是指在思考过程中只是考虑问题的一两个维度，而且总是想把自己的思维引导到自己期望的那个方向。相反，宽框架思维是指在考虑一件事情时，充分考虑问题的多个维度，尽量抑制自己的强烈感情对事情的判断和决策产生影响。

利弊分析法便是一种宽框架、基于理性思维的工具，它能够让我们走出仅仅依赖一两个因素进行直觉判断的陷阱，从而做出更优质的决策。

1. 为什么要使用利弊分析法

请仔细看一下图 2-5，看完之后先停顿片刻再回答一个问题：你认为这两条线段哪个更长？

很多人第一眼会觉得下面的线段更长。但如果你拿尺子量一下，会发现它们实际上一样长。这张图叫缪勒莱耶错觉图。为什么我们会产生这种错觉呢？

著名的诺贝尔经济学奖获得者丹尼尔·卡尼曼在《思考，快与慢》这本书中引用了心理学家斯坦诺维奇的大脑双系统理论，指出人类的大脑同时运行着两个系统。

- 系统 1 的运行是无意识且快速的，不怎么费脑力，没有感觉，完全处于自主控制状态。
- 系统 2 的运行则是将注意力转移到需要费脑力的大脑活动上来，如复杂的运算。①

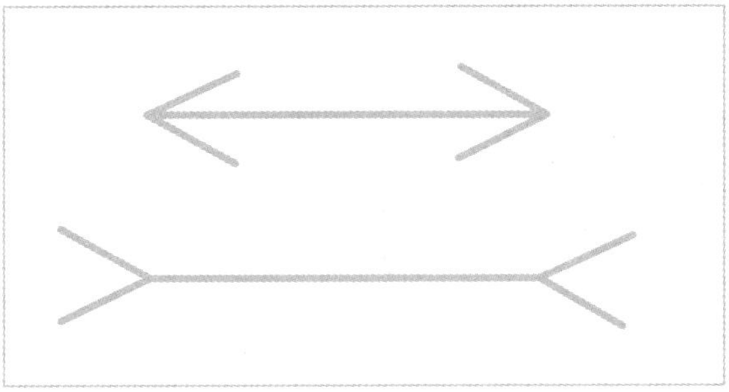

图 2-5　缪勒莱耶错觉图

这里可以把系统 1 简单理解为人类的“直觉思维”，而把系统 2 简单理解为“理性思维”。在我们进行思考时，直觉思维优先处理思维活动，理性思维监控直觉思维。但理性思维是“懒惰”的，当直觉思维无法解决问题时，理性思维才会出来“帮忙”。

举一个例子，当我们算一个简单的算式时，如 9×9，直觉思维马上会告诉我们答案是 81，但如果算的是 99×99 呢？这时候直觉思维无法马上告诉我们答案，理性思维“出马”了，它会提示我们使用笔或者计算器算一下，进而算出答案是 9801。

在大多数的认知、思考和决策中，我们更多使用的是直觉思维而不是理性思维，所以才会出现对图 2-5 判断错误的情况。可见，直觉思维并不可靠。

正如上面提到的，当我找第一份工作时只是让直觉思维帮我进行了简单的思考——仅仅觉得销售能赚钱这样一个因素，并没有进行其他更多的考虑。可想而知这样仅仅考虑一个维度的思考，决策质量会有多差，使用这样的决策方法是多么不明智。

所以，在面对一个重要选择时，如果我们只是让直觉去思考，并不能考虑更加全面的因素，但如果我们拿出笔写一下利弊因素并进行简单的评估，就会思考得更加全面。

2. 如何使用利弊分析法

利弊分析法其实是一种极其简单但也非常有效的方法。用过得到 App 的同学可能知道万维

---

① 丹尼尔·卡尼曼著. 思考，快与慢[M]. 北京：中信出版社. 2012：4–5.

钢—— 一位物理学家、科学作家。他在得到《精英日课》专栏中提到这一方法可能源于美国国父本杰明 · 富兰克林，富兰克林把这种方法叫作“道德算法”。[①]

富兰克林通常的做法是：找一张纸，中间画一条竖线，在竖线左边写下做这件事的理由，在竖线右边写下不做这件事的理由。所有理由写好之后，再权衡两边的理由。如果有两个对立的理由重要性对等，那就把它们都划掉，这样划掉一些后，最后剩下的理由中，哪边多则选择哪边。

实际上，道德算法的核心是探索一个选项对决策者的利弊，然后做出决定。根据这种方法，我梳理出一个更加具体、更具操作性的方法——利弊分析法。

利弊分析法的步骤如下所述。

第一步，画表格。

画一个 N 行×5 列的优劣势表格，如表 2-1 所示。

表 2-1　优劣势表格

序　号	优　势		劣　势	
	内　容	是否看重	内　容	是否看重
1				
2				
3				
4				
5				
6				
…				

第二步，列因素（重要）。

列出这一选择的优点和缺陷，目的是尽可能全面地考虑决策的因素，避免自己被一两个有利的因素所诱导而忽视其他的重要因素，这在行为经济学中叫作“可得性偏见”。决策要尽量避免这种偏见的发生和影响。

这一步骤是最重要的步骤，也是最难的步骤，因为它涉及信息量的问题。当我们做一个决策时信息总是不够，所以这里的建议是首先列出自己能够想到的因素，想不出来再通过搜索引擎搜索，或者到一些垂直的知识问答社区（如知乎）去搜索，当然也可以寻找对这一主题了解得比较通透、深入的人进行咨询。

---

① 万维钢. 万维钢精英日课. 得到专栏.

另外，需要注意的是，因素数量的多少并不是最重要的，关键在于列出要考虑的核心因素。初次使用这种方法时可能会觉得比较难，多练习几次之后就会应用自如。

第三步，审核因素。

对每个因素的优点和缺点进行逐项确认，看是不是自己看重的。如果是自己看重的则打钩，如果不是自己看重的便放弃。如此对所有因素进行一一审视。

第四步，得出结论做决策。

通过多次审视，汇总优势和劣势两列中自己选择的因素数量，然后进行比较。如果优势因素打钩更多，则肯定这一决策；如果劣势因素打钩更多，则否定这一决策。

上面的说法还是比较抽象的，下面以“是否要尽快参加工作”为例进行详细的讲解。

第一步，画表格。

参照表 2-1，画出“是否要尽快参加工作”的优劣势表格。

第二步，列因素。

列出你认为尽快工作可能带来的有利和不利的方面。我自己的思考如表 2-2 所示。

表 2-2　“是否要尽快参加工作”的优劣势表格

序　号	优　势		劣　势	
	内　容	是否看重	内　容	是否看重
1	能够马上开始赚钱养活自己		学校不出名，或学历低、起薪低	
2	能够尽早积累工作经验		同样一个岗位可能竞争力不及研究生	
3	抓住一些行业早期的“风口”		将来可能还需要考研，届时精力不济	
4	碰到一些历史难得的机遇		工资增长幅度慢	
5				
6				

第三步，逐个审核因素。

假如回到多年以前的场景，结合我自己当时的情况，我会认为自己更加看重打钩的这些因素，如表 2-3 所示。

表 2-3　逐个审核因素

序　号	优　势		劣　势	
	内　容	是否看重	内　容	是否看重
1	能够马上开始赚钱养活自己	√	学校不出名，或学历低、起薪低	
2	能够尽早积累工作经验	√	同样一个岗位可能竞争力不及研究生	√
3	抓住一些行业早期的“风口”		将来可能还需要考研，届时精力不济	
4	碰到一些历史难得的机遇	√	工资增长幅度慢	√
5				
6				

第四步，得出结论。

经过上面三步可以得出一个结论——先工作对于彼时的自己来说是一个更优的选择。所以，我的选择是先参加工作。

当然，这里列出的因素和每个人做同样决策列出的因素可能不太一样，这是一个主观判断加客观因素综合评估的过程，每个人的考虑因素会有很大的差异。重要的不是这些因素对你有没有价值，而是更希望你能学会使用这种方法，在遇到问题时有意识地去使用这种利弊决策的分析方法。

3. 利弊分析法的适用性

任何一种理论、工具、方法都有其适用范围。那么，利弊分析法的适用性在哪里？根据我个人的实践经验来看，主要在于两点。

（1）适合大决策而不是小决策

对于人生中重要的决策，如买房、买车、找工作等这些重大的决策要尽量使用利弊分析法。

原因有以下两点。第一，因为这些事件对于我们的人生有着至关重要的意义，一旦做出质量差的决策，势必会影响我们的人生发展。第二，人生中越是重大的决策，做决策的机会越少，而做决策的机会越少，则越不擅长做出好的决策。例如，买房、买车、高考后填报志愿这样的决策，一生中就那么一两次，如果仅仅凭借直觉决策，而不采用有效的决策方法，那么决策的质量一定不高。所以，在这些决策上适合用利弊分析法进行权衡，从两难困境中找到更好的出路。相反，如前面提到的吃饭、买东西这些小事则不需要这么麻烦，使用简单的决策方法即可。

（2）适合工作中的方案决策

在工作中，我们常常面临要给上级提交各种方案的情形，这时候一定不要给上级只提供一个方案，因为你提供的单一方案一定不是最好的方案。两个方案至少还可以让上级有权衡的空间，单一方案如果被否定只能重新再做新的方案，而新的方案讨论又需要再走一遍流程，这样容易浪费时间、拖延工作的进度。

如果你只给上级一个方案，那潜在的含义是：这个方案是唯一的方案，我觉得必须这样做。换位思考一下，如果你是领导，会喜欢这样的下属吗？

顺便说一下，提交备选方案时要进行有效的表述，不应该只告诉上级你有两个方案：领导，这是两个方案，您看哪个合适？而应该陈述利弊跟上级这样说：关于这件事情有两个方案，方案一是……，它的优点是……，弊端是……，方案二是……，它的优点是……，缺点是……，综合来看，我觉得方案一更好一点，您怎么看？

如果你采用第二种策略和上级沟通，不仅让上级觉得你是一个有想法的下属，而且觉得你是认真对待这件事情的。即使你的两个方案可能都不一定合适，领导也会给你积极的评价，对你刮目相看。

2.1.4　人生选择决策的高级方法：因素加权法

在做重大决策时，除了运用利弊分析法，我们还可以使用因素加权法。在这种方法中，通过定义问题、因素穷举、因素赋权、计算得分四个步骤，我们可以更加客观理性地做出一些重大决策，从而尽可能避免依赖直觉。

我曾接到一位大三同学的咨询，她曾尝试使用利弊分析法来解决自己的困惑——毕业后到底是选择财务岗位，还是选择互联网运营岗位。她按照这个方法操作之后，还是无法进行有效的决策。表 2-4 所示为这位同学列出的相关问题决策因素。

表 2-4　咨询者列出的相关问题决策因素

财务岗位	
选择的理由	**不选择的理由**
比较稳定	自己专业程度不够，转行困难
专业性强	现在没有初级会计证，几乎找不到合适的工作
可以学习更多财经类知识	工作繁重，责任大

续表

财务岗位	
选择的理由	**不选择的理由**
符合自己的特性	注册会计师难考
工作机会多	
工资高（如果考下来注册会计师的话）	
互联网运营岗位	
选择的理由	**不选择的理由**
门槛相对低，好就业	小城市机会少
求职时竞争稍小（可能也不小）	自己的思维不活跃
企业氛围活跃	工作琐碎
工资高	变化快，不太稳定
时代趋势	
能学到一些通用的知识	

利弊分析法在实际的操作使用过程中的优点是极为方便易行，但也有缺陷——它主要根据比较因素的数量多少来做出决策，对于各个因素的权重没有加以考虑。

实际上，我们在做决策时对于不同因素的重视程度是不一样的，有的因素我们比较看重，而有的因素我们并不太看重。由于利弊分析法赋予每个因素相同的权重，因此很容易让我们忽视那些重要因素的价值。

为了降低这种缺陷的影响，我们需要找到一种更好的方法，把因素的权重考虑进去。这种方法就是因素加权法。

因素加权法，简单说就是通过对决策的影响因素赋予权重，并计算不同选项（如财务岗位和互联网运营岗位）在各个因素上的加权分，以此计算出这个选项的总分，最后用总分来判断两个选项孰优孰劣的一种方法。因素加权法与利弊分析法相比更大的优点是把因素进行分值化，通过精确的数值直接决策，进一步弱化了感觉的影响。

这种方法来自青年心理学者采铜的《精进：如何成为一个很厉害的人》一书。他把这种方法称之为“维度分析法”。为什么要在抉择时采用这样一种复杂的方法呢?

采铜认为：维度分析法是一种可执行的方法，它的优点是把人们隐性的思维外显化了。①其实，即使没有采用这种方法，我们也能做出各种各样的人生决策，但那种决策都是随意的、感性的、片面的；如果采用了这种方法，决策的质量就会大为不同。

① 采铜. 精进：如何成为一个很厉害的人[M]. 南京：江苏凤凰文艺出版社，2016：60-65.

因素加权法的操作步骤一般包括四步，如图 2-6 所示。

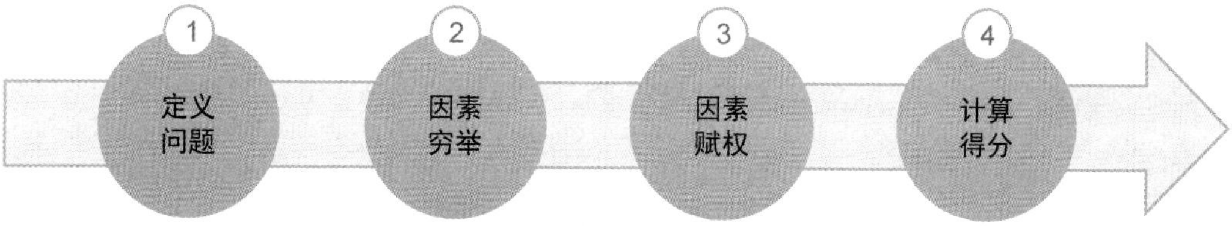

图 2-6　因素加权法的操作步骤

1. 定义问题

定义问题是指仔细分析自己面对的问题特性，进一步理解所面对问题的本质。例如，前面提到的那位同学咨询的问题——“选择财务岗位还是选择互联网运营岗位”，这个问题的本质是什么？其实，经过分析后会发现，这个问题实际上是考虑自己到底想要过什么样的生活：是选择过一种繁忙充实的大城市生活，还是选择过一种安逸轻松的小城市生活；是选择过一种自我拼搏奋斗的生活，还是选择过一种按部就班容易满足的生活。

当然，这个问题的本质不是一眼就能看透的，或者灵光闪现就能想出来的，需要进行具体深入的分析。我们一般可以使用拆解思维对这个问题表述中的关键词进行拆解研究，以此来发现问题的本质。

例如，那位同学的选择困境中的两个核心关键词是财务岗位和互联网运营岗位。针对这两个关键词，我们可以这样发问：

- 财务部门具体有哪些岗位？主要工作内容包括哪些？
- 互联网运营部门具体有哪些岗位？主要工作内容包括哪些？
- 财务人员的日常工作状态是什么样子的？
- 互联网运营人员的日常工作状态是什么样子的？
- 这两种岗位的升迁路径是什么？
- 薪资情况是怎样的？

通过这些具体的问题我们会发现，其实这个问题看似是选择什么岗位的问题，实际上是选择什么生活的问题。这就是拆解思维发现问题本质的过程。

有的人可能会说，我提不出这么多具体的问题怎么办？

这里介绍一种思维工具——黄金思维（What、How、Why），即这是什么？它怎么做？为什么会是这样？

具体到那位同学的问题就是要问：财务岗位的工作是什么？它是怎样进行的？互联网运营岗位的工作是什么？它是怎样进行的？为什么会是这样？

任何工作（财务岗位或互联网运营岗位）都必然包含两个因素——人和工作任务，工作就是这两者之间的交互。所以，当问 What 时，不仅要针对人更要针对事。例如，事情都是什么样的事情？人需要什么样的人？同样，当问 How 时，也要同时针对人和事，事情一般都是怎样进行的？人是怎样做事情的？

当对分析的对象——财务岗位和互联网运营岗位这两个关键词从 What、How、Why 这三个维度不断地发问并能回答这些问题时，我们便能够进一步对“选择财务岗位还是选择互联网运营岗位”这个问题进行更加深入的分析。

其实上面的拆解过程已经完成了四个步骤中的两步，在这个过程中，我们不仅看清了这个问题的本质，而且也拆解出了一些关于如何选择这两个岗位的因素。在此基础上第二步的“因素穷举”就会更容易。

2. 因素穷举

因素穷举是指在分析两个选项时（如财务岗位和互联网运营岗位），需要分别考虑哪些因素，把这些因素一一列出进行两两比较。

例如，在那位同学的案例中，她从选择的理由和不选择的理由两个维度进行因素穷举，选了一些自己认为有利的因素和不利的因素。

为了便于讲解这种方法，我们可以把这些决策因素进行汇总整理，如表 2-5 所示。

表 2-5　决策因素汇总

项目（因素）	财 务 岗 位	互联网运营岗位
稳定性	比较稳定	变化快，不太稳定
专业性	专业性强，自己专业性不够	专业性强，自己专业程度不够
可学习机会	可以学习更多财经知识	可以学习其他的专业知识
个人特性相符性	符合自己的特性	自己的思维不活跃，可能不符合自己的特性
工作机会与求职压力	工作机会多	求职压力小（也可能不小）
工资水平	工资高（如果考下来注册会计师的话）	前景行业，工资高
入行难易	自己专业程度不够，入行难	虽然专业相关性不强，但是入行不难

续表

项目（因素）	财 务 岗 位	互联网运营岗位
进入门槛	注册会计师难考，目前没有初级会计证，几乎找不到合适的工作	不需要证书
工作压力	工作繁重，责任大	工作琐碎
工作氛围	相对枯燥、压抑	企业氛围活跃
工作机会	每个企业仅有数个岗位	小城市机会少

注：为了对比的均衡性，因素有增补。

到了这一步，两个岗位的利弊对比其实已经比较明晰了，但正如那位同学存在的困惑，即使比较多次也仍然无法选出到底适合哪个岗位，因为始终无法摆脱自己直观感觉的影响。这就需要下面两个步骤了。

3. 因素赋权

因素赋权是指给列举的各个因素赋予一个权重数值，以数字的形式来量化该因素的重要性。

为什么要进行因素赋权？因为因素的重要程度并不相同，为因素赋予权重后可以保证在进行加权计算得分时，各个因素仍保持与各自相匹配的权重。

因素赋权的具体做法与原则：列举的因素中你认为重要的因素赋予高权重百分比；列举的因素中你认为不重要的因素，或者负面的因素，赋予低权重百分比；所有列举的因素的权重百分比加总后正好等于 100%。

例如，你认为一份工作的稳定性对自己来说并不是最重要的，可以赋予一个较低的权重百分比，如 5%；相反，工资水平在你看来是比较重要的，那就赋予一个较高的权重百分比，如 15%。表 2-6 是我赋予各个因素的权重百分比。

表 2-6　各个因素的权重百分比

项目（因素）	权　重
稳定性	5%
专业性	5%
可学习机会	15%
个人特性相符性	10%
工作机会与求职压力	5%
工资水平	15%
入行难易	5%

续表

项目（因素）	权　重
进入门槛	10%
工作压力	10%
工作氛围	10%
工作机会	10%
合　计	100%

4. 计算得分

第四步要做的工作是对两个比较的选项（如财务岗位和互联网运营岗位）在各个因素（如稳定性、专业性等）上的表现估计一个得分值，并且与该因素的权重百分比相乘，这样可得到该选项（如财务岗位）在特定因素（如稳定性）上的加权分，然后把该选项在所有因素上的加权分相加，便得到两个选项各自的加权分，对两个选项的加权总分进行比较即可做出选择，如表 2-7 所示。

需要说明的是，这里的满分设置为 10 分制、5 分制或者 100 分制均可。表 2-7 中设置为 10 分制。

表 2-7　计算得分

项目（因素）	权重	财务岗位			互联网运营岗位		
		因素描述	得分	加权分	因素描述	得分	加权分
稳定性	5%	比较稳定	8	0.40	变化快，不太稳定	5	0.25
专业性	5%	专业性强，自己专业性不够	5	0.25	专业性强，自己专业程度不够	5	0.25
可学习机会	15%	可以学习更多财经知识	5	0.75	可以学习其他的专业知识	5	0.75
个人特性相符性	10%	符合自己的特性	7	0.70	自己的思维不活跃，可能不符合自己的特性	4	0.40
工作机会与求职压力	5%	工作机会多	8	0.40	求职压力小（也可能不小）	7	0.35
工资水平	15%	工资高（如果考下来注册会计师的话）	9	1.35	前景行业，工资高	9	1.35
入行难易	5%	自己专业程度不够，入行难	3	0.15	虽然专业相关性不强，但是入行不难	6	0.30

续表

项目（因素）	权重	财务岗位			互联网运营岗位		
		因素描述	得分	加权分	因素描述	得分	加权分
进入门槛	10%	注册会计师难考，目前没有初级会计证，几乎找不到合适的工作	3	0.30	不需要证书	8	0.80
工作压力	10%	工作繁重，责任大	4	0.40	工作琐碎	5	0.50
工作氛围	10%	相对枯燥、压抑	4	0.40	企业氛围活跃	7	0.70
工作机会	10%	每个企业仅有数个岗位	4	0.40	小城市机会少	5	0.50
合　计	100%	—	—	5.50	—	—	6.15

注：加权分=得分×权重。

在这个步骤中，对因素估分的过程中应注意两点。

第一，估分要结合实际客观情况评估。

在对不同岗位对应的同一个因素进行估分时，要结合这个因素的实际情况进行尽可能客观的评估。例如，财务岗位的稳定性是不是真的比较稳定，需要结合实际经验来评估，这方面可以咨询他人，也可以通过网络搜索、查询相关资料后评估。

第二，对两个选项的同一个因素估分应对比进行。

例如，对财务岗位和互联网运营岗位两个选项在稳定性上的评估要对比进行。对于财务岗位来说，确实相对而言比较稳定一点，因此它的得分就会高一些（8 分）；互联网运营岗位相对而言稳定性差一些，因此它的得分就会低一些（5 分）。

需要说明的是，在第三步和第四步中，对于因素赋权和给不同岗位对应的同一个因素估分，每个人在赋权时，对应不同因素的重要性评估并不相同，使得最终计算出的总分必然和别人不同。所以，在本节中列出因素和计算出分数并不是最重要的，最重要的是学会因素加权法这种决策方法。

利弊分析法和因素加权法有它们各自的优缺点和适用范围，如表 2-8 所示。

表 2-8　利弊分析法和因素加权法的优缺点和适用范围

特点 \ 方法名称	利弊分析法	因素加权法
优点	简便易行	判断的依据是基于一个数值，非常可靠

续表

特点 \ 方法名称	利弊分析法	因素加权法
缺点	没有对不同因素区分权重	操作过程相对复杂
适用范围	适用于一些相对次要的决策，或者决策面临的时间比较紧迫	适用于一些非常重大的决策

2.2 如何选择适合自己的职业

2.2.1 专业与职业的关系

关于大学专业和职业的关系，要从时间维度上来看。从短期来看，虽然专业和职业之间并没有太大的关系，但是从长期来看，专业和职业之间有很大的关系，大学专业的学科思维和框架体系对于解决一些复杂问题会有启发和指导意义。

很多人工作后可能会有这样的困惑：

“大学学了四年的专业到底有啥用？似乎对现在的工作一点忙都帮不上。”

“既然所学专业对工作没有用处，当初为什么白白浪费四年的青春上大学呢？”

“为什么当初不应该早点去社会上闯荡江湖？”

……

很多人在求职过程中往往会发现自己的专业很难找到“对口”的工作。工科类的同学相对还好，专业和工作的匹配性会高一些，但文科类和理科类的同学就没有那么幸运了，毕业后很难找到“对口”的工作。于是很多人感叹：早知道大学所学的专业和工作没有太大关系，大学期间就不该拼死拼活地学习专业知识！

其实，大学的很多专业和职业之间很难找到一一对应的关系。尤其是在如今新技术日新月异、社会环境快速变化的情况下，强求专业和职业的匹配性是不切实际的。

企业在这方面倒是比较务实的，在招聘过程中很多工作对于专业背景其实考虑得很少，尤其是中小型企业和互联网企业中的大部分岗位。因为很多岗位都是随着业务扩展不断衍生出来的，大学没有开设这样的课程，如果要强求这样的匹配关系，可能根本就招聘不到合适的人选。

但因此就完全否定大学专业课程的价值吗？

我也曾困惑于专业和职业之间的关系问题，不过，后来经过自己不断观察和思考，我觉得对待这个问题需要从时间维度上来看。我们可以从短期和长期这两个维度来看待这件事。

1. 专业和职业从短期来看相关性不大

从短期来看，很多的专业和职业之间并没有直接的关系。大学开设的课程非常多，社会上的岗位也非常多，这两者之间并没有必然对应的关系。只有少部分实践性非常强的学科，如计算机专业、建筑专业、法学、医学等一些专业的毕业生，在毕业之后可能会找到所谓“对口”的工作。对于大部分学科，尤其是人文学科类的专业来讲，基本没有所谓“对口”的工作。在互联网领域中这种情况尤其普遍，除了开发类的大部分岗位，其他岗位几乎很难和大学所学的专业找到匹配关系。

所以，对于找工作来说，很多时候是在做多选题而不是连线题，我们需要从很多的可能选项中寻找一个相对最适合的选项作为自己的职业。所以，不要强求专业和职业之间的一一对应关系。

在互联网企业里面有一个岗位——产品经理，这个岗位至今还很少有学校开设相关课程，企业如何去找对口专业的人呢？实际的情况是，在企业中产品经理这个岗位的应聘者来源极其庞杂，有学计算机的、有学会计的、有学通信工程的、有学社会学的、有学土木工程的等。所以，在互联网领域求职不必过多考虑专业背景的问题。

从企业的角度来看，企业存在的主要目的是获取利润而不是进行学术研究，它要的是一个做事能力强的人，尤其是招聘的应届毕业生，更加看重这个人的个人能力（如做事能力、执行能力），而不是学了什么专业。

那么，在职场中个人能力体现在哪些方面？我认为主要体现在三个方面，如图 2-7 所示。

第一，说。

你的表达能力如何？向领导汇报工作能否一句话把问题讲清楚？能否抓住重点清楚地表达你的意图？你的沟通能力如何？能否向合作的同事把方案讲清楚，让他们不做徒劳无功的事情？能否和外部的公司顺畅地沟通，准确地表达合作的意向从而最终促成合作？以上这些都是这方面能力的体现。

第二，写。

你的书面表达能力如何？能否写出简洁的产品介绍？能否写出有吸引力的活动方案，并把相关的活动文案都写出来？在这些书面表达的工作中，产出的文档逻辑是否合理、语句是否通顺、格式方面是否规范等都是这方面能力的体现。

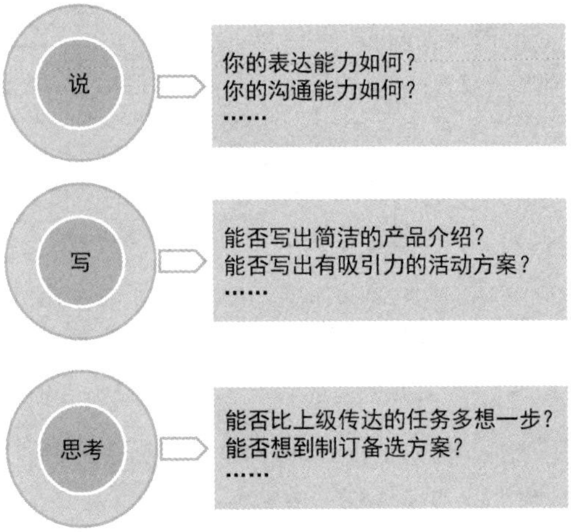

图 2-7　在职场中个人能力体现在三个方面

第三，思考。

上级交给你一项工作任务后，能否比上级传达的任务多想一步？能否想出更好的办法来完成工作并取得好的效果？能否想到制订备选方案？是否考虑到上级没有考虑的风险点，并在你的方案中提出来？是否核算了方案的成本收益比？如果能够想到这些方面，那么对于上级来说，你就是一个可以提供超预期成果的下属。

对于一个职场新手而言，说、写、思考这些能力其实才是更为关键的，也是企业更为看重的。如何在求职面试时体现出这些能力才是决胜的关键。所以，在求职找工作时不要再为专业的问题担心了，上面说的这些能力才是职场新手应注意体现在简历中和在面试中表现出来的主要内容。

在此需要注意的是，很多企业的招聘启事虽然写明需要某某专业背景，但是实际上并不是严格执行这项要求的。求职时不要因为有这项要求就不敢投递简历。

2. 专业和职业从长期来看有很大关系

上面从短期的角度分析了专业和职业之间的关系，从结论来看似乎进一步加剧了我们的困惑。但从长期来看，情况可能就大为不同了。

从职业生涯发展的角度来说，随着时间的推移每个人的职级都会逐渐提高，每个人都有机会升迁到一个更高的职位上。当职级升高时，我们解决单一问题或者简单问题的概率会逐渐减少；相应地，我们会逐渐面临很多的复杂问题，这时候解决问题的思维会变得更加重要，这些思维的来源很可能是当年在大学受到的专业熏陶和锻炼。

以我个人为例，在大学时我学的是经济学专业，其中除基础的经济学原理课程之外还有营销学，那时候我觉得营销学对于工作应该是最有价值的一门课程，对于实际的工作应该有很大的帮助。但在我步入社会工作的最初几年中，发现什么 4P 理论、生命周期理论、市场细分理论都是“花瓶”——中看不中用。其实，并不是这些理论没有用处，而是自己当时所处的阶段还用不到这些理论。多年以后，当自己独立负责一款 App 产品的全局运营工作时，我才发现如果要从系统的层面解决更加复杂的问题，就需要一些理论性层面的东西作为指导，而其中这些理论就是很好的思路来源。

其实，每个学科都会有一些框架性的思维，如果仔细研究会发现不同的学科之间有些框架思维是相通的，而且这些思维进一步抽象之后与工作中解决问题的某些思维也是相通的。如果大学期间没有认真学习这些学科、深入理解这些框架，那么在工作后就很难发现这种相通性，在解决复杂问题时不免缺乏思路。

2.2.2　互联网企业各岗位及其之间的相互关系

要了解互联网企业中各个岗位之间的相互关系，从宏观层面，需要了解企业的价值链，通过价值链了解互联网企业的组织架构与部门设置的逻辑，以及各个部门的岗位设置和主要工作内容；从微观层面，需要了解企业中业务的工作流，如了解互联网企业的一款 App 产品，从开发到上线的过程中各个部门不同岗位成员的职责分工和协作关系。基于宏观与微观两个方面的了解，我们才能对互联网企业中各个岗位之间的关系形成整体的认识，做出合理的职业规划和正确的职业选择。

在刚刚加入第一家互联网企业时，我注意到一种现象，各个部门的人经常在一起开会，而且频率很高。于是我留心观察开会的这些人都是哪些部门，为什么这些部门总是在开会，他们开会在做什么事情。后来，随着自己也加入这种会议中，加上对互联网企业的业务开展模式、组织架构设置有了更多的了解之后，我逐渐了解了其中的缘由。

作为求职者，要找到适合自己的工作就需要了解企业运行的逻辑，而要了解企业的运行逻辑首先要考虑企业所在行业的价值链、产业链这些相对宏观的方面，然后考虑微观方面的因素。从微观方面了解一家企业的运作逻辑，可以梳理典型企业的核心业务流，因为岗位都是基于业务流而产生的。

本节从宏观和微观两个方面出发，通过价值链和业务流剖析企业的岗位以及岗位之间的相互关系。

1. 互联网企业的组织架构与部门设置

要了解一家互联网企业的所有岗位及其之间的相互关系，有必要先了解互联网企业的典型组织架构，这样便于职场人从整体上形成对一家企业的各个部门及其岗位的整体性认识。而要了解企业的组织架构有必要先了解企业的价值链及价值链理论。

价值链理论是哈佛大学商学院教授迈克尔·波特于 1985 年提出的一种企业理论。波特认为："每一个企业都是在设计、生产、销售、发送和辅助其产品的过程中进行种种活动的集合体。所有这些活动可以用一个价值链来表明。"企业的价值创造是通过一系列活动来实现的，这些活动可分为基础活动和辅助活动两类，基础活动包括内部后勤、生产作业、外部后勤、市场和销售、服务活动等；而辅助活动则包括采购活动、技术开发活动、人力资源管理活动和企业基础设施等。这些互不相同但又相互关联的生产经营活动，构成了一个创造价值的动态过程，即企业的价值链，如图 2-8 所示。[①]

根据波特的价值链理论，互联网企业的组织架构可以从基础活动部门和辅助活动部门两类进行划分。

下面将从部门设置的出发点、部门主要工作职责内容、人员设置与规模等几个方面来对互联网企业中的基础活动部门和辅助活动部门进行简单介绍。

（1）基础活动部门

图 2-9 所示为互联网企业中主要的基础活动部门。

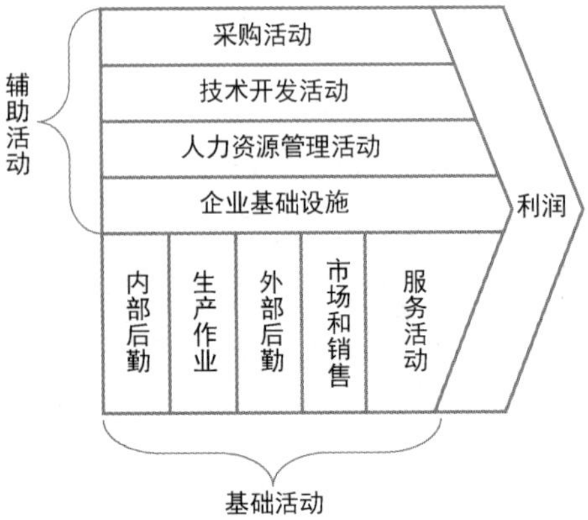

图 2-8 企业的价值链

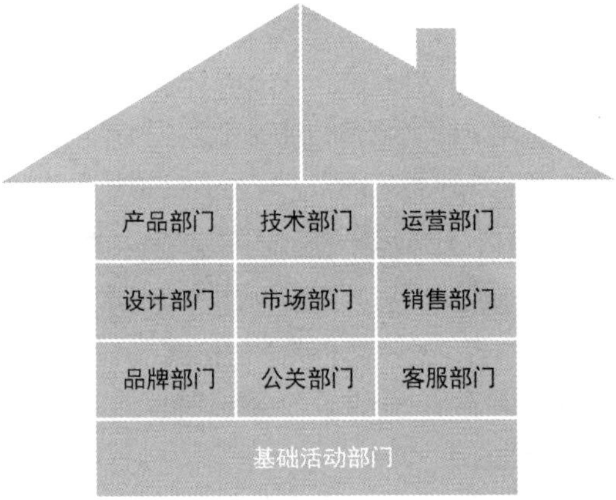

图 2-9 互联网企业中主要的基础活动部门

① 来自百度百科。

基础活动是一个企业得以存在和发展的基本业务活动，需要配备支持业务发展的关键部门。一般在互联网企业中，产品部门、技术部门、运营部门是三个最基础、最关键的部门，同时它们也是创业公司必须配备的基础部门。

产品部门

在互联网企业中，产品部门通常是业务的“发动机”，它是一家公司得以存在和发展的基础。产品部门的典型产出不同于传统企业的实物，而是一个个网页、软件、App，甚至是一个微信公众号、微信小程序。

产品部门承担着产品的需求调研、产品设计、需求梳理、产品开发落地，以及产品上线后的迭代等工作。该部门要为产品的核心业务指标负责，如收入、用户量、ROI（投资回报率）等指标。

一般产品部门的主要岗位有产品总监、产品经理、产品助理等。但不是每个互联网企业的产品部门都需要配备齐全这些岗位。不同规模的企业配备的岗位也不同。例如，创业型公司可能只有产品总监和两三个产品经理，随着公司规模的扩大、人员增多，为了给员工预留未来的职业发展空间，公司会设置一个相对完整的升迁路径。

技术部门

技术部门是一个互联网企业的核心支撑，如果没有技术部门，即使有再好的产品创意理念也无法开发落地，终将是一个概念而已。甚至在互联网发展的早期，一个创业型公司根本没有产品经理，只有技术开发人员，这些人员负责设计产品。

技术部门主要负责产品的技术开发工作。在传统企业中，对应互联网企业技术部门的部门叫 IT 部，其规模一般不大，主要管理企业与网络和设备相关的事务，人员配备不多。但在互联网企业，技术部门相对来说是大部门，互联网企业往往是以技术驱动的企业，技术人员是企业主要的员工群体。

互联网早期的技术部门分工不是很精细，一个人可能既做前端的工作，也做后端的工作。但如今技术部门的分工非常精细，一般包括前端技术部门、后端技术部门、客户端技术部门、测试部门和运维部门等。随着人工智能和大数据的兴起，很多数据驱动的企业还会设立数据部门。技术部门的主要分工如图 2-10 所示。

运营部门

运营部门的主要工作是通过对业务流中的各个环节进行优化，促进业务的精细化深耕，从而提高资源和流量利用的效率，以促进总体业务目标的实现。

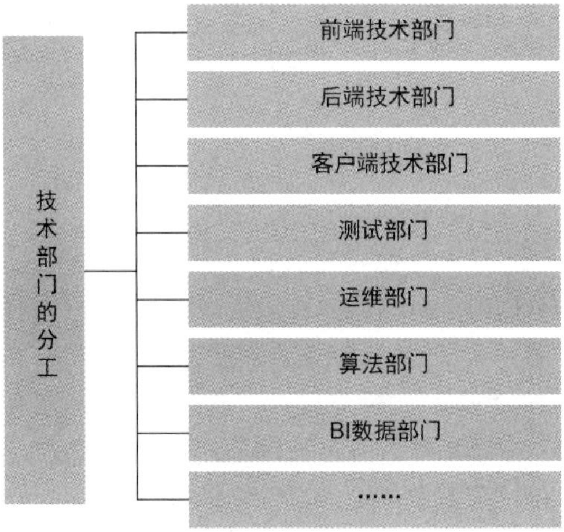

图 2-10 技术部门的主要分工

运营部门主要负责产品上线后运行过程中的各种连接用户或产品相关的工作，所以会产生与用户运营、商家运营相关的岗位。这些岗位之间的工作属性差异较大。例如，用户运营主要负责与用户拉新、留存、活跃、转化相关的各种工作。商家运营是平台型产品或者 B 端产品才会有的岗位，主要负责与合作商家沟通的各项工作。

在有些创业型公司中，业务往往是从运营驱动的，所以创业初期就会设置相应的运营岗位。但在另外一些创业型公司中，运营的岗位相对来说比较少，因为产品还不成熟，没有那么多优化的工作可做，而且运营的工作职责不会很明晰，基本上产品岗位无法顾及的工作都会放到运营部门，如客服工作。不过，随着产品业务量和用户量的增加，运营部门的工作职责逐渐清晰起来，岗位的设置也逐步走向专门化。如今运营部门的工作内容也非常多，有新媒体运营、社区运营、社群运营、活动运营、内容运营等岗位来专门负责细分的工作。

运营部门的岗位设置主要包括运营总监、运营经理、运营专员、运营助理等。

设计部门

设计部门的主要工作是承接产品的视觉设计和交互设计等关键工作。例如，App 各种页面框架和元素的设计，页面交互流程的设计（点击某一个页面之后，应该打开哪个页面，这种页面的流转是否合理、流畅）等。

一般初创公司可能不会配备设计部门，但一定会招聘设计师，因为如今对于一款 App 来说，产品美观和页面流畅是用户体验的基本要求，所以一个没有经过设计参与的 App 是不可能上线的，尤其是 C 端 App 产品（针对大众用户的产品）更是如此。

在一般的互联网企业中，设计师之间的分工差异并不大，其差异主要体现在业务模块上，如 A 设计师负责其中一个模块的设计工作，B 设计师负责另一个模块的设计工作。所以，设计部门主要由设计负责人和级别不同的设计师两级人员构成。但在大型的互联网企业中，会有交互设计师、UI 设计师、插画设计师等不同的分工设置。

市场部门

在传统企业中，市场部门是一个关键的支撑部门，主要的工作是帮助销售人员做市场支持，以提高企业对外部资源的利用率。在这一点上，市场部门是传统企业和互联网企业中职能最为相似的一个部门。

在互联网企业中，市场部门的主要职责是负责流量（用户）的获取，当一款 App 上线后，除了自然流量的获取，企业还需要通过市场部门主动做很多的工作来获取流量，以增加产品的用户量。如今，一款 App 主要通过在各大应用商店、搜索引擎、各种垂直的渠道以及类似于今日头条的信息流媒体上进行广告投放来获取流量。

市场部门的岗位主要包括市场总监、推广经理、媒介购买经理、市场策划等。

其实，在中小型公司中，市场部门、商务部门、品牌部门和公关部门可能是多部门合一的。因为公司的规模无法支撑如此多的人员，而且部门增加的同时也会增加高层人员的管理难度和工作负担。但在大型互联网企业中这些部门是分开的。当然，有的公司也会设置统一的大市场部，然后把这些部门作为二级部门放置在大市场部中。

销售部门

对于互联网企业来说，销售部门是一个偏传统的部门。在互联网企业中，如果业务方向侧重于 C 端，一般情况下不会设立这个部门。所以，在典型的以 C 端用户为主要服务对象的企业中，几乎很少听到销售这种说法。但如果业务方向侧重于 B 端（针对企业用户）则一定会设立销售部，或者叫商务合作部。针对产品或者服务开展对外销售，企业会招聘专职的销售人员，而且规模比较大，目的也很明确，就是销售公司的产品或者服务。所以，销售的业务职责非常清楚、单一，考核指标也非常明确。

销售部门的岗位一般层级比较少，主要是销售总监、销售经理和职级不同的销售人员。另外，根据接触用户的手段不同，销售部门会有行销、电销、在线销售的职能划分。

品牌部门和公关部门

对于一个小型的互联网企业来说，一般不会设置专门的品牌部门和公关部门。因为规模小，企业面临的更紧迫的问题是生存发展，对于品牌建设这样需要投入大量人力、财力的事情，无暇顾及。而且，因为规模小，企业产生危机事件时媒体关注低，对于企业的冲击也比较小，所以通常这个阶段的企业都不会设立品牌部门和公关部门。

当一个企业发展到一定规模，逐步在市场上产生一定知名度之后，便需要设立品牌部门或者公关部门，来完成政府监管、公众沟通、品牌建设、公关危机等事务。

这两个部门在不同的企业叫法是不一样的，有的叫品牌部门，有的叫公关部门，有的是合在一起的。不同的叫法，代表着企业对于该部门职能方向的看法是不同的。

如果是品牌部门，相对来说代表了一种更加积极的品牌形象管理的思维，会更多地进行基于品牌建设、品牌形象维护相关的工作；如果是公关部门，更多代表的是一种被动管理的思维，主要的工作方向倾向于监控和规避品牌危机事件，出现危机后的危机处理；品牌公关部，相对来说是一种更加均衡的思维，两个方向的工作都会有所兼顾。不过，每个企业的情况千差万别，因此可能存在部门名称和工作方向不一致甚至是偏离的情况。

客服部门

客服部门可能对每个人来说是最为熟悉的一个部门。因为在日常生活中我们也和各种各样的客服有过接触。客服部门无论对于传统企业还是对于互联网企业都是必不可少的一个部门，因为任何产品背后都是人在使用，用户在使用产品的过程中总会出现各种问题，这些问题可能相对简单，也可能极为复杂、烦琐，所以需要有专人来处理。这便是客服部门的价值所在。

虽然客服部门做的很多事情可能不会有明显的收益，但是如果没有客服部门来做这些事情，用户（客户）流失对于企业的发展也是一种极大的损失。一个满意的用户往往不会和别人分享正面信息。但一个不满意的用户极大概率是会向周边人传播企业或产品的负面信息的，日积月累就会给企业造成不可忽视的影响。

在互联网企业中，客服部门如果做得好，就可能会成为发现问题的第一来源，给其他部门带来很多有价值的线索。所以，客服部门也是互联网企业中必不可少的一个部门。

在小型的创业型公司的早期可能会招聘客服人员，但可能不会配备客服部门，很多时候客服人员是放在运营部门的，但随着公司规模的扩大也会设置专门的部门。

（2）辅助活动部门

图 2-11 所示为互联网企业中主要的辅助活动部门。

一家公司的发展除了需要业务部门为主体来开展基础业务活动，还需要支持部门来支持公司的正常运转，这就需要设置为业务活动解决人、财、物的部门，这些部门主要包括行政部门、人力资源部门、财务部门、法务部门。

行政部门

行政部门一般主要负责公司的日常行政工作，如公司的资产管理、公司注册、办公场所管理、来宾接待、公司年会组织实施等相关的工作。

图 2-11　互联网企业中主要的辅助活动部门

人力资源部门

人力资源部门一般主要负责人员的招聘、培训、激励、考核等相关工作，同时包括考勤工作。一般情况下，有的小公司会将行政部门和人力资源部门合并在一起，称为人力行政部门。但公司稍具规模后这两个部门就需要分开，因为其工作属性和专业化的要求还是有很大差别的。

财务部门

财务部门作为公司的“大管家”，是一个非常重要的部门，负责各种财务往来结算、财务开支管理、员工工资发放等事宜。财务部门也是在支撑部门中与业务部门联系最密切的部门，该部门会密切关注企业的业务状态和财务状态。因为如果公司的财务状况不佳影响到的是所有人，所以财务部门必须做好业务部门的“眼睛”。

法务部门

法务部门一般负责为公司各部门提供法律咨询，审核对外合作合同、防范法律风险等与法律事务相关的工作。一般的小型公司通常没有这个部门，遇到法律相关的问题时往往诉诸律师事务所等专业机构。但一个中型公司就有必要设置自己的法务部门了，因为内部的专职部门相对来说更容易与业务团队形成紧密的合作，起到为企业保驾护航的作用。

这里需要注意，并不是说辅助活动部门不重要，恰恰相反，这几个部门是公司设立之后，尤其是公司发展到一定规模后，必须具备的部门。如果没有这些部门，公司的日常运作就无法进行。

通过以上对公司组织架构和相关部门的完整介绍，我们对互联网企业的部门构成及各个部门的职责分工有了全面了解，这有助于我们进一步了解各个部门相关岗位的工作内容。

2. 互联网企业的各个部门不同岗位成员的职责分工与协作关系

前面讲述了互联网企业的组织架构与部门设置，接着我们讲述各个部门与其他业务部门的协作关系。接下来以典型的互联网公司的业务流为主线，更加直观地帮助求职者了解这种协作关系是如何联系起来的。图 2-12 所示为一款 App 产品的诞生及运转的业务流程图。

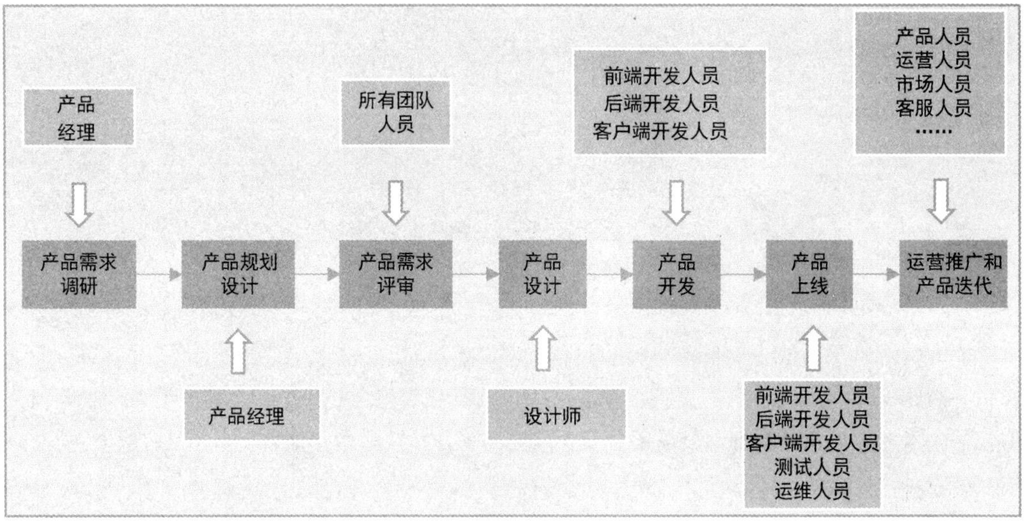

图 2-12 一款 App 产品的诞生及运转的业务流程图

（1）产品需求调研与产品规划设计

主要涉及的部门和人员：产品部门——产品经理

当一个创业型公司要启动一款产品，或者一个成熟公司打算进入一个新市场、计划开发一款新产品（App）时，首先由产品经理开展产品、用户、竞品相关的调研工作，以此来确定产品的目标用户群体、产品初期的基本形态等重要事项。这些工作基本上是由产品部门驱动的，此时还很少涉及其他部门。产品经理在各种调研的基础上，形成关于产品的基本规划，并进行内部评审，在此基础上形成产品的需求文档。

一般在这个阶段，产品经理需要产出的工作成果包括用户画像及调研报告、竞品调研报告、产品需求文档。图 2-13 所示为产品需求文档示例。

（2）产品需求评审

主要涉及的部门和人员：几乎所有的部门和各个部门所有的参与人员

当产品经理产出需求文档之后，意味着产品的开发就要提上议程了。产品经理会召集设计、开发、测试、运营、财务、法务等几乎所有的部门开展需求评审。

3.1.3 **项目API对接 2.0需求文档

角色	负责人	进度	时间排期
运营	张XX	已完成	XXXX年XX月XX日
产品	李XX	已完成	XXXX年XX月XX日
设计	王XX	已完成	XXXX年XX月XX日
前端	周XX	进行中	XXXX年XX月XX日
后端	谢XX	进行中	XXXX年XX月XX日
数据产品	金XX	进行中	XXXX年XX月XX日
BI	陈XX	待进行	XXXX年XX月XX日
测试	成XX	待进行	XXXX年XX月XX日
		上线时间	XXXX年XX月XX日

一、背景

**项目API 1.0已经上线运行，目前API仅纳入了两类用户，其他用户群体并未纳入运营范畴，为了提高产品的整体收入，需要把其他用户群体也纳入运营的范畴中。

二、功能

1.用户群体扩容。
2.传输字段扩容优化。
3.路径问题优化。
4.产品和用户过滤规则。
5.数据报表优化。
6.推荐产品限定范围。

三、需求明细

（略）

图 2-13　产品需求文档示例

需求评审会议一般主要包括两部分：对需求的合理性进行评估和项目排期。在第一轮需求评审中，各个部门的参会人员从各自的角度提出对于产品开发的合理质疑和建议，目的是帮助产品经理更进一步确定需求的合理性和可行性，以确定最终的开发需求。例如，技术开发人员评估开发的技术难度并提出相应的修改建议；设计人员评估产品的交互流程；法务人员针对产品可能出现的法律风险提出规避的措施和建议；其他部门的人员也提出相应的建议。

在完成第一轮需求评审之后，产品经理根据评审的意见对需求文档进行优化迭代，并进行需求的优先级排序，调整不合理的需求，进而启动第二轮需求评审。

在第二轮需求评审会上，主要回顾第一轮需求评审意见的修改情况，确认产品经理和开发人员对需求修改意见的理解是否出现偏差，对于修改部分确认后就进入项目开发的初步排期。

通常情况下，产品的开发排期就不需要所有团队人员参与了，主要是产品经理和开发技术负责人来组织。产品的开发排期需要非常明确地敲定各个环节的开发负责人，以及开发所需要的工时、截止日期和产品上线的明确日期。图 2-14 所示为产品开发排期示例。

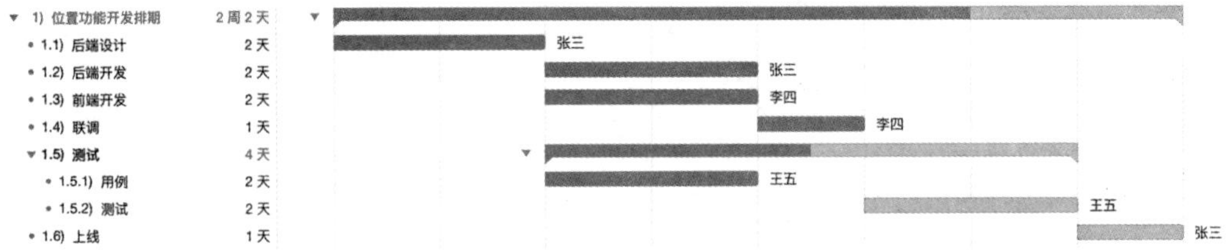

图 2-14 产品开发排期示例

（3）产品设计

主要涉及的部门和人员：设计部门——设计师

在开发人员进行项目排期并准备相应前期工作的过程中，设计部门开始着手产品的交互设计和视觉设计部分。在交互设计和视觉设计完成之前，开发人员还无法进入全面的开发进程中，尤其是前端开发人员在没有拿到视觉设计稿之前，是无法进行正式的开发工作的，因为设计稿最终的形态会影响到前端开发人员给出准确的开发周期评估。

所以，设计部门完成交互设计和视觉设计之后还需要召集产品经理、前端开发人员、后端开发人员进行产品设计评审。在完成此项工作后，所有的开发工作才能给出确切的排期，正式进入全面的开发过程。

（4）产品开发

主要涉及的部门和人员：前端技术部门、后端技术部门、客户端技术部门——各类开发人员

当设计人员完成交互设计和视觉设计之后，前端开发人员就可以根据设计稿来对这些页面进行开发了，通常设计师设计出的页面只是静态的，而前端开发人员要做的就是把这些静态的页面开发成在网络中真实运行的动态页面。

与此同时，后端开发人员也早已进入相应的开发工作状态，甚至在设计部门进行视觉设计的过程中有些开发工作就已经启动了，如各种 API 接口、数据库的开发等相关工作。

在开发人员所做的工作中，前端的开发工作更容易被直观地看到，如 App 有哪些页面。但后端开发人员的工作成果不那么容易被观察到，如用户账号体系建设、数据库开发等，这些都

是后端开发人员自己在代码层面可见的，其他部门的人员一般难窥其果。但后端开发人员的工作又是极其重要的。举个例子，绝大部分 App 产品都要有用户账户体系，当用户登录之后，后台系统就会把用户的注册信息记录下来，下次该用户登录后才能把这个用户与这个 App 的数据库中的信息对应起来。这就是后端开发人员要完成的工作。

（5）产品上线

主要涉及的部门和人员：技术部门——前端开发人员、后端开发人员、客户端开发人员、测试人员、运维人员

当前端开发人员和后端开发人员的开发工作完成后，测试人员就要启动测试工作了。测试的目的：检测开发人员实现的功能与产品经理定义的功能是否一致；产品功能细节是否有缺陷；在不同的网络环境下和不同的手机型号上，App 是否能够正常工作等。总之，测试人员要进行的测试工作非常全面、细致。

之所以要进行测试，一方面因为开发人员的工作量较大，出错往往在所难免；另一方面因为用户使用 App 产品的行为、环境千差万别，测试人员要尽可能确保 99%以上的用户使用时不会出现问题，至少不会出现重大问题。

通过测试人员的测试后，这个产品就可以上线发布了，此时还需要客户端开发人员把产品发布到各个应用商店，这样终端的用户才能看到这些 App 产品并下载、使用。

当然，在这个过程中还有运维人员的参与，他们要保证网络环境的正常，主要考虑的是服务器的负载等相关问题。例如，一款产品如果用户下载量比较大，运维人员要确保公司的网络带宽能够承载大量用户的下载而服务器不会出问题。打个简单的比方，产品上线过程中运维人员要做的工作如同春运期间的保障车辆调配和线路正常运行。

（6）运营推广和产品迭代

主要涉及的部门和人员：产品部门、运营部门、市场部门、客服部门——产品人员、运营人员、市场人员和客服人员

当产品上线后，对于一款产品来说它的工作才刚刚开始。一个社会的资源总是稀缺的，竞争总是非常激烈的，一款 App 产品上线后虽然会有自然增长，但一般的增长速度对于企业来说太慢了，企业总是希望它快速增长、有更多的用户，以获得更多的利润。

所以，下载量、激活数、活跃用户量、收入等指标就是产品上线后整个业务团队面临的主要课题，这就需要市场人员去应用商店或者其他各种渠道进行广告投放，以便让更多的用户知道这款产品，并付费使用这款产品。

运营人员也要做相应的工作，确保下载 App 产品的用户不是看一眼就跑掉或者把产品卸载

掉，而是吸引用户把这个产品使用起来，让这个用户成为一个活跃的用户。对于运营人员来说，主要的工作包括拉新（用户）、留存、活跃、转化（付费）。为此，运营人员需要充分运用内容运营、活动运营、新媒体运营等各种手段来达成这些目标。

当然，在这个时候，产品经理、技术开发人员的工作并没有结束，因为产品总是需要优化的。产品经理需要根据收集的用户反馈不断优化迭代产品的功能，或者修复一些产品的问题。总之，围绕着产品还有很多工作要做，并且要持续不断地迭代下去。

客服人员也要关注用户使用过程中提出的各种问题，及时解答这些问题，并把相应的问题反馈给业务部门的同事，以便帮助他们进行与产品的迭代和运营迭代相关的工作。

以上就是一款 App 产品从开始开发到上线后运营过程中各个部门的职责分工。业务飞轮运转与驱动如图 2-15 所示。通过这样完整的关于 App 产品开发及运营的流程介绍，就可以帮助求职者大致了解互联网企业中各个部门的职责分工和协作关系，有了这样整体性的认识，在进行职业规划时、在做职业选择时，求职者考虑的内容就会更加全面。

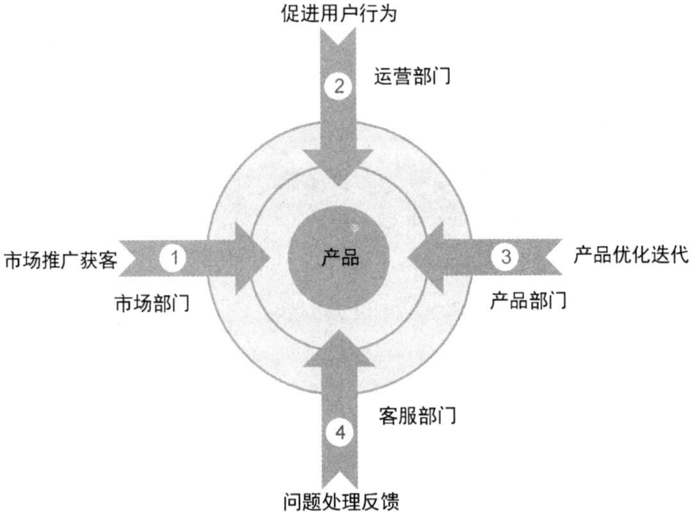

图 2-15 业务飞轮运转与驱动

2.2.3 产品经理岗位的介绍与选择

求职者如果想成为一名产品经理，就需要对产品经理的成长路径、岗位薪资情况、工作内容、工作能力和技能方面的要求有全方位的了解，以便进行综合评估，从而做出自己的职业选择。

通常，产品经理总是端着笔记本电脑召集一大波人开会，或者频繁游走于开发人员之间，有时候还会拿着一支笔和一个本。那么，产品经理到底是一群什么样的人？他们每天都在做些什么？他们的工作和其他岗位有什么不同？我适合做产品经理吗？如果你对这些问题也很好奇，请跟随本节一起揭开谜团。

本节将从产品经理的缘起、发展与成长路径、薪资情况、工作内容与分类、能力与技能工具等几个方面对这一岗位进行详细的介绍。

1. 产品经理的缘起

说到产品经理的起源，有人会追溯到宝洁的“品牌经理”。不过，互联网企业中的产品经理是源自几十年前微软公司设立的产品经理（Product Manager）这一“现代”角色。①

在中国，产品经理这个岗位就更加年轻。现在来看，互联网早期的网站页面交互和用户体验都做得一般，因为那时候互联网产品非常缺乏，大家的关注点集中在解决基本需求和产品的有无问题上。很多网站的交互都是直接出自开发人员之手，并无专门的产品经理。

后来，当互联网发展越来越快，同一类产品之间的竞争越来越激烈，产品开始向着精细化的方向迈进，这就有了设置产品经理岗位的必要性。即使现在，产品经理对于大学生来说也是一个非常新的事物，如今大学中与此岗位相关的专业非常少。

2. 产品经理的发展与成长路径

职场人在选择一个职业时，总会考虑一个职业将来能发展到什么程度，“天花板”在哪里。所以，在此简单介绍一下关于产品经理的发展路径。

对于产品经理来说，典型的升迁成长路径是从产品助理、产品经理、高级产品经理到产品总监，最后可能到首席执行官一职，如图 2-16 所示。

这里有几点需要说明。

第一，产品经理不一定是管理人员，这只是这个岗位的称呼。产品经理可能会管理下属，带几个职级低的产品经理或者产品实习生，也可能没有下属。具体要看每家公司的实际情况。

第二，从产品助理到产品经理这个过程不一定是必须经历的。如果你通过学习掌握了产品经理的一些工作理论，并且通过实践掌握了产品经理的工作内容和工作技能，那么可以直接应

① 曹建峰. 产品经理诞生 25 年：如何在科学和直觉间找到平衡. 网易科技报道. http://tech.163.com/15/0102/15/AEVD8OH5000915BD.html.

聘产品经理的岗位。在企业中，重要的是有能力快速解决问题，至于头衔方面，在初期阶段不一定必须遵循严格的晋升逻辑。

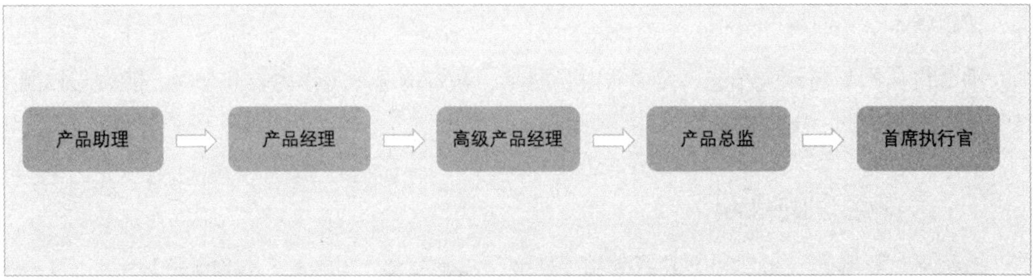

图 2-16　产品经理典型的升迁成长路径

第三，成长路径的顶端岗位（首席执行官）只是一个可能的预期方向，不是必然的终点。越是顶端的岗位越稀缺，所以做产品经理并不必然就能成为首席执行官。当然，也不是说做其他岗位就不能成长为首席执行官。一切还在于自己的学习、努力、运气和机遇。不过，产品经理的工作内容决定了它能够从多个维度去锻炼一个人的能力，让职场人有机会从更加全面和宽广的角度去考虑问题，进而使职场人有更大的可能从产品经理岗位迈向顶端岗位。

3．产品经理的薪资情况

职场人找工作，薪资必然是较为看重的方面之一。从总体上来说，产品经理这个岗位的薪资在互联网企业非技术岗位中是待遇最优厚的。

不过，不要期望刚刚步入社会就能达到较高的工资水平，因为职场新手的工作经验和能力以及对应的成果产出都不可能匹配非常高的薪资水平。但只要你入行选择这个岗位，加上自己的努力学习，可能 1～2 年后就会突破缺乏工作经验的瓶颈，从而实现工资的快速增长。

当然，一个岗位的薪资水平总是有上限的，任何岗位都是如此，这取决于一个国家的经济水平和整个社会的工资水平。但单就个人来说，我们可以通过升迁或者选择不同的公司，以及不断地学习锻炼自己的产品能力来不断突破这个上限。

4．产品经理的工作内容与分类

（1）产品经理的工作内容

产品经理这个岗位主要负责哪些工作呢？

典型的产品经理岗位的招聘信息描述是了解产品经理工作内容的主要方式之一。产品经理的工作内容一般包括用户研究、竞品分析、需求分析、产品规划与设计、产品开发实现、产品迭代与生命周期管理等相关工作。

关于这些工作内容，此处不再详述。求职者只要在网络上搜索相应的关键词，或者买一本与产品经理相关的书籍，或者通过“人人都是产品经理”类似的网站，都能了解产品经理这个岗位的具体工作内容。

如果你是一名还未做过产品经理的职场新手，那么不要害怕这些名词。表面上，貌似一个产品经理需要做很多事情，但在实际工作中根据公司的规模不同，这些工作内容会有“虚”与“实”之分，上面说的这些工作内容，一个产品经理不会在同一个阶段中都涉及，而只会在某个阶段或者某一年里仅仅做其中几个模块。

由此涉及一个问题：如何辨别产品经理工作中的“虚”与“实”呢？这里的“虚”是指体现在招聘信息上，但实际工作过程中并不会或者很少会涉及的工作内容，这些工作内容不做也不会阻碍产品开发进程的正常进行。对应的“实”是指在工作过程中会真实涉及、频繁要做的工作内容，是产品开发进程中必须经历的，如果不做这些事情那么产品开发就无法进行下去。产品经理工作内容的“虚”与“实”如图 2-17 所示。

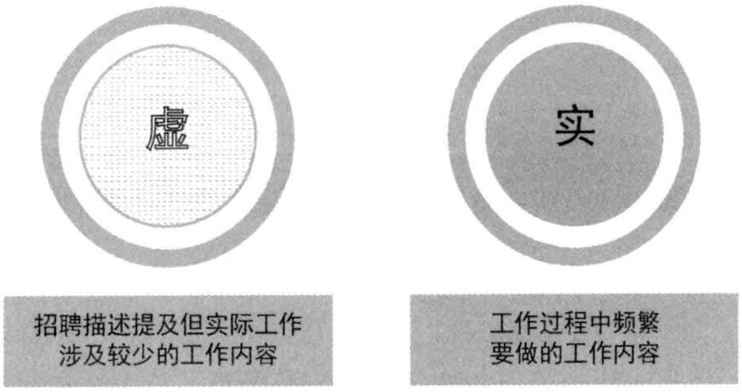

图 2-17　产品经理工作内容的“虚”与“实”

产品经理工作内容的“虚”

一般来说，用户研究、竞品分析这些工作内容相对来说“虚”一些，因为这些工作与最终落地实现的产品直接关联性并不强。这些工作之所以显得“虚”，是因为这些工作做起来并不容易，耗时耗力，但结果可能并不显著，所以这些工作在很多中小型互联网企业中往往并不会真正去做，或者做得很简单。

以用户研究为例，多大的用户样本量才算大？大规模的样本量如何获得？该采取什么研究方法进行研究？研究的结果一定能帮助产品取得最终的成功吗？这些问题之间并没有非常强的关联性。所以，对于一个中小型互联网企业来说，这些问题解决起来并不容易，这种投入产出比可能也并不成比例，这是原因之一。再者，对于大部分中小型互联网企业中的产品经理而言，可能根本就没有环境和能力去做这些工作。

所以，在实际工作中，尤其是在中小型互联网企业中，这些工作通常都是被省略的。一般做一款产品往往是根据老板或上层领导的想法而启动的，由产品经理完成需求调研后直接进入开发流程，然后产品上线。

其实，越是“虚”的这些工作往往越重要，因为如果产品经理对用户是谁都不了解、对市场的竞争状况都不了解，那么开发出来的产品又能有多大的概率能超过竞争对手呢？有多大的概率能成功呢？尤其是用户研究，对于一款产品来说是很重要的工作。在大型的互联网企业里面，这类工作往往又是受到重视的，会有专门的部门来做这些工作。

所以，对于大部分的求职者来说，如果应聘的是一个中等规模及以下的企业的产品经理，虽然其招聘启事看上去很高大上，其实实际工作中并不会涉及太多这方面的工作内容，你只需要通过网络或书籍知道这类工作是怎么回事、是如何做的，面试时能谈一些看法也可能就通过面试了。但如果有机会做这些事情还是要努力把握，因为终究有一天你要去更好的公司工作，那时如果你还不知道如何做这些工作的话，就可能因为缺乏真实的经验而错失良机，或者让你主导来做一款全新的产品，你也没有能力把握。

产品经理工作内容的“实”

在产品经理的大部分工作中，所做的最多的事情是产品的设计规划等最终落地的部分。例如，产品的界面、交互设计、产品的功能模块的设计、产品后台的设计等这些可见部分。

假设你现在要做一款阅读类 App 产品。这款产品大的模块有几部分？底部的 Tab 有几个？信息结构是什么？主线的流程是什么？是否要做账号体系？账号体系如何设计？这些都是产品经理在产品设计阶段的核心工作内容，都要落实到产品需求文档中，以便开发人员清楚地知道如何开发这款产品，以及怎样实现这些功能模块。一款阅读类 App 产品的注册流程如图 2-18 所示。

所以，在产品经理的工作中，一定要产出产品的需求文档，包括产品的信息结构图、产品的流程图、具体的功能模块及需求明细。这些具体的工作内容都要落实在原型图和需求文档层面。图 2-19 所示为产品原型图（登录页面）。

在企业中实际的情况是，无论是中小型企业的产品经理还是大型企业的产品经理，上述这些工作才是他们必须、经常要做的工作。这就是产品经理工作中“实”的部分。

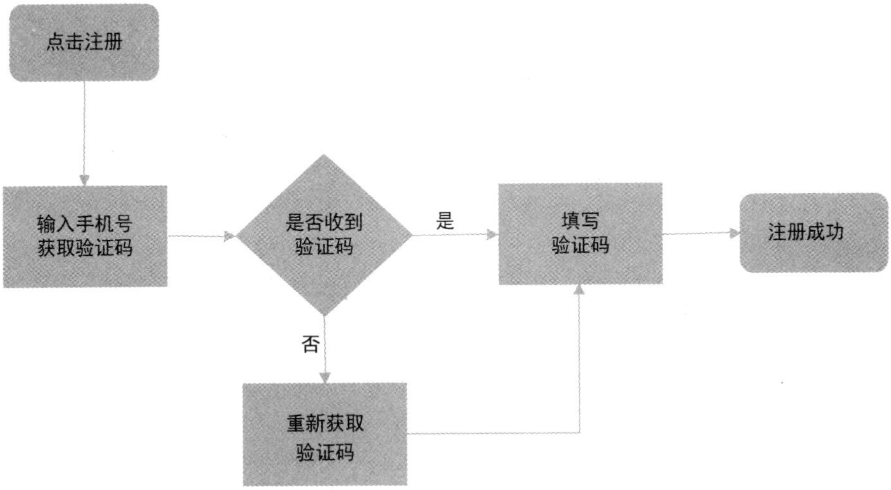

图 2-18 一款阅读类 App 产品的注册流程

（2）产品经理的分类

上面是从通用的角度介绍了产品经理的工作内容，但如今随着产品经理工作内容的细化和专业化，产品经理的种类被进一步划分为更细致的类型，如 App 产品经理、后端产品经理、商业化产品经理、策略产品经理、数据产品经理等，如图 2-20 所示。每类产品经理的工作内容又各有侧重。

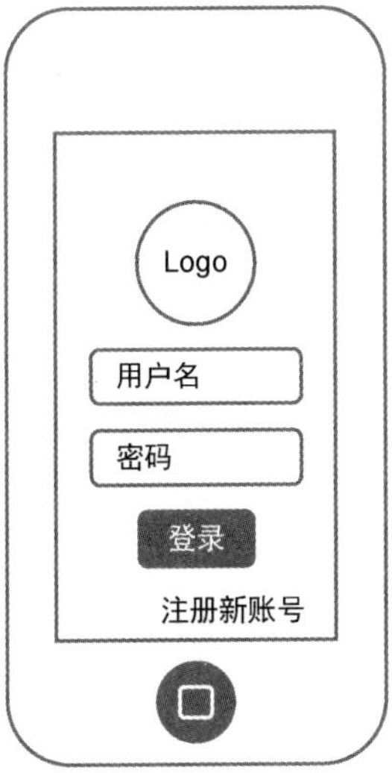

图 2-19 产品原型图（登录页面）

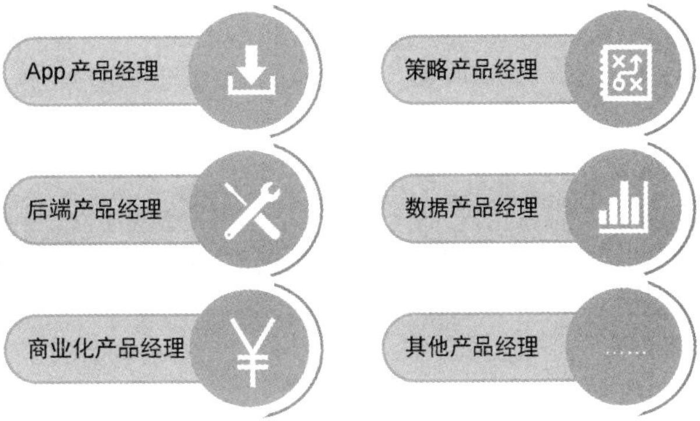

图 2-20 产品经理的细分岗位

- App 产品经理：App 产品经理是典型的用户型产品经理，主要的工作职责包括产品规划、功能流程设计、基于用户需求调研和需求挖掘的产品流程优化等，App 产品经理在工作中很重要的一点是尽可能站在用户的角度和立场解决用户的痛点和需求，侧重于产品的用户体验。
- 后端产品经理：后端产品经理一般很少与 C 端用户接触，主要面向的是企业用户或者内部用户，如 App 产品经理、运营人员，为他们提供支撑服务——开发后台管理系统、后台运营工具等。
- 商业化产品经理：商业化产品经理一般是面向 C 端用户的，但商业化产品经理更多是站在企业的角度，为企业谋求商业利益的最大化，考虑如何在现有用户的基础上开发更多可能促使用户变现的产品或者产品功能点。
- 策略产品经理：策略产品经理是近几年新兴起的岗位，是基于互联网公司在产品运营过程中遇到的各种现实问题而产生的岗位，如互联网金融公司中的反作弊策略产品经理、O2O 公司中的各种推荐策略产品经理、流量型公司的广告策略产品经理、算法策略产品经理、用户增长策略产品经理等。所以，这个岗位由于公司所处行业和业务的不同，具体岗位的工作内容差异还是比较大的。策略型产品经理的主要工作是通过各种策略方法来提升产品的运营效率或者变现效率，从而使企业总体收益最大化。
- 数据产品经理：数据产品经理与上述岗位之间又有比较大的差异，主要职责在于基于积累的各种数据为产品和运营以及整体的业务做数据支撑。数据产品经理的主要工作通常包括业务数据梳理、数据指标定义、数据指标体系建立、数据可视化呈现、数据后台开发等相关内容。

5. 产品经理的能力与技能工具

“工欲善其事，必先利其器。”要做相应的产品工作就需要具备相应的工作能力，正如每个岗位都需要一些重要的能力和技能工具，产品经理也不例外。那么，对于产品经理来说重要的能力是什么呢？产品经理需要掌握什么样的技能工具呢？对于一个初级的产品经理来说，什么又是更重要的呢？

（1）产品经理的能力和技能要求

一般的招聘信息都会列出产品经理必备的能力，如用户研究能力、竞品调研能力、数据分析能力、逻辑思维能力、项目管理能力、沟通协调能力、商业分析能力等，如图 2-21 所示。但正如上面所说，不是所有的工作内容都要做，也不是所有的工作能力都要具备。

对于一个职场新手来说，首先应该掌握那些与产品经理工作内容中“实”的部分相关的能力。因为对于一个产品经理而言，即使只是初入职场也需要能尽快落地很多具体的工作，所以那些与“实”的工作内容相关的技能就显得更重要，如画流程图、画原型图、撰写产品需求文档。在入门之后，职场人再有意识地锻炼上述的能力——包括相对来说比较“虚”的部分，为以后的职业道路打好基础。

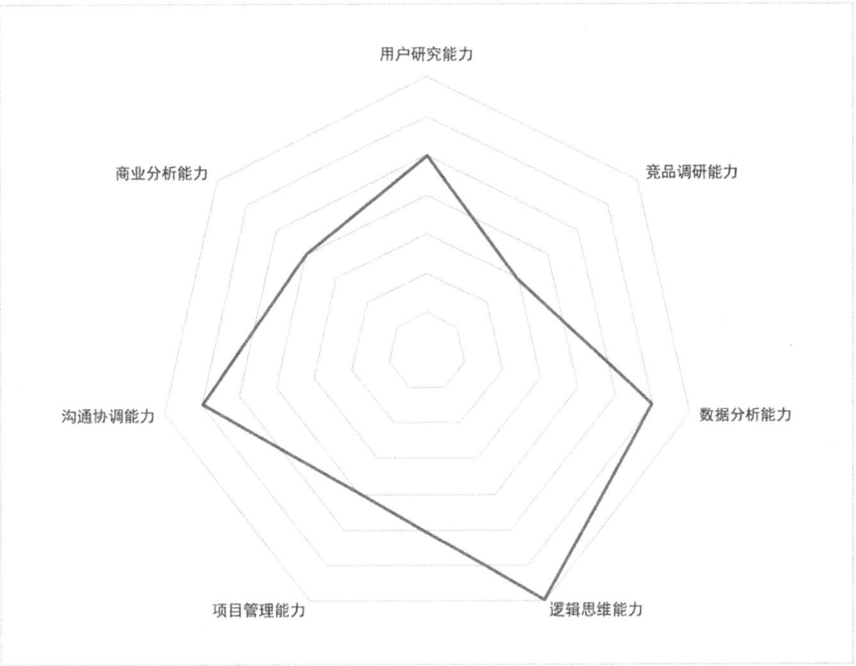

图 2-21　产品经理必备的能力

三节课的创始人后显慧在《产品的视角》一书中提出了产品经理的三圈能力模型，如图 2-22 所示。他认为，产品经理的能力主要包括三个方面：用户体验、技术能力和商业思维。[①]这是一个宏观的框架和视角，作为职场新人，可以对此进行宏观的认识。对于产品经理的能力模型还需要了解其他人的观点，如“人人都是产品经理”网站、知乎，对于此类问题这些网站中有很多文章，我们可以去探索、甄别，最后内化以提高自己的能力。

（2）产品经理的技能工具

产品经理的技能往往通过使用工具体现出来，要画产品流程就要学会使用流程工具，如微软的 Visio、Axure 的流程图工具或者 Edraw 等。相对而言，Visio 是使用比较广泛的工具。每个人可以下载不同的工具分别体验，选择自己喜欢的工具即可。画原型图就要学会使用原型工具，如

① 后显慧. 产品的视角[M]. 北京：机械工业出版社，2015：35.

Axure、墨刀或者 Sketch（仅适用于 Mac 电脑）等原型工具。在企业中 Axure 使用相对比较广泛，这是产品经理通用的一种原型工具。网络上有相应的学习教程，相对来说入门也比较容易。

图 2-22　产品经理的三圈能力模型

撰写产品需求文档一般可以直接在原型工具中完成，也可以在 Word 中完成，在这一点上工具方面倒不是大问题，但需求文档如何写、包括哪些内容、有哪些规范，这部分是需要去学习和掌握的。

当然，这些只是较为基础的技能工具，当职场新人已经进阶为高级产品经理，需要提高自己更多能力时，就需要学习使用一些其他的工具了。

6. 如何判断自己是否适合做产品经理

通过上面的介绍，求职者对于产品经理这个岗位也许有了一定的认识，但很多人可能还是会产生疑问——如何判断自己是否适合做产品经理这个岗位呢？如果要给出一个简单的回答，我认为没有适合与不适合的问题。问题在于你是否愿意努力和尝试。人的潜能是巨大的，很多人认为自己做不了的事情只是一种自我设限。

当然，这种说法对于职场新人来讲未必有深刻体会。下面从两个维度给大家一些具体的思考方向。

（1）兴趣

兴趣是最好的老师。如果你对于一件事情充满兴趣，那么即使自己是一个生手，只要付出努力也可以做得很好。对于产品经理这个岗位如何检验自己是否有兴趣呢？

如果你觉得做出一款产品是一件很酷的事情，期待有很多人因为使用你做的产品而能更好地解决他们的问题，那么你可以尝试去多体验一些产品，尝试复原一款 App 产品的信息结构图，画一画这款产品的流程图，看看其中是否有可以改进的地方。如果你愿意思考其中的各种问题，对这些简单的事情乐此不疲，那说明你对这个岗位是有一定兴趣的。当然，如果对于这些事情没有兴趣，那么是不是就不适合做了呢？答案也不是绝对的，你还可以看一看自己有没有动机。

（2）动机

动机是一切行为的源头，考虑自己是不是可以做产品经理，除看兴趣之外还要看动机。看你是否愿意接受挑战？是否愿意去努力谋得高薪职位？如果答案是肯定的，即使一开始兴趣不浓，那么也可以去尝试。因为一开始对于兴趣的判断有可能是错误的。俗话说“干一行爱一行”。步入社会后，我们不可能事事都凭借自己的意愿去做，试着以接纳的胸怀去做一些兴趣不大的事情，这也是对自己的一种挑战。

2.2.4　零基础如何入门产品经理岗位

入门产品经理岗位可以从理论和实践两个维度着手。在理论维度上，一方面我们可以通过阅读书籍掌握与产品经理岗位相关的整体知识框架，让自己具备良好的理论基础；另一方面，我们可以通过专业网站上时效性比较强的文章，来实时更新自己陈旧的知识。在实践维度上，我们可以尝试体验一类产品的特定功能，还原产品的流程，深入地了解一款产品的设计逻辑。我们要学会使用产品经理岗位所需要的基本工具以增强自己的实战能力，有必要的情况下还可以参加快速入门培训。

正如在上面提到的，产品经理岗位发展至今，已成为一个专业性比较强的岗位，需要学会使用很多的技能和工具。对于那些期望成为产品经理的职场新人，或者已在职场工作多年期望转型成为产品经理的人来说，很多时候往往不知如何快速入门该岗位。本节从理论和实践两个维度介绍零基础入门产品经理岗位的方法，如图 2-23 所示。

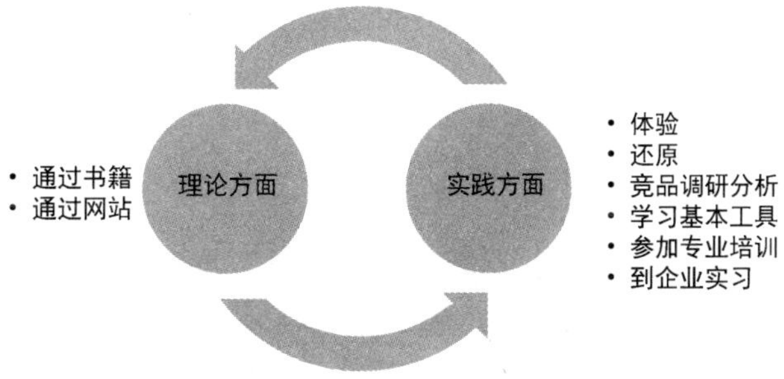

图 2-23　零基础入门产品经理岗位的方法

正如任何一门学科都有理论体系，任何岗位其实也有它内在的理论框架，当你对一个岗位还一无所知时，就需要从理论方面开始了解这个岗位的全貌，然后从实践的维度切入进去，一步步地深入，逐步掌握该岗位应该具备的技能和能力。

1. 理论方面

任何工作的入门都需要理论和方法论方面的内容来指引。当一个门外汉刚刚踏入新领域时，首先要了解一些与这个领域相关的专业名词、概念及方法论。

关于产品经理的理论知识的学习，可以同时通过书籍和网站两种形式进行，并且最好先看书籍，因为书籍的知识体系相对比较完整，能够帮助求职者建立一个整体的框架，而这恰恰是网站的劣势；网站的内容往往是碎片化的，如果一开始从网站入手，那么很可能会陷入“只见树木不见森林”的困境而难以自拔，由此失去信心。当看完两三本书籍后，我们可以再到网站上根据相关的专题，或者搜索相关的关键词，有针对性地看某个模块的内容。

网站的好处是针对某个模块的专题，可以搜索到很多非常新的、有关这个专业领域的、有经验的人的文章，这些文章的时效性都比较高，它是书籍所不可替代的。并且，搜索时能看到的文章数量非常可观，求职者可以有针对性地深入研究，这是书籍无法带来的价值。所以，从学习的角度来说，需要考虑两种方式的先后顺序问题。

下面介绍一些入门产品经理岗位的书籍和网站，并且向大家提供一些基本的操作方法。

（1）书籍方面

正如上面所说，网站内容往往存在知识体系不完整、文章质量参差不齐的问题。所以，如果想系统地了解产品经理这个岗位，求职者最好从阅读一些书籍开始。

对于专业书籍的理论学习，相对来说挑战会比较大，因为很多人其实没有耐心完整地看完一本书。但要系统地掌握一个岗位的框架，连续看完一本书是必须的。而且对于掌握理论框架来说，看一遍其实是不够的，至少应该看两遍，第一遍快速阅读获得整体性的感知，第二遍精读并梳理出完整的知识框架。如果仅仅是走马观花式地看一遍，没有任何沉淀，其实是无法很好地获得阅读书籍的价值的。所以，在阅读专业书籍时，不管怎么看，最终一定要萃取其中的精华为己所用。

对于自我要求比较高的求职者，如果想把自己的理论知识基础打得更加牢固，可以多看几本书，从中博采众长，形成系统的理论知识体系。

关于产品经理方面的书籍，我会推荐几本自己阅读过的，并简单说明我的推荐理由。具体请查看本书附录 A 的内容。

（2）网站方面

目前，国内与产品经理相关的文章汇集比较多的网站是“人人都是产品经理”和产品经理咖啡馆（PMCAFF）。

这两个网站都是以用户产生内容为主，我们从中可以读到很多正在从业的产品经理写的文章，了解他们的观点，这些文章都是实践性和实时性比较强的。不过，由于不同的作者的专业水平不一，文章的质量也参差不齐，我们在阅读参考的过程中需要注意识别、判断。

2. 实践方面

产品经理的工作是实践性非常强的活动，所以仅仅有理论知识是不行的，正所谓“纸上得来终觉浅，绝知此事要躬行”，在动手实践方面也有几个入门的建议。产品经理岗位实践入门的参考方式如图 2-24 所示。

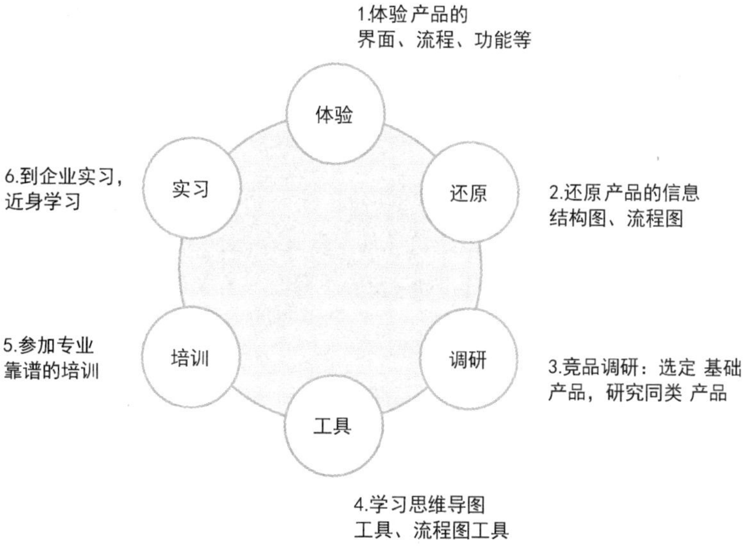

图 2-24　产品经理岗位实践入门的参考方式

（1）体验

在互联网产品圈内有一位知名的产品经理叫纯银，他提出了一种产品入门的方法，操作如下：把 App Store 中或者安卓某个应用商店（如应用宝）中每个类别下面排名前 20 的 App 产品全部下载下来并逐个体验，主要看这些产品的界面、流程、功能等。同时，在这个过程中写下自己的体验、感悟，寻找自己感兴趣的产品领域。

（2）还原

尝试还原产品的信息结构图和流程图。在体验产品的过程中，我们可以尝试针对某类产品中的一两款产品进行还原，把这些产品的信息结构图、流程图进行还原，以此来了解该产品的产品流程和基础逻辑，进而对某款特定的产品形成完整的认识。

（3）竞品调研

在产品经理的工作中，有一类重要的工作就是竞品调研，作为一个职场新人，入门产品经理岗位时从竞品调研入手也是一个比较不错的方法。

很多产品在设计开发时都要研究同类竞争对手的产品，这项工作并不需要一定处在企业环境中才能进行，只要拿一款产品作为基础产品，研究同类型的其他产品即可，通过分析各款产品的功能差异点，找到这些产品做得好的和做得不好的地方。

在竞品调研时，为了避免因为经验不足产生大而空的结果，可以非常聚焦地、专门针对某款产品的某个具体功能点进行研究。例如，可以基于某款音乐类 App 产品的账号功能，研究同类型产品，如网易云音乐、酷狗、QQ 音乐的同一个功能，并产出一份有质量的研究报告或者心得体会。

（4）学习基本工具

工具对于任何岗位来说都是首先要解决的问题，所以入门产品经理岗位需要先学会那些基本工具，包括整理信息结构的思维导图工具（如 MindMaster、XMind、MindManager）、画流程图的工具（如 Visio）、画原型的工具（如 Axure）等。只有学会使用工具才能解决这个岗位一些基础的动手工作。

（5）参加专业培训

如今，市场上有了与产品经理这个岗位相关的专业课程，如果你认为自己是一个自主性不强的人，那么可以尝试报一个产品经理的课程，如腾讯课堂的课程或者三节课的课程。三节课的产品经理课程不同于其他市面上的一些产品经理的课程，它的实操性非常强，有课后作业，而且有班主任和助教跟班督促。整个学习过程虽然比较痛苦，但参加培训的效果会好一些。

当你已经完成对产品经理的一些基础的认知，也学会了一些工具，或者你已经开始在一家公司做产品方面的工作了，那么要尝试去学习关于产品经理思维和认知更高层面的内容，而不要一直停留在已知和基础的层面。未来有竞争力的人必然是终身学习者。当别人都在学习时，你却停下脚步实际上就是退步。

（6）到企业实习

对于应届毕业的求职者来说，如果对未来的职业方向非常笃定，决定从事产品经理的工作，那么在即将踏入工作岗位时，也可以寻找合适的机会去参加实习，实习虽然无法像产品经理一样全面地管理一款产品的整体工作，但实习时能够近身了解产品实战，能够切身体会产品经理的工作流程中方方面面的工作。

2.2.5　运营岗位的介绍与选择

如果期望从事与运营相关的工作，那么应该全面了解运营岗位的发展路径、薪资情况，了解运营工作的种类和主要工作内容，了解与运营岗位相关的工作能力要求和技能工具，并进行相应的学习以掌握这些技能。要在全面了解的基础上综合评估，以做出最终的职业决策，避免单凭感觉贸然决策。

当我刚刚接触互联网运营岗位时从事的是新媒体运营工作，因为自 2012 年微信崛起之后，新媒体运营火爆异常，无论是传统企业还是互联网企业对新媒体运营都比较重视，涌现了很多相关的岗位。不过，我在入行后发现除新媒体运营之外，其实还有很多运营的岗位。于是，我开始了解各种运营岗位的设置逻辑、日常的工作内容，以及这些岗位之间的差异，对比这些岗位的分工和产品经理、市场推广的不同，以便进一步找到更加适合自己的岗位。

同前面产品经理岗位的介绍一样，本节将从运营的概念、运营人员的发展与成长路径、运营岗位的薪资情况、种类及工作内容、能力与技能工具等方面进行全面的介绍。帮助那些期望入行或转行运营岗位的职场人找到适合自己的职业切入点和最终归宿。

1. 什么是运营

运营是互联网企业的三大主要工种之一。对于什么是运营，业内有多种说法，三节课联合创始人、畅销书《运营之光：我的互联网运营方法论与自白 2.0（珍藏版）》的作者黄有璨给出了这样的定义：运营就是在产品和用户之间建立联系的一切手段。

任何互联网产品都有一个最低的目标，就是一定要有用户量，哪怕没有收入，但只要有人用，一切就有可能。这是从互联网诞生之始业界就一直秉持的一种理念。很多公司就是在这种逻辑下成长起来的，无论是传统的三大门户网站（网易、新浪、搜狐），还是互联网巨头企业（腾讯、阿里巴巴、京东）都是如此。

在早期，互联网产品并不丰富，一个能够帮助人们提高效率或带来便利的产品往往靠产品特性就能带来自然的用户增长；如今是产品超载的时代，同类产品层出不穷，竞争异常激烈，只有部分非常有特点的产品才能做到可观的自然增长。对于大部分产品来说，需要运营的深度介入才能帮助产品实现用户快速增长的目标。于是，有了基于各种运营手段而产生的运营工作，相应地也就有了这些运营工作所对应的运营岗位的设置。

需要说明的是，“运营”在汉语体系中是一个非常口语化的词语，人们使用的场景和频率原本就比较高。因此，“运营”这个词在互联网行业之外的其他行业中也经常被人们使用。例如，人们经常说企业的运营，还有传统行业说的运营，但这与互联网中的运营都有较大的区别。通常情况下，企业的运营所指的范围更加广泛，涉及企业的业务发展的综合管理，概念的外延会更加宽泛。所以，我们在说到运营时要注意特定的范围。这里仅仅说的是互联网行业中的运营（即运营岗位），是一个相对狭义的概念。

2．运营人员的发展与成长路径

运营人员典型的发展与成长路径如图 2-25 所示。

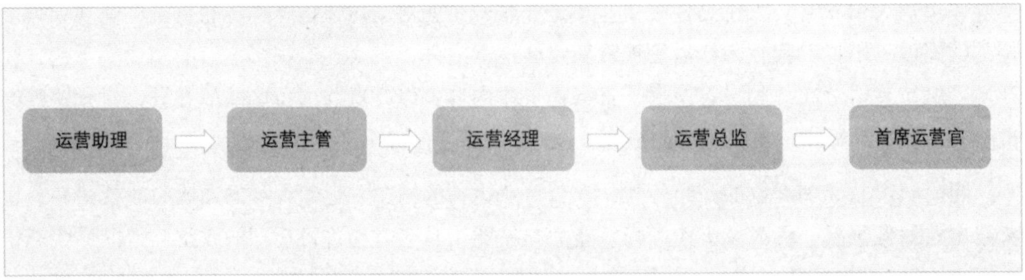

图 2-25　运营人员典型的发展与成长路径

正如产品经理的发展与成长路径一样，运营岗位也有一条基本的发展与成长路径：运营助理—运营主管—运营经理—运营总监—首席运营官。当然，在很多企业中，工作时间比较久但未担任管理角色的员工还会拥有高级运营经理这样的头衔。

对于想入职互联网领域的职场新人来说，尤其是文科类或者技能属性不强的专业的同学，运营岗位是一个比较好的切入点，有的运营岗位起步门槛相对来说并不高，一些基本的职业技能相对比较容易掌握。例如，新媒体运营一开始并不要求具备特别强的文案写作能力，只需要有一定的文字基础和编辑能力就可以。所以，如果没有技术背景的求职者，对做产品经理、市场推广方向的工作又没有兴趣或者不擅长，那么运营就是一个不错的选择方向。

当然，如果入行一段时间后发现不喜欢运营岗位的工作，那么我们也可以再进行岗位转换去做产品经理的工作，或者运营工作本来就有很多的分类，我们也可以去尝试其他不同属性的运营岗位。

3. 运营岗位的薪资情况

在互联网企业中，运营人员的整体薪资水平相对而言要偏低于开发人员和产品经理，尤其是初级运营人员的薪资水平。如果想具体了解运营岗位的薪资情况，可通过招聘网站大致做一些了解。

以新媒体运营这个岗位来说，同样的岗位不同企业的薪资相差较大，背后的原因可能是不同企业对新媒体运营的理解和重视度不同。如果一家企业觉得新媒体传播对于业务来说是一项非常重要的工作，就会给予高薪资来招聘能力强的人。相反，如果一家企业觉得新媒体是一个可有可无的岗位，往往就不会重视这项工作，可能招聘一个人的目的只是为了把微博和微信管理起来，觉得"我们公司不能少了这部分"而已。在这种情况下，如果去了这个薪资低、不重视新媒体运营的企业就是一个比较差的选择。你既无法拿到更高的薪资，而且由于企业不重视，你没有资源去做事情，也很难出成果。所以，从薪资收入和个人发展的双重角度来说，对于同一个岗位，求职者应该尽力去薪资更高的企业面试就职。这样的机会可能比较少，需要花费一些等待的时间成本，但这种等待是值得的。

运营岗位的薪资水平差异不仅表现在不同的企业之间，而且表现在不同的地域之间，甚至表现在不同属性的运营岗位之间。同样一个运营岗位在一线城市和二线城市，薪资水平的差距为 2～3 倍。这种差距与个人做的实际工作和能力无关，仅仅是因为处于不同的地区。这也是为什么很多人要去互联网比较发达的一线城市的原因。

另外，从运营的属性来看，不同属性的运营岗位之间的薪资也会有差异，如新媒体运营、内容运营、社区运营之间的薪资会略微有差异。不过，这种差异没有地域和企业之间的差异大。

4. 运营岗位的种类及工作内容

每个类别的运营岗位，其具体工作内容还是有区别的。针对目前企业中实际存在的需求和设置情况而言，主要的运营工作和岗位包括产品运营、用户运营、活动运营、内容运营、社区运营、社群运营、新媒体运营、流量运营。

对这几个运营岗位进行归类，可以归为基础类和技能类两类运营岗位。前面四个可归为基础类运营岗位，这类岗位的总体市场需求相对更多。后面四个可归为技能类运营岗位，这类岗位有的公司会设置，有的公司可能不会设置，所以总体的市场需求会小一些。

另外，上面分类中的几种具体运营的说法既是一种岗位名称，也是一种工作任务名称。例如，活动运营既可以作为岗位名称理解为活动运营主管（经理）之类，也可以理解为活动运营这样一种具体的工作，其他几种运营也一样。下面对这些运营岗位实际的工作内容进行逐一的讲解，以供求职者参考。

图 2-26 所示为运营岗位的种类。

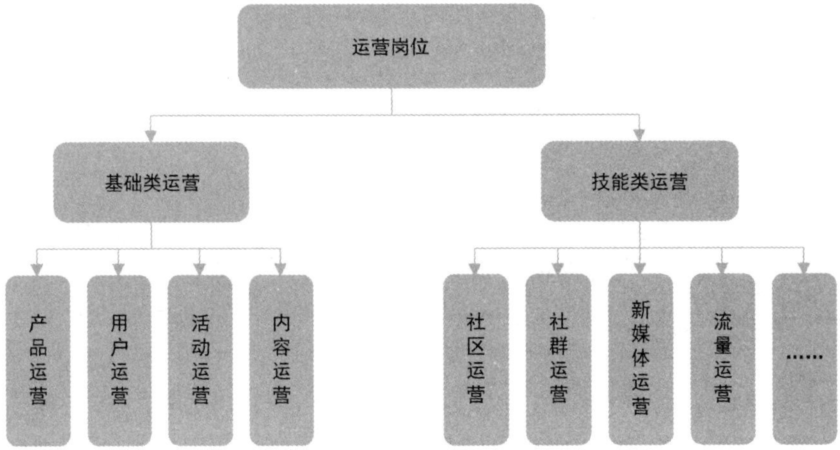

图 2-26 运营岗位的种类

（1）基础类运营

从运营的基础岗位来说，产品是运营的基础，用户是运营的对象，所以产品运营和用户运营是两个基础的岗位。活动和内容几乎是一切运营中都需要用到的基本工具，所以活动运营和内容运营也是两个基础的岗位。

产品运营

产品运营是一个工作内容相对宽泛的岗位，它的实际工作内容既可能包括与用户运营相关的工作，也可能包括与活动运营和内容运营相关的工作。产品运营主要是基于提升一款产品的关键数据指标这样一个核心目标而出发的，这里的数据指标可能是用户增长指标，也可能是收入指标。总之，在这个目标之下具体的运营工具和手段并不是最重要的。

产品运营对于一款 App 产品来说，可以与 App 产品的运营等同起来，它需要更多了解产品的特点和产品的生命周期，采取适合当下阶段实现产品目标的手段，可能是短期的活动运营，也可能是持续的内容运营，还可能是用户成长体系的建立或者长期运营机制的建立，如积分体系、会员体系、Push 推送机制的建设等。

对于产品运营来说，需要重点关注的数据指标包括 App 产品的下载量、注册量、活跃用户数、付费用户数、忠诚用户数等。这其中既有“质”的指标，也有“量”的指标。

用户运营

用户运营是指在对产品的用户群体进行研究的基础上开展精细化的运营工作。用户运营通常的工作内容是首先进行用户的研究，了解自己公司产品的用户属性，包括用户的通用属性，如人口特征、地域分布、男女比例等，以及用户的特有属性，如行为特征。在此基础上，根据用户的生命周期进行针对性的运营。例如，对于新用户、老用户、忠诚用户、流失用户分别采取什么运营手段来实现用户价值的最大化。

开展用户运营工作可以利用活动运营和内容运营等基础方式，也可以利用社区运营、社群运营等更为具体的手段。

其实用户运营是一切运营的出发点，因为运营工作的目的就是维护好用户与产品之间的关系，让用户和产品形成持续稳定的链接，从而实现产品最终的商业化目标。

用户运营一般关注的指标通常有用户留存率、用户的活跃度（包括日活跃用户数量 DAU 和月活跃用户数量 MAU）等指标。当然，还有一个最为重要的体现收入的终极指标——ARPU，也就是每用户平均收入。这类指标更多是关于“质”的指标。

活动运营

活动运营是指借助于各种活动来提升产品数据、快速实现短期目标的运营工作，它是一种偏短期的手段。在实际工作中，具体的活动选择包括促销活动、红包活动、优惠券活动、抽奖活动等，这些都是活动运营的范畴。

一个完整的活动运营在活动前、中、后期都会有重点关注的工作，如图 2-27 所示。

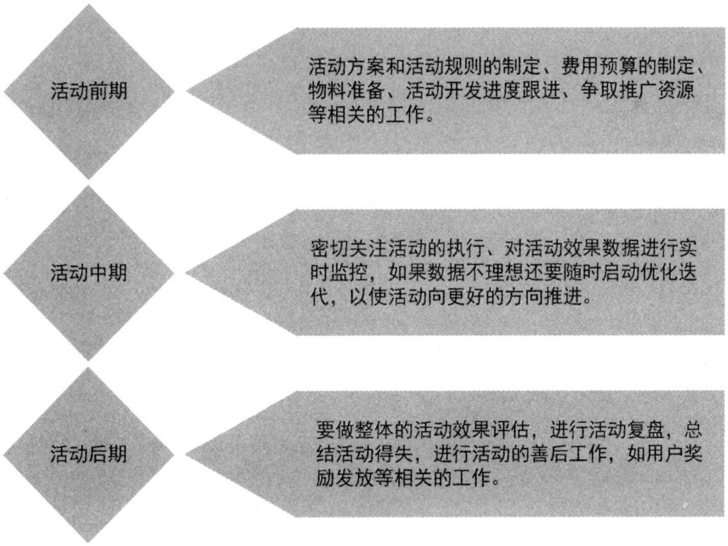

图 2-27　活动运营的三个阶段及相关工作

活动运营是一个对时间约束非常强的工作。例如，如果做一个中秋节的活动，就必须赶在这个节日到来之前完成活动的上线，否则等节日过了活动才上线就没有意义了。所以，活动运营对于运营人员来说，要求具备较强的时间进度把控能力、积极的沟通能力和较强的资源协调能力。一个活动就是一个项目，运营人员需要把活动当作项目来管理。

内容运营

内容运营其实就是持续关注内容从生产到消费再到流通和传播的全过程，并通过撰写、编辑、组织加工、外部渠道传播等一系列手段更好地促进这个过程的发生。[①]

以新媒体运营工作来说，内容运营就是通过写文章、发文章、让用户阅读文章来帮助产品实现传播和转化的工作。只不过这里的写文章不同于文学创作，而是为商业目的服务的文字创作工作，而且主要是为企业服务。例如，微信公众号发文章、发微博就是典型的内容运营工作。

在现实的企业中，内容运营其实更为庞杂，也更为功利，内容创作并不是每个人、每家企业都有能力做的，很多人和企业正在扮演“信息搬运工”的角色——复制、粘贴、整合。但这也不妨碍他们借此实现企业的目标。例如，今日头条这款产品自身完全不产生任何内容，但它通过技术手段向用户做精准的个性化内容推荐，同样可以成为内容领域的头部产品。

其实，内容运营的范畴比较广泛，尤其是针对不同类型的产品来说，内容运营的差异是很大的。例如，对于一款电商产品来说，内容运营的主要工作围绕着与商品的上下架相关的各种工作而展开，类似于商品描述编辑、排版一类的工作都属于内容运营的范畴。对于一款工具性的产品来说，内容运营则围绕着给用户提供一些有价值的文章来增加用户的黏性而展开。所以，当应聘一个内容运营的岗位前，求职者一定要了解清楚具体运营的对象是什么，这类内容运营工作是不是自己想做的事情，是不是自己擅长做的事情。

由于内容运营的差异比较大，所以对于不同的内容运营工作来说，通常需要关注的指标也是不同的。以新媒体运营中的内容运营为例，其主要关注的指标包括阅读率、传播率、分享率、转化率等一系列指标。

（2）技能类运营

技能类运营大多是与某种特定的工作技能密切相关而衍生出来的细分岗位，本文将介绍几种主要的技能类运营，如图 2-28 所示。

社区运营

社区运营是一种比较早的运营种类，它是基于各种 BBS、贴吧、论坛等应运而生的运营工

---

① 黄有璨. 运营之光：我的互联网运营方法论与自白 2.0（珍藏版）[M]. 北京：电子工业出版社. 2018：140.

作。因为这些产品曾经在互联网特定的时期聚集了大量的用户，而用户就意味着流量，流量就意味着更多的点击量和广告收入。这就有了进行专门运营的必要。

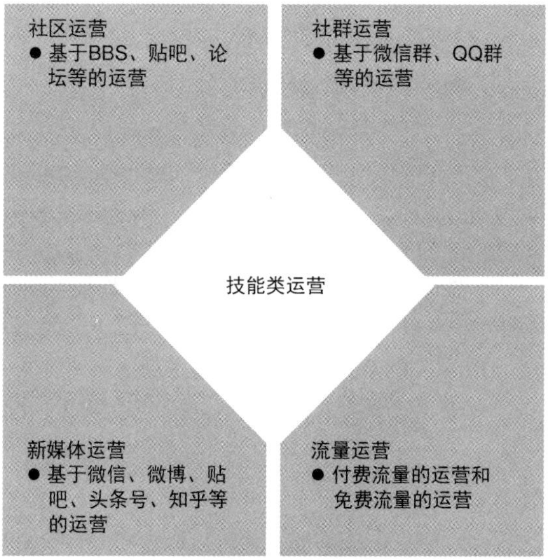

图 2-28　技能类运营

对于一个社区类的产品来说，如何保持用户的活跃度和黏性是需要进行强运营的，这就需要有好的内容让用户消费，如贴吧的帖子、快手的视频、知乎的问答等，同时也需要有好的激励机制，让用户有一直留下来的意愿（留存）。

所以，社区类的产品，如知乎、豆瓣、快手等，一般会有社区运营的岗位。当然，有些偏重使用内容来吸引用户的产品往往也会建立产品内部的小型自有论坛，因此也会设置这样的岗位。

至于社区运营的工作内容或手段，主要还是前文所述的两个基本工具：活动和内容。当然，对于一个社区来说，用户激励机制和成长体系是必不可少的，所以会有相应的机制，如荣誉体系、积分体系等。

社群运营

微信已成为人们经常使用的通信工具，加上私域流量概念的盛行，基于微信群的社群运营也已成为众多企业必不可少的运营手段。对于微信群的运营实际上就是目前企业中社群运营的主要方式。

其实，社群运营更早是基于 QQ 群的运营，不过之前很少有人给予这种说法，而且 QQ 群一般的运营主体更多是个人，没有被企业所重视。后来，因为微信随时在线的特点，使一些公司尤其是创业型公司对群的运营开始重视起来。

所以，通常的社群运营可以简单理解为如何把一个个微信群运营起来的工作。微信群的发展有一个典型的特征，就是从热热闹闹地创建，大家都比较踊跃发言，到很多人潜水，逐渐冷却。但毕竟一个个群背后是一群特征属性非常相似的人群，如果能够让一个群保持持续不断的热度而不是短期的热度，那么这样的群仍然可以作为一个很好的载体以传播企业的品牌、实现企业的商业化目标。

微信社群的运营主要涉及群规则的制定、群氛围的维护、群活跃度的提升等一系列工作。这需要该岗位的从业者不仅具备提供高价值内容的能力，还需要具备较强的促进群活跃、促进群内用户转化等相关的能力。

新媒体运营

新媒体是相对于传统的报纸、杂志、电视等媒体而言的一个概念。新媒体运营主要是通过微信、微博、贴吧、头条号、知乎等新兴媒体工具，进行产品宣传、推广、实现销售目标的运营工作。

由于互联网媒体传播具有低成本、快速性、广泛性等特点，这使它们往往可以实现以极低成本吸引大量用户关注的目标。例如，曾经火爆一时的直播答题，通过一场 100 万元奖金的直播，可以在很短时间内吸引百万级别的用户数。还有微信公众号，一篇阅读量“10 万+”的爆文是多少新媒体人梦寐以求的目标。一篇爆文除了耗费创作精力，几乎没有什么成本就可以触达数量极为可观的用户群体。

目前，新媒体运营的工作主要指的是“两微一抖”——微信公众号的运营、微博的运营和抖音的运营，尤其是微信公众号。这是因为这几个平台的用户体量比较大，在平台内每个运营的主体还可以通过用户的运营来实现企业自身的目标。当然，新媒体运营还有一些其他内容平台的运营，如今日头条的头条号、腾讯的企鹅号、百度的百家号、UC 的大鱼号、搜狐的搜狐号、新浪看点、一点号、知乎、简书等。图 2-29 所示为目前主要的新媒体运营平台。

新媒体运营的关键实际上还是在于内容，通过优质的内容吸引用户，再逐渐把这些用户转化为企业自己产品的用户。由于新媒体的上述特性，如果对其运营得当，就可起到“四两拨千斤”的效果。而且，企业作为营利性的组织，基于对利润的追求和降低成本的追求，当面对免费的流量获取渠道时当然是求之不得的。

流量运营

从宏观方面来说，一切运营的核心工作就是解决流量的问题，不管是获取新用户，还是留住或召回老用户，实际上都是希望能够利用低成本获得流量。

流量这个概念在日常的话语体系中一般有两个场景。一个是人们常说的手机流量，这是一个物理意义上的概念。而这里所说的流量实际上是一个虚指，是指那些通过内容、交易、活动等聚集起来的人，如微信有近 10 亿位用户，对于微信平台自身来说更多的是用户的概念，但对于微信之外的人来说这就是巨大的流量。所以，在互联网话语体系中，流量和用户通常是可以等同起来的。

流量的运营有免费流量的运营，也有付费流量的运营，如图 2-30 所示。免费流量的运营有微信、微博的运营、贴吧等论坛类的运营、头条号的运营等，主要是通过提供优质内容，从这些大的平台吸引用户来使用自己产品的工作。

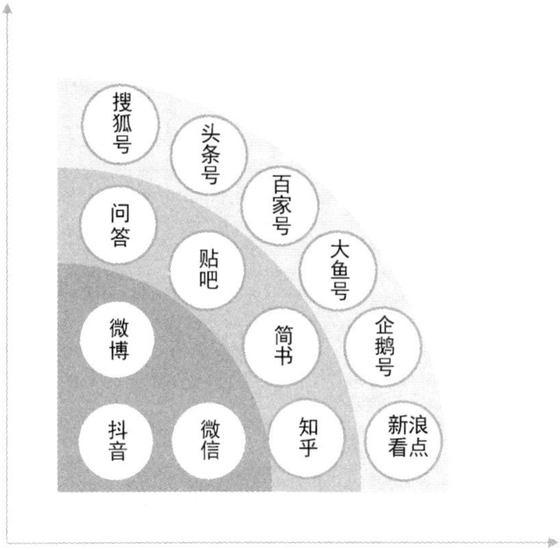

图 2-29　目前主要的新媒体运营平台

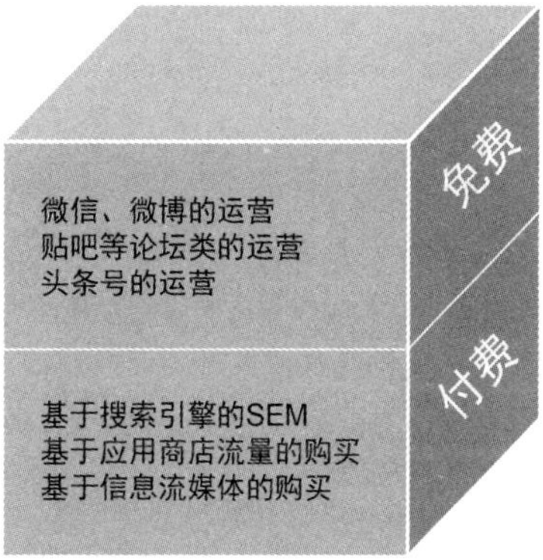

图 2-30　流量运营的种类

付费流量的运营主要是网络广告投放。例如，基于搜索引擎的 SEM、基于应用商店流量的购买、基于信息流媒体等其他各种渠道流量的购买。付费流量运营确切地说是一种买卖资源的工作，因此解决的是如何以更低的成本获得更多流量的问题。

以上虽然对于运营和运营岗位进行了分类，但在实际工作中，上面提到的工具、方法都是交叉使用的。当你成功进入一家企业之后所做的具体工作，与当初招聘的要求可能并不相同，甚至差异很大。例如，求职时你应聘的是产品运营，但进入企业以后可能会让你做与用户运营相关的工作，这种情况很常见。因为企业招聘的目的实际上是服务于业务提升，只要业务提升得以实现，那么岗位设置就不重要了，这种情况在中小型公司是很普遍的。

所以，当你进入一家企业，发现所做的事情与当初的岗位描述不一致时，不要诧异，也不要排斥这样的情况。一方面，这也是对你的职业路径的一种可能性尝试；另一方面，职场人解决问题要学会从全局来考虑，而不是从一个方面或两个方面来考虑。所以，对于运营人员来说，综合学习上述各种运营工作的技能，从整体上来解决问题才是你要努力的方向。

除上述运营岗位之外，近年来又产生了一些其他的运营岗位，如数据运营、策略运营。其实，这些新的岗位所做的工作内容和前面所说的运营的内容有很多交叉或者相同的地方，只不过岗位的主要职责相对会更有所侧重，企业为了表明这种更强的倾向性就会使用新的岗位名称。

5. 运营的能力与技能工具

前面讲了两大类八种运营岗位，每种运营岗位的分工不同，所做的具体工作也有所差别，但工作中使用的主要工作技能仍以通用技能为主。对于一个运营新手来说，需要具备哪些基本的能力，需要学习哪些基本的工具呢？

（1）运营的能力

以常见的情况来说，有四种能力对于运营人员来说是非常重要的，如图 2-31 所示。

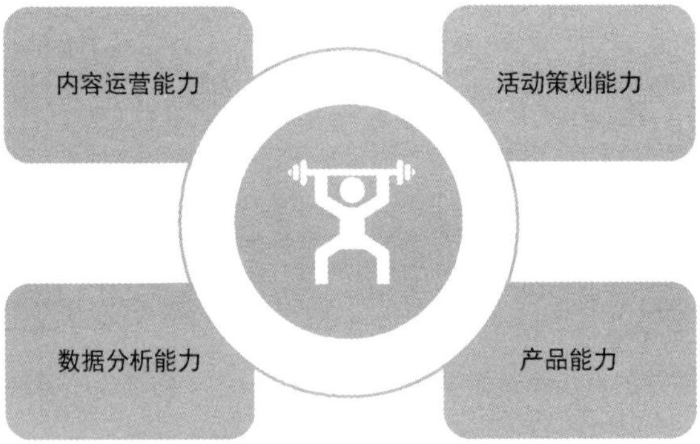

图 2-31 运营人员的重要能力

内容运营能力

首先界定一个概念，什么是内容呢？虽然我们对这个词很熟悉，但是清晰的界定，有助于头脑中对内容运营有更加具体的理解。

内容指的是依托文字、视频、语音、图片等媒介，让人们获得新认知的信息。例如，今日头条 App 的一篇文章、微信读书 App 的一本书、微博中的一张图片、喜马拉雅中的一条语音、抖音中的一条短视频，这些都是比较宽泛的内容。

人们日常对于信息的需求如同吃饭、睡觉一样，必不可少，通过生产内容来吸引用户、实现企业目标就成为运营工作中必不可少的一部分。所以，对于一个内容运营人员来说，文案写作能力、内容筛选能力、传播能力都是比较关键的能力，如图 2-32 所示。

图 2-32　内容运营的关键能力

- 文案写作能力。

从广义上来看，内容生产能力是比较宽泛的，如电影制作、摄影、抖音视频拍摄、得到语音说书都是内容生产能力。从狭义上来说，内容生产能力主要指的就是文案写作能力，这也是大多数人都容易掌握的能力。本节中说的内容生产能力更多指的是文案写作能力，这也是运营工作中运用最多的能力。

当然，这里的文案写作能力与学生的写作能力还是有很大差别的，学生写作文更多的是一种文学性的写作，而文案写作有很强的目的性，要引导用户完成特定的目的，如转发、分享、点赞、购买等行为。因此，文案需要具有很强的说服力。

在运营岗位中的很多工作常常需要文案，如产品说明与介绍、活动规则、短信推广的短文案、App 客户端 Push 的文案、新媒体内容运营的文案等。这些文案各有不同的特点。对于初入行的人来说，最好的方法是模仿，看别人是如何做的，在模仿过程中掌握其中的规律并形成自己的一套方法论。

- 内容筛选能力。

如果你所在的企业是一个强内容运营的企业，如像传统的门户网站搜狐网、新浪网，财经媒体、科技媒体如 36 氪之类，或者在强内容团队做微信公众号或微博的运营，那么你需要具有敏锐地发现优质内容的能力，这需要的不是创作能力，而是挑选出用户最喜欢看的内容的能力。这时候需要的是研究用户喜好的能力和对内容传播性的敏感度的能力。虽然如今在内容推荐方面引入了人工智能算法，但是它还不能完全替代人的作用。

- 传播能力。

传播学有一个非常经典的传播模型叫线性传播过程模型，这是美国传播学者哈罗德·拉斯韦尔 1948 年在《传播在社会中的结构与功能》一文中提出的。这个模型的具体内容包括谁、说了什么、通过什么渠道、对谁、取得了什么效果，如图 2-33 所示。[①]其实，这个模型在如今的实际传播中仍旧是适用的。

对于内容运营人员来说，一定要关注内容传播的效果，这是一个重要的目标，所以内容的传播能力也是比较重要的，但内容传播又是最为困难的事情。除借助强大的渠道以外，另一个引发传播性的方面，就在于内容引起用户的情绪共鸣方面。如何使内容引发用户的阅读共鸣，需要很强的对用户体察的能力、对人性进行深入洞察和把握的能力、很强的基于数据去发现用户偏好的能力。正如习得任何一种能力一样，习得这种能力也需要掌握正确的方法，并进行大量专门且刻意的练习。

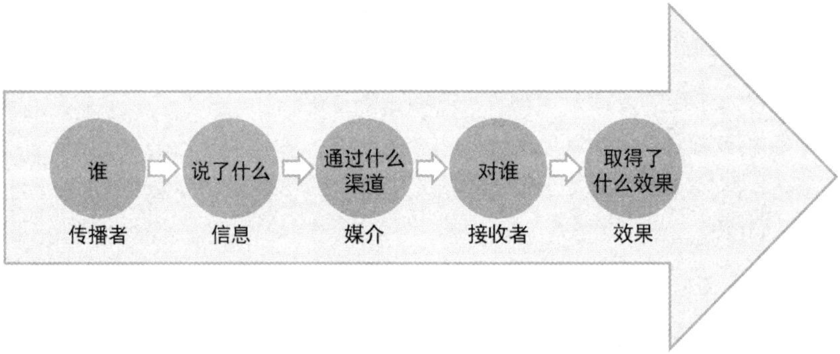

图 2-33　拉斯韦尔的线性传播过程模型

以上三种能力都比较重要，对于内容运营来说，这都是工作的核心技能。如果能够综合运用这三种能力，那么在内容运营的职业道路上你会做得更加出色。

活动策划能力

活动运营是运营最主要的工作之一，也是最重要的手段，在团队或公司面临短期业绩压力的情况下，活动往往是一个快速突破的手段。所以，对于运营人员来说，活动策划能力和执行能力一定要强。

活动策划包括确定活动的目的、策划活动的主题、制定活动的规则、把控活动的时间进度、协调活动的资源及活动可能的风险点和备选方案等，各个环节需要通盘考虑。

在活动策划过程中，对于约束条件一定要重视：这个活动是否可落地？时间是不是来得及？资源有没有？人员够不够？这些因素都要考虑。否则，即使活动方案再具有创意性，但无法落地执行，活动策划与筹备的工作也注定徒劳无功。相反，如果活动方案并不那么具有创意性但

---

① 胡正荣，段鹏，张磊. 传播学总论[M].2 版. 北京：清华大学出版社，2008：125.

可落地，也要胜过前面那种情况。所以，在活动运营中工作的可执行性是最基础的要求，其次才是看活动的创意性等。

在活动运营中，做好备选方案（预案）很重要。在企业中，活动的策划人往往就是活动的执行人。所以，在策划活动方案阶段就要充分考虑到活动执行时可能出现的种种问题，对于可能出现问题的关键环节应做好备选方案。有了备选方案，当活动出现问题时，及时进行方案的切换就可能避免活动在中途失败陷入无法进行下去的尴尬境地。

活动策划能力很重要，活动进行中的执行能力更是重中之重。活动执行包括活动前执行和活动中执行。

在活动前，运营人员可能要寻求设计人员设计活动页面、活动物料，要寻求开发人员开发活动页面，要寻求市场部门或者外部资源方的推广资源支持等，这其中沟通协调能力是非常重要的。为了争取到合作部门同事的支持以保证活动的进度，运营人员同样需要同对方进行良好的沟通协调。

在活动中，运营人员不仅要时刻关注活动的进度，对于可能出现的问题也要随时进行调整修补。更为重要的是运营人员要做好与用户的沟通工作，不仅包括主动与用户沟通，了解他们对于活动的建议，还包括用户因为参加活动遇到问题时主动咨询。这就需要部门内的同事、下属以及客服部门的配合支持。在活动具体执行过程中有很多细节的事项，甚至是非常琐碎的事项需要运营人员综合把握，这都是对执行能力的考验。

数据分析能力

对于一个产品人员或运营人员来说，数据分析能力也是极为重要的，因为数据直接体现了他们的工作成果。对于内容运营来说，内容的阅读率、转发率、分享率是对内容最好的评估。对于活动运营来说，活动的参与人数多少、转化效果如何是考察其工作成果的重要指标，同时也是其能力的一种直观反映。

所以，运营人员要具备基本的数据分析能力。其实对于运营层面的数据分析工作，并不是那么复杂和难以操作。工具方面使用 Excel 就足够了，一般所做的就是使用柱状图、饼图、曲线图来体现增长率，以及进行简单的同比和环比分析。

图 2-34 所示为常见的数据展示形式。

其实，数据分析方面重要和困难的不是对于数据如何操作，因为数据相对来说还是比较简单的，而且一般情况下运营工作的数据量也不大。对于运营人员来说，重要的是从数据背后分析问题原因和验证结果的能力。例如，某次活动的增长是不是处于一个合理的水平？是超出预期的还是低于预期的？活动效果如果超出预期，要分析是因为什么因素，是因为哪个环节采取了有效的措施？这个措施对于后期的同类工作是不是可以有通用的借鉴作用？如果活动效果不好，那么可能的原因是什么？很多时候，这些分析都必须结合数据才能得出相对客观的结论。

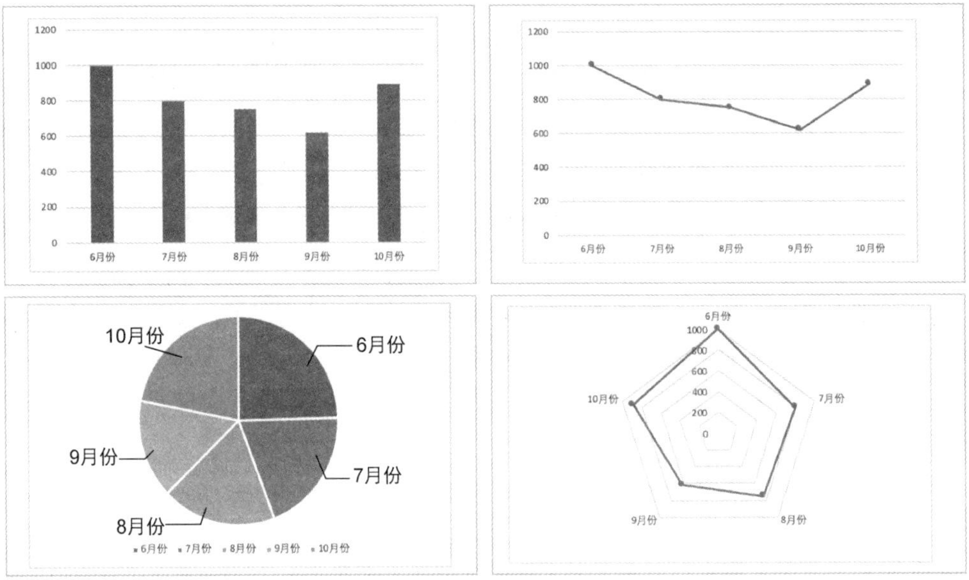

图 2-34 常用的数据展示形式

从这个角度来说，运营的数据分析重要的是分析事件本身，而不是把过多精力放在对数据的操作上。所以，运营新手对数据分析不要有误区，一听到数据分析就觉得比较难、自己没有能力做。

产品能力

运营人员应该让自己具有一定的产品人员的工作能力，如画原型的能力、画流程图的能力、思考用户体验等。关于这一点很多人可能会有点疑惑，为什么运营人员还需要具备产品人员的部分工作能力？这里需要说明的是，产品人员和运营人员的工作虽然有较大的差别，但无论是产品人员还是运营人员面对的都是用户，这个基本工作对象是相同的，那么很多考虑问题的基点就是相同的。

从实际的工作内容来说，运营人员在做一个活动时，假如活动页面的需求是自己提出来的，那就需要落实到流程图和原型上，这时候不能总去找产品经理说，你给我做一个这样的流程图和原型。一方面对方是否愿意是一个需要考虑的问题，另一方面沟通成本也很高。所以，自己动手、丰衣足食再好不过了。

另外，从职业发展的角度来说，逐步学习建立产品思维，对于职位升迁、成为管理者也有极大的帮助。试想如果有一天自己成为一个同时管理产品和运营工作的负责人，只懂运营不懂产品和两个方面都懂一些，哪种情况更有利呢？

（2）运营需要学习的工具

正如产品经理要用 Visio 等工具画产品流程，要用 Axure、墨刀等工具画产品原型，要用 XMind 梳理产品的信息结构，运营人员也需要根据不同的运营岗位学习一些相应的工作技能工具的使用。运营工具箱如图 2-35 所示。

图 2-35　运营工具箱

对于内容运营来说，可能需要学习 Photoshop，这一点不是必需的，而且企业招聘时往往很少提出这项技能要求。但就我的经验而言，掌握这项技能是极为必要的，因为无论是微信运营还是微博运营，都需要为内容配图，如简单地处理一张图片，如果你会 Photoshop 就只是一分钟的事情，但如果你不会转而去求助设计人员，沟通成本和时间成本会比较高。

对于活动运营来说，一定要学会使用思维导图，一般用 XMind 就够了，它可以帮运营人员厘清思路。另外，要做时间排期的话，运营人员可以了解一些项目管理的工具，如 Microsoft Project，当然用 Excel 也可以，重要的是要了解项目管理工具的思维。

对于数据分析来说，可以了解一些数据分析的平台，如 Talkingdate、Tableau、诸葛 io、growing io、神策数据等，主要是了解运营人员分析数据的思维框架。具体的数据分析工具，对于初级的运营人员只要学会使用 Excel 就足够了。不过，如果有机会接触公司的数据库，那么学习一点 SQL 语言知识，无论是对于自己实际的工作还是以后找工作都是一个大的加分项。

当然，如今大数据非常火热，如果以后想在数据分析这条路上发展，可以学习 SPSS 软件，甚至学习一门数据分析语言，如 R 语言或者 Python 语言。

另外，就如上面提到的，一个运营人员需要学习产品经理的一些工具和思维。工具方面如做流程图的 Visio、做原型的 Axure 都可以学习。这些工具的使用其实都比较简单，有的花费 1～2 个月可以学会，有的仅需一天就可以学会。

之所以建议大家学习这些工具的使用方法，一方面是为工作做准备，另一方面更重要的是了解这些工具背后的思维方式。当你学会使用一种工具之后，这种工具背后的思维就会对你既有的思维进行新的塑造。这种塑造可能是潜移默化、润物细无声的，你可能都体验不到它的妙处，实际上它却能悄无声息地为你提供解决问题的思路。

总之，对于技能工具来说，多学一点没有坏处，而且掌握更多的技能就意味着更多的机会。机会是留给有准备的人的。

6. 如何判断自己是否适合做运营

关于是否适合一份工作，在 2.2.3 节中就讲述过一个基本的原则：没有谁适合与不适合的问题，问题在于你是否愿意去尝试。人的潜能是巨大的，很多你认为自己“做不了的事情”，只是“你认为”做不了，千万不要自我设限。当然，如果说要给出一些判断和参考依据的话，还是从兴趣和动机两个方面来考虑。

（1）兴趣方面

兴趣方面的判断主要依靠实践和尝试。不过，运营人员的实践、尝试不像产品人员那样有比较好的抓手，如果没有一个实际的工作环境，尝试起来可能不太容易。不过，还是有一些可能的细节方向可以考虑。

我觉得主要从两个方面看自己是否有兴趣，第一个是内容方向，第二个是活动方向。从这两个方向去尝试做一些事情，如果比较感兴趣就可以选择运营这个岗位方向。

内容方面，可以学习尝试写一些东西，如为某个产品写一个产品说明书，针对某个社会热点话题写一篇文章，或者根据别人的观点组合一篇文章。如果你对这样的事情不厌烦，至少能够完整地完成。我觉得你对运营岗位是有兴趣的，并且是有希望做好的。

活动方面，可以尝试拟造一个工作的微观环境。假设你现在开了一家淘宝店，要开展一次促销活动。这次活动如何做？你能通过个人的思考、网络搜索形成一个完整的活动方案，并且如果你觉得这件事是比较有意思的，那么说明你对运营岗位也是有兴趣的。

（2）动机方面

在 2.2.3 节中也有过阐述，现实世界总是有很多不如意的地方，不可能什么事情都如你所愿、称心如意，甚至现实的情况常常是与你的期望相反的。所以，很多时候根据兴趣来做自己的人生选择是一件奢侈的事情。对于工作来说，更多情况下我们应采取“干一行爱一行”的态度，这样才会与这个社会相处得更好。

对于运营岗位的选择动机，薪资待遇仍然可以作为一个重点考虑的因素。虽然在前面讲过运营的薪资会比产品经理和开发人员要低一些，但是比起传统行业的很多同等岗位的薪资仍高出很多。

另外，如果你热衷于和用户接触沟通，那么运营是一个相对来说更为适合的岗位。在这个岗位中，你既可以通过数据来了解一个个群体的特性，又可以通过与用户对话来了解一个个微观个体。这正是运营岗位的魅力之一。

2.2.6　零基础如何入门运营岗位

入门运营岗位也可以从理论和实践两个维度来进行。理论方面，可以通过一些体系比较强的书籍掌握系统的运营框架，形成对运营工作的整体认知。实践方面，可以从岗位维度和技能维度两个方面选择一个点切入进行相应的入门实践，以此来了解特定运营岗位的工作逻辑，当对一两个维度的技能熟练掌握之后，再横向拓展其他技能维度。

当我决定转行做互联网运营时，对于运营和运营工作虽然有所了解，之前的工作和互联网运营也有很多相似之处或者交集，但对于互联网运营还是没有形成一个整体性的认识。于是，我开始疯狂地看书、看前人的经验帖，把关于运营的很多文章全部收集起来，花大把的时间来看，并不断整理总结很多人共同提到的相似经验，逐渐地对于运营的系统性认知也就搭建起来了。通过这些经验总结及自己的实践，我成功地转行到互联网运营方面，从而开启了我的互联网运营职业之路。

在互联网企业中，运营往往被认为是入门门槛比较低的岗位，但门槛低并不意味着不需要做任何准备就可以很容易地入职这些岗位。本节同样从理论和实践两个维度给出一些具体的建议。

1. 理论方面

从理论方面来说，运营人员入门的首要工作，同样是最好先通过阅读专业书籍来获得对于这个岗位整体性的认识。互联网行业发展了几十年，随着行业发展的积累，互联网的各个岗位早已走向专业化，运营岗位也是如此。在互联网行业的发展过程中，涌现出了很多与运营相关的书籍，这些书籍从不同的视角对互联网运营进行了阐述。如前所述，书籍都会有相对完整的体系，通过看与运营相关的书籍能够对这个岗位形成体系化的认知。

和产品经理的入门一样，求职者要系统性地掌握运营的理论知识，最低要求是精读一本体系性比较强的专业书籍，通过至少两次阅读，掌握一种整体的理论框架知识。如果想掌握更加扎实的理论知识体系，求职者还应该多看几本书籍，从中汲取各个作者的精华理论框架。

关于运营方面的书籍，也向大家推荐几本，集中放在本书附录 A 中以供查阅参考。如果求职者计划购买其中的书籍，不建议一次性购买。最好是自己在豆瓣读书上查一下相应书籍的评分，重点再看一下每本书的目录，选择自己认为框架结构比较完整的书籍购买 1 ~ 2 本即可。

2. 实践方面

从实践方面来说，针对特定的运营岗位需要具备真实的实战环境，这样才能进行入门练习。从实战环境的维度来说，有些运营岗位的入门门槛会高一些，有些岗位的入门门槛会低一些。例如，活动运营和产品运营由于需要真实的实战环境，门槛就高一些；而内容运营就没有那么高的实战环境要求，门槛就低一些。例如，以微信公众号运营为载体可以很容易地进行实践练习。

本节从岗位维度和技能维度两个方面讲述如何通过具体实践入门运营岗位，如图 2-36 所示。

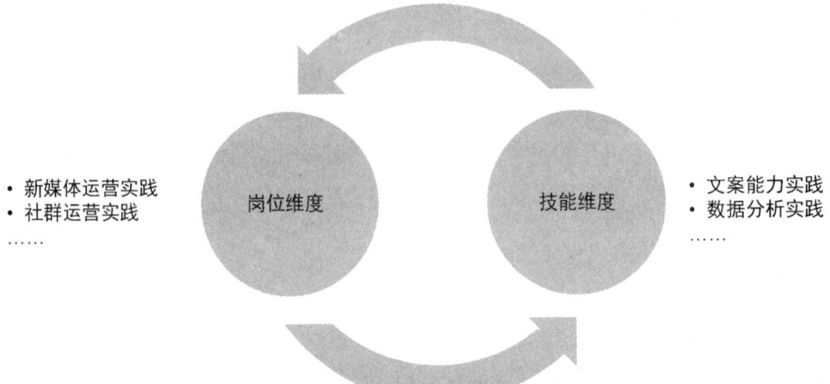

图 2-36　实践入门运营岗位

（1）从岗位维度入门

岗位维度的入门实践练习，从新媒体运营和社群运营入手相对来说比较容易一些。这两类岗位并不一定需要非常强的企业真实工作场景才可以展开。

新媒体运营实践

目前，在企业中最为普遍的新媒体运营平台是微信、微博和抖音，以及头条号、百家号、搜狐号、简书、知乎等。根据内容的媒介形式不同，这些媒体平台可以分为文字类和视频类。相比较而言，文字类新媒体运营的占比更高，运营岗位求职选择的机会相对比较多。视频类的媒体目前除抖音和快手之外可运营的平台并不是很多，所以运营岗位选择机会相对来说比较少。

新媒体运营的入门实践可以由浅入深从五个步骤进行自我实践，如图 2-37 所示。

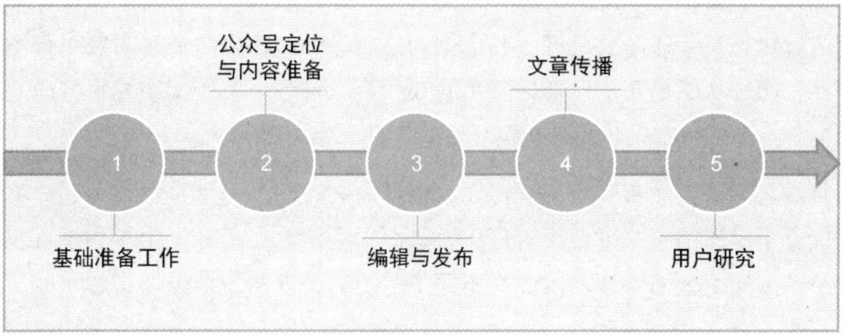

图 2-37　新媒体运营实践的五个步骤

第一，基础准备工作。

做任何事情之前都需要明确做事的目的是什么。对于新媒体运营来说，其核心目的是达成高阅读量和影响力，以便直接或间接完成销售转化目标。

明确了这个目的之后，首先可以申请一个微信公众号，或者其他自媒体账号，如知乎、简书、头条号、一点号、搜狐号、新浪看点、百家号等。账号注册只是新媒体运营的第一步，也是最基础的工作，如果不知道如何注册账号，那么只需要在网上搜索相应的教程即可。

第二，公众号定位与内容准备。

公众号注册好之后，首先需要进行定位，即确定这个公众号要发布哪方面的内容。因为只是实践模拟练习，所以公众号的定位可以根据自己的兴趣爱好选择一个适合自己的方向，如你喜欢电影就选择影视类方向，公众号的名字也最好与此主题相呼应。

完成定位之后，接着需要准备与内容的生产相关的工作。新媒体运营的内容生产有原创和转载他人的文章两种形式，原创内容对于大部分人来说并不现实，实践成本也非常高，所以一般情况下主要是转载他人的文章。当然，如果有能力自己写稿那就更好了。

转载他人文章不是把文章简单地复制粘贴过来就行了，应该加入自己的观点和见解，加入自己的思考和创作。需要注意的是，如今在新媒体运营中组合文章（洗稿）是非常普遍的行为，但不建议大家这样做。为了形成良好的职业习惯，运营人员最好是取得原作者的许可并注明转载来源，引用的部分也应明确标注出来。

内容准备好，接下来要做的就是编辑与发布。

第三，编辑与发布。

由于如今人们的注意力碎片化已成为常态，新媒体运营对于文章的呈现形式同书籍等传统媒体的呈现形式相比会有不同的要求，新媒体的文章通常都要求“图文结合”。所以，文章在发布前的编辑工作也需要花费一定的时间和精力。若要编辑一篇可读性强的文章，不仅要学习使用一些基础的编辑工具，还需要掌握一些配图的技巧。例如，多少文字需要一张图片？应该配什么样的图片？图片从哪里获取？如何避免版权纠纷？等等。关于文字编辑方面基本的要求是不能出现错别字这种低级错误，另外还需要注意字体、字号的设置。

文章编辑好之后可以发布到相关平台上，也可以同时在多个平台发布，这样就可以收到多个平台的反馈，不至于因单一平台没有任何效果而失去信心。另外，由于各个自媒体平台的产品特性和用户的阅读习惯不一样，因此在不同平台上编辑发布文章需要了解这些平台的特性和用户的阅读习惯。

文章发布之后，是否有人阅读、点赞、分享等这些工作是下一步要去解决的事情。如果文章发出去没有任何的数据表现，那无疑是失败的，对于做这件事情的积极性也是一种打击。所以，接下来就要研究文章传播性的问题，包括基于对文章的内容研究和基于对用户的研究。

第四，文章传播。

关于文章传播方面的问题，可以研究一些优秀的自媒体账号，挖掘他们之所以做得好的原因，可以在网上搜索一些新媒体运营的经验，也可以同时搜集很多同一主题下的相关文章，多花一些时间进行系统的阅读与整理，将很多人重复讲的经验内容总结出来，并根据自己的判断加以尝试。例如，可以把文章发布到自己的朋友圈，或者加入一些讨论相关问题的微信群，或者把文章发布在有流量的自媒体平台上等待用户反馈，以此发现问题。

在新媒体运营中，传播是最难的事情，也是大多数人的瓶颈。对于职场新人来说，在这个方面短期突破的难度比较大，如果没有太大的成效也不要着急，可以在长期工作中逐步地去学习、掌握来实现突破。

第五，用户研究。

任何文章都是要给读者看的，所以内容运营一个重要的方面是对用户进行研究。最基本的就是需要了解文章的目标用户是谁？他们是一群什么样的人？他们的阅读习惯和大众是否有重大的差异？为此，可以进行一些用户画像方面和用户阅读偏好的研究。这一部分相对来说是更为专业和复杂的技能，需要具备一定的运营能力基础。对于职场新人来说，暂时不用考虑这一步，可以先尝试把前面的四个步骤落地，获得对于这个岗位的初步体验。

前面讲的这些运营实践，目的是帮助职场新人顺利入门运营岗位。所以，无论你做的是基础工作还是深入研究，都需要把研究成果归纳、整理、总结出来，以便在投简历、求职面试时使用。这些成果最好是用视觉效果比较好的方式呈现出来，如做个 PPT 用于面试，避免单靠记忆而无法全面阐述的问题。

社群运营实践

第二个可以尝试入门实践练习的岗位是社群运营，简单来说，可以尝试运营一个微信群或者 QQ 群，思考如何把这个群运营好。

我们可以基于一个自己的兴趣爱好，或者生活中的某类问题建立一个微信群或者 QQ 群。群里的人数不需要太多，几十人就可以。围绕着这个群可以做很多事情。例如，研究群内的用户特征；考虑可以为他们提供什么独特的内容或价值，或者为他们解决什么问题；群内的规则如何制定；日常的运营内容和策略是什么等。

同样，当你不知道如何做时，可以在网上搜索相关的文章和攻略进行研究。

移动互联网给我们提供了极大的便利，通过百度搜索、知乎的问题，或者一些专业网站的前辈经验，或者将相关的文章汇总、整理分析，你就能够找到一些可以落地实践的经验方法，然后把这些总结的经验付诸实践，最后不断地优化其中的工作，看看会发生什么结果。

基于岗位维度的入门实践可以有很多，这里只举这两个例子，目的是让大家对如何入门实践一项运营工作有基本的了解。

（2）从技能维度入门

对于找工作而言，基于岗位的实践可能会有一定的局限性，因为特定的实践经验必须匹配特定的岗位，脱离这个岗位可能就会面临经验不适用的问题。

但基于工作技能维度的实践是一种通用性能力的实践，无论是文案能力还是数据分析能力，都是很多岗位需要的能力。因此，这种实践所掌握的能力的适用面比较广，不会像岗位经验的限定性那么强。所以，掌握一些运营工作中的通用性技能，在求职面试时选择的范围会相对广一点。

文案能力实践

文案能力也可以理解为写作能力，不过，它是一个更加贴合工作场景的术语。说起写作能力你可能会习惯性地想到写作文、散文、小说等与学校经验密切相关的情景，但文案写作显然不同于这些写作方式。文案写作的目的性、功用性非常强，也就是说产出的文字有什么价值、能产出什么结果是非常明确的。

在企业工作中，需要文案写作的场景比较多，如前面提到的新媒体运营文案、产品使用说明、短信文案、Push 推送文案、产品需求文档说明、工作周报、复盘报告等。这些不同场景的文案，其写作要求和特点各不相同，我们可以尝试根据不同场景的文案进行练习，既可以练习长文案也可以练习短文案。

练习不同文案的写法，需要考虑是否有场景。如果没有场景和具体的练习环境，也就是说，如果你没有具体的工作岗位，那么练习起来可能会不太方便，因为没有反馈所以不知道练习的效果如何。

不过，这并不是说没有工作场景就不能进行文案的练习实践，我们可以尝试下面两种办法，如图 2-38 所示。

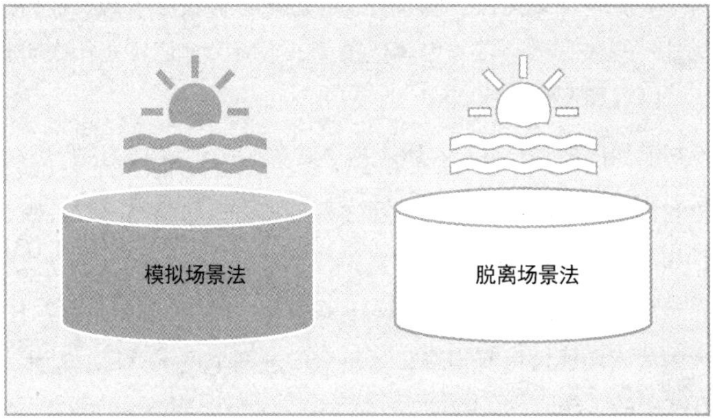

图 2-38　两种文案实践的方法

第一，模拟场景法。

模拟场景法也可以叫作假设练习。如果你打算练习短信文案，那么可以假设自己现在是某家公司或者某款产品的运营人员，需要给十万个用户发送一条活动预热短信。你可以打开电商网站，找到其中一个活动，然后思考如何针对这个活动给用户发送一条短信。如果不知道如何开始，那么可以从下面两个思路入手。

思路一：自我探索。

打开自己的手机，翻看手机里面收到的各种活动的短信文案，把这些短信文案全部复制出进行分析，看这些文案都有什么特点：字数大概是多少，一般用到哪些词语，可以使用词频分析工具来看哪些词语出现频率较高，文案的表述有什么特点。在此基础上，你再去尝试写关于这个活动的文案就会相对比较容易。

思路二：经验模仿。

在网络上直接通过搜索引擎、知乎或者垂直网站，如“人人都是产品经理”网站，搜索相应的关键词，打开相应的文章看别人都是如何做的，把能搜集到的文章尽可能全部看一遍，整理出那些大多数人都提到的经验，然后加以模仿练习。

第二，脱离场景法。

如果你还未参加工作，第二个入门练习思路是找不完全依赖企业具体岗位的工作场景进行练习。例如，前面提到的新媒体的运营，你完全可以自己申请一个自媒体账号进行实际的文案写作练习。

关于文案的练习应重点关注两个方面。

关于逻辑性的练习。企业中的文案除各种格式化方面的强制要求之外，如遵循特定的写作格式，更重要的是写作的逻辑性。训练文章写作的逻辑性，可以阅读芭芭拉·明托的《金字塔原理》一书。无论从事哪方面工作的人，只要可能涉及文字写作的工作都可以读一读这本书，根据这本书的原则进行逻辑性的刻意练习。

关于写作风格的练习。在传统的企业中，通常的文案写作风格大多要求正式、严肃，但在互联网企业中更强调基于用户思维和贴近用户的实际需求，所以文案的写作风格可以轻松、活泼一些，要有人情味。互联网职场人需要摆脱传统的企业文案中端着的“高冷”风格，尤其是短信文案、Push 文案、新媒体运营文案、产品介绍文案等。

这方面可以借鉴学习“李叫兽”公众号关于企业文案写作方面的文章，翻看历史记录找一些互联网文案写作的文章，如 X 型文案和 Y 型文案。

数据分析实践

数据分析能力是互联网企业中各个业务岗位（如运营岗位）都需要的一项重要的工作能力。

互联网企业区别于传统企业的最大的特点是数据驱动。互联网从诞生之初就具有数据方面的天然优势，可以收集到颗粒度非常细的数据，如网站的用户行为数据、用户的地理位置数据、用户的基本信息数据（用户注册各种网站时，一般会填写详细的个人资料）。基于数据分析可以做出更加精细化的业务决策，这也是互联网企业之所以能够快速发展的一个重要原因。所以，要入门互联网企业运营岗位，数据分析的入门是一个必须实践练习的维度。

对于一个刚刚参加工作的运营人员，或者工作中以往接触数据不多的运营人员，如何进行数据分析能力方面的入门练习呢？

第一，打破数据分析的误区。

这里首先需要纠正一个认知偏差——很多人一听到数据分析会觉得高深莫测，自己没有能力做好，实际上这种想法是完全没有经过认真思考的片面思维。其实，在日常生活中我们经常在做数据分析，如分析自己的月账单和财务状态就是一种数据分析工作，企业中的数据分析并没有那么神秘。

数据分析重要的不在于“分析”本身，而在于通过分析发现问题。所以，重要的不是使用多么复杂的工具、必须基于多么大的数据量，更不在于“为了分析而分析”，真正重要的是通过分析发现问题并找到优化业务的方向，这才是数据分析的核心与目的。

第二，数据分析如何入门。

在互联网企业中，运营人员的日常工作本质是解决各种问题、优化各项工作，如优化活动效果、优化文案效果等。这些优化需要基于数据分析开展，对于数据分析的入门可以从分析工具和分析思路两个角度来展开。

从分析工具的角度来介绍数据分析的入门。对于运营人员来说，基本的数据分析使用 Excel 就够了。Excel 拥有强大的数据统计分析能力，只是很多人对此了解的并不够。Excel 有很多函数，可以非常便捷、高效地对数据进行处理，如基础的求和 Sum 函数、求平均数的 Average 函数以及求中位数等的各种函数，更高级一点的还有 Vlook 函数等。

当然，如果你已经足够熟练地掌握了 Excel 技能就可以向高阶迈进，掌握一些更加复杂的工具，如 SPSS、Tableau 等，甚至是编程语言，如 R 编程语言、Python 语言等。

另外，如果有兴趣最好学习并掌握数据库查询语言 SQL，因为在互联网公司中业务进行的逻辑总是业务先行、支持随后，而且总是面临资源不足的约束。对于很多公司来说，数据的可视化展示和查询系统建设总是滞后于业务工作，但运营人员为了解决业务的问题又需要随时查看数据。运营人员如果会使用 SQL 语言就可以很方便地直接从数据库查询一些数据，以便尽快定位和解决问题。相反，如果运营人员不会使用 SQL 语言，就需要求助于其他人，在这种沟通协调的过程中，工作的效率必定会打折扣。

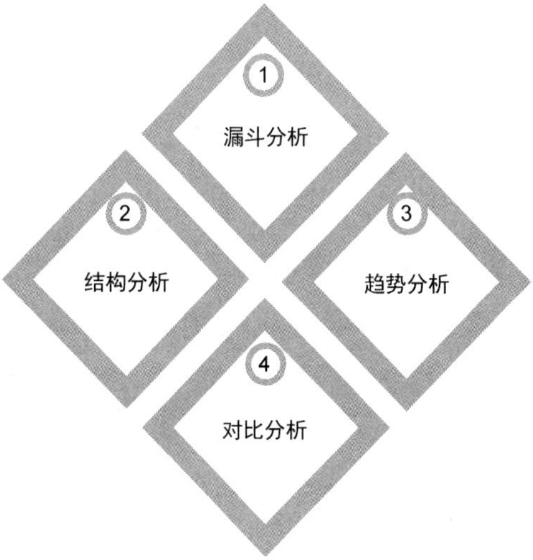

图 2-39　四种数据分析的思路

从分析思路的角度来介绍数据分析的入门。在进行数据分析时总是需要一些特定的分析思路才能看出问题，对于运营人员来说，通常的数据分析思路主要包括漏斗分析、结构分析、趋势分析、对比分析，如图 2-39 所示。在此以结构分析为例来阐述数据分析如何入门。

结构分析也就是构成分析，如男女构成、地域构成、用户手机型号的构成等，都是比较简单的结构分析。结构分析一般借助于饼图来展示。

结构分析的目的是便于快速地了解数据指标的细分构成比例是否合理，与行业参考数据或者竞争对手的数据相比是否存在明显的优势或劣势。例如，在互联网的用户分布上，普遍存在的一种现象是广东地区的用户在各个产品领域总是排名第一，如果某个业务或产品的用户分布与此不符，那就说明在用户地获取方面存在一定的问题，这就是需要改进的点。

结构分析的做法一般比较简单，通常是计算构成要素在总体结构中的占比。结构分析适用于观察具有细分指标的业务数据类型，从更细微的局部结构来分析问题。

以微信公众号为例。一个微信公众号文章阅读来源结构，如图 2-40 所示。从图中可以看到，来自微信公众号会话的阅读占了最大的比例，为 72.43%，其次是其他类来源，来自朋友圈和好友转发的阅读人数还比较少。由此可以推断出，文章的传播性还不是非常强。基于这种结构的分析就会确定一些当下和未来的内容运营的重点。

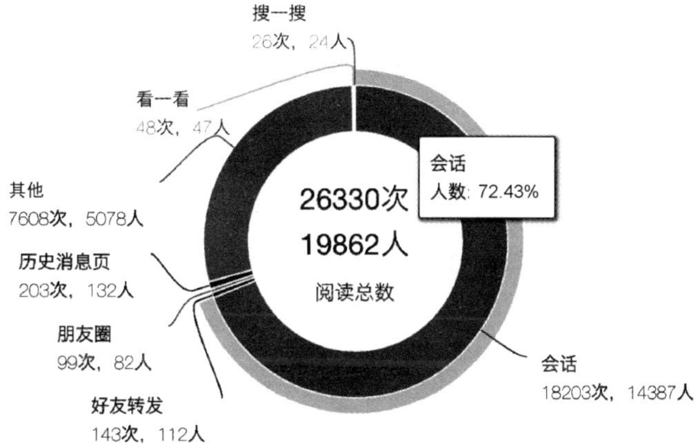

图 2-40 微信公众号文章阅读来源结构

以上是对结构分析思路的简单举例说明，当然还有漏斗分析、趋势分析等，这些分析的思路在后面还会陆续讲到。

关于实践入门运营岗位还有两点需要向大家说明。

关于时间积累。前面讲的入门实践，无论是基于岗位的入门实践还是基于技能的入门实践，具体实施起来都需要一定的时间周期，不是一两天就能够立即做完的，通常需要以月或者季度作为计划的时间单位，所以在实践的过程中遇到困难要挺住，不要轻易半途而废。

关于结果方面。上述这些入门实践不是做完马上就会产生积极的效果，甚至有时效果微乎其微，这个时候不要气馁、悲观，工作中的问题不像学习中的问题，有投入就一定会有即时反馈的产出。进行入门实践主要是让你通过尝试解决问题的过程，感受不同运营岗位的工作是什么样子、会遇到什么问题、遇到这些问题该如何解决。如果寄希望于通过这些简单的入门实践就取得立竿见影的效果是不切实际的，这种急功近利的心态也是不可取的。

2.2.7 技术类岗位的介绍与选择

从理论上讲，每个人都可以学会编程做一名技术开发人员。即使是一名纯粹做业务出身的人，虽然不一定需要学习编程，但也应该了解技术类岗位的设置和分工，以及各个岗位的主要工作内容，只有这样才能在产品开发沟通时更加游刃有余。“不谋全局者不足以谋一域”，求职者如果没有建立对于整个企业全局思维的意识，就可能在向更高职级迈进的职业道路上受到阻碍。

作为互联网企业的三大核心岗位之一，技术类岗位是互联网企业生存发展的关键支撑力量，因为互联网企业往往是以技术驱动的，如果一家企业的技术力量比较薄弱，那么它的发展一定会受到严重制约。在互联网企业中，技术的工种类型划分得非常细，各种开发人员的工作内容差异也比较大，下面对此进行简单介绍。

1. 技术类岗位的分类和主要工作内容

在互联网企业中，技术类岗位主要包括前端开发、后端开发、客户端开发、测试、运维、数据、算法等类型。其中，市场需求广泛的主要是前端开发岗位、后端开发岗位、客户端开发岗位、测试岗位、运维岗位。这是移动互联网公司必须具备的几个基础岗位。不过，随着大数据的发展和应用，如今企业对于数据、算法类的岗位需求已经产生较大幅度的增长。这里主要介绍前面五种主要岗位及其工作内容。

本节内容主要面向的是打算入行技术类岗位的非技术出身的职场新人，仅仅是一种第三方视角的导引，更加深入的内容还需要向专业的技术人员咨询，或者自己搜集相关资料、阅读专业书籍、参加专业的培训。

本节关于技术类岗位工作内容的介绍，将通过具体案例采用一种非技术人员更加容易理解的方式来讲述。这种方式就是通过一款具体的 App 产品的实现过程来拆解技术类岗位在其中扮演的角色和承担的相应工作内容，具体以一款知识类产品——得到 App 为例。

在一款 App 产品的开发中，产品功能的实现通常是由前端开发人员、后端开发人员和客户端开发人员共同完成的，而测试人员和运维人员主要负责产品开发上线时的相关工作，以及产品上线后运行过程中的一些工作。

（1）前端开发人员的主要工作内容

前端开发人员的主要工作是开发 App 产品前端的可视页面，也就是普通用户可见的页面部分，其中具体的工作包括页面元素的实现、页面结构布局的实现、页面动态效果的实现、数据的通信和传输等。当然，更深入的还有技术框架的优化、页面性能的优化等。这里仅仅从一个简单的视角切入。

页面元素和页面结构布局的实现

页面元素的实现就是类似于页面上按钮、导航栏、输入框的开发实现，如图 2-41 所示，

图 2-41　页面元素

在得到 App 页面中，顶部的滚动 Banner 轮播广告图下面有 5 个近似椭圆形的导航按钮。这 5 个导航按钮的大小是多少像素？形状是什么？颜色是什么？5 个按钮在页面中的位置是如何安排的？按钮与屏幕两边的距离是多少？两个按钮之间的距离是多少？这些就是页面的结构布局，其都是通过前端开发人员开发实现的。

页面的动态效果

在得到 App 首页，可以看到顶部的 Banner 轮播广告图是滚动展示的，如图 2-42 所示。那么广告图的大小是多少？广告图滚动的方向是从左往右还是从右往左？每个广告图滚动的时间间隔是多少？这些动态效果的具体实现也是由前端开发人员通过代码实现的。

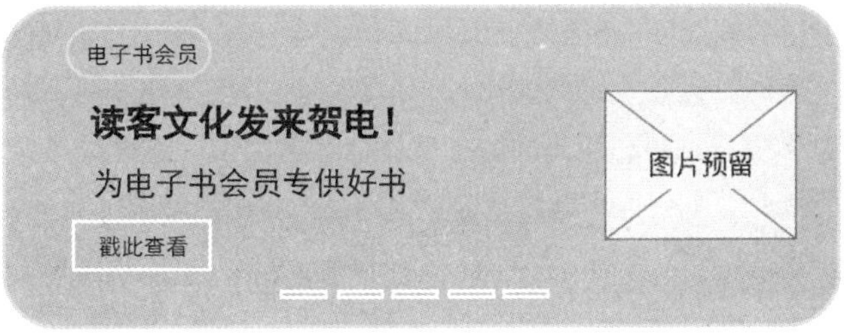

图 2-42　得到 App 首页轮播广告图原型

数据的通信和传输

前面所说的轮播广告图和 5 个导航按钮，如果随便选择一个点击之后都会进入一个新的页面，进入的页面中有图片、文字甚至是视频，开发人员把这些元素统称为数据。当点击进入时会看到这些元素不是马上显示出来的，而是有一个缓慢出现的过程，这个过程叫作“数据加载”，这个加

载的过程就是前端页面通过代码向后端数据库调取文字、图片等数据。如果要顺利调取这些数据，就需要前端开发人员和后端开发人员定义好规则，并且把这些规则写在程序代码中。

如果数据调取成功，页面就会显示出这些内容；如果数据调取失败，页面就会出现白屏，这就是通常说的出现了“Bug”。所以，在你使用一款 App 产品时，当打开一个网页时很长时间没有任何信息显示出来，只有一片空白或者显示“404”，这都是数据没有调取成功的表现。

以上就是对前端开发人员工作内容进行的简单介绍，当然这只是很少的一部分内容，也是比较基础的部分。

对于前端开发人员来说，为了能够胜任上述的工作需要学会相应的开发语言，如 HTML、CSS、JavaScript 等。当然，作为前端开发人员还需要了解并熟悉 HTTP 技术，了解浏览器的工作原理、Web 容器相关的知识，以及熟悉常见的安全问题和应对策略等。

（2）后端开发人员的主要工作内容

后端开发人员的主要工作至少包括搭建技术框架、开发各种接口、封装接口、创建与管理数据库等。我们在其中选择几项比较容易理解的工作内容进行简单介绍。

开发接口

首先来了解什么是接口。百度百科的定义是：接口是计算机系统中两个独立的部件进行信息交换的共享边界。这种交换可以发生在计算机软、硬件，外部设备或进行操作的人之间，也可以是它们的结合。[①] 这个概念比较抽象，我们可以举一个形象化的例子——在谍战影视剧中总是会出现类似的镜头，两人接头时，总是要以某个信号或者两句诗作为接头的暗号。在此可以把这两个接头的人理解为两个接口，他们接头的暗号就是接口的对接规则。

回到产品开发中，后端开发人员要把数据提供给前端开发人员，这时候就涉及接口的开发，包括数据以什么形式组织，以什么形式输出效果最好。如果接口开发得不好，前端开发人员调取数据就会不顺畅，当用户打开相应页面时加载就会非常缓慢，这就是通常所说的产品的用户体验不好，用户可能从此就不会再用这款 App 产品了。

创建与管理数据库

后端开发人员有一项比较重要的工作就是创建与管理数据库。如果一个用户首次使用得到 App，需要先注册一个账户并登录上去。当用户在前端页面通过输入框填写信息注册了一个账号后，前端页面会把用户的注册信息传给后端的数据库，数据库需要把用户的信息保存起来，以便以后每次该用户能够顺利登录，从而保证用户在上面的购买记录、浏览信息、阅读的记录等

① 来自百度百科。

都能对应起来。当然，后端开发人员的工作还有很多，在此不再详述。

后端开发人员用到的开发语言以前有 C 语言和 C++语言，如今流行的开发语言主要包括 Java、Python、PHP 等，当然还有很多比较小众的开发语言如 Perl、Ruby、Shell 等。

（3）客户端开发人员的主要工作内容

客户端开发人员的岗位是移动互联网兴起之后才有的，客户端一般是指手机客户端，主要包括基于安卓手机操作系统（Android）的客户端和基于苹果手机操作系统（iOS）的客户端。客户端开发人员主要负责与产品的上线及发布相关的工作，当一款 App 产品开发并测试完成之后需要上架到应用商店，这就需要专门的客户端开发人员来做相应的工作。

当然，客户端开发人员的工作不仅限于产品的上线发布，还包括产品的性能优化，以及 App 产品上一些框架层面的开发工作，这些都是由客户端开发人员来完成的。

客户端开发人员使用的开发语言要区分是安卓客户端还是苹果客户端，通常安卓客户端开发使用的语言主要是 Java，苹果客户端开发使用的语言主要是 Objective-C，或者最近新兴的 Swift 语言。

（4）测试人员的主要工作内容

测试人员的主要工作包括参与需求评审，参与系统方案设计，编制测试解决方案，测试用例的设计、编写及执行，以及最重要的产品功能测试。

当前端开发人员和后端开发人员的开发工作都结束之后，产品的主体功能就实现了，这时就需要测试人员对这款产品的所有功能进行测试，以确保用户在使用时不会出错。测试有前端测试和后端测试的区别，测试的具体内容包括功能测试和性能测试，如图 2-43 所示。

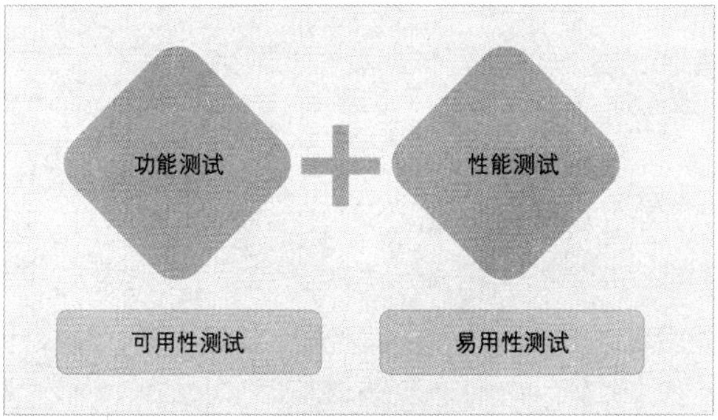

图 2-43　测试工作的两部分内容

功能测试主要是检测产品的功能是否能够正常使用。以得到 App 来说，测试人员要对从一个用户注册开始到用户完成 App 里面的动作为止的所有的功能测试多遍，看看在不同的网络环境下、各种手机型号上，是否都能注册成功，是否都能打开页面阅读专栏、听语音。功能测试是为了保证产品的“可用性”。

性能测试是针对某个功能是否好用的测试。例如，语音打开是不是顺利？听的过程是不是流畅？如果用户在得到 App 里面购买了一本书，购买的流程是不是顺畅？性能测试主要是产品的“易用性”测试。

测试人员不需要使用特定的开发语言来做产品功能的开发，但由于要对整个产品进行测试，意味着要从代码层面对前端开发人员和后端开发人员的工作进行回顾，所以前端开发人员和后端开发人员所用到的开发语言，测试人员都要进行了解和学习，只是不需要掌握到前端开发人员和后端开发人员那样的深度。

（5）运维人员的主要工作内容

运维人员的主要工作内容除了负责公司服务器日常运行、管理，设备的检修与维护，以及机房网络布线与维护等工作，在产品上线时还要帮助前端开发人员和后端开发人员搭建网络环境和软件运行环境，协助进行产品的灰度发布，以及产品发布后的各种数据异常情况的监测等非常繁杂的工作。

以上是对于技术类相关岗位从业人员的主要工作内容的介绍。关于薪资方面，互联网公司开发人员的薪资在同等年龄阶段和工作经验的情况下，相对来说比产品人员和运营人员的薪资水平要高。这部分可以通过招聘网站了解，本节不再赘述。

2. 技术类岗位的入门路径

如果一个非计算机专业的职场人想入行做技术开发工作，可以有两种路径。

（1）自主学习

入门技术岗位第一种路径是通过自学的方式，如果打算入行技术岗位，首先对上述各个岗位要有大致的了解，确定自己喜欢的一个方向，然后选择一种开发语言作为入门的语言，通过网络或者专业的书籍深入地了解和学习。在这个过程中要多请教他人，可以是懂技术开发的朋友，也可以是学校计算机系的老师，甚至是技术社区或技术论坛里面的技术牛人。

互联网原本就是由技术驱动的，而且互联网提倡平等、自由、分享的精神，作为技术人员尤其喜欢分享，网络世界有各种各样的技术学习资料及学习经验和方法，希望大家多多参考。

（2）参加培训学习

职场新人入行技术岗位，除了通过自主学习，也可以找一些靠谱的付费机构去参加培训。

有很多人就是通过培训进入这个领域的。

另外，从长期的维度来说，如果一个人打算以技术开发作为职业的话，学习就是一个长期的课题，所以短期的培训能解决的也仅仅是快速入门，长远的发展仍要靠自己的工作实践和学习。

3. 非技术类岗位的人需要学习编程吗

编程语言对于大部分人来说似乎是望而生畏的事物。但做这样一个假设，如果你高考选择专业时被调剂到了计算机专业，大学四年你不得不学习这个专业，那么四年之后你会编程吗？答案应该是肯定的。

很多事情我们没有做时觉得比较难，只是因为不了解且没有付诸行动，最终造成了错误认知。所以，即使你是一个非技术出身的人，没有编程的基础，我们也建议你抽出一点时间学习一门编程语言，这对于思维、职业、人生都是有利的事情。

之所以如此强烈建议你学习编程，是因为在未来编程将可能成为和英语、驾照、电脑一样人人必备的技能。现在的小孩子都在规模性地学习编程了。

美国前总统奥巴马曾鼓励儿童学习编程，他在一次接受采访时说："目前的事实是，如果我们不做一些更好的选择，那么我们的领先优势将逐渐缩小。我们需要让孩子们参与数学和科学，而这不仅仅是一小部分孩子，而应该是所有人。所有人都应更早地学习如何编程。"[①]

在多年前，麻省理工学院就推出了针对儿童的编程软件 Scratch，帮助儿童学习编程知识并拥有编程思维。

早在 2014 年，英国就已经把图形化编程纳入了 5 岁以上儿童的必修课。

在法国，编程被纳入了初等义务教育的选修课程。

在北欧一些国家（如芬兰）也把编程作为一门非常重要的义务教育学科。

我国也开始提倡中小学生学习编程技术。2017 年 7 月，国务院印发的《新一代人工智能发展规划》提到，"实施全民智能教育项目，在中小学阶段设置人工智能相关课程，逐步推广编程教育，鼓励社会力量参与寓教于乐的编程教学软件、游戏的开发和推广。"[②] 2017 年，山东省在

---

① 李玮. 奥巴马：所有美国人都应学习编程. 腾讯科技.（2015-02-15）[2020-03-02]. http://tech.qq.com/a/20150215/041805.htm.

② 国务院. 国务院关于印发新一代人工智能发展规划的通知：国发〔2017〕35 号[A/OL].（2017-07-20）[2020-03-02]. http://www.gov.cn/zhengce/content/2017-07/20/content_5211996.htm.

其最新出版的小学信息技术六年级教材中，加入了 Python 语言的内容。①

教育部考试中心于 2017 年 10 月 11 日发布了“关于全国计算机等级考试（NCRE）体系调整”的通知，决定自 2018 年 3 月起在计算机二级考试中加入了“Python 语言程序设计”科目。

学习编程非常有助于逻辑思维的训练。在《爆裂》这本书中，关于学习编程的好处，作者引用了雷尼克斯的话，“学习写作是因为它可以帮助你学习。和通过写作表达想法一样，我们也可以用编程表达想法，编程能教会你如何思考。”

建议非技术职场新人考虑学习编程还有几个现实性的原因。

- 市场需求：目前市场上对于技术开发人员的需求还是比较旺盛的，优秀的开发人员仍然比较缺乏，这个趋势会持续较长时间。
- 薪资水平方面：由于市场供需不平衡，技术人员的薪资水平都是比较高的，而且通常在加薪时薪资的增幅也比较大。
- 从职业发展的角度看，懂得技术开发能更加了解产品如何实现，从技术岗位转至产品岗位、运营岗位或者其他工作岗位，会有更大的优势。

4. 没有技术背景的人能学会编程吗

了解了学习编程的重要性，很多人可能接下来会问，我只是一个普通学习某某专业的人，我英文不好、数学不好，怎么学习编程语言呢？

在此，举两个非常普通的真实案例，看完这两个故事也许你会有所启发。

一位学习经济管理专业的同事，毕业后先学会了 Photoshop，进入了一家小型企业，一开始做设计工作，与专业也没有什么关系。后来，由于前端人员紧缺，他转行做了前端开发人员，通过自己的学习加实践成功转型为一名前端开发人员。目前，此人就职于一家大型互联网企业 O2O 业务的前端部门，并成功升任为前端负责人。

一位哲学专业的开发人员，他大学毕业后自学编程语言成为一名后端开发人员，后来进入一个早期的门户网站做了云计算开发人员，再后来成为这个部门的中层管理人员。

通过上面两个案例可以发现，是否能够学会编程语言成为一位开发工程师，与有没有计算机专业基础其实无关，只要你肯学就可以入门，进而能够精进成为一位不错的开发人员。

所以，学习编程并不难，只要有意愿开始行动起来就好了。

---

① 小学生已经开始学编程了！假如现在不掌握编程，以后会不会像“文盲”？. 科技日报.（2017-12-15）[2020-03-02].http://news.iresearch.cn/content/2017/12/272139.shtml.

2.2.8 产品经理、运营、技术岗位之间如何相互转岗

转岗不仅是一次重新选择职业的机会，也是一次增强职场竞争力的契机。在转岗时，重要的是打破不确定性的心理恐惧，完成思维观念的转变，在日常工作中积累并进行相对长期的准备。在具体转岗操作时，可以遵循一个四步的思考模型——了解岗位能力图谱、弄清关键能力、判断自己的优劣势、针对性地进行刻意练习，从而顺利地完成岗位的转换。

我认识一位互联网行业的开发人员，他很早就为自己的岗位在可预期未来的“天花板”而担忧，于是在做了几年技术之后毅然决定转岗到业务部门。经过前期的准备和努力，他成功转岗到市场部，成为市场部的负责人，后来再次成功转岗到渠道业务部成为负责人，再后来又成功转岗成为一名商务负责人。每一次转岗他都顺利地完成华丽转身。

职场中主动转岗的人和被动转岗的人都有不少。那么，如何判定自己是否需要转岗？什么时候应该转岗？该如何转岗？

我曾经多次遇到有人咨询关于转岗的问题。

“我是做运营的，现在做的事情很琐碎，觉得意义不大，想转岗产品经理，不知道该不该转？”

“我是一个技术人员，过几年工作可能就遇到‘天花板’了，想转岗产品经理，不知道有没有转岗的可能？”

面对这样的问题，如果用简单一句话来回答，我会告诉他们：可以啊，没有什么不能的！

当然，用一句话来回答这种问题显然是一种不太严谨的做法，因为类似转岗这样的问题其实无法一言以蔽之。但我也不是草率地敷衍他们，这样简单回答其实想传达一个简单的理念：没有什么事情是不可以的。只要做出选择并付诸努力，转岗一定是可以的，不同岗位之间的鸿沟没有那么难以逾越。

1. 该如何看待转岗

在企业中转岗是一件发生概率比较低的事情，很多人从一个岗位开始之后就很难再去尝试考虑其他岗位，这不仅是因为人们对既有的工作形成的路径依赖，而且转岗一般都是有学习成本和其他各种转换成本的，这是大多数人不愿意冒险的原因。

职业之路是非常漫长的，一般来说我们会工作 40 年甚至更久的时间，如此漫长的道路，难道不应该去尝试一下其他方向、看看其他道路上的风景吗？从另一个角度来说，如今的世界变化如此之快，职场人原有的工作总是会出现因为外部环境变化而无法适应社会经济现实需要的

情况，而一旦出现这种情况，职场人很可能就会陷入被动转岗的困境。与其被动淘汰，不如主动出击。所以，从这两个角度来说，主动转岗或许是一个明智的选择。其实，转岗对于职场人来说，会有一定的积极意义，如图 2-44 所示。

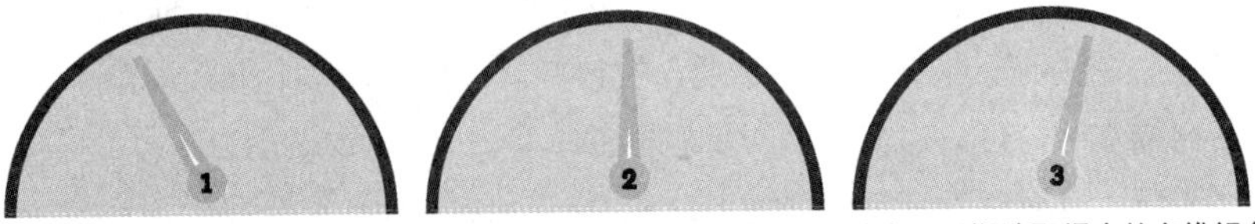

图 2-44 转岗的积极意义

（1）转岗是一次人生的重新选择

很多人职业发展到一定阶段后就会进入一个瓶颈期，往上无法突破，往下又没有退路，陷入进退维谷的境地，这时候其实就可以考虑转岗，重新选择一次自己的职业道路。

很多时候，职场人当下遇到的职业停滞困境可能不是暂时的，很可能是这个岗位并不适合自己。重新尝试一种职业方向，或许就会走出困境，闯出另外一番天地。

（2）多岗位经验可以增强职场竞争力

李笑来在《财富自由之路》一书中提到一个概念“多维竞争力”，意思是说：在单个维度上，大家比的是“长度”；在两个维度上，大家比的是面积；在三个维度上，大家比的是“体积”。[①] 这里的长度、面积和体积是一种形象化的说法。

其实，在职场中这个道理很容易理解，如果一个人既懂得如何规划产品，又懂得如何开发产品，将两个岗位的能力合二为一，那么他的竞争力就比只懂其中一种工作的人更有优势。一个懂技术开发的产品经理的工作效率必然比一个不懂技术开发的产品经理的工作效率高得多，同时也更有职场的竞争优势。

一方面，如果一个产品经理懂技术原理，他可以预先评估各项功能的开发难度，提出更合理的产品功能实现方案。另一方面，如果产品经理懂一定的技术原理，他可以很容易地和技术开发人员进行沟通，信息交流的充分度比较高，大家对于需求的理解程度、开发排期的合理性会更容易取得一致。

同样，如果一个人既在产品岗位工作过，又在运营岗位工作过，那么他担任产品经理来做一款从 0 到 1 的产品将会有更高的成功率。因为他既会用产品思维来考虑产品功能优先级，又会从运营思维出发来考虑如何优化迭代一款产品。所以，在多个岗位的经验对于职场人打造自

① 李笑来. 财富自由之路[M]. 北京：电子工业出版社，2017：132.

己的职场多维竞争力有非常重要的作用。

（3）转岗可以塑造职场人的多维视角

在企业中，专业化分工越来越细，尤其是在大型互联网企业中，岗位的工作幅度设置非常窄，员工被限制在工作内容非常狭窄的事务上，很难了解到一项工作的全貌，久而久之就成为“一颗螺丝钉”，职业的视域就被限制住了。而当一个人的视野非常窄时，看问题也很难看得全面，决策能力也必然下降，在职业的发展道路上只会越走越窄。

在职场中进行转岗不仅是工作内容的改变，而且也意味着思维方式的转换，这种转换的过程虽然开始时有点痛苦，但当完成转换后会发现自己看问题多了一种全新的视角。别人可能是在用单维的视角看问题，而你是在用多维视角看问题。

2．转岗的难点和破解之道

（1）转岗的难点

前面已有阐述，大多数职场人不愿意转岗往往是惧怕不确定性，所以我认为转岗的难点并不是人们在行动的过程中遇到的各种障碍，而是考虑转换前对未来不确定的心理恐惧和思维转换。

不确定的心理恐惧

人类天生具有“损失厌恶”的心理，不愿意抛弃自己已有的东西，在职业道路上也存在这种心理。只要在一个岗位上没有遇到大的挑战，就会一直循着固定的路径走下去，直到自己面临困境不得不面对岗位变动时才被迫进行改变。与其这样，还不如提前主动转岗给自己更大的选择余地。

其实，很多时候主动转岗难的不是岗位本身的挑战，而是自己思想观念的挑战，因为对于前路不确定，所以不敢贸然去冒险。

因此，要拓宽自己的职业道路，锻炼自己的多维视角，增强自己的职业竞争力，首先需要消除心理恐惧、主动出击，而不是被动等待“大刀”砍向自己。

思维转换是难点

当然，进行转岗确实不是一件容易的事情，这其中不仅需要付出努力，还需要一定的机会和运气，甚至需要自己主动创造机会。

在两种岗位实际的转换过程中，职场人会面临切切实实的难题，尤其是思维转换方面的难题。因为不同的岗位思维逻辑差异有的会小一些，有的会非常大。例如，从产品经理岗位转运营岗位，从客户端岗位转前端开发岗位，或者在后端开发细分岗位之间转换，思维逻辑差异还会小一些。但从技术岗位转产品经理或运营岗位，或者从产品经理、运营岗位转技术岗位，这其中的思维逻辑差异还是很大的。

所以，要在这些岗位之间转换还需要认真考虑一下岗位思维逻辑差异，进行综合评估，做好相对充分的准备。

（2）转岗的破解之道

前面讲述了转岗的两个难点，可能有人看了之后就会打退堂鼓，一方面担心无法消除自己的心理恐惧，另外一方面担心自己无法完成思维转换。那么，如何破解这些问题呢？

从我个人的实践来看，有两种方法可以帮助职场人破解这些问题。

第一，长期筹备。

当你决定进行转岗时，先不要急于求成，更不要寄希望于一朝一夕就迅速解决问题，而应有一点长期思维，把准备的时间期限拉长，如可以进行为期一年甚至两年的准备。具体取决于两个岗位之间的差异大小，如果差异比较大，如技术职位和产品经理职位的转换，最好准备时间长一点；如果差异比较小，可以将准备时间缩短一点。总之，转岗不是短期就可以完成的，一定要有打"持久战"的心理准备。

第二，日常积累。

转岗不仅涉及思考方式的转变，还涉及工作技能、工具等方面的重新学习，以及同事人际关系的重新建立，涉及的范围其实比较广泛。所以，转岗需要在一个较长的期限内逐步完成，需要靠日常工作中的点滴积累。

例如，思维转换，需要在日常工作中通过与目标岗位部门的同事多交流学习，逐步了解他们的日常工作内容、工作的核心思维方式等。技能和工具方面也可以多观察他们使用什么工具、核心的技能是什么，结合向同行学习和通过书本、网络课程知识的学习，逐步完成从入门到熟悉的过程。

3. 如何决定是否要转岗以及如何转岗

在互联网企业中，从一家企业的宏观目标来看，无论是产品经理岗位还是运营岗位或者其他岗位，各个岗位设置的最终目标都是一致的：通过满足用户的核心需求完成商业变现，实现公司的价值。从这个角度来看，产品经理岗位和运营岗位最关键的工作其实都是满足用户的需求，只是各自所采取的策略、工具、方法不同。产品经理主要借助的是产品及相关功能，而运营人员主要通过活动、内容以及一些相应的运营机制来服务用户。从某种程度上来说，他们的工作逻辑在很多方面是相通的。

但从微观层面来看，转岗是非常具体的事情，同一岗位大类下面的细分岗位之间差异巨大，情况复杂。例如，运营岗位包含很多的细分岗位，如用户运营、活动运营、新媒体运营、社群运营等。同样，产品经理的岗位如今也已细分为多种类型，如用户型产品经理（或者 C 端产品经理）、B 端产品经理、商业产品经理、策略产品经理、后台产品经理等。

如果要让一个人在运营岗位和产品经理岗位之间进行转岗，可能有很多种组合。例如，用户运营转产品经理，至少可以列出 6 种对应关系，如图 2-45 所示。

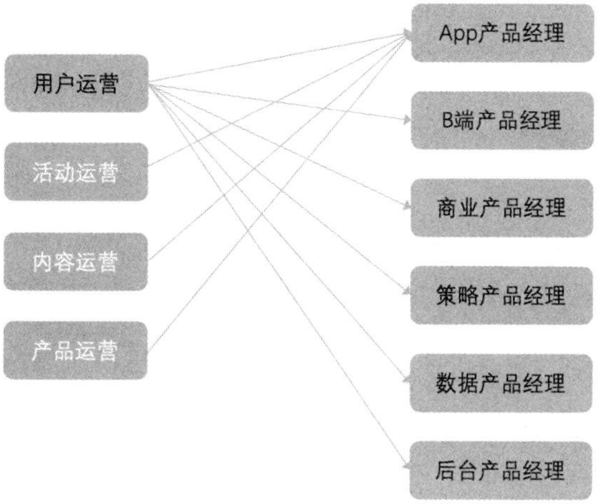

图 2-45 用户运营转产品经理的 6 种对应关系

虽然都是用户运营转产品经理，但是转到不同的产品经理岗位的难度是不一样的，对于要学习的工作技能、工作思维也是不一样的。

所以，对于是否要转岗以及转到什么岗位实际上是千人千面的问题，很难用一个简单的、通用性的方案来解决每个人差异化的需求。而更可能的是给出一个是否要转岗的思考模型，由当事人自己做出判断。这个思考模型可以分为四个步骤：

第一步，了解目标岗位的能力图谱是什么；

第二步，辨别能力图谱中的关键能力有哪些，具体的要求是什么；

第三步，明确在哪些能力项上自己具有优势，在哪些能力项上自己存在劣势；

第四步，针对不足的关键能力，有针对性地进行学习与刻意练习；

下面以运营人员转岗 C 端 App 产品经理为例进行简要阐述，介绍实际转岗的操作思路，如图 2-46 所示。

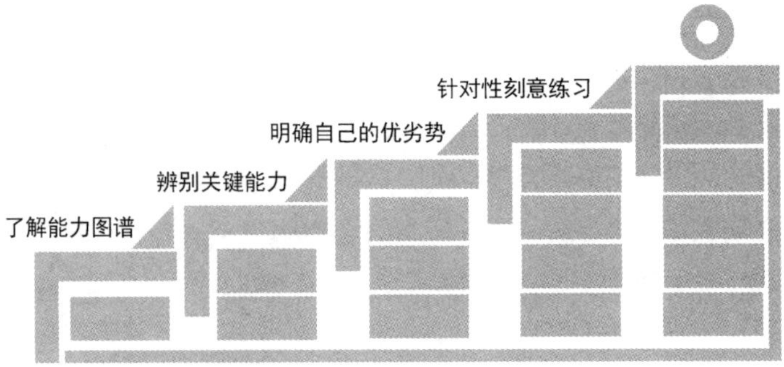

图 2-46　实际转岗的操作思路

第一步，了解 C 端 App 产品经理的能力图谱。

在互联网企业中，C 端 App 产品经理是广泛存在的岗位之一。因为针对 C 端用户的公司必然要做 App 产品，这是为用户提供服务的最关键的抓手。C 端 App 产品经理是典型的用户型产品经理，所有的工作都是围绕用户的需求而展开的。所以，C 端产品经理的能力谱图中必定包含用户画像、用户研究、需求调研与分析，此外还包含竞品分析、数据分析、沟通能力、产品设计等。这是 C 端产品经理基本的能力图谱之一。

第二步，辨别在 C 端 App 产品经理的能力图谱中哪些是关键的能力，具体的要求是什么。

了解了 C 端产品经理完整的能力图谱后，就需要辨别在能力图谱中的各项能力哪些是关键能力，其具体要求是什么。例如，用户画像是什么，具体是如何做的；产品设计中最关键的是什么；竞品调研如何进行；在这些能力中要完成工作，最关键的是哪项能力。在了解这些能力时不仅要了解是什么能力，还要了解为什么要掌握这项能力，以及如何掌握这项能力。

例如用户研究能力，之所以要掌握这项能力，是因为产品的第一诉求就是满足用户的需求，为此需要了解以下事项。

- 产品的用户是谁；他们为什么有这样的需求；他们的需求产生的深层原因是什么。这决定了要做的产品在未来是否会有人真正地使用。
- 这样的用户规模有多大；用户都分布在哪里，是一线城市、二线城市还是三线或四线城市。这决定了产品未来发展的潜在规模有多大。
- 目标用户群体潜藏在哪里；他们有什么样的网络行为喜好。这决定了未来推广时广告投放的策略。

要了解清楚用户的这些特点，就要明白如何对此进行研究，有哪些方法、工具能帮助完成这些工作。具体到用户研究就需要设计问卷进行用户调研；需要通过百度指数、微博指数了解相关需求关键词的热度；需要邀请用户进行一对一的访谈；需要找到实际的用户进行无干预的观察。

上面以用户研究能力为例，分析了如何了解能力图谱中各项能力的要求。根据这种思路完成对能力图谱中各项能力的了解，然后确认在这些能力中哪些能力项对于转岗是最为重要的。能力图谱中的这些能力对于不同阶段的产品经理的要求是不一样的。对于转岗的初级产品经理来说，可能用户研究并不是最重要的，而实现一款产品、完成产品开发跟进这些才是最重要的。所以，产品设计能力、沟通协调能力、项目管理能力，对于一个转岗的初级产品经理来说才是最重要的能力。

第三步，明确自己的优劣势。

了解了在转岗当下哪些是对自己最为重要的能力之后，就需要明确自己在这些能力项上的优劣势。如果原来是从事用户运营岗位工作的，那么用户研究可能相对就是优势。但在产品设计方面可能存在劣势，为此就需要针对这方面加强学习和练习。

如果是一个开发人员转岗产品经理，用户研究和沟通能力可能都存在劣势，在产品设计方面可能会稍微好一些，因为开发人员的逻辑思维能力比较强，所以对于流程梳理的能力也会比较强。明确了自己在各个关键能力项上的优劣势之后，职场人需要做的工作就是针对自己的不足尽快进行学习，通过刻意练习达到快速补充相应工作能力的目的。

第四步，针对不足的关键能力进行针对性的学习与刻意练习。

针对不足的关键能力的学习，职场人可以参考前面讲过的产品经理或者运营人员的入门思维，在理论和实践两个维度上进行。首先，通过专门的书籍了解要掌握的能力项的最基础的理论体系和基础知识；通过网络了解其他人的间接经验。通过网络和书籍获取到的知识，职场人逐渐形成对岗位完整的知识框架的认知。

在掌握了理论知识之后，职场人还需要结合必要的实践加以练习。这种实践可以完全依靠自己摸索练习，也可以找具有相应经验的同事、同学请教学习，让他们帮助自己完成一部分实践练习的把关和反馈。这样转岗之路可能会走得更顺利、更迅速一点。

4．转岗的时机

转岗需要考虑时机的问题。究竟是在熟悉的环境中转换，还是在进入一个全新环境时转换更好？两种情况各有利弊，需要考虑多方面的因素，其中一个因素是两个岗位之间的差异大小，另一个因素是自己准备的程度如何。

（1）在同一家公司转换

如果对于转岗的准备程度还不够充分，或者转换的岗位差异比较大，最好是在同一家公司内部进行转换，因为你和上级、同事的关系都比较熟悉，有什么问题沟通交流也比较方便，而且如果同事关系维持不错的话，你工作中的不足，大家也能够相对理解、容忍和支持。这种宽松的环境会让你的转岗过程更加顺利。

（2）在新进入一家公司时转换

如果对转岗的准备程度比较充分，或者转换的岗位思维差异不大，可以尝试在新进入一家公司时进行转换，因为一个人在同一家公司工作时间久了，人们往往对他形成刻板印象，对于转岗后是否能够胜任新工作，往往存在一定的疑虑。而他以新的角色进入一家公司时，除了他的上级，别人对他原来的岗位角色并不了解，不会在专业性上对他有太多的质疑，这也给了他一定的缓冲空间，让他更加自信地完成这种岗位角色的转换。

两种转换时机各有利弊，总体而言，在同一家公司进行岗位转换相对来说更容易一些。但每个人还需要根据自己的实际情况进行仔细斟酌，再做出决策。

2.3 如何选择适合自己的企业

2.3.1 选择企业先选择城市

职场人在选择企业时应该首先选择城市，不同城市的资源意味着不一样的职业机会。选择城市首先要做的是如何在大城市和小城市之间选择，这取决于每个人自己的目标和价值。如果从职业发展的角度来看，大城市无疑具有很多方面的优势。选择城市更为主要的是具体城市的选择，选择具体城市可以从一个城市的经济水平、互联网加持等多方面的因素进行考虑。

2008 年，当我开始工作时，没有任何顾虑毅然选择来北京工作，那时候有点初生牛犊不怕虎，但这种决然的自信居然让自己在职业道路上做出了一个关键的选择。

在求职时，选择企业其实首先选择的是城市，因为企业都是坐落在特定的城市。很多人在求职时对于城市的选择往往比较草率，正如很多人在高考填报志愿时那样，仅仅根据学校的名字就做出了人生第一个重大的决定。有的人在类似重大的决定中花费的时间非常少，甚至还没有在电商网站中购买一件商品花费的时间多。自己的人生往往就这样草草决定了。

1. 大城市和小城市如何选择

求职时选择工作的城市真的很重要吗？这个问题的答案是毋庸置疑的。当选定一份职业之后，很多人可能一辈子就要生活在那里了。那么在求职时，到底是选择去大城市还是去小城市，该如何来衡量呢？

如果喜欢过一种安逸闲适的生活，那应该去节奏比较慢的中小型城市；如果期望过一种精彩的职场人生，那么尽量优先考虑大城市，哪怕仅仅是体验几年拼搏奋斗的生活，也应该去大城市工作几年。选择大城市有哪些好处呢？总体来说，选择大城市对于职场人的好处，如图 2-47 所示。

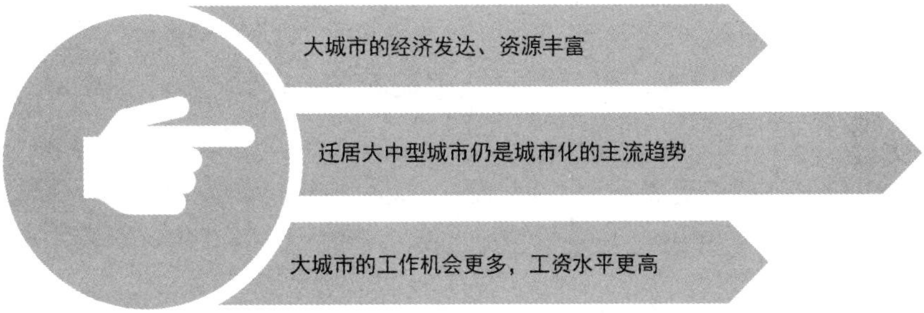

图 2-47 选择大城市对于职场人的好处

（1）大城市的经济发达、资源丰富

从宏观经济背景来看，无论是以 GDP 来衡量的经济指标还是各种资源，大城市都有小城市无法比肩的优势。

GDP 是一个国家或城市经济活力最直观的体现。有人可能觉得这与个人的求职没有太大的关系，但如果一个城市经济活力不够的话，那么会从人才需求、薪资水平、工作转换等各个方面影响到个人发展。

从资源的角度来看，大城市占据先天的资源优势。例如，北京是我国的政治、经济、文化中心，具有其他城市不可比拟的资源；上海是我国活跃的金融中心；深圳有着先进的智能硬件生成供应系统。这些城市的资源在互联网的加持下，进一步加强并呈现出典型的“马太效应”。北京、杭州、广州等城市是互联网巨头的集中地，有着极度活跃的风险投资。

（2）迁居大中型城市仍是城市化的主流趋势

俗话说，人往高处走，水往低处流。人口的流动在某种程度上反映了一个城市的吸引力。如果一个城市工资低、工作机会少，人们就会“用脚投票”选择离开。

2017 年 10 月 30 日，中国城市和小城镇改革发展中心首席经济学家李铁[①]在人口座谈会上，

① 李铁：当前人口流动的变化趋势.（2017-12-07）[2020-03-02]. http://www.sohu.com/a/209104119_99918184.

分析中国人口流动的特点时指出：人口向都市圈和大城市区域集中的趋势仍将持续；从大中小型城市的格局角度看，人口向大城市集中的趋势没有发生变化。

前几年常常听到“城市化”这个概念，这些年听到的比较少，可能大家会有一种错觉以为我国的城市化已经差不多完成了，实际的情况并不是这样。北京大学金融学教授唐涯（香帅）在她的得到专栏关于房价问题的文章中提及：目前我国的城市化率仅仅为 57%左右，而发达国家的城市化率为 80%，我国还有很大的增长空间。这种城市化意味着更多人将继续流入城市，尤其是大中型城市。所以，作为个人，在未来的生活和职业选择上，总体上也应该顺应这种趋势而不应逆势而行。

（3）大城市的工作机会更多，工资水平更高

职场人求职时重点考虑的就是工作机会和工资水平。

大城市通常会聚集数量庞大的企业，这对于职场人来说，意味着有更多的工作机会。以互联网行业为例，如今北上广深的互联网企业中员工离职频率非常高，一个人可能每 2 ~ 3 年就会换一次工作，传统上，很多人十几年甚至几十年才换一次工作。互联网企业的从业人员会有如此高的跳槽频率，从侧面也说明离职之后很容易找到工作，否则也没有人会冒这个风险。

再看看工资水平。国内工资水平在不同的城市之间的差异还是比较大的。大城市的工资水平往往更高。唐涯教授在 2019 年年度“得到·香帅中国财富报告”中列出这样的数据：根据 2019 年的数据，沈阳的一个行政总厨，平均月收入是 1.5 万元左右，同样的星级厨师，在北京的平均月收入为 3.2 万元。而且对于沈阳的厨师来说，月收入到 3 万元，基本就到顶了，但北京厨师的收入还有非常大的上升空间。沈阳在国内算是比较大的城市了，和北京这样的一线城市的差距尚且如此，其他规模较小的城市就更不用说了。不仅案例中提到的行政总厨这个岗位的情况是这样的，在互联网企业中的产品经理、程序员、运营人员这样智力密集型的岗位，大城市和小城市的差距也是非常明显的。所以，从这个角度来说，大城市可能是更优的选择。

当然，大城市也有自己的问题——交通拥堵、生活节奏快，工作压力大、人才竞争激烈，这些确实是普遍存在的情况。对于个人来说，如何选择城市那就要看自己的目标和价值偏好了。

2. 哪些城市值得选

大城市和小城市的选择只是一个基本的选择方向，实际上，接下来更为重要和棘手的问题是，到底选择哪些具体的城市工作会更好一点呢？这要进一步比较具体城市的优势了。

在评估具体城市时，主要从城市的经济实力、是否有互联网加持、城市资源等因素考虑，这里主要从城市的经济实力和互联网加持两个方面展开介绍。

（1）选择经济实力比较强的城市

提到城市选择，绕不开北上广深这四个城市，主要原因在于这四个城市的经济实力非常强，所以如果求职者有机会还是尽可能优先选择这几个城市。当然，除了这四个城市，还有一些其他的城市发展也不错，也可以作为备选的目标城市。

一个城市的经济实力，最直观的就是从各个城市每年的 GDP 来判断，这类数据在国家统计局的网站上就可以查到。

当然，仅仅参考 GDP 也会有一些问题，有的地方虽然 GDP 很高，但实际的工资水平可能并不一定具有优势。所以，在具体决策时还需要看城市当前实际的工资水平。这方面的信息，通过招聘网站一般都可以获得。在做决策时，求职者可以把这两个方面的数据结合起来看。

（2）选择互联网比较发达的城市

清华大学建筑系教授周榕在"互联网怎样改变城市"系列课中提到一个观点：未来那些被互联网赋能的城市会有更好的发展前景，如杭州、深圳、广州。因为互联网是这个时代的主流趋势。

很多被互联网赋能的城市已经体现出发展的优越性。例如，杭州因为有阿里巴巴，城市的发展就大为不同，阿里巴巴上市后因股权收益而成为百万富翁、千万富翁的员工纷纷创业，带动了这个城市的创业氛围，也提供了大量的风险资金支持。又如，深圳因为有腾讯就多了一份吸引人才的优势。

当然，一些二线城市如成都、武汉，目前也在加大互联网方面的人才吸引和投资，也是可以作为次优选择考虑的。不过，如果没有优秀的互联网公司聚集，没有活跃的风险投资资源，互联网的发展还是比较难的。"马太效应"无论在城市方面、行业方面都是难以摆脱的"魔咒"。

2.3.2 选择企业的八大关键考虑因素

在职业选择过程中，企业选择是至关重要的方面，在选择一家企业时要多考虑一些关键的因素，如企业所属的行业领域、薪资水平和福利、企业的业务类型、企业创始人和创始人团队、直接上级、企业口碑、办公环境与工作氛围、人员规模等。尤其是在职业生涯早期选择企业时，要在综合考虑这些因素的基础上对一家企业形成总体的判断，避免仅仅依赖于一两个因素进行简单的决策，给自己的职业生涯埋下不利的种子。

在我的职业生涯早期，基本没有意识到要认真考虑找一家什么样的企业，那时候选择企业有点“饥不择食”，只要一家企业能够给得起自己所要的薪水，感觉差不多就行了，所以在职业生涯早期选择过中介企业、食品企业等传统的夕阳企业，但这种简单的决策思维给自己的职业生涯造成了长久的负面影响。

本书 2.3.1 节从宏观方面讲述了选择企业首先要选城市。本节主要从微观方面讲述选择企业要考虑的因素。很多初入职场的人往往容易忽视对目标企业的选择，当面试的企业中有一两家企业发来 Offer 之后，很多人便会迫不及待地接受邀约去入职。

其实，在选择职业时，企业的微观选择因素也是非常重要的。俗话说：一步错，步步错。如果第一份职业没有选好，后面无论是收入增长还是职业发展都会比同龄人缓慢。同样都是一个学校相同专业毕业的大学同学，几年之后的差距在很大程度上就是由当初选择的职业不同造成的，而不一定是他（她）比你更加努力。尤其是在初入职场选择第一份职业时，花点时间选择一家好企业是值得的，也是非常有必要的。

那么，如何判断一家企业值不值得去呢？综合来看，在企业选择的微观方面至少有以下一些关键因素需要考虑，如图 2-48 所示。

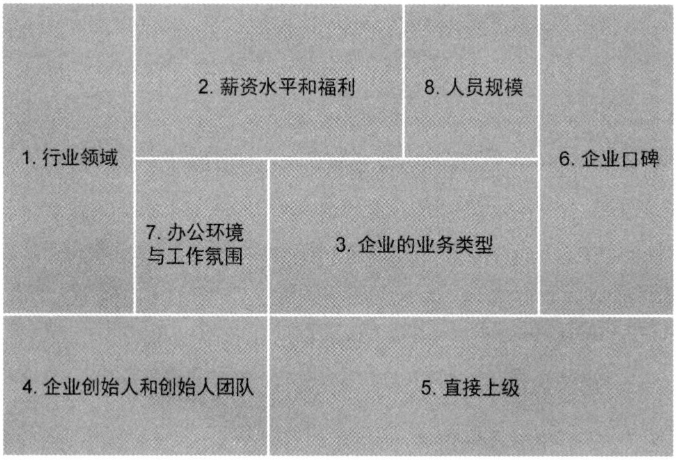

图 2-48　选择企业的八大关键考虑因素

1. 行业领域

行业领域是选择一家企业时首先要考虑的因素。因为不同行业的工资收入、福利待遇、发展前景的差异是非常大的。

这里的关键原则是选择朝阳行业，不要选择夕阳行业；宁可选择一个还比较弱小的朝阳行业，也不要选择一个仍旧是“庞然大物”的夕阳行业。

哪些行业是可选的呢？主要是前沿科技领域，如视频行业、人工智能行业、电商行业、大数据行业、新零售行业、智能硬件设备等行业。

为什么要这样选择？就像人一样，一个朝气勃勃的年轻人总能让人看到希望，而一个垂垂老矣的老人却恰恰相反。朝阳行业有着更大的发展潜力、发展空间和更快的发展速度，选择朝阳行业好比乘坐高铁，而选择夕阳行业好比乘坐“绿皮车”。

这里需要提防有些打着“科技企业”“互联网企业”幌子的传统企业，尤其是在互联网不发达的城市，这些企业口口声声“互联网思维”“O2O”“新零售”，但实际上，其运作模式和思维方式仍然无法摆脱传统企业运营的思路。

2. 薪资水平和福利

人们工作的第一目的是获得应得的薪水、过上体面的生活，这是马斯洛需求层次理论的第一层级。所以，当去企业工作时，目标企业给到的薪资水平应该至少和目前市面上的基本行情持平，甚至高于基本行情，而不能低于基本行情。

如果一家企业打着“创业要艰苦奋斗”的旗号大幅压低求职者的工资水平，那么还是尽量放弃这样的选择。如果一家企业不重视人才，不愿意给予员工基本的生活保障，那么这家企业只是在寻找廉价的劳动力，在这样的企业中锻炼能力很可能只是一句空话而已。

关于薪资水平，从专业的招聘网站上了解即可，一般输入相应的岗位就可以看到不同年限的岗位给出的参考薪资水平。当然，也可以向相应行业的人了解。

通常情况下，除了基本的工资，五险一金一般都是“标配”，这是国家规定的每个企业必须给员工缴纳的基础保障。五险指的是养老保险、医疗保险、失业保险、生育保险、工伤保险，一金指的是住房公积金，如图 2-49 所示。根据 2019 年的国家相关政策，医疗保险和生育保险要合并到一起征收，以后的说法就是四险一金。

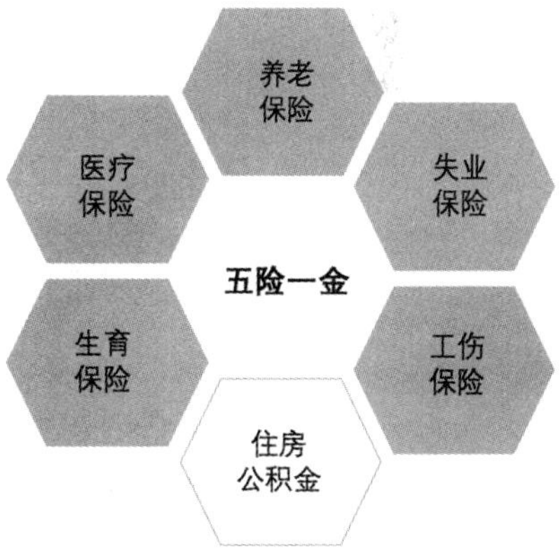

图 2-49　国家规定的五险一金保障

在大中型城市中很多企业给员工缴纳的福利是六险一金，比上面多出的一个险种是商业保险，也就是通常所说的补充医疗保险。因为国家的基本医疗保险并不是全额报销的，一般是根据医疗费用的一个固定比例报销的，且每个省份的具体情况不太一样。补充医疗保险就是对于基本医疗保险的补充，基本医疗保险不能报销的部分由补充医疗保险进行二次报销，以减轻员工的看病负担。

关于五险一金或六险一金，有一个问题需要注意：企业是否足额缴纳。有的企业虽然名义上听起来有五险一金，但仅仅按照一个最低的比例缴纳，如果是这种情况，员工到手的工资其实还是缩水了不少的。

除了基本工资和五险一金，求职者还需要考虑其他福利和年终奖。在互联网企业中，一般 1 个月薪水的年度奖励是最低的“标配”，也就是通常说的“13 薪”，除此之外，还会有 1 ~ 6 个月甚至更多月份同等薪资水平的年终奖。在备选企业差异不大的情况下，当然优先选择年终奖更多的那家企业。但也需要问清楚年终奖的前置条件，考虑真正能够发放到手的现实可能性。

3. 企业的业务类型

这里的业务类型主要指的是 To B 还是 To C，通俗来说就是企业的目标用户群体是面向企业用户（To Business），还是直接面向最终个人消费者（To Customer），两者的区别如图 2-50 所示。

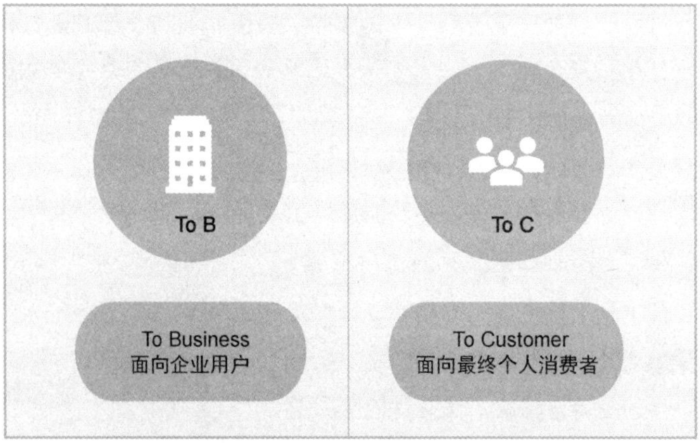

图 2-50 To B 企业和 To C 企业的区别

职业选择时为什么要考虑这一点呢？因为 To B 企业和 To C 企业的业务特点还有很大的差异，有的人可能适合 To C 企业的业务运营，而不适合 To B 企业侧重于企业用户的业务模式。一个喜欢对个人用户进行研究的求职者，如果去了一家侧重于 B 端企业用户的企业，那么可能很难适应相应的工作逻辑。

具体来说，To B 业务更加侧重于大客户服务，员工的工作导向都是以“客户”为中心，无论是商务人员、销售人员，还是产品经理和运营人员，都要围绕客户来提供服务。所以，在 B 端业务领域中，很多时候关系文化就比较重要。

相对来说，To C 业务由于面向的是最终个人消费者，服务的是几十万个、几百万个甚至上亿个个体“用户”，更强调对于规模群体的研究和运营，更强调群体性特征，而不太强调单个用户的差异。所以，在 C 端领域工作更侧重于技能手段的应用。

4. 企业创始人和创始人团队

选择企业时还需要考虑企业的创始人和创始人团队。对于大部分中小型企业来说，创始人对于企业的方方面面往往有极大的影响，创始人的理念、做事风格都会成为企业文化的一部分，对于高层、中层甚至基层员工也会产生很大的影响。

如果创始人或者创始人团队的学历、工作背景比较优秀，人也比较理性、睿智，决策能力强，就更容易带领企业走向成功。相反，一家企业的创始人能力平平、格局小、目光短浅、心胸狭隘、决策能力差，这家企业是否能够走得更远则充满了巨大的不确定性。

虽然高学历背景的创始人不一定能保证创业成功，企业的业务也不一定能发展得好，但是比起背景很一般的创始人来说，这样的企业相对胜出率更高一些。对于员工个人来说，能够获得的见识、能力的提升也会更多一些。

要考察目标企业的创始人既可以通过企业的网站来了解，也可以直接使用搜索引擎通过关键字搜索来了解。通过这些方式找到与创始人相关的资料，尤其是看他说了什么，通过他的发言内容对目标企业和创始人团队进行基本的判断。

5. 直接上级

在企业中员工交集最多的是自己的直接上级，对自己的职业发展路径产生决定性影响的也是自己的直接上级，所以在职业选择时比起考察创始人，更应该考察并慎重选择自己的直接上级，尤其是当一个人还在职业早期，处于基层执行者或者初级管理者时。

对直接上级的考察主要包括三个方面，如图 2-51 所示。

- 第一个方面是人品或基本品德，这方面最重要的是正直和公正。
- 第二个方面是职业技能或工作能力，包括规划业务的能力，做决策的能力。
- 第三个方面是情绪控制能力。

图 2-51　考察直接上级的三个方面

（1）考察直接上级的人品

上级的人品是职业选择时决定是否跟随的一个关键考虑要素。如果上级的人品不好，无法在下属间做到正直和公正，那下属们很可能会陷入权力斗争的旋涡，为此你需要花费很多的精力来处理人际间的问题，这样在这家企业你将很难通过自己的能力来获得升迁和职业成长，这在职业早期对一个职场人来说是不幸的事情，应该尽力避免。

俗话说：路遥知马力，日久见人心。人品又是最难判断的，尤其是仅仅凭借一次面试很难看出来，所以除了在面试时根据你们之间的对话以及直观的识人方法进行判断，很可能需要用入职之后的三个月时间来考察了。

（2）考察直接上级的岗位技能

任何岗位都有其独特的技能。对于技术岗位来说是编程能力；对于业务岗位来说是业务能力。岗位技能是一个人的安身立命之本，很多人担任管理岗位之后不再从事具体的工作，岗位技能就逐渐退化了，这样其实是非常危险的，遇到这样的领导要极为慎重，尤其是初级和中级岗位。因为如果上级领导者的岗位技能已经严重退化，就意味着他在这方面无法为给你带来价值增益了，尤其是类似于产品经理岗位、运营岗位以及市场岗位等相关的业务岗位。而且，上级领导者的业务能力很弱的话意味着他所领导的部门或者小组的业务发展会严重受到制约，这样整个部门的发展很有可能受到限制，进而影响团队中的每个人，大家的升职加薪、职业发展都会受到负向的连锁反应。

（3）考察直接上级的情绪控制能力

在职场中经常发现一些人容易情绪失控，和同事讨论问题时容易激动，最后还可能升级为口角冲突。一个人如果一旦陷入这样的境地，那他在企业的形象将一落千丈。情绪控制能力对于管理者更为重要。清华大学管理学教授宁向东认为，管理者需要格外注意，情绪才是第一生产力。管理者首先需要把自己的情绪变得更加积极，同时还要学会有意识地将这种情绪传递给员工。

如果直接上级是一个理性克制、情绪控制能力强的人，那么跟着他做事就不会耗费太多的精力在人情世故和关系维护上，不用刻意为了搞好同事之间的关系而曲意逢迎，可以全身心地把主要精力用在做好业务和提升自己的能力上。

相反，如果直接上级是一个感情用事、脾气很差、易怒的人，可想而知情况会有多糟糕，他（她）的个人情绪可能会随时失控，把工作之外的因素掺杂在日常的工作安排中，进而给下属带来极大的负面心理阴影。这种影响的范围往往不仅仅是对当事人的，对于团队内的所有成员都可能造成不好的影响。我很幸运几乎很少遇到这样的上级，但我目睹了身边不少朋友遇到过这样的。因为上级的随意发脾气，大家一天的心情糟糕透了，还何谈好好工作发展业务？所以，选择一个情绪控制能力强的上级非常重要。

6. 企业口碑

选择企业时还可以看看其口碑，如果目标企业是社会上或者业内有一定知名度的企业，可以去看招聘网站或者社交网站上的用户评论。如果绝大部分用户评论都不好，那就果断不要去了；如果只是个别人的负面评论，那可能是部分应聘失败的求职者个人的偏见，可以不用太在意。

当然，应聘者的评论往往很主观，求职者仅仅将其作为一个次要的参考即可。而且，这个要素主要是用来剔除那些“坏”企业的方法，而不是找到心仪企业的方法。

7. 办公环境与工作氛围

企业的办公环境在某种程度上不仅是一家企业实力的象征，还是企业文化建设的一个重要组成部分，好的环境会在某些方面给员工带来荣誉感和自豪感，从而对员工起到一种外在的激励作用。

虽然良好的硬件环境并不能代表企业的发展潜力，但是一个肯在办公环境方面为员工投入的企业至少说明其有意识建设一个良好的硬件环境，同时也说明企业的财务状况不错。所以，办公环境也可以作为选择企业的次要参考因素，毕竟大家都喜欢在一个更为舒适的环境中工作。

当然，企业的环境不能仅仅关注硬件方面，还要关注企业软性的氛围环境。如果企业仅仅是硬件环境不错而工作氛围不好，那么选择这家企业时也要慎重。感受一家企业的工作氛围不用花费太多时间考察，面试时就是一个良机，通过前台和人力资源部门接待人员的态度、从工位区员工的工作状态、从面试官待人接物的行为举止等各个细节方面，都可以反映企业的工作氛围是充满活力的、积极的还是死气沉沉的；是充满工作斗志的还是人浮于事的……

8. 人员规模

在职业选择时，人员规模并不是一个非常重要的因素，但有时候通过这样简单的指标也可以很快地剔除一些不好的企业。

互联网企业一般都以快速发展著称，虽然人员规模并不必然反映企业的潜力和实力，但是对于普通的大众型企业而言，如果已经成立超过 3 年人员规模还在 10 ~ 20 人的水平，就尽量不要考虑了。10 ~ 20 人的规模连基本的组织结构建制的人数都达不到，何谈业务的发展和快速成长？

当然，这个参考依据不是绝对的。如今的创业企业比较多，有些创业企业可能发展前景还不错，但如果人员规模比较少就需要加强对于其他因素的考虑，如企业的创始人团队的因素。但就一般情况来说，人数很少还能做得非常优秀的企业比较少见。

第 3 章

打磨简历：磨刀不误砍柴工

3.1 如何让自己的简历与众不同

3.1.1 如何写一份优秀的简历

一份优秀的简历不仅要有完善的基本框架，还要有充实的内容。简历的框架要覆盖基本信息、求职意向、工作经历、项目经历、自我评价、职业技能、教育经历等方面的内容。简历的内容方面要重点突出，写好工作经历、项目经历、自我评价三部分，同时充分利用数据、逻辑和故事这三个要素来突出自己的简历。

优秀的简历是找到一份好工作的敲门砖，一份简洁、层次分明、逻辑清晰、故事性强的简历，往往能成为获得面试机会的关键因素。那么一份好的简历应该是什么样子呢？本节将从框架、内容和要点三个方面来讲解一份优秀简历是怎样炼成的。

1. 简历的框架

在写任何正式的书面材料时应先确立一个基本的框架，有了框架写出来的东西才会层次分明，读者才容易看明白并抓住重点。

对于一份简历来说，其基本框架至少要包括以下几个方面，如图 3-1 所示。

当然，在投递简历时招聘网站都需要填写在线简历，不同招聘网站的框架结构也会有一些差别，如拉勾网和 BOSS 直聘会有社交主页的栏目，而智联招聘会有培训经历、证书、语言能力、兴趣爱好等选项。求职者如果在这些方面有比较突出的地方，如有与求职岗位相关的培训经历，那么在简历的框架中也要包含进去。

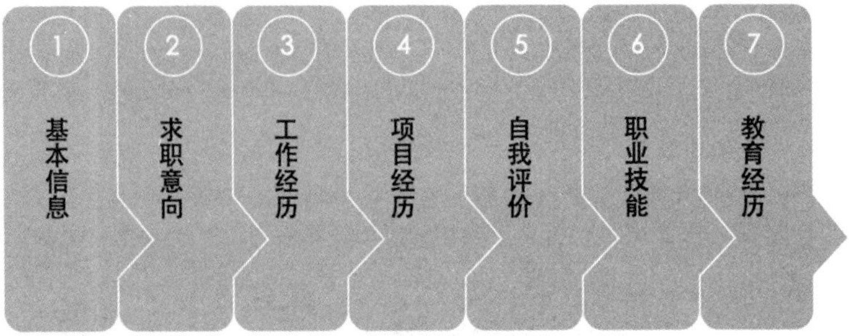

图 3-1　简历的基本框架

2. 简历的内容

当简历的基础框架搭建好之后就需要填写内容了，在简历的框架中，工作经历、项目经历和自我评价是其核心部分，也是面试官筛选简历时最为关注的部分。所以，这三部分要作为简历写作的重点。下面按照上述简历的基本框架从前往后来逐一展开。

（1）基本信息

基本信息就像简历的门面，一般放在简历最前面，主要包括姓名、性别、最高学历、出生日期、工作年限、居住地、户口所在地、联系电话、电子邮箱、头像等，除此之外还可以加上一句话介绍。简历的基本信息如表 3-1 所示。

表 3-1　简历的基本信息

基本信息				
姓名	张三	性别	男	（一寸照片）
出生日期	1986-04-19	工作年限	8 年	
居住地	北京	户口所在地	北京	
联系电话	185-1818-××××	电子邮箱	San.zhang××@163.com	
一句话介绍	有自己系统运营方法论（2-2-1）的人。（示例）			

基本信息可以用表格来呈现，这样面试官就会一目了然。另外，无论是在线简历还是附件简历，一定要把头像放上去。我在筛选简历时看到很多求职者的头像照片是空白的，这样的做法其实很吃亏。简历中有没有头像照片会在专业性、完成度、职业素养方面给简历筛选人不一样的感受。简历筛选人对一个没有头像照片的候选人的感知是不完整的；而有头像照片的简历，尤其是比较好的头像照片，能够让简历筛选人对一个人的精神面貌等产生基本的

判断，从而留下不错的第一印象，这种印象会指引他在看简历的过程中不断地寻找信息来印证自己的判断。

所以，求职者对于简历中的头像照片要认真选择。有的人会用很久以前的照片，有的人用的是非常模糊的照片，还有的人用的是全身的生活照片，这些做法都是有问题的。因为简历上的所有信息，目的是给面试官留下好的印象而不是随意应付。

在基本信息中还有一项比较重要的内容，即一句话介绍。大部分人的简历都没有一句话介绍，也不知道怎样写一句话介绍。其实，一句话介绍就是给自己打标签，是对自己是一个什么样的人或者自己的优势进行精简概括，一句话介绍如果写得好，往往也会成为打动面试官的一个关键点。一句话介绍一般控制为 15 ~ 20 字，可以放在 Word 版简历个人信息最下面，也可以放在在线简历中姓名的后面。如果放不下，可以精简为 3 ~ 4 个关键词。

总结一句话介绍时一定要突出特色，要能引起简历筛选人或面试官的好奇，这是最重要的目的。例如，我以前给自己总结的一句话是：一个关注细节、执行力强的人。后来改为：一个具有自己方法论的运营人！但感觉还是比较空洞、不具体。再后来重新梳理自己的工作经验和个人特长后，改成了：有自己系统运营方法论（2-2-1）的人。这里的“2-2-1”是自己总结的一个方法论的简称，在简历中不会用固定的篇幅解释，但在面试时会特意作为一个话题和面试官进行交流沟通。这是一个悬念，也是一个钩子，为了引起简历筛选人或面试官的好奇。

（2）求职意向

基本信息之后一般是求职意向。求职意向对于不同职业阶段的人可以采取不同的策略。对于已经工作 2 ~ 3 年以上的人来说求职意向一定要明确，如果求职意向不明确，会让简历筛选人认为你连自己未来做什么工作都没有想好，更何谈把这份工作做好。而且，求职意向代表了未来的职业规划，对于任何人来说，在投递简历前都是一定要想好的，哪怕你还没有完全想清楚，但在当下至少应该有一种选择。

对于刚刚进入职场的应届生来说，求职意向的处理方式可能稍微有所不同。如果初入职场对自己的求职意向不是非常明确，那么职场新人可以尝试多写几个不同的岗位，不要太过于限定自己的职业选择范围。因为有很多个岗位职场新人可能听都没有听过，很多岗位根本不了解，有的岗位可能你去了才发现其实还是非常适合自己的。

还需要注意的是，求职者在填写求职意向时就要想好面试时可能会遇到的提问，以便做好回答的准备。一般情况下，面试官很有可能会问：你为什么选这个岗位？你的优势是什么？提前考虑清楚这些问题，在面试时就会有更大的把握。

（3）工作经历

工作经历是简历中最重要的部分，也是占据内容篇幅最大的部分。工作经历的主要构成要素：工作年限、公司名称、岗位名称、职位名称、工作内容、主要成果，如图 3-2 所示。这部分最主要的是工作内容和主要成果。

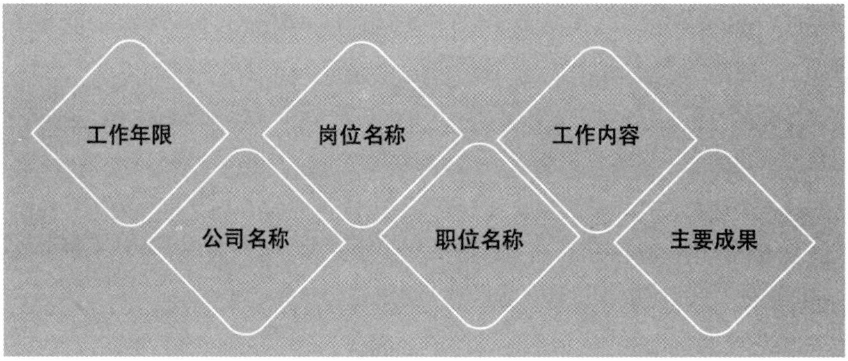

图 3-2 工作经历的主要构成要素

工作内容一般是求职者在特定岗位所做事情的简要介绍，类似于岗位职责，一般控制在 100～200 字即可。尤其是如果经历的公司多了，每家公司都写很多，会增加简历的冗余信息，进而增加面试官的阅读负担。工作内容的写作可以先用一句话进行总结，然后分项进行稍微详细的说明，这样逻辑层次会更加分明。

主要成果是求职者在工作期间获得了什么成果或业绩，或者收获了什么感悟。如果是获得了成果，最好呈现数字成果，如多少人参与、多少人购买、取得了多少收入等类似的表述。如果没有数字成果，那么可以写锻炼了自己哪方面的能力、有哪些深刻的感悟。当然，感悟要尽量与工作能力要求相关，并且描述要具体。如果工作经历中没有展示主要成果，给面试官的直观感受就是求职者是一个做事没有结果的人。

对于不同工作年限的人来说，工作经历部分的写作策略要有所差别。

对于大部分工作经历空白的职场新人来说，如果没有工作经历就可以省略。但如果有一份兼职的工作经历就尽量写进去，这不仅能够增加系统匹配简历的可能性，而且也多少能够增加面试官对求职者的了解。简历上的信息越少，面试官做决策的依据就越少，求职者得到面试机会的概率就越低。

对于工作 2～3 年以上的成熟的职场人来说，工作经历的部分则要重点写，这里也要依据自己的求职习惯来准备工作经历。

如果求职者和大多数人一样，基本都是靠投递简历来获得工作的，那么工作经历中一定要结合意向岗位的岗位描述，把一些关键词放到自己工作经历的岗位职责描述中，这样能够提高招聘网站为其匹配岗位的准确度。至于哪些关键词能够提高这种匹配度，可以在招聘网站搜索相同的岗位，从招聘启事的描述中提取高频关键词。如果求职者属于那种典型的依靠熟人或者猎头来寻求工作的人，可以不注重这一点，工作经历的文字表述层面可以相对自由一些。

总之，工作经历是一份简历的核心和灵魂，如果工作经历方面乏善可陈，那么其他部分写得再好也很难获得简历筛选人的青睐。而且，没有扎实的工作经历，自我评价、项目经历等方面也很难写出精彩的内容。

（4）项目经历

项目经历也是简历中比较重要的模块，它占据的文字篇幅也是比较大的，其重要性有时候甚至会超过工作经历。

大部分有工作经验的人都会有工作经历和项目经历这两部分，这是招聘网站的写作框架对于大家塑造的职业形象所造成的路径依赖。有人曾经质疑过招聘网站把工作经历和项目经历分开写的方式，觉得这样割裂了工作经验的完整性，认为把这两部分合在一起才是正确的路径。但我认为招聘网站的分类方式还是比较合理的。

工作经历主要侧重于自己在某个岗位承担的主要工作职责、工作内容和工作成果的概要介绍，它可以帮助面试官更加全面地考察候选人的工作经验和能力；而项目经历则侧重于单个项目的描述，会更加聚焦，细节更加丰富，能让面试官更深入地了解候选人的工作能力。所以，项目经历要尽可能的聚焦、翔实。如果把项目经历放在工作经历中，单个公司的工作经历的篇幅就会非常大，这样会加重简历筛选人和面试官的阅读负担。

对于工作经历比较丰富的求职者来说，撰写项目经历是非常容易的事情，可以从自己过往公司的项目中选出成果较为卓著的 1 ~ 2 个项目放在简历中。

对于初入职场的求职者来说，项目经历也一定不要空着，这个模块提供了一个很好的展示自己能力和优势的空间，可以写一次兼职、一次公益活动或者一次实习，时间可长可短，这都不重要，重要的是通过项目体现出与工作相关的能力，展示出自身的优势。

项目经历的主要构成要素一般包括项目时间、项目角色、项目职责、项目内容与项目成果等方面，如图 3-3 所示。在这个模块中，项目内容和项目成果是较为重要的部分，所以要重点突出这两部分的内容。

项目经历的写作，最好采用经典的 STAR 法则来展开。STAR 是四个英文单词的首字母，简单来说，它包括以下四部分。

当时你面临的情境（S）是什么？

你的任务（T）和职责是什么？

在这件事中你做了什么，采取了什么行动（A）？

最终取得了什么结果（R）？

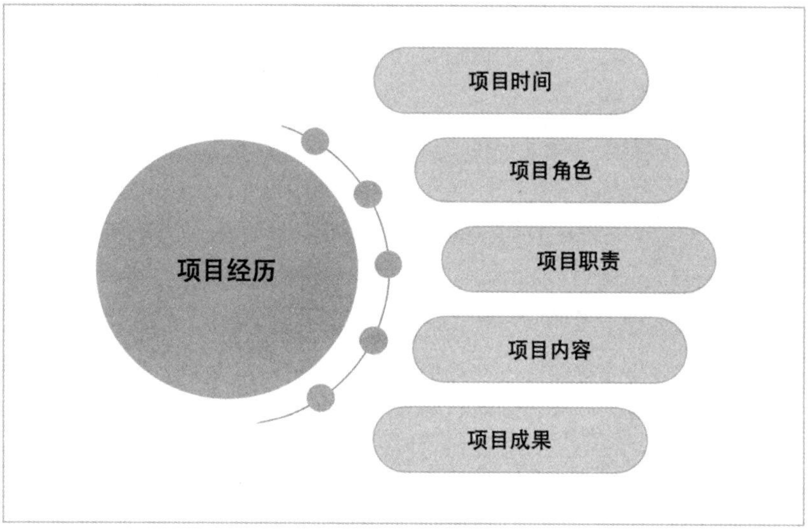

图 3-3　项目经历的主要构成要素

这四部分连起来构成一个有内在逻辑结构的段落，它的好处是让求职者在一个框架之内全面地展现最关键的和核心的信息，也容易让面试官抓住要点。

不过，要提醒求职者的是，在使用这个法则时尽量不要以四个大写字母开头分割成四段的方式来写，而应尽量把这四部分融合在一起，否则会让面试官觉得很死板。关于 STAR 法则，在后面的章节中还会用专门的篇幅来介绍。

另外还有一点很重要：写项目经历不是要突出项目多厉害，重要的是要突出你很重要，一切内容成果都要突出自己在其中的作用和价值。不过，也要注意相对客观，不要过于粉饰自己的作用，吹嘘过头会适得其反。

（5）自我评价

自我评价是一个主观性非常强的方面，一般的招聘网站上都会列出这一项，而且面试时，有的面试官也会要求求职者进行自我评价，主要是想了解求职者对于自己的认知和面试官对于求职者的判断是否存在较大的偏差。

自我评价的重要性和项目经历相似，但 90%的人不重视这个模块，写得比较薄弱。尤其是初入职场的人所写的内容都没有什么差别，无外乎吃苦耐劳、踏实肯干、性格开朗、兴趣广泛、责任心强……这些内容都有一个共同的特点——大而空，没有特色，显示不出自己的与众不同。

为什么要写自我评价

自我评价到底有没有意义？需不需要写呢？

实际上，自我评价还是非常有价值的，它是对于自己优劣势的一种复盘汇总，代表了求职者的自我认知。如果自我评价提炼得比较好，能够通过文字清晰地向面试官展示积极的个人形象，就会给面试官留下更多正面印象；如果自我评价相对比较客观，面试官在简历中、面试过程中能够加以验证，就能成为打动面试官的重要利器。

自我评价如何写

既然自我评价是简历中不可或缺的部分，那么这部分内容应如何写呢？我认为，自我评价的写作要点，如图 3-4 所示。

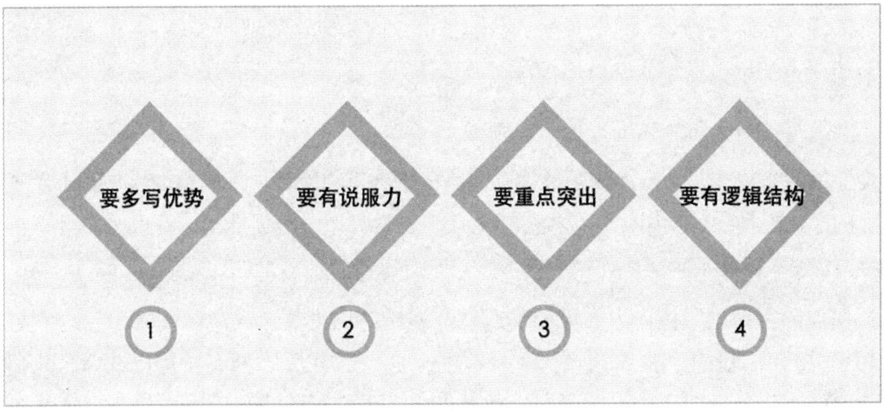

图 3-4　自我评价的写作要点

第一，自我评价要多写优势。

首先，自我评价重要的是展示自己的优势面，即求职者在过往工作中所展示出来的、自己认为特别突出的方面。这种优势有助于你申请这份工作，同时有助于你在这份工作中展现自己的价值。

第二，自我评价要有说服力。

自我评价需要有较强说服力的证据，不能假大空，不要仅仅将华而不实的形容词进行堆砌。如果自我评价中提及快速学习能力，则需要一个简短的案例来证明这一点。例如，在 15 天内学会了某某工具的使用，并且用该工具完成了一项工作。

第三，自我评价要重点突出。

自我评价可以写与职业素养相关的内容，如学习能力、工作责任心、工作勤奋度等。也可以写与工作能力或者职业技能相关的内容，如产品经理的数据分析能力，运营人员的活动策划能力、文案能力，技术人员掌握的编程语言的丰富度等。自我评价中尽量不要写与工作能力无关的方面，如有的人把爱好写一堆，其实是没有必要的。

第四，自我评价要有逻辑结构。

自我评价的写作也要有逻辑性，不能堆积成一大段的文字，没有哪个简历筛选人或者面试官会逐字逐句地去看一堆没有逻辑结构的表述。如何才算有逻辑结构？通常先一句话概括自己的优势信息，然后分别列出每项优势，并且用简要的数据或案例进行证明。

工作经验不多的人如何写自我评价

工作经验比较匮乏的人写自我评价，要从企业和面试官的角度出发，想想企业最需要员工具备什么能力，然后选择 2～4 个自己具备的优点，以“优点关键词 + 一个小故事”的形式写出来，每个优点的字数在 100 字以内即可。

那么企业最需要具备什么能力的员工呢？

从专业能力来说，每个具体的岗位都有一些比较重要的能力。例如，如果求职者应聘的是互联网企业的产品经理或运营岗位，数据分析、用户思维、用户调研能力、竞品分析等都可以作为个人优势写出来。对于有一定工作经验的人来说，可以更多地从专业性方面进行自我评价。

从通用性能力来说，执行力、关注细节、计划性、自主性、沟通协调能力，这些与做具体事项密切相关的素质是任何一个岗位都非常看重的能力。所以，自我评价可以选择与此相关的关键词来展开。对于初入职场的人来说，以通用能力入手来写更为妥当。建议在上述几个通用能力中挑 2～3 个，结合自己做过的事情写几个相应的故事或案例，这样你的简历在简历筛选人或面试官眼中就会更具竞争力。

（6）职业技能

职业技能主要是指一些硬技能，如 Photoshop、数据分析工具、Office、思维导图工具等。对于具有一定工作经验的人来说，具备相应岗位的必备技能是一个不可忽视的因素，尤其是一些工作中非常重要的技能。例如，对于互联网产品经理和运营岗位来说，如果能够熟练使用 SQL 查询语言，或者会使用 Tableau、SPSS 数据分析工具等，那么在众多求职者中将占据绝对优势。

一般来说，职业技能需要突出两个方面：一个方面是掌握何种工具能力，另一个方面是掌握的程度。大部分人通常只提及第一个方面，第二个方面的描述一般比较模糊，通常都是“熟练掌握某能力/工具”，但缺乏具体的案例说明，这种描述是缺乏说服力的。掌握的程度一定要用工作中具体解决问题的案例来说明。例如，熟练掌握 Excel，能够进行 Vlook 函数计算，会使用常用函数解决实际问题。

对于初入职场的人来说，如果自己具备相应的技能就最好了，没有的话也不要太担心，这不是最重要的决定性因素。不过需要提醒的是，一旦你进入工作岗位，对于一些基本的技能工具就要尽快去学，不一定要多精，只要入门就会超过很多竞争者，而入门又是很容易做到的事情。一旦学会某个技能工具，当你下一次求职时技能项就不再是空白。

（7）教育经历

教育经历一般从大学本科以上写起就可以了，高中及以下一般可略过。对于大学期间学习的课程可以写也可以不写，一般来说对于求职的价值不大。对于初入职场的人可以暂时写上，但也不要把所有的课程全部列上去，写几门可能与工作有关的核心课程即可。

求职者如果有双学士学位，那么一定要把这个要素写上，这算一个小的加分项。

写学校名称时，如果你的学校是重点大学或者一本院校，那么可以在学校名称后面进行标注，因为有很多简历筛选人和面试官不一定听过你的学校，不写就会有点吃亏。有些企业在招聘时对于学校还是比较看重的。

3. 优秀简历的要点

在简历的写作过程中，除了内容要充实，还需要注意简历的格式，尽量为简历筛选人和面试官带来良好的阅读体验。格式方面主要包括排版、字体、颜色、行间距等。这些对于大部分人来说并不是什么难点。

在附件简历（Word）中，需要注意以下几个问题。

第一，模块和模块（如求职意向和工作经历）之间要界限分明，一目了然，可以采用色块、线条来区分。

第二，排版尽量紧凑一点，行间距不要太大。

第三，通篇字体最好使用一种正式字体，如黑体或宋体。

第四，可以用颜色来突出模块或者重要内容，但颜色不宜过多，简历中的颜色不要超过 3 种。

第五，不要有错别字，如果有很明显的错别字，就会给简历筛选人或面试官留下粗心大意的印象，获得面试的机会就会大大降低。

虽然格式不是决定性的因素，但是如果你的简历排版混乱、字体怪异，那简历筛选人或面试官可能根本不愿意多看一眼。但也不要把过多时间花费在模板格式上，不要本末倒置。一封简历真正重要的要素，我认为应包含逻辑、数据、故事，如图 3-5 所示。

图 3-5 简历写作三要素

（1）逻辑

在简历中，逻辑性是一个极为重要的要素，从简历的结构中可以反映出一个求职者的逻辑思维。

怎样才算有逻辑性呢？如果简单一点可以用《金字塔原理》中的 16 个字来作为指导原则，即结论先行、以上统下、归类分组、逻辑递进。

简单来说，结论先行、以上统下，就是先把总括性、结论性的表述写在前面，这句话是对下面要点的总结，下面几句话是对这句话的解释；归类分组、逻辑递进，就是将具有相同结构的内容进行归类分组，并且在纵向的结构上，做到层层递进。

不管是工作经历、项目经历，还是自我评价，总体上最好都要具备一定的逻辑性。例如，工作经历，每家公司的工作经历（项目经历）横向上构成一种并列的逻辑关系，纵向上按照时间顺序体现为一种递进的逻辑关系。

（2）数据

在职场中，数据的地位是极为重要的，工作做得好不好最终结果都是靠数字来体现的，尤其是在互联网企业中这一点更加明显。所以作为求职者，简历中一定不能缺少数据，任何一个岗位的工作结果，都是可以找到数据量化指标进行衡量的。例如，完成工作的时间是多少，较短的时间是求职者执行力和效率的体现。

求职者在简历中，无论是工作经历，还是项目经历和自我评价，都要极尽可能地寻找一些数据来支撑自己的观点。

（3）故事

简历中第三个重要的要素是故事。这里的故事其实更多的是指工作经历、项目经历要写得具体生动，有时间、有细节，让人听着就像是在绘声绘色地讲故事。

例如，我自己的一个项目经历表述如下。

搭建起保险理赔项目，开拓了互联网保险业务的新方向。通过 3 个多月的前期调研，拜访了 50 多家维修厂，与同事成功搭建起一个保险理赔运营项目，在产品系统未上线的情况下实现了业务的良性运转。

这是一个项目经历，但也是一个简短的故事。虽然是简单的描述，但是，听完之后能让人产生场景代入感，这样就容易引起面试官的兴趣。

建议求职者把自己的每个项目经历都花费一定的时间进行包装，多写几个版本并且不断修改，选择一个最满意的版本放在简历中。对于初入职场的人，如果没有工作经历就多用几个实习的项目经历来弥补。

另外，特别要强调的一点是，每个项目经历不仅需要在简历上有一个浓缩的故事，简历之外还要把它扩展成一个更加完整、丰富的故事，以便面试时应对面试官的提问。有时可能仅仅一个准备充分的故事（一段经历），就可能得到面试官的认可。

关于逻辑、数据和故事这三个要素，后面的章节还会进行深入的阐述。

3.1.2　如何用 START 法则让简历俘获面试官的“芳心”

求职者在写工作经历和项目经历两个关键模块时，可以使用 STAR 法则进行结构化的表达，把一个项目通过情境、任务、行动、结果四个要素简明扼要地写出来。为了在面试时取得更好的效果，求职者也要把反思部分准备好，把 STAR 法则扩展成 START 法则。

1. 什么是 STAR 法则

STAR 法则又称明星法则，是世界 500 强 HR 面试的一个逻辑框架，其构成要素如图 3-6 所示。使用该法则，面试官可以对一个候选人的项目经历或工作经历进行比较全面的了解。同时，这个法则也被越来越多的求职者应用到自己的简历和面试沟通中。

STAR 法则的四个关键词的具体含义如下。

- Situation：事情发生的情境——什么时间，什么地点，什么背景，有什么特殊的原因。
- Task：你的任务是什么——需要你在特定事件中达成的目的或结果是什么。
- Action：你的行动是什么——围绕这件事情，你制定了什么策略，采取了什么具体的动作。
- Result：结果是什么——在这件事情中，你取得了什么成果，有没有可以呈现的数字结果。

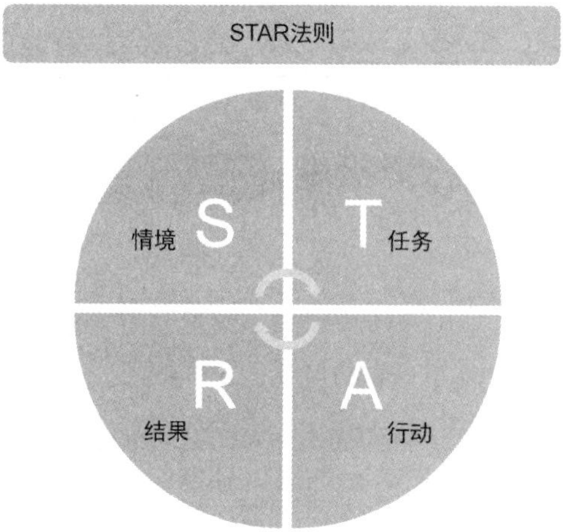

图 3-6 STAR 法则的构成要素

需要再次强调：STAR 法则既可以应用在简历的写作过程中，也可以应用在面试中和面试官进行交流沟通。但在两种场景中，STAR 法则的使用略微有些不同。

在简历中，因受限于简历的篇幅，求职者需要把一个项目经历简明扼要地写出来，STAR 法则的每个要素最多用一两句话描述即可，全部字数控制在 400 字以内。

在面试中，因为口头表达有足够的时间，求职者可以在简历的基础上把一件事情讲述得更加具体和丰富。为此，对于重要的项目经历，求职者需要准备两个版本：一个是精简版本，放在简历中便于简历筛选人或面试官快速阅览；另一个是详细版本，用于面试时讲给面试官听。

用于面试的详细版本最好也要写出来，不要只是口头练习一下，写出来并进行多次反复练习，面试时才会更加轻松地表达出来。

2. 从 STAR 法则到 START 法则，让你的经历更能打动人

对于初步接触 STAR 法则的人来说，在使用时可能还会有一些难度。这里把 STAR 法则四个要素的写作方法再进一步展开介绍。

（1）Situation：情境

情境指的是项目的背景，可以是对项目的简单介绍，也可以是项目立项的一个缘由，或者是触发项目的一个难题。情境最好包含时间、地点、人物角色这些要素，尤其是要突出时间的紧迫性、环境的复杂性或者不利因素等。如果你是一个项目的深度参与者，通过适度表述项目的难度，就更能凸显你在这个项目中的价值。

一般对 STAR 法则有深入了解的面试官，也会对项目的背景进行深入的追问，以便了解求职者的经历，到底是因为公司（项目）的资源或者某个大的趋势自然而然带来的一个结果，还是确实是因为求职者自己努力取得的结果。

所以，情境的描述要在贴合实际和适度突出难度之间取得平衡，既避免表述平淡不能引起面试官的兴趣，也要避免夸大其词。

（2）Task：任务

任务是指求职者在所描述的项目中承担什么职责，以便达到特定的目的，取得特定的结果，或者解决特定的问题。例如，对于产品经理来说，可能是完成某个产品功能的开发；对于运营人员来说，可能是实现某个运营活动的上线落地。

如果是简历中准备的精要版本，只要清晰地说明自己承担的任务就可以了。但如果是为面试准备的详细版本，还应该提及团队整体的任务和团队大致的角色分工，并且一定要明确自己的任务是团队任务的一部分。因为每个人不可能脱离团队完成一个难度很大的项目。如果只讲自己的功劳，而不提团队功劳，会让面试官认为求职者是一个自负、难以协作的人。

（3）Action：行动

行动是指围绕这件事情，你制定了什么策略，采取了什么具体的行动。对于行动的描述也一定要讲究逻辑，列出关键的几个步骤。如果行动本身特别有价值，可以对行动进行特别的命名，如“秋季攻势”。

关于行动的描述，同样需要区分是为哪种目的而准备的。

如果只是在简历中，行动的部分可以描述得相对简略一点，只需要把关键的行动部分列出来即可，可以不用区分哪些是自己做的，哪些是团队整体的行动。

如果是为面试准备的详细版本，一定要说明哪些是团队其他成员做的，哪些是求职者自己做的，对于自己做的部分，要更详细地拆解开分别阐述。另外，这里重点要说自己做的，而团队做的部分尽量简略一点，目的还是突出自己的价值。但千万不要否定团队的价值，因为任何事情没有团队协作是不可能完成的，如果否定团队价值可能会给面试官留下骄傲自大的不良印象。

（4）Result：结果

结果是指项目的产出，有可能是好的方面，也有可能是不好的方面。在简历中尽量先说好的方面，不好的方面可以不用写，在面试时再来反思不好的部分。

项目取得的成果，最好用数字来衡量。如果没有数字呈现，那么可以把获得的一些奖励作为结果的证明讲出来。另外，在讲述结果时要突出那些通过自己的努力取得的成果，而不要说与自己无关的成果。当然，讲述成果时还应该特别提到团队其他成员的贡献。

以上内容进一步讲解了如何使用经典的 STAR 法则，但如果求职者对于 STAR 法则的使用仅仅到此为止，就不算真正地了解和会用 STAR 法则。其实，STAR 法则的使用还应该进一步扩展，加上一个 T（Thinking）——反思，即通过这个项目经历求职者有了哪些精神层面、经验层面的收获。也就是反思项目结果中那些精华的、可以复用的经验，或者项目中不好的、可以加以改进的方面。这样 STAR 法则就扩展为 START 法则，如图 3-7 所示。

图 3-7　START 法则

（5）Thinking：反思

一个项目的结果往往有好有坏，不可能都是好的结果，过程也不可能是尽善尽美的。即使是一件比较完美的事情，一定也有优化和改善的空间。所以，在一个项目结束后要进行反思、复盘，最大化挖掘这个项目给自己带来的价值。

反思在人的职业、生活甚至整个人生中都非常重要。没有反思，经验就缺乏沉淀、缺乏厚重感；没有反思，就失去了汲取经验、总结教训最好的机会。但凡在学习、工作中取得成就的人，都离不开对自己的深刻反思。反思有很多种方法，但对于一个有过项目经历的求职者来说，只需要回答以下几个问题。

- 这件事情哪里做得好？好在哪里？
- 这件事情哪里做得不好？
- 做得不好的原因是什么？
- 下次如何改进？
- 这个经历以后还可以复用在其他的什么场合？

求职者一定不要把反思部分写在简历中，而是要留到面试时使用，原因有以下两个方面。

第一，避免简历臃肿。

反思往往是基于项目的深刻感悟，对于一个项目完整的反思内容往往会比较多，如果都放在简历中会大大增加简历的篇幅，使简历非常臃肿，对于简历筛选人和面试官都是一种阅读负担。这对于获得面试机会可能反而是不利的。

第二，要学会打破预期。

有的人面试时会犯一个错误，依照简历上的内容按顺序给面试官复述或背诵一遍。对于面试官来说，这些口述的内容完全在他的预期之内，这样的面试结果肯定好不到哪里去。但如果你能够打破面试官的预期，所谈的内容比简历上的内容更加丰富、具体、详细，那么你就把握了更多的面试主动权，因为深刻的反思内容往往能够打破面试官的预期。

3. START 法则应用案例

上面对 START 法则的使用进行了较为深入的解释，这样会为求职者提供一些更加明确的参考思路，帮助求职者来学习、应用这一法则。但在第一次使用时，有的人可能还是觉得无从下笔。所以，在此提供一个具体的案例，供求职者参考。

案例以一个我曾指导过的咨询者在学校的实习项目经历为样本，具体讲解如何使用 START 法则。

项目名称：中国扶贫基金会“善行 100”精英挑战营

项目职责：担任挑战营小组组长

2016 年，我参加了中国扶贫基金会“善行 100”精英挑战营活动，这是一个针对贫困山区儿童结对帮扶的计划。我在这个活动中担任小组组长，主要的职责包括志愿者招募、激励与组织协调，以保证活动目标的高效完成。在活动中，我采取了“双会管理法”，每天以小组为单位进行工作布置和工作总结。在我的带领下，团队经过 30 天的努力成功完成 67 个项目对接，取得了小组第一的优异成绩。

以上内容是根据该咨询者的简历提供的素材改写而成。我们用逆向拆解的方法再来看它的改写过程。

- 情景：2016 年，参加中国扶贫基金会“善行 100”精英挑战营活动，这是一个针对贫困山区儿童结对帮扶的计划。（这是对背景的一个简单的介绍，一句话把最核心的信息表达清楚。）
- 任务：我在这个活动中担任小组组长，主要的职责包括志愿者招募、激励与组织协调，以保证活动目标的高效完成。
- 行动：在活动中，我采取了“双会管理法”，每天以小组为单位进行工作布置和工作总结。（双会管理法，是对该简历中提到的“早会”和“晚会”的一个名词概括，这样写的目的是吸引面试官的注意。）
- 结果：在我的带领下，团队经过 30 天的努力，成功完成 67 个项目对接，取得了小组第一的优异成绩。（结果中的“67 个项目”是核心内容，数字呈现更加有说服力。如果还有其他数字，最好都体现出来。）

上面这四个环节的内容是用于简历中的，如果用于面试中，则可以进一步扩展成 500 ~ 1000 字左右的一个案例，用于面试时应对面试官的提问。

如果是在面试中沟通，上面的经历还缺少最后的反思部分，这部分也提供一个简单的模板，供求职者参考了解。

- 反思：在整个项目结束后，我对项目进行了深度的复盘，觉得虽然自己的领导能力、组织协调和沟通能力得到了很好的锻炼，但还有一些不足的地方，尤其是在沟通方面。例如，我在项目进行过程中，为了使项目能够尽快进行，在和项目组成员的沟通中过于强势，没有照顾到有些同学的感受，可能会造成大家对我的负面评价，甚至会影响以后的合作。这是我以后在沟通过程中需要注意的地方。

在反思部分，反思的内容切忌大而空、大而全，反思应该是有细节的。要以小见大，通过一个非常细微的细节来谈自己的问题、感悟和收获。

3.1.3 写简历的两大撒手锏：逻辑和数据

写简历是一种说服性的表达方式，为了达到说服面试官的目的，就要采用有效的说服策略，这种说服的策略并不是通过语言表达出来的，而是通过文字表达出来的。要用文字表达来增加简历的说服力有两个可以利用的撒手锏：逻辑和数据。对于职场人来说，逻辑方面学会“结论先行、以上统下、归类分组、逻辑递进”的 16 字“金字塔原理”即可；数据方面可以通过绝对量数据和相对量数据来体现自己的工作成果，从而达到说服的目的。

1. 如何让自己的简历富有逻辑性

古希腊哲学家亚里士多德提出三种说服模式：道德模式、情感模式和逻辑模式。道德模式是指根据人物特征来说服；情感模式是指通过建立个人联系并运用修辞技巧博得听众的感情共鸣来说服；逻辑模式是指通过信息和论证来说服听众。

在求职面试过程中，情感模式往往更适合面对面地沟通交流，而不适合书面沟通。而逻辑模式无论是在简历这种书面表达中，还是在面试这种语言交流中都是比较适合的方式。

关于什么是逻辑及如何训练逻辑，这是相对比较学术性的话题，不是本节讨论的主题。对于大部分初级和中级的职场人来说，掌握逻辑表达只需要掌握一个工具——“金字塔原理”就足够了。

（1）什么是“金字塔原理”

“金字塔原理”是前麦肯锡职员芭芭拉·明托在她的《金字塔原理》一书中提出的一个理论。

如果简单地概括，其核心就是 16 个字：结论先行、以上统下、归类分组、逻辑递进，如图 3-8 所示。

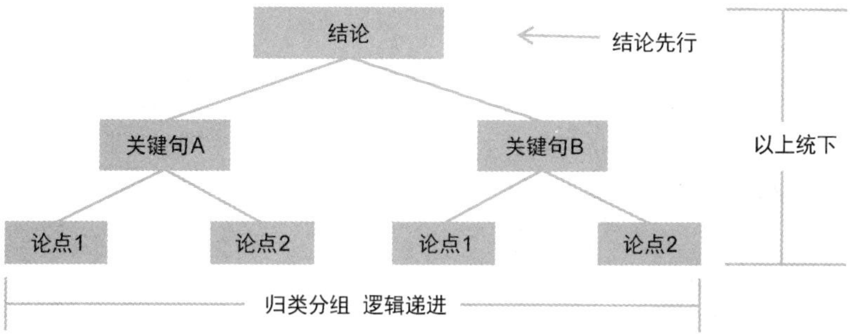

图 3-8 金字塔原理

① 结论先行：在任何表达沟通中，首先用一句话把核心要点、结论先说出来。

② 以上统下：在表达中，任意层次上的思想必须是其下一层次思想的概括，下一层次的思想是对上一层次思想的进一步解释。

③ 归类分组：对表达的思想进行分组，且每组中的思想必须属于同一逻辑范畴。

④ 逻辑递进：分组后每组中的思想必须按照一定的逻辑顺序组织。

以上只是对“金字塔原理”最核心内容的总结，实际上职场人要想深度掌握“金字塔原理”，最好是精读《金字塔原理》这本书并加以刻意练习。尤其是对逻辑表达能力比较弱的人来说，非常有必要进行这方面的练习。

（2）如何使用“金字塔原理”写简历

前面讲了“金字塔原理”，但这种解释还有些抽象，在简历写作中要如何结合使用呢？下面结合具体的案例对这 16 字原则进行通俗化的阐述。

首先，“结论先行”和“以上统下”是从纵向来说的，“归类分组”和“逻辑递进”是从横向来说的。举一个简单的例子，如水果和苹果是一种包含关系，可以把这种关系理解为一种纵向关系（或者总分关系），但苹果和香蕉是一种横向关系（或者说并列关系）。如果总结一下这两种关系就可以画一个简单的金字塔图，如图 3-9 所示。

水果金字塔的示例其实比较简单，抽离“水果”内容，将其替换成关于简历的内容也是一样的道理。

结论先行，以上统下

在简历中，每段工作经历、项目经历、个人评价都要注意使用这个原则。其实，这是一个总分结构，先总括，再分几个要点来写，结论句要统领下面的各分论点。自我评价应用“金字塔原理”示例，如表 3-2 所示，首先以一句结论句来总结能力优势，然后把能力中的关键能力分为三个方面，分别做进一步阐述。这就是“结论先行、以上统下”，结论句要具备统领下面三个方面的能力。

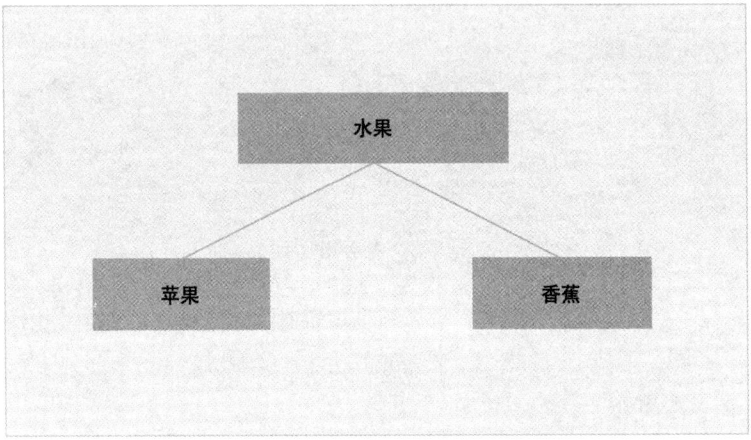

图 3-9 金字塔图（水果）

表 3-2 自我评价应用“金字塔原理”示例

自 我 评 价
本人一直在从事与产品相关的工作，熟悉互联网产品设计、开发的完整流程，具备需求文档撰写、流程设计、项目跟进能力，善于与 UI、开发、测试、运营人员沟通，保障产品功能的实现。本人善于使用方法论解决问题，具有快速学习新事物的能力。个人的优势体现在以下几个方面。 1. 善于使用方法论解决问题 善于使用 Design hackathon 方法进行产品需求挖掘，产出解决方案；善于使用 MVP 思维开发产品，验证产品的可行性；善于使用用户故事和场景分析来聚焦用户需求。 2. 快速学习新事物的能力 强烈的学习意愿和较强的学习能力，自学 SQL 语句并用来解决产品工作中取数的问题；用一个月学会 Axure 工具，用 15 天学会 Sketch 工具。 3. 基础的技术知识 通过自学和向开发人员请教的方式学习基本的技术知识，懂得前端/后端工作的基本原理，了解 HTML/CSS/JavaScript 的基础知识。

归类分组

归类分组就是把具有相同特征、属性的工作经历和工作内容尽量归为一类，并且把分类的内容项控制为 4～7 项。例如，在前面的自我评价中，核心的工作能力被分为三个方面：方法论、快速学习能力、技术知识。

逻辑递进

逻辑递进是指在写作表达过程中要注意逻辑顺序，逻辑顺序有演绎顺序和归纳顺序两种。演绎顺序就是通过一个大前提和一个小前提，得出结论。归纳顺序则一般包含以下三种。

- 时间顺序：类似第一、第二、第三等这样的顺序，或者实际的时间顺序（如 7 月、8 月、9 月）。
- 空间顺序：也称结构顺序，就是在拆分一个整体时，要根据某些维度对同一个属性相同的维度进行有效的分割排列，从而产生的一种有利于进行识别或者记忆的结构。例如，地图就是一种典型的空间顺序，公司组织架构中各个部门的划分也是一种空间顺序。
- 程度顺序：也称重要性顺序，就是先说重要的内容，再说次重要或者不重要的内容。

在简历写作时，如何使用逻辑递进的原则呢？

求职者如果有多家公司的工作经历，每家公司的经历按时间先后来写，这就是一种简单的逻辑递进。在写每家公司的具体工作经历时，求职者应根据自己投入精力的多少来列举工作项目，或者根据自己产出成果的大小来列举工作成果，这也是逻辑递进原则的应用。

这里要提醒求职者的是，工作经历一般要按照倒序来写而不是按顺序来写，如要先写 2017 年，再写 2016 年，然后写 2015 年。公司招聘时，面试官最感兴趣的是求职者最近一份工作的内容与当下应聘岗位工作内容的相关性。所以，面试官一般会在最近一份工作经历上投注比较大的精力、问更多的问题。从求职者的角度来说，最近一份工作经历往往也是记忆比较清楚、准备比较充分的内容，和面试官聊这部分工作经历的内容相对来说也更有把握。

当写一个具体公司的工作经历时，不同工作内容模块的介绍就可以按照重要性程度的逻辑递进顺序来写。仍以表 3-2 中的内容为例来分析。这个自我评价就是按照重要性程度来写的，因为对于一个职场人来说，方法论是最重要的，然后是快速学习的能力，技术知识相对来说重要性低一些就放在后面。这样做的另一个原因在于简历筛选人或面试官筛选简历时是从前往后看的，如果前面的内容不重要、没有吸引力，可能后面重要的内容简历筛选人或面试官压根儿也不会看了，这样求职者就可能错过一次面试机会。

2. 数据为什么对于简历很重要

在一份优秀的简历中应该呈现很多证明个人能力和工作成果的数据。不管是工作时间方面的数据、工作强度方面的数据，还是工作内容方面的数据或是工作成果方面的数据，有数据的表述都比干巴巴的文字更加有说服力。数据对简历的重要价值体现在图 3-10 所示的几个方面。

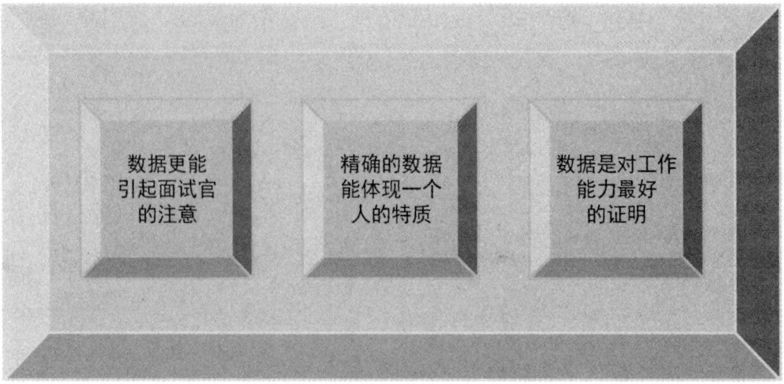

图 3-10　数据对简历的重要价值

（1）数据对简历的重要价值

第一，数据更能引起面试官的注意。

人类天生对数据比较敏感，如果求职者的简历中有一些数据，更容易引起简历筛选人或面试官的注意，这样获得面试的机会就更大。简历筛选人或面试官筛选简历由于工作量非常大，根本不会一个字一个字或一段一段仔细看，基本上快速地扫一眼，有亮点才会停留下来进一步细看。在这种情况下，数据往往更容易从一堆文字中“跳”出来，吸引简历筛选人或面试官的注意。

第二，精确的数据能体现一个人的特质。

善于使用数据的人总会给人留下深刻的印象，人们会不自觉地认为这种类型的人更加严谨、细致，这样的人格特质往往是很多企业看重的。如果一份简历中较多地使用各种数据来佐证自己的能力、工作成果，那么这个人很容易从直观上被认为是可靠的，这样的人也更容易获得面试的机会。

第三，数据是对工作能力最好的证明。

企业在招聘员工时，最看重面试者是否具有相应的工作能力，但仅凭一份简历如何能够看出一个人的能力呢？那就需要借助数据。一个人做的事情、产出的成果如果能够以精确的数字体现出来，那么足以证明这个人的能力。而且，企业是成果导向非常明确的组织，而成果都是以具体的数据体现出来的，这种强烈的数据导向性，使面试官也非常注重数据。所以，如果想让自己的简历脱颖而出，那就把自己的工作成果、项目成果尽可能地用数据体现出来。

（2）简历中应该体现的数据

既然数据在简历中如此重要，那么简历中应该体现哪些数据呢？哪些数据才是有价值的呢？总体来说，作为最终成果体现的数据形式，一般包含两种类型：绝对量数据和相对量数据。

绝对量数据

绝对量数据往往是对结果最直观的描述。例如，某个产品的用户量、活动的参与人数、文章内容的阅读量、产品的销售额、为企业节省的成本等都是典型的绝对量数据。

对于初入职场的人来说，没有工作经验也就缺乏相应的数据，但如果有一些实习经历或者在学校的社会活动经历，那么多少也会有一些数据可呈现。例如，如果你参与组织过一场社会活动，可以把参与人数规模作为一个数据写出来；如果你做过一些实习类的工作，如编辑或者人力资源助理，也可以总结一些数据，如每天写稿多少字，或者多少篇，或者每天筛选多少份简历等。总之，多发掘你做过的事情中的数据，并尽可能用在简历中以体现自己的工作成果和个人价值。

相对量数据

相对量数据一般是通过比例来体现的，如业务增长率、用户增长率、工作的完成率、效果提升率、投资回报率、投资收益比、内容的阅读率等。

绝对量数据一般是一个体现数量的指标，而相对量数据是一个体现质量的指标。质量的指标往往比数量的指标更有价值，更能够体现求职者的工作能力和工作成果。

同样地，对于初入职场的人来说，可能没有听说过上述提到的与工作相关的比例数据指标，但还是可以找到一些做过的事情中的比率。如果组织过一个社团活动，那么参与率就是一个很好的体现这个活动做得好坏的指标。例如，报名参与率比这个社团往届提高了几个百分点，或者你管理过学校的某个微信公众号，阅读率比别人管理时多了几个点，这些都是可以写到简历中的亮点数据。

总之，数据是简历中增加说服力非常重要的一个“武器”。写简历时，一定不要平铺直叙地表述过程、记流水账。多列一些数据性的成果，你就比别人具有更强的竞争优势。

3.1.4　产品经理岗位简历写作要点与样例

产品经理的简历重点在于工作经历、项目经历、自我评价、职业技能四个核心模块的精心雕琢，在写作过程中要注意逻辑和数据。在任何一个核心模块中都要注意写作的逻辑，使用“结论先行，以上统下”的“金字塔原理”来展现逻辑性，同时要注意以数据体现自己的工作成果、以数据证明自己的工作能力。

企业中不同的岗位之间的差异比较大，如产品经理和运营人员、开发人员之间，这种巨大的差异背后是工作内容、工作职责、职业技能的不同，这种不同导致这些岗位对应的简历内容方面同样有比较大的差异。那么对于产品经理来说，一份优秀的简历应如何完成呢？

前面讲解了一份优秀的简历不仅要关注框架结构及其关键模块，也要注意使用逻辑和数据这样重要的要素。

1. 精心雕琢简历框架中的四大模块

一份简历中最关键的部分包括工作经历、项目经历、自我评价、职业技能几个模块。产品经理的简历也可以从这四方面入手重点进行雕琢。

（1）工作经历

工作经历中的核心内容主要包括工作内容和工作成果。

工作内容

产品经理的工作内容描述往往是将“产品+工作内容”结合起来综合进行阐述的，也就是求职者在特定时期、在所服务的产品上做了哪些事情。

“产品”方面一般涉及的是在之前工作岗位上负责的产品（如得到 App）或者产品功能模块（如得到 App 的知识城邦模块）；工作内容一般和技能图谱是密切相关的，同一种类的产品经理岗位虽然所做的产品不同，但所做的工作内容相似性是非常高的。

在写每次工作经历的主要工作内容时，结合前面逻辑性原则中提到的“金字塔原理”——“结论先行，以上统下”，首先总括在特定岗位、特定时期的主要工作内容，然后展开写自己所做过的主要工作。

假如求职者是一名 App 产品经理，工作内容部分可以描述如下。

本人在 2017 年 1—12 月主要负责××产品的与“个人中心”相关的产品工作，包括用户需求的调研与挖掘，产品功能的设计、开发、落地，竞品调研，以及产品功能上线后的优化工作，主要工作内容分为以下四部分。

① 用户需求调研与挖掘：负责视频类产品的用户需求调研，通过用户访谈、用户调研进行用户画像，深入了解用户特性，挖掘用户深度的需求，以便确定产品功能开发优先级。

② 产品功能开发：负责××产品需求文档撰写、需求评审、设计跟进、开发排期、产品开发过程跟进、开发测试及与上线相关的工作。

③ 竞品调研：定期进行竞品调研，输出竞品报告，通过竞品动态了解用户的需求。

④ 产品功能优化：根据产品上线后的数据表现或者用户的反馈意见，对产品模块各功能进

行优化，确保产品有更好的用户使用体验。

工作内容部分尽量选择自己在该岗位上做的最重要的事情来写，在一份工作经历中列出在该工作岗位工作期间最重要的 5 ~ 7 项工作内容即可。

工作成果

如果说工作内容主要介绍做什么，那么工作成果就是对做得如何的反映。产品经理的工作成果往往体现在产品功能的开发落地，以及由此产品或产品功能带来的用户价值或者商业价值。

一般情况下，工作成果应该紧跟着工作内容来写。这是为了讲述的便利把两部分分开了。工作成果的描述一定要全面，从工作强度、工作效率、基本成果、工作效能几个维度来展开。产品经理工作成果的阐述维度如图 3-11 所示。

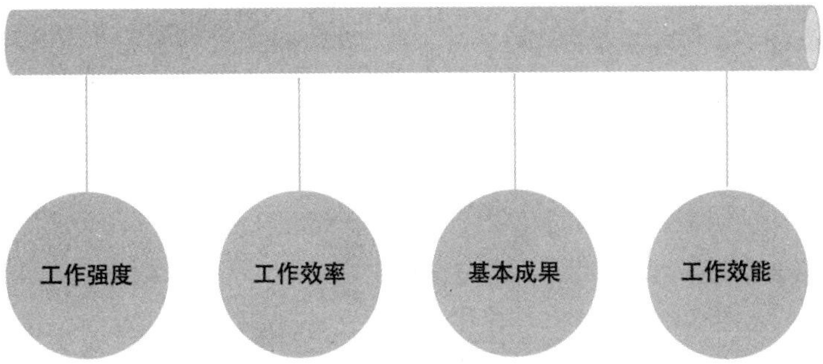

图 3-11　产品经理工作成果的阐述维度

- 工作强度：工作付出的时间密集度或者努力程度。例如，在接近半年的时间里，总共迭代了 20 个产品开发版本，其中大版本 6 个、小版本 14 个，涉及优化功能点 130 项。
- 工作效率：产出工作成果的速度。例如，大版本平均耗时 18 个工作日，小版本平均耗时 7 个工作日。
- 基本成果：所付出的工作时间得到的基本产出物。例如，半年时间完成了“个人中心”中五大核心功能模块的开发上线。
- 工作效能：这是最关键的部分。在工作中我们经常听到“功劳”和“苦劳”的说法，基本成果属于“苦劳”，工作效能属于“功劳”。例如，上面提到的“完成了‘个人中心’中五大核心功能模块的开发上线”算是“苦劳”，而如果类似于“‘个人中心’页面 UV（独立访客）比本人接手之前提升了 30%”则属于“功劳”。在考核严格的公司中，“苦劳”是不值钱的，“功劳”才是值钱的，也就是说只有“苦劳”没有“功劳”，在升职加薪时是比较难的。因为企业要的是效果而不仅仅是一个结果。

综合以上几个要素，下面针对工作内容中提到的案例，写一段具体的工作成果样例以供求职者参考。

主要工作成果：

在 2017 年下半年这段工作时间内，我的工作成果主要包括以下几个方面。

① 调研工作成果：完成 2 次大的用户需求调研和 3 次竞品调研，并输出相应的调研报告，为“个人中心”功能模块的优化、迭代提供了有利的方向。

② 产品开发成果：在接近半年的时间里，“个人中心”模块共迭代了 20 个产品开发版本，其中大版本 6 个、小版本 14 个，涉及优化功能点 130 项，大版本平均耗时 18 个工作日，小版本平均耗时 7 个工作日。

③ 工作效能：“个人中心”增加的功能模板包括个人浏览记录、收藏记录、我的分享、会员功能等；“个人中心”上线后整体的 UV 从 6 月份的 5000 人，提升到 12 月份的 1.5 万人，增长 200%；App 整体日活提升到日均 6000 人。

（2）项目经历

在前面的章节中讲过，工作经历和项目经历有非常强的关联性，项目经历本来就是工作经历中的一部分，但二者又有差别。

- 工作经历主要侧重于自己在某个岗位承担的主要工作职责、工作内容和工作成果的概要介绍；而项目经历侧重于单个项目的描述，会更加聚焦，细节更加丰富。
- 工作经历侧重于整个工作期间的职责和成果的展示；而项目经历更侧重于在工作经历中特定阶段的工作职责和工作成果的描述。

关于产品经理的项目经历的写作，前面已经讲过最好采用经典的 STAR 法则进行描述。

仍以上面的案例为样本展示如何写项目经历，上面的工作成果中提到了“会员功能”，假如这是一个短期内效果比较显著的项目，则可以将其作为一个单独的项目经历来写。

项目名称：××产品会员功能项目

项目时间：2017 年 7—9 月

项目描述与成果：

在 2017 年上半年，××产品始终面临着用户留存率低的问题，业务部负责人让产品经理和运营对此问题进行联合研究，并提出相应的策略。经过一个月的用户调研，我们确定了开发会员功能，以此来增加用户的黏性，提高留存率，并成立了一个小型的项目组（面临的情景 S）。我作为产品经理同时也是项目的推动人，在项目中负责整体的项目推进工作（工作职责 T）。为了保证项目快速迭代，我建议整个项目小组进入封闭开发室，这样既可以保证大家的信息快速沟通，也可以避免外部干扰。由于我们使用项目管理工具 Microsoft Project 早晚对项目进度进行监控并及时调整（采取的行动 A），原计划 2.5 个月的开发工期，提前 15 天完成开发测试并顺利上线。在随后的一个月内，“个人中心”中会员模块的 UV 逐步增长到每天 3000 人，用户留存率提高了 3%，收入转化率提高了 10%（工作的效果 R）。

（3）自我评价

自我评价是求职者对自己优势的提炼，代表了求职者的自我认知，在自我评价中要突出与工作能力和职业素养相关的内容。

产品经理的自我评价可以突出自己产品能力方面的内容，也可以突出自身职业素养方面的内容。不过，这里需要考虑自己的工作年龄和所处的职业阶段中应聘岗位所需要的能力和素质，在此基础上梳理出自己的核心优势，不能出现求职阶段和工作能力匹配错误的情况。例如，作为一名初级产品经理写自己有很强的商业变现能力是不合适的。

下面从工作能力和职业素养两个维度上展示一个自我评价写作的样例。

从工作能力维度上写自我评价。

我在 5 年的工作经历中，主要从事的是与产品开发密切相关的工作，在此过程中，形成了如下的个人优势。

① 敏锐的用户洞察力和需求挖掘能力。

本人具有扎实的心理学知识基础，善于通过洞察用户和分析数据来挖掘用户的需求，做出有亮点的产品功能，在 2017 年 9 月 ×× 产品中上线的 ×× 功能，贡献了“个人中心”模块中日 UV 的 30%。

② 强大的数据分析能力。

本人具有很强的数据分析能力，能够结合 Excel 和 SPSS 数据分析工具发现产品运行过程中的问题，曾使用相关分析工具分析出“个人中心”页面中用户浏览各个功能模块的时长与用户活跃度之间的相互关系，据此开发出了更多有助于留存用户的产品功能点。

从职业素养维度上写自我评价。

本人在长达 5 年的工作中，培养了较高的个人职业素养，这些职业素养已经成为我如今工作中的重要推动力。

① 较强的沟通协作能力。

具有良好的沟通协作能力可以快速、顺利地推进项目，既明白坚守底线原则，又具有良好的同理心，能够把握人心，通过非正式的沟通来实现团队协作或跨部门的协作。

② 极强的目标导向。

本人是一个目标导向极强的人，在任何重大的工作中，始终会秉持“目标第一性”原则来指导自己的工作。

③ 较强的解决问题的能力。

本人善于拆解问题，能够通过层层拆解来探求问题的核心本质，在此基础上提出解决方案，常常会使用一些简单的方法达到意想不到的结果，投入-产出效果非常高。

以上是关于产品经理写自我评价的一些思路。需要强调的是，自我评价写作一定要突出自己的特色，突出与他人的差异化。在写作的策略上，通过差异化打破面试官的预期，让人产生眼前一亮的感觉，这样才能引人注目，体现自我评价对简历的作用和价值。

（4）职业技能

产品经理在职业技能方面，主要突出自己掌握的技能工具和掌握工具的熟悉程度。正如前文所述，熟练程度方面要以具体的案例进行例证。

在产品经理的日常工作中，使用频率较高的技能工具如下所述。

- 需求梳理：一般会用到思维导图工具，需求撰写会用到墨刀或者 Axure 工具。
- 数据分析：会使用 SQL 查询语言，会使用 Tableau、SPSS 工具等。
- 项目管理：会使用一些相应的项目管理工具，如 Windows 系统中的 Microsoft Project，Mac 系统中的 Omniplan 等。

这些相应的技能工具的熟练程度都需要加以例证的阐明，而不仅仅是一种描述，如下所述。

- 熟练使用 SQL 查询语言：能够熟练使用各种查询字句从底库中取出所需要的业务数据并进行数据分析，从而节省沟通成本、提高效率。
- 熟练使用 SPSS 分析软件：能够使用 SPSS 工具进行相关分析、回归分析，并且在 × × 公司工作期间，做过关于用户行为与活跃度相关的分析等。

不过，需要注意的是，对于不同级别的产品经理，需要突出的技能是不同的，初级产品经理更加突出自己的基本技能方面，而对于高级产品经理则应该弱化初级技能方面，突出高级能力。

2. 注重简历中的逻辑和数据

产品经理往往需要具备非常强的逻辑思维能力，如果简历缺乏逻辑性，本身就是对自己产品能力的一种反向证明。同时，在互联网企业中，产品经理和运营岗位都是强数据驱动的岗位，数据分析能力本身就是这些岗位非常重要的要求，如果简历中没有数据的支撑，可想而知拿到面试机会的可能性有多大。所以，产品经理在打磨自己简历的过程中，一定要注重逻辑性和数据部分，把自己在这方面的优势展现出来。

（1）逻辑

简历中的逻辑性可以参考本节上述各个样例中的写作方法，无论是在工作经历还是在自我评价的样例中，都会看到典型的“结论先行，以上统下”金字塔结构，这样能够让简历筛选人或面试官非常直观地看明白这些模块的工作内容、工作成果。逻辑性强的简历不仅体现了求职者较强的思维能力、写作能力，也为对方节省了时间，提高了效率。

（2）数据

在上面的工作成果样例中，我们可以看到比较密集的数据展示。例如，在工作效能中，“个人中心”增加的功能模板包括个人浏览记录、收藏记录、我的分享、会员功能等；“个人中心”上线后整体的 UV 从 6 月份的 5000 人，提升到 12 月份的 1.5 万人，增长 200%；App 整体日活提升到日均 6000 人。

互联网产品的迭代开发，在很大程度上依赖于数据做出决策。如果是在岗位上踏实工作 2 ~ 3 年的产品经理一般具有很强的数据意识，但在简历中产品经理也需要把这种数据成果体现出来。

3.1.5　运营人员岗位简历写作要点与样例

运营人员简历的重点同样在于工作经历、项目经历、自我评价、职业技能四个核心模块，也需要注意简历中的逻辑性和数据的运用。严密的逻辑性能体现出运营人员的能力，数据更是体现运营人员工作能力的要素。

本节同样从框架结构的四大模块，以及逻辑与数据两个方面来讲解运营人员的简历是如何写作的。

1. 精心准备简历框架中的四大模块

对于运营人员来说，无论是初级运营人员还是高级运营总监，在准备自己的简历时，都需要在以下四个方面重点描述：工作经历、项目经历、自我评价、职业技能。

（1）工作经历

下面仍然从工作内容和工作成果两个方面展开，这两个方面也是运营人员必须重点准备的内容。

工作内容

运营人员工作内容的描述也是基于特定的“产品+工作内容”模式，不同的是产品经理主要做的是产品功能的开发，而运营人员主要做的是产品上线后的运营工作。两个岗位的工作内容有比较大的差异。

运营人员工作内容的写作也需要遵循“金字塔原理”，先总括自己在特定工作阶段的总体工作内容，再把关键的工作内容的要点分别呈现出来。

假如求职者是一名用户运营人员，工作内容部分可以描述如下。

本人是一名用户运营人员，在××公司从事了长达 4 年的用户运营工作，先后负责过两个产品的核心用户运营，在 4 年中主要做的用户运营工作包括以下几个方面。

① 用户调研：定期通过“问卷调查+用户访谈”的方式进行用户调研，获得对用户总体性的认知和感性感知，以便作为制定基础运营策略的依据。

② 运营策略制定：负责××产品总体的用户运营策略的制定与落地执行，包括用户分层策略、用户召回、用户生命周期管理等，为用户的活跃和留存负责。

③ 活动运营：负责全年的活动运营策略的整体规划与落地，包括活动方案的制订、开发上线、资源调配、活动执行、活动效果评估等相关的工作，以便帮助相关部门达成短期的业务目标。

④ 社群运营：负责 200 个微信群、QQ 群等社群的管理工作，包括群规则的制定、群管理人员的分工、风险把控、日常的活跃运营，以及运营实习生的工作分工与管理等相关工作。

工作成果

运营人员工作成果的描述也可以从工作强度、工作效率、基本成果、工作效能几个维度来展开。

- 工作强度：求职者工作的努力程度。例如，在一年的工作时间内，落地了 30 个活动，其中重大活动 6 个，小型活动 24 个。
- 工作效率：工作执行中的时间耗费、执行速度等方面的内容。例如，在 8～10 月，以周为单位、以非常密集的频次上线了 12 个小型活动，带动业务收入增长 5%。
- 基本成果：项目所达到的基础的结果。例如，管理的 50 个微信群，全年带来 PV 总计为 500 万次以上，带来收入超过 80 万元。
- 工作效能：非常典型的成本节约、收入增长，以及非常显著的投入产出比提升。例如，“十一”国庆活动，由于采取用户邀请的方式，使活动成本大幅降低 20%。

针对工作内容中提到的案例，下面具体的工作成果样例供求职者参考。

本人在××公司2018年一年的工作时间内，主要的工作成果如下所述。

① 核心工作成果。在2018年全年中，用户的活跃度合计增长30%，年底月活用户达到120万人；用户留存率提高10%，通过各种运营动作带来的新用户增长达到35万人，新增用户产生的收入为1000万元以上。

② 社群运营成果。2018年工作期间，微信群和QQ群从年初的50个增长到200个，覆盖用户量达到20万人，全年带来PV总计120万次，社群带来的新增用户数达到5万人，产生收入合计达到142万元。

③ 活动运营成果。工作期间，共计开展活动30次，其中大型活动6次、小型活动24次，活动总PV合计达到1500万次，活动参与人数达到50万人，带动新增用户6万人以上，带动收入增长超过200万元。

（2）项目经历

关于运营人员项目经历的写作，也可以采用经典的STAR法则进行描述。

以上面求职者的案例为样本，阐述运营人员的项目经历如何写。在这个样例中提到了活动运营，求职者可以把大型的活动当作一个项目，通过项目来深入地展现自己的工作能力和成果，让简历筛选人或面试官更加聚焦和深入地了解自己。

项目名称："十一"国庆活动项目

项目时间：2018年9月10日—10月10日

项目描述与成果：

在2018年国庆节前后，公司决定开展一次大型的活动，充分利用国庆黄金周的时机，进一步提高短期收入。（面临的情景S）我作为用户运营部门的核心人员，承担了本次活动的整体工作，推动整体的活动进度。（工作职责T）由于活动的预算投入在300万元，规模较大，因此活动的整体设计也比较复杂。在活动开始前，我组织用户运营部门的同事开展了头脑风暴，充分地讨论了方案的设计和备选方案计划；在活动中，我全力推动各种资源协调和人员协作，保证了项目按时上线，项目上线后及时根据数据反馈，对活动中存在的问题进行调整；活动结束后，我组织项目成员对整个活动进行了完整的复盘。（采取的行动A）本次活动持续时间长达1个月，取得了超预期的效果（R）：活动PV合计达到500万次，活动参与人数达24万人，带动新增用户2.5万人以上，带动收入达到380万元。由于在活动中采取了"邀请好友得红包"的机制，活动成本大幅降低20%，节省活动预算60万元。

（3）自我评价

运营人员的自我评价，可以突出自己的运营能力，也可以突出自身职业素养方面的内容。

下面的样例分别从工作能力和职业素养两个维度上展示运营人员自我评价如何写作。

从工作能力维度上写自我评价。

本人在 6 年的工作经历中，主要从事的都是与运营相关的工作，尤其是在用户运营方面具有比较深厚的运营功底和比较丰富的运营经验。

① 用户洞察能力。

本人善于通过用户访谈深度了解用户，在 2018 年全年累计一对一访谈用户约 100 人，结合问卷形式的大规模调研手段，对用户需求有了深入的了解，从而使用户运营的工作具备了更加坚实的基础。

② 内容运营能力。

本人具有非常卓越的内容运营能力，能够从内容运营的全流程综合把握微信内容运营、新媒体运营的工作，善于把握社会热点，并与自身业务相结合，从内容方面为业务创造价值。在 2018 年 6 月、9 月的两次热点事件中，及时跟进热点，带来总计超过 200 万人次的曝光。

③ 活动运营能力。

本人具有很强的活动运营能力，善于从全流程把握整体的活动规划与落地，能从活动前期、中期、后期不同阶段的侧重点把控活动的落地执行。通过多年的活动运营经验，总结出了自己的活动运营的模板和 SOP。

从职业素养维度上写自我评价。

个人具有极高的职业素养，这些职业素养已经成为本人工作的重要推动力。

① 强大的执行力。

多年独立负责项目的经验，使自己具有极强的执行力。在 ×× 公司工作期间，以年均落地 6 个大型活动的速度完成了运营活动的落地和业务目标的达成；在 2017 年的全年工作过程中，强力推动产品经理和开发部门完成了积分体系、会员体系、优惠券体系三大运营基础机制的建设，保证用户运营具备了基础的工具。

② 复盘思维能力。

本人具有极强的复盘意识，广泛借鉴前人的复盘思维工具，如失败复盘五步法、4R 复盘法、事件反应链复盘法等，对工作中的重要工作项目可以进行深度的复盘，并通过复盘总结经验教训，在复盘的基础上前行。

（4）职业技能

运营人员在职业技能方面，同样主要是突出自己掌握的技能工具及掌握的熟练程度。运营人员在日常工作中可利用的技能工具也比较多，可以有侧重地列出与自己工作密切相关的工具及自己掌握这些工具的技能水平。例如，求职者可以参考以下内容写自己的职业技能。

- 微信运营工具箱：熟练使用微信运营的相关工具，使内容的采集、整理、发布效率大幅提升，在以往工作中实际测试，工作效率提升 60%以上。
- 数据分析：熟练使用 SQL 查询语言，能够熟练使用各种查询字句从底库中取出所需要的业务数据并进行分析，从而节省沟通成本、提高效率；能够使用 Tableau、SPSS 工具进行业务的相关分析。
- 产品工具：熟练使用 Axure、墨刀等原型工具写作原型，独立提出需求，减少工作流程的中间环节，提高运营需求的开发效率。

2. 运营人员简历中的逻辑和数据

（1）逻辑

相对于产品经理的工作而言，运营人员工作中的逻辑性没有那么强。但在很多工作流程中逻辑的严密性决定了工作成果的好坏。根据实践经验，逻辑性不严密的工作流程一定会存在很多的问题，这代表运营活动将很难取得优异的成果。同样地，在其他的很多运营工作中，具有严密逻辑大多是取得优异成果的关键。

所以，对于运营人员来说，逻辑性一样是重要的，在简历中需要把这种严密的逻辑体现出来。无论是在工作经历中还是在自我评价中，都要按照金字塔的结构，先总括再分要点来写。这样可以让简历筛选人或面试官一目了然，抓住简历的核心和关键。

（2）数据

数据和数据分析不仅对产品经理非常重要，对运营人员来说也很重要。“无数据不运营”，没有各种数据分析，运营人员的工作是很难开展的。如果一个运营方面的求职者的简历中没有数据，那他连一个合格的求职者都算不上。

所以，在简历中求职者要尽可能通过数据来体现自己的工作能力和工作成果，通过数据提高自己简历的竞争力。如同上面的样例中提到的社群运营的成果和活动运营的成果一样，要让数据把简历填充得更加饱满、丰富。

当然，求职者不要陷入一个误区——不要在简历中刻意地捏造数据。如果日常的工作中没有相应的数据积累，在写简历时就不要写一些缺乏逻辑的数据，更不要写一些根本没有的数据。在这种情况下，求职者应提醒自己在以后的工作中多注重工作数据的积累，要有非常强的意识去注重数据思维、注重用数据衡量自己的工作，这样才能逐渐培养自己的数据意识和数据思维。

3.1.6 简历问题诊断与剖析：五大常见问题

本节重点归纳在求职者的简历中经常出现的一些问题，如简历过简、内容模块混乱、没有数据支持、缺乏逻辑结构等，并对这些问题进行剖析，提出改进的方法。“以人为镜，可以知得失”，求职者可以通过这些问题自查是否犯过同样的错误，以进一步提高写作简历的能力。

写简历对于找工作来说是一件至关重要的事情，但很多人并不会写简历，在我筛选简历的过程中，平均 50 ~ 70 份简历才能筛选出一个候选人，其中有一部分求职者是工作经验与岗位不匹配，但接近 60%的求职者几乎都是败在了简历基础不过关上。我归纳总结了这些简历存在的共同问题，其中较为突出的是：简历过简；内容模块混乱；没有数据支持；缺乏逻辑结构；只有工作职责，没有工作成果。求职者简历常见的五大问题如图 3-12 所示。下面我就对这些问题进行剖析，具体看一下问题的原因及改进的办法。

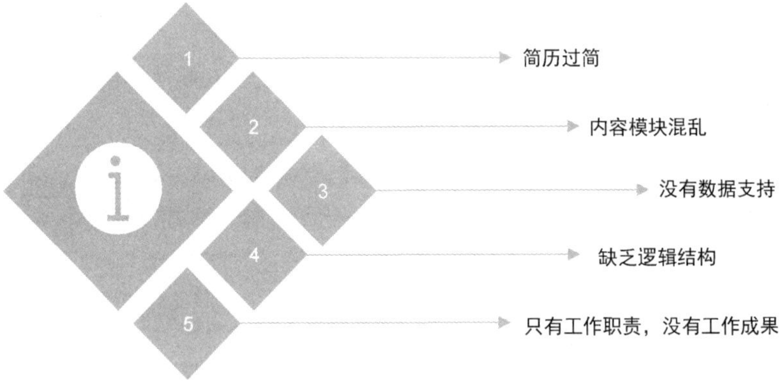

图 3-12 求职者简历常见的五大问题

1. 简历过简

（1）字数太少、信息缺乏

在众多的简历问题中，最简单也最不可思议的一个问题就是简历过简。很多人的简历非常简单，总共不到 300 个字，从简历中所能够得到的信息非常少，这很可能导致简历被放弃。招聘虽说是脑力劳动，但很多时候也是体力劳动。简历筛选人或面试官一天的时间是有限的，如果通过简历中的有限信息无法判定是否发送邀请，他很有可能会放弃。这对于那些惜字如金的求职者来说，真的非常可惜。

例如下面的两个案例，工作经历部分只有寥寥数语。

案例 1：

北京×××计算机公司/运营部　　2015.02—2018.03

1. 大数据清洗平台运营。

2. 大数据精准营销运营。

3. 数据可视化运营平台的搭建。

4. 用数据分析报告，需求文档等撰写。

5. 团队管理。

案例 2：

北京××科技有限公司　　2017.10—2018.08

工作描述：从事企业的商标版权专利注册工作，负责网站开发与维护，使用 Photoshop 软件制作商标图形等互联网相关服务。

（2）没有头像

有的求职者的简历中没有头像，不知道是出于隐私的考虑，还是出于其他目的。不管出于哪种考虑，简历中没有头像对于求职者来说是一种损失。我在筛选简历的过程中就希望能够通过头像对求职者的精神面貌做出基本的判断。头像对于简历的价值，在前面已经有所阐述，此处不再赘述。

（3）重点模块内容空缺

有的求职者在项目经历和职业技能等重点模块中，没有任何内容，整个模块都是空缺的，这也是一种对自己极为不负责的做法。前面的章节就讲过，项目经历主要的目的是帮助面试官从深度方面对于求职者本人的工作能力进行深入的了解，如果没有项目经历，就失去了打动面试官的一个重要机会。有的求职者的简历中职业技能也是空缺的，即使有两三年的工作经验，这部分也只字未提，虽然职业技能在面试的整个过程中起到的作用不是决定性的，但是如果简历中有所提及，那么至少不会因此减分。

2. 内容模块混乱

有的求职者的简历中存在内容模块混乱的情况，尤其是在自我评价和职业技能方面。例如下面这个例子就把求职意向、语言能力和自我评价混淆在一起了。

自我评价：

本人有耐心、有上进心、乐观开朗，想找一个专业对口的工作，曾经在韩国留学，英语六级、韩语三级、日语中级。

在这位求职者的自我评价中，既有性格特征的描述，又有语言技能的描述，还有简单的求职意向的描述。如果说前两者勉强可以归类在自我评价中，那么求职意向放在此处就不合适了，而且这三者是并列的关系，将其混淆在一起只能显示出求职者的逻辑比较混乱。

还有下面这个求职者的案例，把职业技能、个人品质混淆在一起了。

自我评价：

本人自在校以来一直学习数据库的相关知识，对MySQL有一定的了解。熟悉MySQL的SQL编写以及函数。了解SQL优化，并且有过一定的测试。现在正在阅读与Python语言相关的书籍。本人有较强的自学能力、独立思考能力，能够在短时间内学习并应用新技术，善于与他人合作，具有较强的团队意识。

3. 没有数据支持

前面章节已经多次提到，数据是互联网职场人的“生命”，无论是产品经理还是运营人员都需要在简历中用数据支持自己的经历和能力。但在实际简历的筛选中会发现，80%的求职者都没有做到这一点，简历中除了干巴巴的文字几乎没有任何数据的支持。

例如下面这个求职者的简历。

北京××科技股份有限公司　　新媒体运营　　2018.02—2018.12

工作描述：负责公司子品牌的新媒体运营工作。

1. 新媒体运营：负责微博、微信平台的内容规划、运营建设、日常维护，社交媒体和自媒体活动的策划、执行，对粉丝数量负责。

2. 活动运营：负责线上、线下沙龙活动的策划和实施，线上传播活动策划及相关的运营活动。

3. 网站运营：负责公司后期网站内容更新及运营推广等相关工作。

4. 内容运营：原创大量的干货文章。

在这位求职者的工作经历中仅仅是对日常工作职责进行了简单描述，完全看不到任何数据的影子。在工作职责第1条提到了“对粉丝数量负责”，但完全没有提及自己在工作期间带来的粉丝增量相关的数据。在第 2 条活动运营中，也未提及工作期间策划上线的活动数量，以及这些活动带来的客观价值。

再来看另外一个相反的例子。

在职期间，本人带领 6 人的外包团队，制订了统一的新媒体运营方案并落实执行。在一年的工作期间，公司的品牌传播度大幅提升。我积极倡导并建立多个兴趣微信公众号，带动粉丝转化，同时开发微社区功能和拉新红包系统。入职至今微信公众号的粉丝数从最初 400 人上升至 2.3 万人，平均每周增量为 1000 人以上，每周图文阅读量平均值为 3000 次以上，每周图文分享率平均值为 90%以上。公司的官方微博粉丝人数从 220 人上升至 19000 人以上。

在这个例子中，求职者的工作成果中提及了粉丝人数、图文阅读量、图文分享率等相关指标的数据，这在一定程度上反映出求职者的工作成果。尽管这些数字反映出来的成果并不引人注目，但是比起上面一个案例中完全没有数据呈现的简历要好得多。

求职者在简历中，一定要用数据丰富自己的工作经历、项目经历，甚至是自我评价，只有丰富数据支持的简历，才能证明自己的能力和价值，给简历筛选人或面试官一个认可自己的理由。

4. 缺乏逻辑结构

有的求职者在处理简历时完全没有逻辑的概念，只是进行简单的文字罗列，从简历中找不到有效的信息，让筛选简历的人看得非常辛苦。可是，在一个追求效率的企业中，有哪个简历筛选人会仔仔细细地从一大堆没有逻辑结构的文字中去挖掘简历的重点呢？这样的简历能被筛选通过的概率有多高呢？

在我筛选过的简历中，缺乏逻辑结构可以说是非常普遍且非常严重的一个问题。无论是在自我评价中，还是在工作经历、项目经历的展示中，缺乏逻辑结构始终是简历质量差的一个主要问题。

（1）自我评价案例

首先来看一位求职者的自我评价。

本人在工作中细心谨慎，乐于学习新的知识，能快速吸收和应用新知识，能够在学习中不断提升自我。

语言组织能力与沟通能力较强，能够与其他团队成员密切配合，虚心接受建议，使运营推广效果最优化。

本人能够吃苦耐劳，善于复盘总结自己在工作中的挫折与经验，并将这些经验转化为职业技能，以便完成工作目标。

本人抗压能力强，不怕挑战和麻烦，具备极强的拼搏精神、很好的应变能力和环境适应能力。

本人为人正直、稳重务实，工作认真负责，注重团队合作，具有较强的集体观念。

这位求职者将自我评价分成五句话来写，显然有一定的逻辑意识。但这样的写作还是缺乏有效的结构。仔细拆分归类就会发现，这位求职者的自我评价主要写了三个方面的内容：学习态度、工作能力、职业素养。如果把上述文字组织为一段有逻辑结构的自我评价，应如下所述。

1. 积极的学习态度。

本人乐于学习新的知识，能快速吸收和应用新知识，能够在学习中不断提升自我。

2. 良好的工作能力。

语言组织能力与沟通能力较强，能够与其他团队成员密切配合，虚心接受建议，使运营推广效果最优化。

3. 优秀的职业素养。

本人能够吃苦耐劳，善于复盘总结自己在工作中的挫折与经验，并将这些经验转化为职业技能，以便完成工作目标。

本人抗压能力强，不怕挑战和麻烦，具备极强的拼搏精神、很好的应变能力和环境适应能力。

本人为人正直、稳重务实，工作认真负责，注重团队合作，具有较强的集体观念。

将上面的五句话进行归类分组，使用小标题进行分割，这样能够帮助简历筛选人或面试官迅速找出求职者自我评价的核心，而且也有助于在面试时面试官考察求职者的逻辑思维能力。

需要说明的是，本案例仅仅是围绕自我评价的逻辑结构问题展开剖析的，至于自我评价的内容质量高低暂不讨论。

（2）工作经历案例

下面再来看一例没有逻辑结构的工作经历描述，看看这段工作经历的具体问题是什么，如何进行优化。

北京××科技有限公司　　2018.02—2019.06

市场文案策划及新媒体主管

工作描述：

独立负责公司文案内容的输出工作，包括公司网站、宣传单页、海报、易拉宝、企业宣传片、企业微信公众号和自媒体平台的文案等，指导设计师进行创意设计、优化及输出，制订产品营销方案，对企业产品进行特点内容提炼，提出关于产品的运营创意想法并进行执行落地。利用公司的线下渠道进行资源拓展、品牌曝光，执行不同风格的文案，利用自媒体群资源进行产品曝光促进销售量提升。

这段工作经历的信息极为庞杂，似乎包含了非常多的内容，让简历筛选人或面试官觉得求职者做了很多事情，但仔细琢磨又很难让人明白求职者做的哪些是主要的事情、哪些是次要的事情。

对这位求职者的工作职责进行拆解会发现，求职者主要做的事情包含三部分：内容输出、设计跟进、销售促进，因此工作职责可以改写成如下的结构。

北京××科技有限公司　2018.02—2019.06

市场文案策划及新媒体主管

工作描述：

我在××公司中主要负责内容输出、设计跟进、销售促进等相关工作，以此来促进企业产品的销量提升。具体包括以下几项内容。

1. 内容输出。

本人独立负责公司文案内容的输出工作，包括公司网站文案、宣传单页文案、海报文案、易拉宝、企业宣传片、企业微信公众号和自媒体平台文案等。

2. 设计跟进。

负责设计跟进工作，指导设计师进行创意设计、优化及输出。

3. 销售促进。

本人还承担了销售促进的工作，积极利用公司的线下渠道资源增加品牌曝光度，利用自媒体群资源进行产品曝光以促进销售量提升；帮助制订产品营销方案，对企业产品进行特点内容提炼，提出关于产品的运营创意想法并执行落地。

相比于求职者的经历堆砌，这种描述结构更为清晰、逻辑更为顺畅，把求职者的工作职责归类为属性相同的三部分，这样让人对于工作职责能看得更加明白、更能抓住要点。

5. 只有工作职责，没有工作成果

在求职者的简历问题中，另一个非常普遍的现象就是没有工作成果的描述。也就是说，只是描述自己的工作职责是什么，或者自己做了什么事情，但这些事情的成果如何只字不提。或许是因为求职者在相应的工作经历中根本没有任何有价值的产出，或许是因为求职者对于产出的成果完全忽视。不管何种情况，这对于求职来说都是致命的，哪家公司会招聘一个没有产出的员工呢？

下面来看一个案例。

××科技有限公司　媒介专员　2018.05—2019.05

工作描述：

1. 日常工作。

AD后台账户操作、媒介日/周报的汇报、后台授信额度把控、资金预计、季度任务跟进、日常问题的收集与处理、品牌下单/询排期。

2. 媒体工作。

负责今日头条/快手媒体的日常关系维护、政策解读、返点完成情况跟进、一般合同及框架协议的签署并支付保证金、基础返点的核对及红字通知单申请、每月广告投放结算单的核算与支付、媒体惩罚的申诉处理、参与媒体主办的各类会议。

在这份简历的工作经历描述中，求职者仅仅写了自己的两项工作职责内容，没有任何工作成果。从第1点可以了解到求职者做的都是一些日常事务性的工作，如账号操作、资金预计、任务跟进、下单排期。但即使是事务性的工作也会有基本的成果产出，如负责多少账号的操作？这些账号总计涉及的交易额是多少？又如“日常问题的收集与处理”，在多长时间内收集了多少问题？这些问题后续的处理结果如何？这些处理结果对公司的业绩是否产生了直接的促进作用？产生了多大的作用？这些问题是求职者所列出的工作可能产生的结果，如果把这些产生的工作成果列出来，那么简历的专业性会更强，更能体现出求职者的工作能力。

接下来再看另外一位求职者的工作经历的例子。

北京××科技有限公司　2018.04—2019.04

工作描述：

本人负责公司与新媒体运营相关的工作，主要包括以下内容。

1. 负责微信公众号、微博、抖音、今日头条、百度百家号、搜狐号、知乎、简书、新浪看点等自媒体平台的文章撰写和运营工作。

2.与用户/粉丝互动，调研目标用户的偏好，了解用户需求，针对用户需求制定相应的内容运营策略，提高用户黏性。

3. 负责研究网络中的每日热门话题，结合新媒体特性，及时撰写和更新内容，提升产品的品牌影响力。

4. 负责公司官网、内部宣传刊物和其他宣传途径的文案撰写工作。

5. 负责公司活动的拍照和素材整理。

这位求职者也是典型的没有工作成果意识的人，既然负责公司如此多的新媒体平台资源，并且工作时间长达一年之久，不可能没有任何的成果。负责多少个新媒体的账号？为这些新媒体平台撰写了多少文章？发布了多少文章？这些文章全年总计产生了多少阅读量？有多少粉丝关注？为公司带来了什么价值？简历中对这些方面的内容没有任何说明，这样的简历如何能够获得简历筛选人或面试官的青睐呢？

在我筛选过的众多简历中，还有一些其他细节方面的问题，此处不再一一列举。上述五个方面是众多求职者在撰写简历中存在的最典型的问题，如果能够在这些方面加以改善，那么求职者的简历一定会有非常显著的提升，必定能够得到更多简历筛选人或面试官的青睐。

如果帮助上面这位求职者优化一下他的工作经历的内容，可以像下面这样把典型的工作成果列出来。

北京××科技有限公司　2018.04—2019.04

工作描述：

本人负责公司与新媒体运营相关的工作，主要的工作内容包括各自媒体平台内容输出、粉丝运营、热点内容研究、文案撰写及其他工作，具体内容如下所述。

1. 内容输出：负责微信公众号、微博、抖音、今日头条、百度百家号、搜狐号、知乎、简书、新浪看点等自媒体平台的文章撰写和运营工作。

2. 粉丝运营：与用户/粉丝互动，调研目标用户的偏好，了解用户需求，针对用户需求制定相应的内容运营策略，提高用户黏性。

3. 热点内容研究：负责研究网络中的每日热门话题，结合新媒体特性，及时撰写和更新内容，提升产品的品牌影响力。

4. 文案撰写：负责公司官网、内部宣传刊物和其他宣传途径的文案撰写工作。

5. 其他工作：负责公司活动的拍照和素材整理。

典型的工作成果如下所述。

1. 内容输出成果：每天产出文章10篇，分发在微信公众号等10个自媒体平台上，每日产生的阅读量平均为6~8万次，带来日新增注册用户1000人。

2. 粉丝运营成果：微信公众号粉丝总量为3万人，日均“增粉”300人，每天粉丝互动人次为3000人次；微博粉丝总量为1万人，日均“增粉”200个，单条微博内容平均点赞数为100个，转发数约为80个，评论数约为30个；知乎账号粉丝为2.5万人，日均关注人数为150人，日均阅读人数为200人……（其他平台数据不一一列举，可在面试时面述。）

3. 热点内容研究成果：每天通过工具抓取微博热搜、百度指数等热点话题，结合本公司产品特点和内容运营方向产出相应的文章，平均每周创作热点内容文章3～5篇，单篇文章的全网阅读量为5万～20万次不等。

没有工作成果的简历是不完整的，对于求职者的个人素质和能力的体现也是不充分的，求职者企图省时省力的做法最终害的还是自己。如果求职者较详细地描述出自己的成果，简历筛选人或面试官对求职者的了解就会更加立体、全面，同时简历筛选人或面试官发送邀约的信念就会更加坚定。

3.1.7 优秀简历模板参考案例

简历的模板如同人的外形，而内容如同人的内涵。写简历时要“形神兼备”，不能仅关注模板，而不关注内容。相较而言，内容才是更重要的。很多人习惯从网上下载简历模板，其中有上下排列的方式和左右排列的方式，从方便阅读的角度而言，最好采用上下排列的方式。

很多求职者在写简历时，首先做的就是寻找简历模板。每天有数万人在网上搜索“简历模板”“免费简历模板”之类的关键词，可见大家对模板的需求有多么强烈。但对于一份优秀的简历来说，模板并不是最重要的。一份优秀的简历应该是形神兼备的。模板只是“形”，只是外表；而内容才是“神”，才是最重要的。

如果把简历比作一个人，简历的“形”就好比是人的脸面，而“神”就是人的内涵。企业是非常务实的，不会被“形”所迷惑，任何一个认真的简历筛选人或面试官都会重“神”而不会重“形”。

所以，对于简历来说，重要的是内容，而不是模板。如果一个求职者把主要精力用在简历模板的外观上，那么最多只能发挥引起注意的作用，并不必然能够获得面试机会，也不能帮助求职者取得面试成功。真正要成功获得面试邀请还要看简历的内容有没有干货。

当然，从吸引面试官注意力的角度来说，打造一个漂亮的“形”也是必要的。不过，不要花费太多的精力，不要本末倒置。本节仅以产品经理的简历为样本提供两套模板供求职者参考。

网上有各种令人眼花缭乱的模板，归纳起来主要分两类：上下排列方式和左右排列方式。相较而言，上下排列方式更符合人们的阅读习惯，左右排列方式容易给阅读者造成困惑。所以，求职者最好还是采用上下排列方式设计简历。

产品经理的简历模板一（上下排列方式）。

张三的个人简历

基本信息				
姓　　名：	张三	性　　别：	男（已婚）	（一寸照片）
出生日期：	19××-××-××	工作年限：	6 年	
居 住 地：	北京市东城区	户　　口：	北京	
手　　机：	185××××8989			
电子邮件：	zhangsan××××@163.com			

求职意向：产品经理

自我评价
本人有 6 年产品经理工作经验，主要从事的都是与产品开发密切相关的工作，在此过程中形成了如下个人优势。 （1）敏锐的用户洞察力和需求挖掘能力。 本人具有扎实的心理学知识基础，善于通过用户洞察和数据分析来挖掘用户的需求，做出有亮点的产品功能，在 2017 年 9 月××产品中上线的××功能，贡献了“个人中心”模块中日 UV 的 30%。 （2）产品开发与落地能力。 本人具有较强的产品开发落地经验，既开发过具体的产品功能模块，也独立负责过从 0 到 1 的产品开发，熟悉产品开发的流程，能够通过严密的项目流程控制，确保产品功能的上线。在 2019 年负责××产品期间，实现了 1 周一个小版本、3 周一个大版本的产品开发上线速度。 （3）强大的数据分析能力。 本人具有很强的数据分析能力，能够结合 Excel 和 SPSS 数据分析工具发现产品运行过程中的问题，曾使用相关分析工具分析出“个人中心”页面中用户浏览各个功能模块的时长与用户活跃度之间的关系，据此开发出了更多有助于留存用户的产品功能点

工作经历				
时　　间	公　　司	部　　门	岗　　位	工作内容概要
2018.07—2019.12	××科技股份有限公司	产品部	高级产品经理	独立负责××产品的整体产品开发工作
2014.07—2018.06	××科技有限公司	产品部	产品经理	负责××产品多个功能模块的产品开发工作
2018.07—2019.12：　××科技股份有限公司　　产品部　　高级产品经理 【核心工作】 本人在公司负责××产品从 0 到 1 的开发全过程，包括用户需求调研、产品立项、产品需求评审、产品的开发落地及产品上线后运营跟进等相关的工作，具体工作内容如下所述。 （1）用户需求调研：负责公司理财产品的前期用户调研，结合头脑风暴和深度访谈，深入了解用户的需求痛点，产出用户需求，梳理产品方向。				

（2）产品开发：负责××产品从0到1的开发过程，包括MVP产品的开发与测试，正式产品从1.0版本到4.0版本的开发及各个版本的优化迭代工作。

（3）外部对接：负责产品开发过程中各种外部合作方的产品对接，包括支付接口的对接、短信验证接口对接、人脸识别接口对接等相关对接工作。

（4）收入变现：负责实现部分的收入变现目标，通过产品功能的优化提升用户体验，提高转化流程的变现效率，从而提升整体收入。

【工作成果】

（1）产品开发成果。

在公司工作期间，完成××产品从1.0版本到4.0版本共计4个大版本的开发迭代，在将近1年半的时间内，注册用户量从0快速增长到150万人，转化用户数为30万人，贡献营收3亿元。

（2）工作效率成果。

通过高效的项目管理跟进和敏捷开发工作，把小版本的开发时间从原来的3周压缩到1周，快速的迭代效率，大幅提高了产品开发的效率。

（3）工作效能成果。

对产品2.0版本进行流程优化，把用户操作的流程从42个点击行为事件减少到19个，大幅提升了用户体验，端到端的用户入金转化率提升了15%。

2014.07—2018.06：××科技有限公司　　**产品部**　　**产品经理**

【核心工作】

本人在公司主要负责××产品的“个人中心”“会员积分体系”等相关功能模块的产品工作。工作内容包括用户需求的调研与挖掘，产品功能的设计、开发、落地，以及产品功能上线后的优化工作，具体内容可分为以下四部分。

（1）用户需求调研：负责视频类产品的用户需求调研，通过用户访谈、用户调研进行用户画像，深入了解用户特性，挖掘用户的深度需求，以确定产品功能开发优先级。

（2）产品功能开发：负责××产品需求文档撰写、需求评审、设计跟进、开发排期、产品开发过程跟进、开发测试及与上线相关的工作。

（3）竞品调研：定期进行竞品调研，输出竞品报告，通过竞品动态了解用户的需求。

（4）产品功能优化：根据产品上线后的数据表现或者用户的反馈意见，对产品各个模块的功能进行优化，确保产品有更好的用户使用体验。

【工作成果】：

在公司工作期间，主要的工作成果如下所述。

（1）产品开发成果：“个人中心”模块共计迭代30个版本，其中大版本10个、小版本20个，涉及优化功能点180项，大版本平均耗时18个工作日，小版本平均耗时7个工作日；“会员积分体系”模块共计迭代28个版本，其中大版本8个，小版本20个，涉及产品功能点145项；“优惠券”模块共计迭代25个版本，其中大版本6个、小版本19个，涉及产品功能点132项。

（2）工作效能成果：“个人中心”增加的功能模板包括个人浏览记录、收藏记录、我的分享、会员功能等，“个人中心”上线后整体的UV从6月的5000人，提升到12月的1.5万人，增长200%，促进App整体日活日均为6000人；“会员积分体系”模块上线后1年时间，活跃用户从3万人提升到5万人，

<table>
<tr><td colspan="2">用户生命周期价值从 50 元提升到 80 元；“优惠券”模块上线后，通过发放优惠券，用户的注册–激活率从原来的 82%提升到 89%，用户的入金转化率从原来的 8%提升到 12%</td></tr>
<tr><th colspan="2">项 目 经 历</th></tr>
<tr><td colspan="2">项目名称：××产品会员功能项目
项目时间：2017 年 7—9 月
项目描述与成果：
在 2017 年上半年，××产品始终面临着用户留存率低的问题，业务部负责人让产品经理和运营人员联合对此问题进行研究，并提出相应的策略。经过 1 个月的用户调研，我们确定了开发会员功能的方案，以此来增加用户的黏性，提高留存率，并成立了一个小型的项目组。我作为产品经理同时也是项目的推动人，在项目中负责整体的项目推进工作。为了保证项目快速迭代，我建议整个项目组进入封闭开发室，这样既可以保证大家的信息快速沟通，又可以避免外部干扰。由于我们使用项目管理工具 Microsoft Project 早晚对项目进度进行监控并及时调整，原计划两个半月的开发工期，提前 15 天完成开发测试并顺利上线，在随后的 1 个月内，“个人中心”中会员模块的 UV 逐步增长到每天 3000 人，用户留存率提高了 3%，用户入金转化率提高了 10%</td></tr>
<tr><th colspan="2">教 育 经 历</th></tr>
<tr><td>2010.09—2014.07</td><td>××大学（国家重点大学）　　心理学　　统招本科</td></tr>
<tr><td>英语技能
（英语书面熟练）</td><td>2012.10　　大学英语四级
2013.03　　大学英语六级</td></tr>
<tr><th colspan="2">职 业 培 训</th></tr>
<tr><td>2015.05—2015.06</td><td>三节课　　产品经理 P2 课程</td></tr>
<tr><th colspan="2">技 能 工 具</th></tr>
<tr><td>产品经理工具</td><td>常规工具：熟练使用 Office、Keynote
原型工具：熟练使用 Axure、墨刀、Sketch、Photoshop
思维导图：熟练使用 MindManager、Visio、Edraw
数据工具：熟练使用百度统计、Tableau、诸葛 io 等</td></tr>
</table>

产品经理的简历模板二（左右排列式）。

<table>
<tr><th colspan="2">张三的个人简历</th></tr>
<tr><td>（一寸照片）</td><td>工作经历概览：
2018.07—2019.12：××科技股份有限公司
产品部　　高级产品经理
独立负责××产品的整体产品开发工作
2014.07—2018.06：××科技有限公司
产品部　　产品经理
负责××产品多个功能模块的产品开发工作</td></tr>
</table>

个人信息 姓　　名：　　张三 性　　别：　　男（已婚） 出生日期：　　19××－××－×× 工作年限：　　6年 居 住 地：　　北京市东城区 户　　口：　　北京 手　　机：　　185××××8989 电子邮件：Zhangsan××××@163.com **求职意向** 产品经理 **职业培训** 2015.05—2015.06 三节课 产品经理P2课程	**2018.07—2019.12：××科技股份有限公司　产品部　高级产品经理** **【核心工作】** 本人在公司负责××产品从0到1的开发全过程，包括用户需求调研、产品立项、产品需求评审、产品的开发落地及产品上线后运营跟进等相关的工作，具体工作内容如下所述。 （1）用户需求调研：负责公司理财产品的前期用户调研，结合头脑风暴和深度访谈，深入了解用户的需求痛点，产出用户需求，梳理产品方向。 （2）产品开发：负责××产品从0到1的开发过程，包括MVP产品的开发与测试，正式产品从1.0版本到4.0版本的开发及各个版本的优化迭代工作。 （3）外部对接：负责产品开发过程中各种外部合作方的产品对接，包括支付接口的对接、短信验证接口对接、人脸识别接口对接等相关对接工作。 （4）收入变现：负责实现部分的收入变现目标，通过产品功能的优化提升用户体验，提高转化流程的变现效率，从而提升整体收入。 **【工作成果】** （1）产品开发成果。 在公司工作期间，完成××产品从1.0版本到4.0版本共计4个大版本的开发迭代，在将近1年半的时间内，注册用户量从0快速增长到150万人，转化用户数为30万人，贡献营收3亿元。 （2）工作效率成果。 通过高效的项目管理跟进和敏捷开发工作，把小版本的开发时间从原来的3周压缩到1周，快速的迭代效率，大幅提高了产品开发的效率。 （3）工作效能成果。 对产品2.0版本进行流程优化，把用户操作的流程从42个点击行为事件减少到19个，大幅提升了用户体验，端到端的用户入金转化率提升了15%
教育经历 2010.09—2014.07 ××大学（国家重点大学） 心理学　　统招本科 2012.10　　大学英语四级 2013.03　　大学英语六级 **技能工具** 常规工具： 熟练使用Office、Keynote 原型工具：	**2014.07—2018.60：××科技有限公司　产品部　产品经理** **【核心工作】** 本人在公司主要负责××产品的“个人中心”“会员积分体系”等相关功能模块的产品工作。工作内容包括用户需求的调研与挖掘，产品功能的设计、开发、落地，以及产品功能上线后的优化工作，具体内容可分为以下四部分。 （1）用户需求调研：负责视频类产品的用户需求调研，通过用户访谈、用户调研进行用户画像，深入了解用户特性，挖掘用户的深度需求，以确定产品功能开发优先级。

熟练使用 Axure、墨刀、Sketch、Photoshop 思维导图： 熟练使用 MindManager、Visio、Edraw 数据工具： 熟练使用百度统计、Tableau、诸葛 io 等	（2）产品功能开发：负责××产品需求文档撰写、需求评审、设计跟进、开发排期、产品开发过程跟进、开发测试及与上线相关的工作。 （3）竞品调研：定期进行竞品调研，输出竞品报告，通过竞品动态了解用户的需求。 （4）产品功能优化：根据产品上线后的数据表现或者用户的反馈意见，对产品各个模块的功能进行优化，确保产品有更好的用户使用体验。 **【工作成果】**： 在公司工作期间，主要的工作成果如下所述。 （1）产品开发成果："个人中心"模块共计迭代 30 个版本，其中大版本 10 个、小版本 20 个，涉及优化功能点 180 项，大版本平均耗时 18 个工作日，小版本平均耗时 7 个工作日；"会员积分体系"模块共计迭代 28 个版本，其中大版本 8 个、小版本 20 个，涉及产品功能点 145 项；"优惠券"模块共计迭代 25 个版本，其中大版本 6 个、小版本 19 个，涉及产品功能点 132 项。 （2）工作效能成果："个人中心"增加的功能模板包括个人浏览记录、收藏记录、我的分享、会员功能等，"个人中心"上线后整体的 UV 从 6 月的 5000 人，提升到 12 月的 1.5 万人，增长 200%，促进 App 整体日活日均为 6000 人；"会员积分体系"模块上线后 1 年时间，活跃用户从 3 万人提升到 5 万人，用户生命周期价值从 50 元提升到 80 元；"优惠券"模块上线后，通过发放优惠券，用户的注册–激活率从原来的 82%提升到 89%，用户的入金转化率从原来的 8%提升到 12%
自我评价 本人有 6 年产品经理工作经验，主要从事的都是与产品开发密切相关的工作，在此过程中形成了如下个人优势。 （1）敏锐的用户洞察力和需求挖掘能力。 本人具有扎实的心理学知识基础，善于通过用户洞察和数据分析来挖掘用户的需求，做出有亮点的产品功能，在 2017 年 9 月××产品中上线的××功能，贡献了"个人中心"模块中日 UV 的 30%。 （2）产品开发与落地能力。 本人具有较强的产品开发落地经验，既开发过具体的产品功能模块，也独立负责过从 0 到 1 的产品开发，熟悉产品开发的流程，能够通过严密的项目流程控制，确保产品功能的上线。在 2019 年负责××产品期间，实现了 1 周一个小版本、3 周一个大版本的产品开发上线速度。 （3）强大的数据分析能力。 本人具有很强的数据分析能力，能够结合 Excel 和 SPSS 数据分析工具发现产品运行过程中的问题，曾使用相关分析工具分析出"个人中心"页面中用户浏览各个功能模块的时长与用户活跃度之间的关系，据此开发出了更多有助于留存用户的产品功能点	项目经历： 项目名称：××产品会员功能项目 项目时间：2017 年 7—9 月 项目描述与成果： 在 2017 年上半年，××产品始终面临着用户留存率低的问题，业务部负责人让产品经理和运营人员联合对此问题进行研究，并提出相应的策略。经过 1 个月的用户调研，我们确定了开发会员功能的方案，以此来增加用户的黏性，提高留存率，并成立了一个小型的项目组。我作为产品经理同时也是项目的推动人，在项目中负责整体的项目推进工作。为了保证项目快速迭代，我建议整个项目组进入封闭开发室，这样既可以保证大家的信息快速沟通，又可以避免外部干扰。由于我们使用项目管理工具 Microsoft Project 早晚对项目进度进行监控并及时调整，原计划两个半月的开发工期，提前 15 天完成开发测试并顺利上线，在随后的一个月内，"个人中心"中会员模块的 UV 逐步增长到每天 3000 人，用户留存率提高了 3%，用户入金转化率提高了 10%

3.2 掌握投递简历的技巧

3.2.1 关于投递简历的正确“姿势”

求职者在投递简历时首先目标要明确，其次投递要有策略。目标应该是一个包含城市、行业和职业方向的目标体系，而不是单一的目标。在投递策略方面也要注意，在投递的时间、投递的途径上有所选择，根据不同的职业生涯阶段采取不同的投递策略。

提到投递简历，有的求职者可能觉得有些诧异，认为这是一件非常简单的事情。其实投递简历也有很多不为人知的秘密。了解了这些秘密将有助于求职者在找工作时做出更明智的决策，得到不一样的收获。投递简历需要做好两件事。

- 目标要明确。
- 投递有策略。

1. 目标要明确

投简历时第一件要注意的事情就是明确自己的目标，这里的目标不是一个单一的目标，而是由一系列目标构成的一个目标体系，具体包括以下内容。

（1）明确自己的求职城市

首先要明确自己的求职城市，有的求职者在投简历时，会写上两个目标城市，如北京、杭州。其实这是给自己挖了一个坑。当简历筛选人看到这样的简历时，就会考虑你到底是想在北京工作还是想在杭州工作？你的这种做法到底是出于什么考虑？你是不是一个不稳定的人？这样无疑给简历筛选人和面试官增加了决策的麻烦。最终的结果很可能是放弃向你发出面试邀请。

有的求职者因为一些特殊的原因选择了两个备选城市，觉得自己去哪个城市都可以。但这种做法并不可取，因为每个城市的选择背后都意味着有很多要考虑的因素。如果你不能提前确定一个城市，中途再进行更换，其实转换成本是比较高的，尤其是对于已经结婚的求职者，或者已经有男/女朋友的求职者而言，更是如此。

（2）明确自己的目标行业

在前面的章节中提到过行业选择，行业是选择一家公司时最先要考虑的因素。

所以，在投递简历前一定要明确自己的目标行业，不能看到一个自己喜欢的岗位而不考虑行业就投递，相反，应该首先确定自己要投递的目标行业，在招聘 App 上筛选岗位时就锁定行业领域。

对于每个人的职业发展来说，越往后行业的连续性越重要。如果频繁地更换行业，意味着自己在行业方面积累的工作经验可能就失去了价值。

（3）明确自己的求职意向

对于求职意向，在投递简历前一定要确定下来。如果无法明确自己的职业方向，今天觉得运营经理不错要投递运营岗位，明天觉得产品经理工资高要投递产品岗位，那么这种摇摆不定的做法是不可取的。

求职者在刚刚步入社会时，可以多考虑几个职业方向、多尝试不同的职业，以便对各种职业都有相对深入的了解，进而确定自己的职业方向。但在工作 2～3 年以后就不适合再频繁变更自己的职业方向了，因为每一次的变更都意味着自己过往的经验积累清零。当然，如果自己真的觉得不适合当前的岗位，需要一次换岗，那么在慎重地考虑之后进行求职意向的变更就是另外一回事了。在职业道路上没有完全绝对的对或错。但对于大多数人而言，还是尽可能在早期就确定自己的职业方向，这样在投递简历时就有了明确的目标。

2．投递有策略

明确了自己的目标，接下来就是投递简历的实际操作工作。投递简历时也涉及一些需要慎重考虑的问题，如什么时候投递、在哪里投递、如何投递等。

（1）什么时候投简历最好

投简历需要看时间，这是很多求职者可能压根儿没有考虑的事情。如果求职者能够主动考虑这个问题，那么说明他有很强的同理心和换位思考意识。作为求职者，如果能够了解简历筛选人的工作场景和简历筛选的流程，就不难理解这个问题。简历筛选的基本流程如图 3-13 所示。

简历筛选人或面试官一般都是招聘岗位的直接负责人，是该岗位求职者未来的直接上级，这类人一般都承担着管理职责，每天需要处理大量的日常工作，筛选简历只是他们工作的一小部分，每天花费的时间就是在晚上下班时和早上上班时这两个时间点。所以，投递简历也要贴合这两个时间点，尤其是在早上上班前投递是最好的。

之所以这样说是因为在早上刚上班时，人的精力相对比较旺盛，头脑也是最清醒的，所受到的干扰也是最少的。这个时候，如果你的简历在简历筛选人或面试官的邮箱最上面的几封邮件中，那么被认真看的概率就比较大。但当简历筛选人或面试官看到第 50 封邮件以后，因为时间和其他工作事务的原因，他已经来不及仔细阅读了，在这种情况下如果你的简历无法脱颖而出是很容易被过滤掉的。

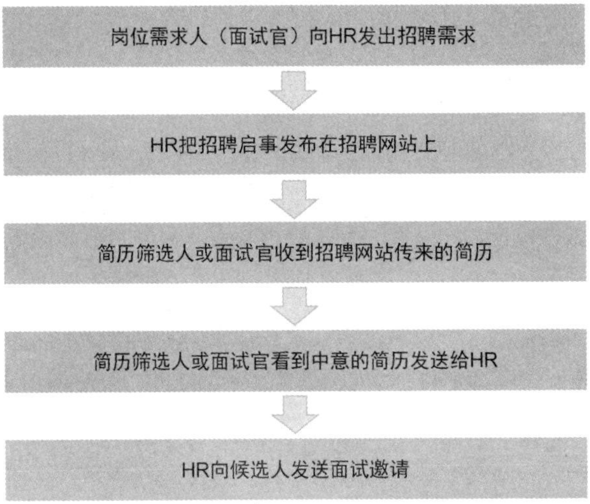

图 3-13　简历筛选的基本流程

所以，在投递简历时，时间因素也是需要考虑的一个不可或缺的方面，最好的做法是：前一天晚上提前把意向岗位收藏起来，第二天早上在 9:00—9:30 之间快速投递出去，这个时间点正好可以让自己的简历处在简历筛选人或面试官邮箱的前列。

（2）在哪里投递简历

在互联网没有兴起的传统年代，人们投递简历多集中在线下招聘会。随着移动互联网的到来，线下招聘会日渐式微，所占的比重已经很低。

如今，人们投递简历主要依靠线上的招聘类 App。在互联网发展的 20 多年中，招聘类网站也经历了两个时代：第一个时代的代表公司是智联招聘、中华英才网、51job；第二个时代的代表公司是猎聘、拉勾、BOSS 直聘。目前，人们投递简历更多的是通过后者进行投递。

当然，除了在线投递简历网站和 App，还有一些特别的方式，如校园专场招聘会、猎头服务、熟人内部推荐等方式。不同的方式有各自的特点和优劣势，求职者需要根据自己的个人情况和资源情况来选择。这部分内容本节暂不细讲，将在 3.2.2 节进行详细介绍。

（3）怎样投递简历才是正确的“姿势”

投递简历是差异化非常大的个性化行为，每个人都有自己的做法。但有一些重要的问题和投递策略还是需要求职者注意——尤其是资历较浅的求职者。

在职业生涯不同阶段采取不同的策略

当求职者处在不同的职业生涯阶段时，投递简历也要采取不同的策略，如图 3-14 所示。

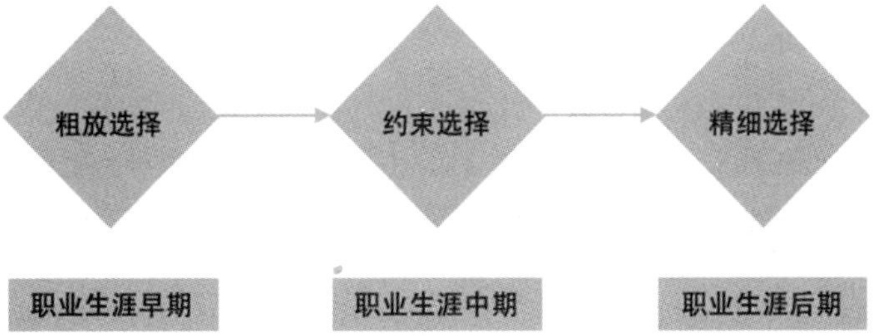

图 3-14　不同职业生涯阶段投递简历的策略

- 职业生涯早期（1～2 年）：在投递简历时可以投递不同的行业、不同的岗位，多选择几个职业方向去尝试，寻找自己喜欢的职业。
- 职业生涯中期（3～8 年）：在投递简历时需要非常明确自己的方向，给自己限定一些约束的条件，如行业、地域和岗位等，甚至是职级，都不要随意降低标准。
- 职业生涯后期（10 年后）：在投递简历时需要非常精准的投递，不能再随意地海投简历。在这个阶段，主要依靠猎头或者猎头网站、内部推荐机会来找工作，大众化的投递方式已经不太适合这个阶段了。

要不要邮箱直投

有的求职者为了找工作会想各种办法投递简历，如向公司官网提供的邮箱投递简历，这种做法有一些效果，但可能并不理想，很多时候需要一点运气，这取决于公司的管理情况。有的公司管理严格，接收简历的邮箱会有专人维护，在这种情况下可能会有回复。但在大部分情况下可能无人回应，因为官网公布的一个邮箱，可能会有各种各样的岗位的求职者投递简历，即使内部管理邮箱的人也无法精准地区分收到的简历应该分发给谁，在这种情况下求职者发出的简历往往就石沉大海了。

当然，如果能够精准地判定出接收简历的邮箱很可能就是直接面试官的邮箱，也可以投递试一试。不过，在投递时要注意一些细节。例如，邮件的标题一定不要敷衍，可以采用易于对方阅读的形式，如求职岗位+姓名+前公司+手机号。

要不要海投

海投指的是筛选好相关岗位后一键发送给很多家公司。这是一种典型的懒人策略，效果一般，尚且不说选中的公司都是什么类型的公司、公司的质量如何，关键在于海投后会有诸多的不良问题，如下面的两个问题。

第一个问题，如果采取海投的方式，就很有可能两次甚至三次投中同一家公司的不同岗位。如果被简历筛选人或面试官看到，则会断定求职者是一个随意敷衍的人，对于这样的求职者谁愿意发面试邀约呢？

第二个问题，如果海投很多公司，可能会出现“劣币驱逐良币”的可能。求职者可能会接到大量非意向公司的电话，当这些电话多到不堪其扰时，求职者很可能就会采取屏蔽策略，这时候很有可能就会屏蔽掉真正还不错的公司的电话。所以，海投这种方式其实并不是好策略，建议求职者慎用。

投递简历要不要写求职信

经常有求职者提问：在投递简历时要不要附上求职信？其实，稍加分析就会得出结论。

首先，求职信相对比较个性化、有差异化，这意味着给每家公司的求职信都会有所不同，在这种情况下如果为每家公司都写求职信，那么投入产出比是不高的。

另外，求职信的目的是希望表达自己期待加入某公司的强烈愿望、自己的优劣势、工作能力等要素，这些内容其实通过自我评价和工作经历、项目经历已经能够表达清楚了，所以没有必要再增加重复劳动了。

如何找到内部推荐的门路

在投递简历找工作时，还有一种可以考虑的方式是内部推荐。如今在很多公司的招聘中，内部推荐也是一种极为重要的途径，而且面试成功的概率也更高。但对于初入职场的求职者来说，这种方式极为陌生，也不知道从哪里入手。

一般情况下，内部推荐都是熟人推荐，至少是有过交往、维持联系的人才有机会和可能为你推荐工作。在这方面，对于学生群体，可以通过自己的老师找到往届的学长或者校友，和他们保持一定的联系，以便找工作时寻找内部推荐机会。对于已经参加工作的群体，日常在网络上参加一些可靠的学习社群也可能找到一些潜在的内部推荐资源。另外，可以和过往的同事或上级保持良好的关系，他们未来也可能成为内部推荐的备选资源。

不过，内部推荐方式对于求职者也有更高的要求，就是过往的工作能力要强、职业素养要好，这样才容易得到推荐的机会。

什么时候可以找猎头

很多人工作多年也没有接触过猎头，在这部分人的观念中，猎头只是为高端人才服务的。其实不尽然，如今在互联网领域中中端职位也有很多猎头在服务。

为了自己的职业生涯考虑，求职者在工作两三年之后，应该维持一定的猎头服务关系。这种维持不是被动等待对方找上门来，而是自己可以主动通过求职网站寻找一些猎头，并且维持相对深入一点的关系。这样做最大的好处是求职者可以经常了解求职的行情、自己的岗位当前的工资水平等信息，以便在跳槽时做出正确的抉择。

3.2.2　招聘会与招聘网站如何选择

招聘网站比线下招聘会更具有优势，从节省时间成本和投入产出方面考虑，只需要在招聘网站投递简历即可。求职者对于招聘网站应该策略性的加以利用，应作为职业生涯发展的一个辅助工具，而不要仅仅作为找工作时才想起来使用的一个“临时工具”。

关于找工作，一个最聚焦也最直接的问题是在哪里能找到工作。

传统上求职者找工作往往要去线下的招聘会，尤其是在网络不发达的年代，线下招聘会基本上是主场。不过，随着互联网的快速发展，很多企业基于成本的考虑逐渐减少参加线下招聘会，转而通过网络招聘来寻找人才，求职者基于成本考虑，也开始通过网络寻找工作。那么在众多的招聘网站中应如何选择，从而节省自己的时间资源并找到好的工作呢？

1. 线下招聘会

线下招聘会一般有两种形式：一种是企业到学校的专场校园招聘，另外一种是由人才市场组织的大型人才招聘会。这两种方式对应了两种招聘的说法——校园招聘和社会招聘，它们所服务的用户群体是有很大差异的。

（1）校园招聘

校园招聘是目前很多企业仍旧采用的一种方式，不管是传统企业还是互联网企业，都比较重视这种方式，因为直接去学校进行人才“拦截”更为有效，也能招聘到更多优秀的人才。所以，这种招聘方式目前依旧被采用。

但对于大部分的求职者来说，校园招聘的岗位总是稀少的，并且也不是每个学校都会有企业进行校园招聘。进行校园招聘的企业，往往是根据企业需求和学校人才的匹配度，选择有限的几个优秀的学校开展招聘工作。所以，在一二线城市的知名大学中，往往有很多企业去校园招聘，但其他学校这样的机会就比较少。对于那些没有校园招聘的毕业生求职者来说，不能采取等待策略，而需要自己主动“出击”，到一些有校园招聘的学校主动寻求机会。

（2）社会招聘

曾经几乎每个有一定规模的城市，在招聘季节都有很多的大型社会招聘会，这也是传统上人们找工作的一个主流渠道，因为社会招聘会往往可以汇集成百上千的企业，面试者只需要花费一天的时间就可以接触很多企业，而且很可能在当天就能拿到几份录用通知书。

但随着互联网的崛起，社会招聘会风光不再。一方面是社会招聘会对于企业来说，往往成本较高，效果还不好。社会招聘会的求职者多以应届生和参加工作不久的人为主，有多年工作经验的人，相对来说，更多的是通过在线招聘、熟人介绍、猎头推荐找到工作。

另一方面，社会招聘会在效率方面比线上招聘要逊色很多。对于企业来说，线上招聘每天可以接收很多简历；对于求职者来说，线上应聘可以投递更多的简历，大家还不用承受参加社会招聘会的舟车劳顿之苦。

2. 线上招聘网站

（1）传统招聘网站

互联网兴起之后，招聘类的网站也随之兴起。1997 年，智联招聘和中华英才几乎同步诞生，之后是前程无忧，当然还有一些其他的小型创业型公司，但在激烈的竞争中，最终存活下来比较知名的公司只有这三家。

传统的招聘网站的出现，为求职者提供了一个随时随地可以投递简历的平台，不用受线下招聘会严格的时间周期的约束，也不用忍受参加线下招聘会的劳顿之苦。但早期的招聘网站并没有充分发挥互联网的优势，在用户体验方面做得不尽如人意，没有给用户带来持续的效率提升。所以，这些传统招聘网站的经营方式还是以一种信息中介贩卖广告为主导的经营思路，虽然看似是招聘网站，但是仅仅是将线下招聘会搬到了线上而已。所以，这就为侧重用户体验的新兴互联网求职招聘公司的崛起提供了机会。

（2）新兴的招聘网站/App

新兴的招聘网站秉承了真正的互联网产品精神，以用户的使用体验和核心价值为依托，不再单纯以招聘信息中介为运营模式，更加注重用户的使用体验。以用户的使用体验为中心的网站设计（突出职位）如图 3-15 所示。

例如，拉勾网基本没有冗余的岗位信息，不会有一个岗位重复的情况，对于页面信息的呈现也更加友好。此外，拉勾网还会及时更新求职者投递简历的处理进度，如图 3-16 所示，让求职者对于简历动态了如指掌。求职者面试之后还可以对用人单位进行评价，这也给其他求职者提供了了解一家公司的机会窗口。

图 3-15　以用户的使用体验为中心的网站设计（突出职位）

图 3-16　注重用户使用体验的简历动态

又如 BOSS 直聘推出了求职者和 HR 聊天的功能，求职者可以通过聊天窗口，直接给公司首席执行官或人力资源官发简历，或者进行简短的面试对话。

新兴招聘网站的这些以用户的使用体验为中心的举措，让用户不再处于非常被动的地位，而是有了更多的控制感，因此迅速受到了一线城市互联网从业者的欢迎，传统的招聘网站已经不再具有吸引力。

（3）如何有效地利用招聘网站

很多求职者对待招聘网站有一个错误的做法：只有在找工作时才登录招聘网站或者下载招聘 App，更新自己的简历、投递简历，找到工作后马上将其束之高阁，或把 App 删除掉再也不会使用。

如果从长期职业生涯的角度考虑，就不应该仅仅把招聘网站或 App 看作一个找工作的入口，仅仅在找工作时才想起它们，而应该把它们当作自己的职业生涯顾问，不定期地登录这些招聘网站或 App 看一看，有效地利用它们，如图 3-17 所示。

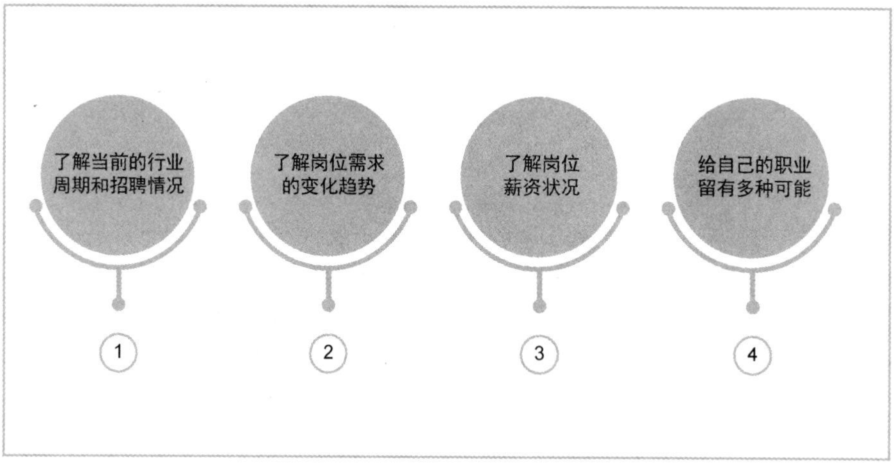

图 3-17　有效地利用招聘网站

第一，了解当前的行业周期和招聘情况。

虽然求职者换工作的频率通常是以年为单位进行计算的，但是从职业发展的角度来说，求职者在每个季度都应该登录招聘 App 了解当下与自己职业相关的职位发布数量、发布职位的公司质量。据此判断当前年份或者当前季度是找工作的高峰还是低谷，以此形成一种对行业形势的判断能力，以便自己在跳槽时，选择行情好的时间点，而不是整体市场行情不景气的时间点。

第二，了解岗位需求的变化趋势。

求职者可以通过不定期地搜索自己的岗位，了解当前大部分企业的招聘要求，尤其是优秀企业的招聘要求，看看岗位职责、技能要求方面有哪些典型的变化，以便及时了解、更新自己的职业技能和知识结构。例如，2019 年互联网行业普遍面临流量越来越贵的趋势，在此背景下应运而生了很多增长类的岗位，或者在很多岗位的要求中增加了低成本用户增长的要求，增加了数据分析精细化运营的技能要求。如果求职者能够及时了解到这些信息，就可以在现有的职位上及时学习、充电，补充一些与此相关的职业技能，在跳槽时就可能成为升职加薪的筹码。

第三，了解岗位薪资状况。

求职者不定期登录招聘网站还有一个最为直观的价值，就是可以了解自己的岗位所在行业普遍的薪资情况。如果行业的薪资情况已经大幅高于自己的工资水平，那说明求职者需要通过自己的努力做出业绩以提高自己的薪资；如果现有的公司无法满足自己的薪资要求，求职者就需要重新考虑自己的职业规划了。

当然，这里并不提倡盲目、贸然，或者仅仅见钱眼开的短视做法，但让自己的薪资水平保持在行业的平均水平甚至是最高水平，这也是对自己职业负责任的一种表现。

第四，给自己的职业留有多种可能。

求职者经常登录招聘网站或 App 还有一个最重要的价值在于，在浏览招聘岗位时可能会看到行业中优秀公司重要岗位的招聘信息，此时如果正好你不满意于现有的职业情况，那么可以尝试去进行面试。因为优秀公司的重要岗位不是任何时候都有的，也不是每个人很容易就能把握住时机的，所以如果能够把握住这样的机会让自己的职业生涯向上迈一个台阶，对于职场人长期的职业发展来说也是非常重要的。本书一直强调的一种观点是：很多时候，选择比努力更重要。这种选择不是说每次都是被动等待的选择，而应该是一种主动的选择。

总之，管理自己的职业生涯是一个长期的系统工程，不仅是努力工作、精进技能、埋头苦干就可以了，还需要求职者保持选择的能力，这就需要在平常注意积累、多做一些基础性的工作。

3.2.3　如何借力内部推荐和猎头

在漫长的职业生涯中，求职者要学会借助内部推荐和猎头为自己服务。在内部推荐方面，不仅要懂得善于借助同学、同事和人际弱关系这样的外力，更要加强修炼“内功”，让自己具备被推荐的条件和潜质。在猎头方面，要了解猎头的工作逻辑，建立合理的预期，有针对性地维护与特定猎头的联系，以便达成自己的目标。

在找工作这条道路上，从职业生涯开始的校园招聘，到工作多年通过招聘网站找工作，越往后走，职位升迁的路越窄，招聘网站发布的通用化岗位越来越难以满足求职者的“个性化”需求，这就需要有更加精准的、可靠的求职途径，而内部推荐和猎头就是这种途径。尤其是当职级越来越高时，职场人需要更多使用内部推荐和猎头而不是大众化的招聘网站来找工作。

当然，这里有一点需要澄清，内部推荐和猎头并不是说只有寻找高端职位的求职者才可以使用，中低端职位的求职者同样可以使用这两种方式。

1．内部推荐

（1）为什么会有内部推荐方式

内部推荐，是指公司通过寻觅内部员工身边的朋友、以前的同事等合适的求职人选，促使他们加入公司的做法。一般而言，公司对于内部推荐都会设置相应的奖励，被推荐人一旦成功入职，就会给推荐者相应的奖励。很多人对此不理解，其实因为企业在招聘网站招人同样要支付成本，而且成本不低，还不一定招聘到最合适的人才。

内部推荐背后的逻辑是，公司现有在职的员工都是经过严格筛选的，既然这些人符合公司的需求，就说明他们的亲戚朋友同样应该是职业技能、素质相当的人。这种逻辑从很大程度上来讲是成立的。一方面人以群分，一般的同事、朋友都是属性比较相近的人；另一方面，推荐者作为公司员工，在推荐其他人时也会顾及很多因素，如果对自己推荐的人不熟悉、不了解或者能力不行，也不会轻易推荐过来，因为这涉及自己在公司的声誉问题。

所以，内部推荐的求职者一般本身就经过了一道非常严格的把关。面试者的素质及能力更容易得到保证，风险更低。而且作为内部推荐者的同事或朋友，一般都知根知底，不需要人力资源部门再花费较多的精力对求职者进行背景调查，这也变相地节省了人力资源部门的时间成本和人力成本。

所以，内部推荐作为一种招聘方式在很多大中型公司备受推崇。很多公司的重要岗位一般在发布简历前就会通过内部推荐得到满足。

对于求职者而言，尤其是职级比较高的求职者，如果只采用招聘网站投递简历这种单一的方式，那么找到好工作的概率明显会低很多。

（2）如何借力内部推荐

求职者要想通过内部推荐获得机会，就需要在内外两个方面做好准备。

借助外在条件

上面讲了内部推荐的逻辑主要是通过公司内部员工的推荐。对于求职者而言，如果想获得内部推荐的机会，就需要能够接触到意向公司的内部员工，可以通过自己或通过好友二次介绍，只有这样才有可能获得内部推荐的机会，这是外在条件。

为了让自己有较好的外在条件，求职者在职业生涯中需要积累自己的人脉关系，这种人脉关系的积累有多种方式，如图 3-18 所示。

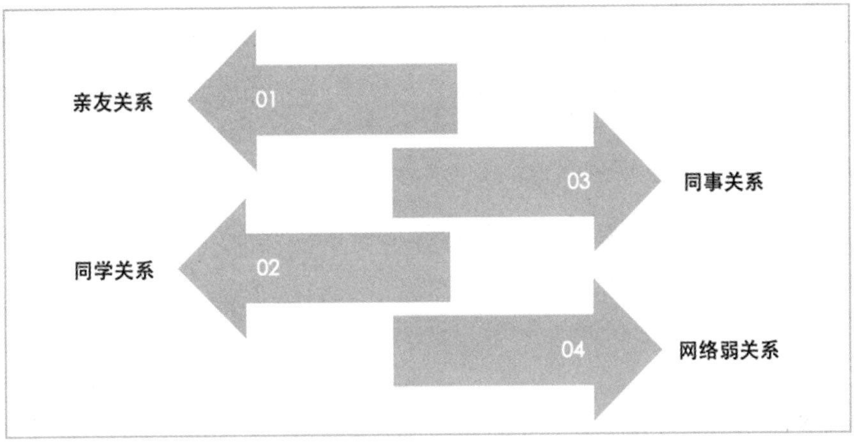

图 3-18　积累内部推荐人脉关系的方式

第一种：亲友关系。

亲友关系是熟人关系，这种关系是最密切的关系。不过，在互联网企业中，这种关系可利用的机会比较小，主要是因为互联网发展的时间比较短暂，且主要集中在大城市，大部分互联网从业者的环境与自己上辈亲属当时所处的环境交集很小。所以，能够进行岗位匹配推荐的概率比较小。

第二种：同学关系。

同学关系推荐工作机会的概率相对比较大，因为作为同学基本都是相似的学校毕业，很多人找到的工作也大致相当，熟识的同学可能会在不同的互联网公司中，如果有内部推荐计划可以“互通有无”。所以，同学关系要维护好，不要一毕业就相互淡忘了。

第三种：同事关系。

同事关系推荐工作机会的概率也比较大，尤其是曾经在一家公司的同事，大家以前就有各种合作，如今各自到了新公司，不同的部门肯定都会有岗位机会，和以前的同事保持密切的联系和沟通，就可能获得不错的内部推荐机会。同事关系中有必要重点强调的是与直接上级的关系，如果在以往公司中和直级上级有不错的合作关系，那么以后大家可能还会有新的合作机会。因为原来的上级到了新公司也需要招人，自己过往的下属往往成为他们优先考虑的对象。

第四种：网络弱关系。

在移动互联网时代，陌生人的沟通更为方便、快捷，并且由于互联网对人们工作和生活的无死角渗透，使人们在工作和生活中有各种各样的机会接触不同关系的人，这其中就存在很多的机会。有证据表明，弱关系比亲友这种强关系更能在工作中发挥作用。

在网络中，因为共同兴趣加入的社群、因为学习关系加入的共同社区都给职场人提供了这种和陌生弱关系接触的机会，和社群（社区）成员保持一定的沟通也可能获得不错的内部推荐机会。

修炼内在条件

在修炼内在条件方面，主要是求职者要不断提高自身的工作能力、职业素养、个人品德。

人们在日常生活中遇到不错的商品往往会推荐给周边的熟人，一个商品之所以能够促使人们有动力口口相传，是因为这些商品本身确实质量可靠或者性价比很高。这种逻辑放在岗位内部推荐中也是相通的，在内部推荐中求职者需要成为那个质量可靠、性价比高的“商品”。

能够促使别人内部推荐自己，需要让对方了解自己在工作中突出的地方：可以是工作能力让对方认可，不用担心把你推荐过去之后无法胜任工作给他带来不好的影响；也可以是你的职业素养不错，认真的做事态度、专业的工作行为操守；还可以是你诚实正直的品德。

内在条件的修炼本身就是日常工作中必然的一个要求，重要的是求职者要通过日常的工作让自己的能力展现出来，让推荐人对你的工作能力有深刻的印象，这样在以后的工作中如果遇到类似的机会，他们就会更容易想到你。

2. 猎头

猎头对于大部分工作经历比较少的求职者来说比较陌生，或者听说过，或者仅仅在影视剧中看到过某些剧情中的角色。在自己的实际工作中遇到的比较少，所以很多人觉得猎头与自己无关。实际上，每个人无论处在什么样的职业阶段，都可以有效利用猎头来为自己的职业生涯铺路。

（1）猎头有什么价值

猎头实际上是一种服务中介，类似于房产中介。中介在人们生活中是有价值的，房产中介可以在人们买卖房屋时提供供需匹配、规避风险等服务。猎头服务也有类似的价值，而且猎头对于职场人来说还有其他重要的价值，如图 3-19 所示。

猎头是行业繁荣与否的指示器

聪明的求职者在换工作时，一定会考虑整体经济环境的情况和行业的景气度。中介行业自身的兴衰往往是其所服务的上下游行业繁荣与否的指示器。如果猎头活动频繁，意味着经济比较景气，有招聘需求的公司比较多。相反，如果猎头活动不频繁，则说明经济比较差，企业用人减少。这种通过猎头的活动所得出的结论，比通过媒体报道的文章更能精确地把握行业的环境，从而做出有效的决策，知道在什么时候该换工作，在什么时候完全不适合换工作。

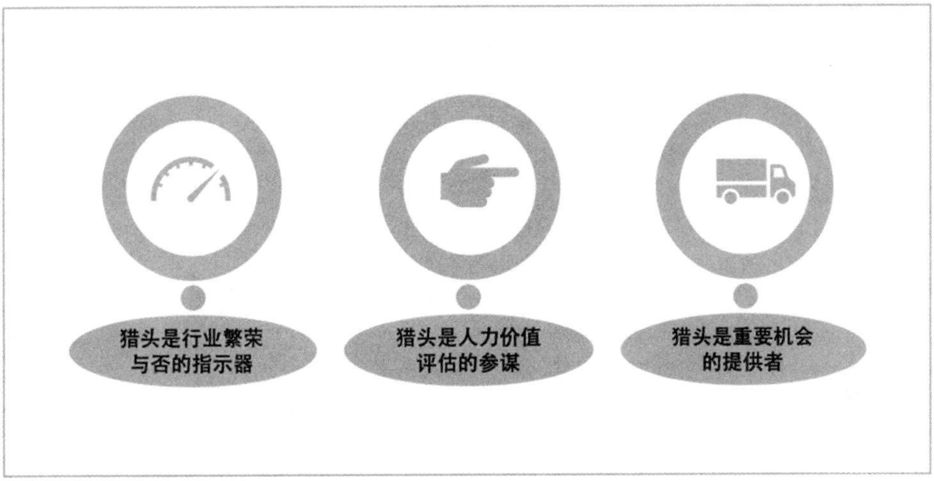

图 3-19　猎头的价值

猎头是人力价值评估的参谋

求职者在跳槽时总会考虑涨工资，但到底涨多少是合理的？自己岗位目前普遍的行业行情是什么样子的？如果没有有效的信息，做出的涨薪幅度的决策就可能不合理，这会导致两种结果出现：要么因为自己要的工资高导致痛失一家不错的公司；要么虽然找到一家不错的公司，但因为涨薪比较少，影响了自己后续的涨薪基础。

这里需要提及一种现象：很多公司普遍存在一种特性，在与新招聘的人谈薪资时比较慷慨，但对于现有员工提出的加薪申请，给出的涨幅一般不高。这里有一种企业比较为难的逻辑，暂时不讲。但求职者要了解这样一种现象，在跳槽进入一家新公司时要把握好涨薪幅度以使自己的收益最大化。

所以，跳槽时通过猎头来了解行业信息，让猎头成为自己的职业参谋是一个非常不错的方法。

猎头是重要机会的提供者

猎头作为信息中介，每天的日常工作就是在供需之间进行信息沟通，向意向求职者咨询是否有换工作的打算，了解企业最新的职位需求。某个企业的一个职位释放出来之后，猎头之间还会有激烈的竞争，大家都想尽快找到合适的求职者完成匹配，从而拿下订单。

在这种情况下，猎头必须迅速地向目标求职者发送自己手中的信息。很多时候，猎头会发出比较有价值的招聘信息，这些信息很可能不是求职者所能关注到的。

（2）如何让猎头为自己的职业服务

职场人要让猎头为自己的职业服务，可以从以下几个方面入手，如图 3-20 所示。

图 3-20 如何让猎头更好地为自己的职业服务

了解猎头的工作逻辑

你了解猎头是如何工作的吗？可能你的印象就是打打电话、索要你的简历，然后告诉你有一个职位可以匹配，你是否需要考虑。然后发现匹配不了，这样两三个来回之后，双方也就没有什么互动了。

如果求职者仅仅看表象，那么这可能真的就是猎头的典型形象。但每个行业的人都有自己的一套工作逻辑，猎头行业也是一样的。如果对猎头的工作没有进行深入了解，相应地对猎头的价值和意义就会产生怀疑，觉得他们起不了多大的作用。

但求职者如果希望通过猎头来为自己的职业生涯筹谋，就需要正确认识猎头的价值，了解他们的"能"与"不能"，这就需要花费一些时间和心思，深入了解他们的工作逻辑，而不是抱着一种被服务甚至是抵触的心态被动等待，等着对方来和自己沟通。

建立合理的预期

求职者要对猎头建立合理的预期，一方面要了解猎头能做什么和不能做什么，另一方面要明确自己想要什么。

求职者要知道猎头做能的事情和无法做的事情，不能一味地抱有过高的期望，认为他们必须帮自己找到工作才算有价值，没有帮自己找到工作就一无是处。不能因为这种心态而屏蔽与所有猎头的沟通与联系，否则对于猎头来说没有太大的损失，最多是损失了一名备选的候选人，但对于求职者来说可能放弃了一条重要的信息通道和一种找工作的方式。

求职者对猎头建立合理的预期在于明确自己想要什么，要把猎头作为求职的参谋、作为了解行情的指示器，找到工作只是其中之一的目标。所以，求职者在一开始就需要明确自己追求的是哪个目标。是一个单一的目标，还是一组综合的目标？明确了自己的目标，并且评估猎头能够满足目标的程度，就容易建立起切合实际的预期。

有针对性地维护与特定猎头的关系

一般情况下，可能会有很多猎头同时和求职者联系。就像房产中介一样，猎头行业也存在着激烈竞争，不仅是不同公司之间的竞争，同一家公司内部也会存在竞争。基于这种情况，求职者需要重点筛选适合自己当前阶段的猎头，并与他们保持深度交往的关系。因为人的精力毕竟是有限的，不可能同时与很多人保持联系，即使有这样的精力也是泛泛之交，不可能建立密切的联系。

另外，与猎头建立联系要有长期准备，不能是三分钟热度。应该有步骤地根据自己的规划逐步与不同公司的人建立联系，然后定期沟通，甚至约他们出来吃饭、交流，针对自己的情况进行深度的沟通。这样做的目的一方面在于建立密切联系，另一方面也可以作为一种反向筛选，如果对方没有深入了解你的工作履历和个人特点的意愿，那么这样的猎头人员也可以尽早放弃。

总之，借助猎头为自己的职业生涯规划添砖加瓦是一件费时费力的事情，也是需要进行长期规划和推进的事情，求职者对此要有正确的认识、合理的预期、有效的策略，最终执行落地。即使这件事情可能一段时间内不会有产出，不能马上为自己带来直观的利益，但从职业生涯长远发展的角度来说是一定会有价值的。

第 4 章

面试修炼：非常之人当用非常之术

4.1 掌握成功面试的思维方法

4.1.1 如何正确地看待面试

面试是求职的重要环节，求职者对于面试的重要性要有正确的认识。面试不是考试，不需要以仰视的姿态看面试官；面试不是千篇一律的，而是千差万别的；面试不是即兴表演，而应该是有充分准备的“战役”；面试不是单项能力赛，而是综合实力的展现。作为求职者，要知道面试的本质就是一场说服和谈判，要有自己鲜明的观点、确凿的证据和充分的论证。要想在面试中有出色的表现，需要有良好的心态，要充满自信、乐观，要有一颗平常心。

你还记得自己第一次面试时的情景吗?

当时的你是一种什么样的心态？是兴奋、激动？还是紧张、胆怯?

对于很多职场人来说，面试的经验其实并不丰富，因为毕竟绝大部分人都是在长期、稳定地工作，面试只是一个短暂的事件。在一件没有经过刻意练习的事情上，缺少经验是必然的。但在职场人漫长的职业生涯中，面试又是一个非常重要的事件，很多时候会决定职业走向、人脉圈层、财富积累甚至是人生走向。所以，在面试这件事上，再怎样强调它的重要性都不为过。

在一次次的面试中可能会蕴含着不同的人生机遇，往往在当时的环境下没能认识到某次面试的重要性，直到多年以后才会认识到。求职者要有这种重要性的认识，就需要对面试本身有正确的认识。

1．面试的是与非

（1）面试不是考试

对于初入职场的求职者来说，一定要清楚面试不是考试。在学校习惯了考试或者各种面试、答辩，出于对老师的尊敬，可能会有一种本能的仰视心理。但在企业面试时，要改变这种心理，面试官不是老师，不要仰视而应该平视。求职者把面试官放在和自己平等的位置上，才会有更多的自信，才有助于和面试官进行充分的沟通和交流，才能充分地展示自我。

（2）面试不可能千篇一律

很多人习惯性地认为每次的面试都差不多，实际上所有的面试都是千差万别的，这是因为每个面试官的性格特征都不一样，每个人在面试过程中的谈话风格、关注的问题以及对于求职者所回答的问题的判断和决策都是各不相同的。这就要求求职者应关注不同面试过程和面试官的差异性，在面试过程中采取灵活的应对策略。

（3）面试不是即兴表演

很多人在面试时完全没有任何准备或者准备极不充分，赤手空拳就“上阵”了。面试的自我介绍永远是那么单调，个人经历的介绍不超过 5 分钟，然后就陷入对面试官提问的等待中。可是，如果求职者连自我介绍都不充分，那么面试官将从何问起呢？这种面试的策略和打仗时主动缴械没有什么区别。

面试不是即兴表演，不能把面试的好坏完全丢给运气。面试应该是一场准备充分的战役，不仅自己要有充分的准备，对企业也要做好充分的准备，做到知己知彼。

（4）面试不是单项能力赛，而是一场铁人三项比赛

求职者各有所长，有的人天生能说会道，在面试中所向披靡；有的人工作能力很强，有大把的工作成果证明；有的人背景较强，是知名院校的毕业生。不管是哪种人，能够比较容易地拿到 Offer，在面试中都不是靠单个方面的因素取胜的。

面试既是对日常工作能力的展示，又是对自己面试能力的展示。它是一种充满专业性的工作，这种专业性不仅体现在书面表达能力方面，而且体现在语言表达能力、思考能力和临场反应能力方面，以及自身职业素养方面。求职者在任何一个方面都不能有非常明显的短板，否则很难从面试中取得好的结果。

2. 面试的本质是什么

面试是一项复杂的系统工程：既需要展示日常工作能力，也需要展示面试的能力；既需要良好的书面表达能力，也需要良好的临场对话能力；既需要对自己有充分的总结，也需要对行业和企业有全面的了解；既考验求职者的专业技能，也考验求职者的人际关系能力……从这些方面来看，面试似乎需要求职者成为一个全能型的人，需要“十八般武艺”样样精通，实际上这是一种误解。要改变这种错误的认识，需要求职者明白面试的本质，从而把握面试的关键。

面试的本质，说到底就是说服与谈判。

既然是说服，只要按照说服的逻辑来解题就会容易很多。试想我们在说服别人时，无论是通过书面文字还是通过口头表达，通常的说服逻辑是什么？就是先讲观点，然后讲事实、摆道理。

首先来说观点，面试中求职者的观点其实非常明确，即“我”是符合这个岗位的最合适人选。这是一个不言自明的观点，关键在于使用各种论据摆道理论证这一观点。

论据既有书面形式的，即求职者的简历和证明工作成果的材料，如 PPT、有价值的证书等；也有非书面形式的，即求职者在面试中通过语言表达及相应的逻辑思维间接陈述出来的证据。

至于最终的效果，除了求职者采取的说服策略，如框架思维，还需要证据本身的特性，如证据的丰富度——工作经验的丰富性，如证据的强度——工作成果的超预期程度，如证据的可信度——某项工作成果的确认证明。

了解了面试的说服本质，求职者就比较容易围绕这个核心逻辑组织自己的观点，准备相应的证据及说服的策略，同面试官进行谈判。

另外，在面试中，除了观点、证据和论证的过程，求职者还需要具备合理的心态，一定要以平等的心态对待面试官。如果总觉得对方高人一等，求职者在面试中就已经输了一半。

3. 面试应持有的三种心态

无论多么严厉的老师，在考试之前都会以相对温和的态度进行考前鼓励，目的就是希望学生能够以良好的心态做最后的冲刺。其实，不管是在考试中，还是在任何大的事件中，良好的心态都是成功必不可少的因素之一。在面试中，求职者需要具备三种重要心态，如图 4-1 所示。

（1）自信

自信，虽然很多人从小到大经常听到这个词语，但不可否认的是，在职场中自信依然是一个人不断前进的最基本的动力。

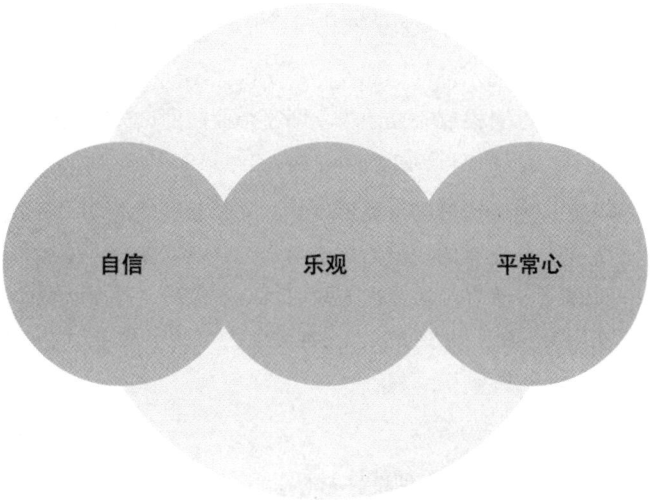

图 4-1　面试的三种重要心态

很多人在进入大学后，逐渐体会到了自己普通平凡的一面，步入社会后更是如此。但职场的工作和大学的课堂仍有很大的差距，有些人初入职场时，面对全新而陌生的环境和工作，有时很小的一点挫败就会打击他们的自信心，让他们觉得自己一无是处。这种心态是不可取的，需要避免。

面试也是如此，毕业时大家都在同一条起跑线上，都没有掌握工作必备的技能，面试其实比拼的是个人的思维、谈话、精神面貌。如果面试时战战兢兢，连一点自信心都没有，怎么可能不被淘汰呢?

无论是面试还是做其他事情，自信对于一个人都很重要。企业招聘就是为了找到能够担负起工作责任的人才，如果一名求职者连基本的自信都没有，那么上级怎么有信心把任务分配给他呢?

当然，在面试过程中，自信并不是自大，也不是毫无准备的盲目自信。求职者一定要对自身优势进行分析并给出相应的案例证明，同时对简历上的内容也要有充分的准备。这种有理有据的自信才是求职者在面试时真正的底气。

（2）乐观

面试时还需要具备良好的心态：乐观。面试是一场选拔赛，有人成功必然有人失败，有人入围必然有人被淘汰。而且，从单个企业来说，应聘者的数量总体而言是超过岗位数量的，一个岗位匹配几个人，甚至十几人、几十人都是可能的。对企业来说，对应聘者考核的并不是单一的维度。企业对应聘者不仅有能力方面的考虑，还有工资待遇方面是否匹配的考虑，以及对应聘者工作稳定性的考虑、对应聘者和企业文化相容性的考虑等。

如果企业最终选择了别人而不是你，那么并不是说你不优秀，而是从综合方面考虑你不是最合适的那个人。所以，求职者没有必要因为一两家企业的面试失败而耿耿于怀，更不要因此产生自我怀疑。

现实中，对很多人来说更为残酷的可能不仅是一家企业面试失败，而是接二连三的面试失败，这时自信心受到打击是很正常的。但面试成功不是一蹴而就的，往往要经历多家公司的面试才能成功。所以，求职者不要在经历几次失败后就心灰意冷，甚至一蹶不振，应坚信“山重水复疑无路处，柳暗花明又一村”。重要的是，求职者始终要有一种乐观的心态，相信只要努力，多次的失败之后就会有下一次的成功。

（3）平常心

对于面试，求职者还需要具备第三种良好的心态——平常心。失败是再正常不过的事情，失败了并不能说明求职者能力不行，只是彼此不合适而已。可能是求职者不适合企业，也可能是企业不适合求职者。

关于面试成功与否，有时候持一种随缘的心态更好。不要在一家公司面试后感觉还不错，但对方还未给出结果时就心急如焚，觉得这家公司不录用自己的话所有的辛苦就白费了。

“塞翁失马，焉知非福。”某个在当时看起来非常好的机会，对将来的职业发展未必是好事。一个求职者自认为当初应该进入工资稍微高一点的公司，但即使面试失败了也不要捶胸顿足。几年后回头再看，求职者或许会惊出一身冷汗：如果当初去了那家公司，可能今天发展得并不好。

为什么这样说呢？人们做事情都是有路径依赖的，尤其是工作。求职者进入一家公司，通常要待上一两年，甚至更长的时间，但另一家公司可能是一家夕阳行业的公司，若当时进入了就有可能错过进入另一个快速成长行业的机会，这在经济学中叫作机会成本。

对此，我深有体会。有一年因为前一份工作是裸辞的，所以我急于寻找新工作。有一家做防水材料的传统企业，提供的薪水是当时面试的几家企业中最高的，自我感觉似乎有那么一点儿希望，我非常渴望进入这家公司。当时，钱对我来说太重要了。

最终这家公司没有给我如愿以偿的机会，当时我觉得整个世界都在和自己作对。但随着时间的流逝，现在回头再看，如果当时这家公司给了我工作机会，可能我就没有机会进入互联网行业了，或者进入互联网行业至少要推迟两三年。

所以，对于面试结果，求职者用平常心对待即可。得之坦然，失之淡然。

4.1.2　提高面试成功率的秘密武器：框架思维

在面试中，求职者利用框架思维能够掌握面试的主动权，而不会被面试官牵着鼻子走。框架思维能使求职者在面试过程中具有更多的主动性。要学习使用框架思维，求职者需要从软性和硬性两个方面入手：软性方面，要学习使用“抽取首字母法”，把自己的观点提炼为一个便于记忆的概念（框架）；在硬性方面，要学习使用 PPT 工具来强化概念（框架），软硬结合达到更好的说服效果。

求职者能否进入一家公司受很多因素影响，面试无疑在其中起着决定性的作用。面试对求职者来说是一场综合性的考验，同时面试环节往往是通过语言表达来完成的，这对于那些语言表达能力不强的人来说是一个极为不利的因素。那么对于这样的求职者，在日常面试中应如何改变这种不利的境况呢？

任何事情的解决其实都是有思维方法的，面试也是一样的。在解决任何问题时，最重要的不是考虑方案是什么，而是考虑自己要采取什么策略和思维方法来解决问题，正确的思维方法能有效地解决问题，而不正确的思维方法往往会把人引入歧途。本节主要讲述一种成功面试的思维方法——框架思维，给求职者的说服力插上翅膀。这种思维方法不需要求职者具有雄辩的口才，也不需要求职者有敏捷的思维，只需要求职者挖掘自身的优势并提前准备即可。

1．什么是框架

当建造一幢楼时，首先应搭建出整体框架，然后才是逐步地进行布线、消防、水电暖等工作。优秀作家在写作时也是往往先确定一个框架，然后才开始逐步填充各个篇章的具体内容。书籍的目录也是一个框架，一本逻辑严密的书往往有一个好框架做支撑。

在看外国书籍时，我们会发现西方学者非常喜欢使用一个概念总结自己的理论，这些理论传播开后很容易成为大家解决问题的一个框架，所以这些概念也是框架。在大学学过的传统学科中有很多的框架，如表 4-1 所示。可见，框架无处不在。

表 4-1　不同学科的理论框架举例

学 科 类 别	理论框架举例
经济学	供给–需求分析、均衡分析
管理学	目标管理框架

续表

学 科 类 别	理论框架举例
心理学	马斯洛需求层次理论
金融学	投资组合理论、资产定价理论
传播学	线性传播过程模式、大众传播过程模式
营销学	生命周期理论、市场细分理论、创新扩散理论、整合营销理论

对于普通人来说，大家通常只是这些框架的使用者，更多的是利用这些既有的框架解决问题，很少想过自己创建框架。其实，创建框架是普通人同样可以做的事情，尤其是在面试这种强调语言表达能力的场景中。

2. 什么是框架思维

框架思维是指在说服时采取一定的结构性概念或者结构性的语言，来表达自己的想法和观点的思维。求职者可以使用一个概念或者一套理论总结自己过往的经验，通过框架把自己多年的工作经验系统化地表达出来。这样做的目的是引导面试官跟着自己的思路走，而不是被面试官"牵着鼻子走"。

其实，在日常生活中人们也会自觉或不自觉地应用这种思维，如"报喜不报忧"就是一个框架，但这是一种人类与生俱来的本能。在一些更复杂的情境中（如面试中），就不能简单地依靠大脑的临时反应来应对，而应通过特定的步骤和方法更加得心应手地使用框架思维。

下面来看几个比较典型的框架思维案例。

得到专栏作家万维钢在介绍《以大制胜》这本书时，讲了书中提到的关于特朗普的一个例子。特朗普在竞选总统时提出了一个颇具争议的话题——要在美墨边界修筑一道边境墙，这个说法和美国宣扬的自由价值观是背离的，受到很多专家学者的批评。但特朗普根本不在意这些批评，从特朗普的角度来说批评不重要，"事实根本不重要。当你就边境墙这个问题批评特朗普时，你就已经默认了边境问题很重要——这才是特朗普想要的。"这就是一个典型的框架，就是"我"要让你跟着"我"的思路走。

再看《以大制胜》这本书关于特朗普的另外一个例子。2015 年 8 月 6 日，共和党初选第一次电视辩论，主持人梅根·凯利问了特朗普一个特别尖锐的问题——是否说过一些侮辱女性的话？

大家可以先思考一下，如果自己是特朗普，这时候该如何应对？是直接驳斥对方的提问吗？很多人此时很可能采取的策略是否认并反驳。

但特朗普的策略截然不同，他说："我只说过罗茜·奥唐纳。"说完之后，现场一片鼓掌喝彩的声音。特朗普还不失时机地对大家的鼓掌表示感谢。因为罗茜·奥唐纳是一个电视节目主持人，是非常著名的“白左”，共和党人都很反感她，而辩论现场都是共和党人。

从这个案例中可以看出，特朗普采用的一种非常强的自我框架设定，他根本不跟进主持人设定的话语情境，不会中别人设定的话题圈套，而是按照自己的框架在应对。

这是两个成功的应用框架思维的案例。再来看一个失败的框架思维的案例，还是来自《以大制胜》这本书里面的案例。

2015 年 12 月 16 日，美国总统大选，共和党党内初选辩论，曾经担任过惠普公司董事长兼 CEO 的卡丽·费奥瑞娜作为女候选人也参加了总统竞选，但她给自己设定了一个失败的框架——选择了反对堕胎这样一个负面的主题。

费奥瑞娜声情并茂地讲述了一起因为堕胎而导致的医疗事故。在这场辩论之前，费奥瑞娜的支持率高达 15%，辩论之后她的支持率迅速下跌至 4%。

《以大制胜》这本书的作者亚当斯认为，之所以出现这样的结局，是因为费奥瑞娜犯了一个无法挽回的错误。她把自己的形象跟死亡的婴儿联系到了一起，人们每当想到费奥瑞娜，就会想到死亡婴儿的画面。虽然你说的是反对堕胎，但人脑的工作方式是一旦两个事物经常一起出现，就会不自觉地把这两个事物联系起来。人们不喜欢死亡的婴儿，所以人们在潜意识里就会不喜欢费奥瑞娜。

通过以上正反框架的案例可以得到以下重要的启示。

在说服的场合，求职者首先要给自己设定一个正面的、积极的框架；其次，不要掉进别人设定的框架中。正如北京大学何帆教授所说：“你不要被别人‘牵着鼻子走’。别人说你是一个恶棍，你就开始论证自己为什么不是恶棍，这恰恰中了人家的计。要记住用自己的‘框架’去引导别人，谁的‘框架’确立了，谁就能立于不败之地。”

上面的框架思维案例与求职者的面试有什么关系呢？如前所述，面试是一个强说服的场景。面试和参加竞选的本质是一样的，就是要说服别人来录用（支持）自己。

在面试中应用框架思维工具，意味着求职者一定要对面试过程中讲述的内容有很好的自我设定和控制，而不能完全听任面试官的提问和摆布。有了自己的框架设定，在面试中即使被面试官的提问引开，求职者还是可以随时把话题引导到自己的框架中，这样就会更加积极主动。这在那些不能依靠客观标准来评价一个求职者能力和素质的面试中尤其重要。

什么是不能依靠客观标准来评价一个求职者能力和素质的面试呢？就是求职者所面试的岗位没有什么标准的面试题，更多的是通过谈话讨论、通过经历来了解求职者能力的面试。例如，在互联网企业中产品岗位和运营岗位的面试，以及传统企业中如品牌、市场等类似岗位的面试。

利用框架思维进行说服，说得更加通俗一点实际上就是“做局”，是你在别人的“局”中，还是别人在你的“局”中。这意味着求职者说服别人所要付出努力的程度不同，也意味着求职者最终取得的成果有很大差别。

在说服谈判中（面试中），最高明的策略是让别人在你的“局”中；次级的策略是相互有“局”，但你能破了别人的“局”，还能把别人带入你的“局”中；最差的策略是你一直在别人的“局”中。其实，不仅在面试中，即使在以后的工作中也要时刻牢记框架思维，记得“做局”。

3. 面试中如何使用框架思维提高成功率

在面试的过程中，求职者要善于使用框架思维来提高自己的说服力、提高面试的成功率。而框架思维的使用，可以结合“软性”和“硬性”两个方面配合使用，如图 4-2 所示。

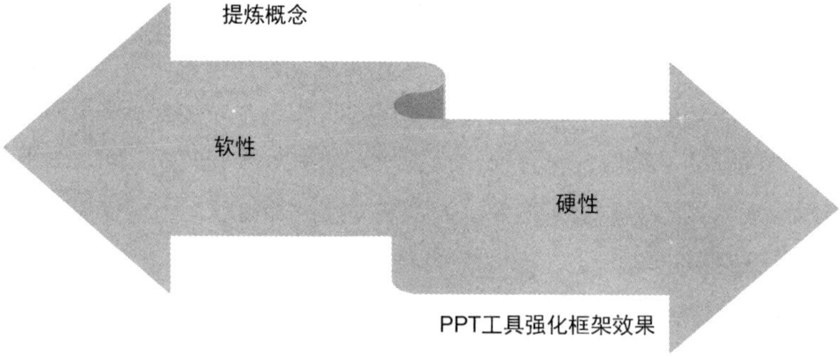

图 4-2　框架思维的具体使用方法

（1）软性方面：把自己的观点提炼成一个概念或者概念体系

为什么要提炼概念

求职者在面试时要善于使用概念来表达自己的观点、讲述自己的经历，把自己以往的经历中方法论的东西归纳并浓缩为一个极其精简的概念。例如，产品经理工作中的“最小可行性产品”[①]（MVP），运营中的“增长黑客”概念、“海盗模型”（AARRR）等就是在这些职业领域中前人提出的极其精简的概念。之所以要把这些工作经验提炼成概念，主要有三个方面的原因。

- 结构化的语言信息更容易引起注意。

根据心理学的观点，人们认知事物的过程有三个阶段：选择性注意、选择性理解和选择性记忆。相对于一段文字而言，一个浓缩的概念更容易引起他人的注意，所以求职者将自己的工作能力、经验、方法论总结并提炼为一个概念，有助于引起面试官的注意。

① 来自智库百科。

- 结构化的语言信息便于求职者表达和面试官理解。

对于求职者而言，浓缩的概念往往是一个非常精练的关键词，而这个概念所包含的定义内容一般比较详细。很明显，在沟通表达时使用“概念”本身比使用非常详细的“概念的定义”要方便得多。例如，产品经理在讲自己的工作经历时，使用“最小可行性产品”这个概念，比使用“最小可行性产品”的定义要方便得多。

对于面试官来说，浓缩的概念也便于快速理解。如果求职者在讲述一件事情时，插入了一个概念的定义，这就增加了很多冗余信息，导致沟通过程会异常复杂和缓慢。

仍以“最小可行性产品”这个概念举例，如果求职者在讲述经历时不是用“最小可行性产品”这个关键词，而是用复杂的定义来讲述，可想而知这种沟通成本会多么高昂。而且，面试官也无法把握求职者讲述的重点到底是什么。

- 结构化的语言信息便于记忆。

人的脑容量其实是非常有限的，人能记住的事情很少。我们在学习中会发现，知识点都是依靠不断重复才能记住，一段时间之后这些知识点又会被忘记。人不仅容易忘记短期记忆，也容易忘记长期记忆。

精简的概念由于字数很少，比较容易记忆，不仅对求职者来说是一件好事，对面试官来说也是一件好事。求职者不用记忆很多概念本身的复杂含义了，面试官也因为容易记住求职者的概念而使沟通过程更为顺畅。

如何提炼概念

如何提炼自己的工作经验使之成为一个浓缩性的概念？这方面可以学习西方学者的典型做法，如图 4-3 所示。

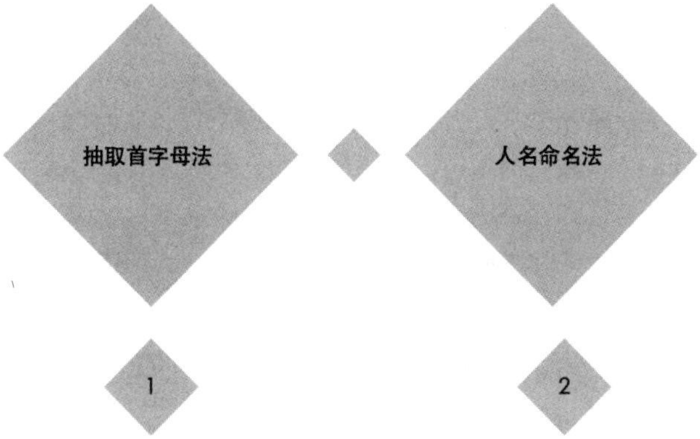

图 4-3　框架思维中提炼概念的两种方法

第一种：抽取首字母法——抽取关键句或者关键词的首字母，组成一个新的英文单词，最好是现有的英文中已有的单词。例如，SMART 原则（目标管理原则）。

第二种：人名命名法——利用理论提出人的名字进行命名。例如，心理学中处理人际关系的“约哈里之窗”和工作处理中判断事情优先级的“艾森豪威尔矩阵”。

一般情况下，因为第二种方法需要提出者本身具有很高的知名度，不适合于普通人，所以可供求职者利用的方法更多的是第一种方法——抽取首字母法。

例如 SMART 原则（目标管理原则），这是管理大师德鲁克提出的一个管理原则，它是抽取五个单词的首字母组成的，如图 4-4 所示①。

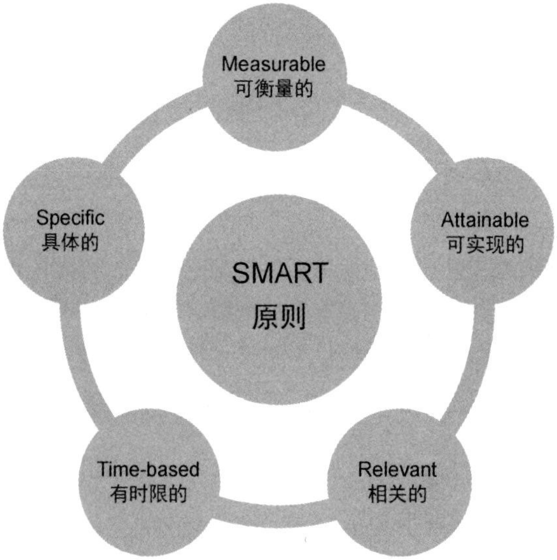

图 4-4　抽取首字母法的 SMART 原则

- S 即 Specific，代表具体的，指考核指标要切中特定的工作指标，不能笼统。
- M 即 Measurable，代表可衡量的，指考核指标是数量化或者行为化的，验证这些考核指标的数据或者信息是可以获得的。
- A 即 Attainable，代表可实现的，指考核指标在付出努力的情况下是可以实现的，避免设立过高或过低的目标。
- R 即 Relevant，代表相关的，指实现此目标与其他目标的关联情况。

① 来自百度百科。

- T 即 Time-based，代表有时限的，注重完成考核指标的特定期限。

通过 SMART 原则的案例，求职者将很容易学习这种方法的使用原理。具体到求职者自己的情况，应如何进行操作呢？

以我个人为例，我认为在工作过程中，一个人在从单兵作战阶段向管理层升迁的过程中，有三种能力是非常重要的：职业技能、人际关系、管理能力。所以，我把这三者组合成一个自己的工作方法论——SRM 模型，如图 4-5 所示，它是根据职业技能（Skill）、人际关系（Relationship）和管理能力（Management）这三个关键词的首字母而得出的。这就是普通人在工作中应用“抽取首字母法”来使用框架思维的操作方法。

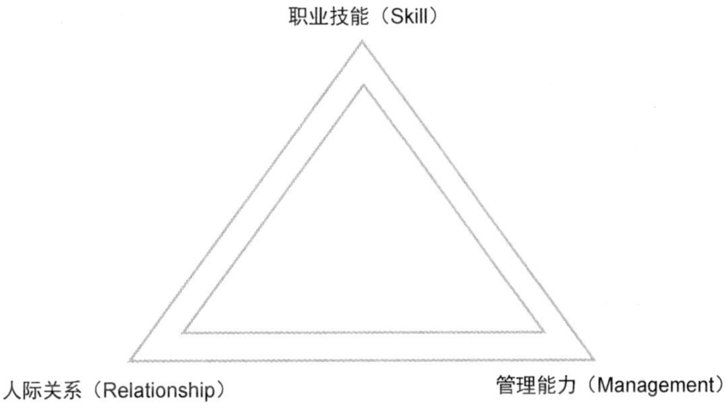

图 4-5　职场人从单兵作战阶段升迁到管理层的三种重要能力

可见，通过关键词来提炼概念，进而通过简化的概念表达自己的观点是普通人也可以采取的策略。无论是在面试中还是在日常的工作中，我们都可以使用这种方法让自己的观点更容易引起注意，更容易表述和被理解，也更容易记忆。

上面讲解了面试中在软性方面使用框架思维的操作方法，下面再来了解一下在硬性方面强化框架思维的工具和方法。

（2）硬性方面：通过 PPT 工具强化框架效果

通过提炼概念并通过概念来表达自己的观点是框架思维中非常重要的内容，但框架思维的落地还需要结合一些硬性的工具才能达到更好的效果，这里主要的方法就是结合使用 PPT 工具。

PPT 是一种视觉展示工具，不同于语言表达，视觉表达对于信息的接收者（面试官）来说更容易接受，也更容易深入理解和掌握。所以，提炼的概念最好通过 PPT 来呈现，让面试官更容易通过“视觉+听觉”双重的感觉刺激来接收信息。

另外，PPT 是一种非常具体的实物，当求职者利用 PPT 展示自己的工作业绩和成果时，面试官的注意力在很大程度上要放到 PPT 及其内容上。这在很大程度上会强化求职者提出的那些概念。

4.2 面试准备：聪明人不打无把握之仗

4.2.1 面试前如何准备简历的内容

面试如同作战，“战争”胜负不仅仅在于过程，更在于战前的准备。面试前，关于简历的内容要做好充分的准备，要通过自我设问准备好可能遇到的问题，并提前准备应对的策略。简历的内容是有限的，要在简历之外把自己的工作经历和案例扩展丰富开来，超越简历并打破面试官的预期。

在收看战争题材的影视剧时，我们经常看到这些剧作往往聚焦于作战过程、战场战略，涉及战前准备的内容往往很少。实际上战前准备也是关键的一环，没有充足的粮草、车马、兵器，别说取得胜利，连投入战斗都有点儿勉为其难。

面试如同打仗，上面所讲的道理在面试中也是一样的。如果不做准备去面试，就犹如不磨刀枪上战场，胜负更多靠的是运气；如果面试前做好充足的准备，就有可能做到十发九中，面试成功的概率会非常高。

求职者在面试之前需要进行哪些准备才能做到胸有成竹呢？面试是一场综合性的考验，除了面试本身，求职者在面试之前要对自己的简历、面试公司的情况做充分的准备。这里说的简历方面的准备指的不是如何写简历，而是指求职者在面试之前，针对简历上的内容应该做些什么准备。

求职者在面试的过程中不可能看着简历讲自己的工作经历，这样的做法会被面试官认为是能力低下的表现。所以，求职者对于自己简历中的脉络和内容要烂熟于心，不要出现无法回答面试官提出的关于简历中内容的问题的尴尬局面。尤其是项目经历、实习经历或者工作经历的关键信息，一定要牢记在心，如果出现现场口述的关键信息和简历中的信息不相符的情况，那就很容易引起面试官的怀疑。所以，对于简历中的内容，求职者要提前做充分的准备。

1. 自我设问提前准备应对策略

关于简历的准备，可以通过自我设问的方式进行。求职者应根据自己的简历，预期面试官可能会问的问题，自己先罗列一些问题并有针对性地做出回答，把回答的思路梳理清晰。面试时如果遇到面试官提问，则可以根据自己提前梳理的思路进行回答。这个过程不管是采取书面整理，还是通过多次口头重复，总之要提前有所准备。

如果求职者自我感觉口语表达能力和记忆能力不是很好，那么建议最好写出来，写出来比说出来更难，但写出来会使思路更清晰。人在书写的过程中会有意识地强化回答的逻辑性，这样就容易避免“知道幻觉”。所谓知道幻觉是指求职者自认为能够回答预设的问题，但实际上真正回答时逻辑混乱、语无伦次。

一般来说，面试官对求职者简历中比较感兴趣的内容，往往是求职者做过的事情是如何做的、求职者是怎样思考的、做的结果怎样等这一类的内容。所以，工作经历、项目经历及工作成果方面，在简历上体现出来的可能只是一个局部，需要求职者在面试时补充更加丰富的内容，否则可能根本无法达到面试官期望了解的深度。

面试官感兴趣的还包括能力方面的内容，关于这部分，面试官通常可能会让求职者提供一些具体化的案例。例如，求职者如果说自己的组织能力很强，面试官就很可能会问：你能给我举个例子吗？所以，求职者在简历中关于能力方面的内容，也需要有充分的准备，要有真实、具体的案例。如果没有案例，最好不要为了凑字数、充面子，把这类不切实际的能力写在简历中，否则只能是给自己的面试过程“挖坑”。

2. 简历的内容需要背诵吗

很多求职者在面试时，向面试官介绍自己的工作经历，会完全按照简历上的内容和顺序讲出来或者背诵出来。所以，有人可能会问：简历的内容需要背诵吗？

对此，我的观点——面试时复述简历的办法并不可取，背诵简历也完全没有必要！

首先，求职者背诵简历的内容是一件很费力的事，而且常常会出现间歇性的遗忘，尤其是紧张时更容易忘记。

其次，求职者在面试时如果只是按照简历的内容给面试官背诵一遍，其实是让自己处于不利的境地。因为面试官一般现场都会拿着求职者的简历，已经很清楚简历上的内容，他期待的是能够在面试中听到更加丰富的信息以进行决策和判断。如果求职者在面试现场讲述的内容和面试官在简历中看到的内容一模一样，那么对面试官来说，这种信息量太少了，不是他想要的。而且，面试官也会对求职者产生一个不好的印象：要么求职者实在没有什么丰富的经验，要么求职者是一个不够灵活、不会变通的人。

所以，求职者在面试中背诵简历这种方法并不可取。简历的“使命”就是帮助求职者拿到面试邀请，一旦完成这个“使命”，面试中就不应该让简历成为最重要的工具，而应真正依托自己过往的工作经历、通过自己的能力展现来打动面试官。

3. 如何超越简历打破面试官的预期

如上所述，在面试时，面试官其实非常希望得到更加丰富的信息对求职者进行判断，尤其是特别希望能够看到完全不同于简历的信息。这对求职者提出了更高的要求，优秀的求职者一定要想办法超越简历本身，打破面试官的预期。

打破面试官的预期，简单地说，就是求职者在面试时讲述的大部分内容最好是简历上没有呈现的，并且是比简历更加丰满、更加具体、更加具有说服力的内容。

简历的篇幅是有限的，求职者只能精简要点来写，但求职者做过的任何一件事情扩展开来就是一个个具体的案例，就可以是一个个动听的故事。如果求职者能让面试官丢掉简历仔细听自己讲述，让他进入自己的框架中，那么这场面试就从被动转为主动了。

所以，求职者在面试前需要结合自己的经历再额外准备更多的内容。这部分准备的内容比简历更重要，花费的时间更多。所谓“台上一分钟，台下十年功”，虽然这样说可能有一点儿夸张，但用数倍于写简历的时间准备面试的内容，可能是那些不太擅长语言表达的求职者能采取的更好办法。

在打破面试官的预期这件事上，可以采取下述做法：求职者把自己的工作经历中的重要工作内容和工作成果整理成一个专门的 PPT，在做完简单的自我介绍后，可以有目的地将话题引导到这个方面，适时利用 PPT 讲述自己的工作经历。使用这种策略有多个好处，如图 4-6 所示。

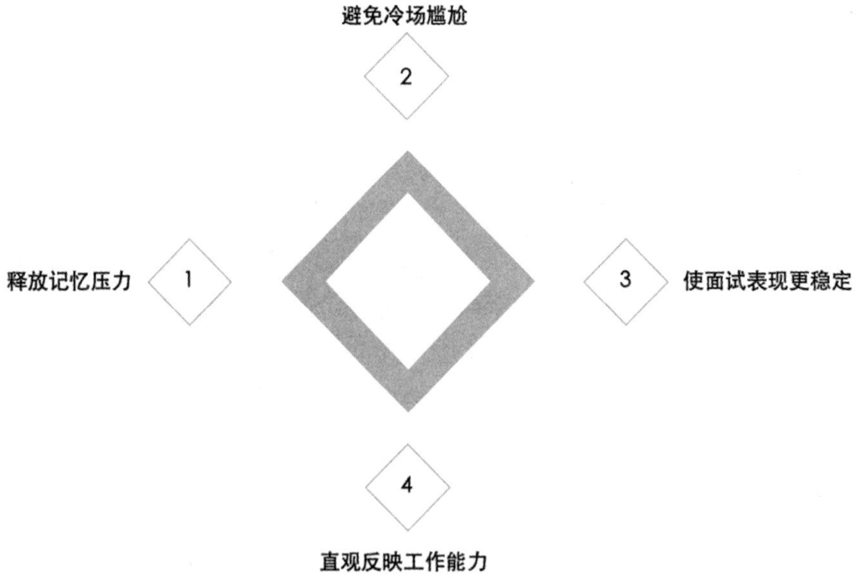

图 4-6　使用 PPT 讲述工作经历的好处

第一，释放记忆压力。

求职者不用非常费力地回忆简历的内容，因为有了 PPT 就不用刻意地记忆很多东西，这样就解放了自己的大脑。由于没有记忆的压力，求职者就会更加放松，表现也会更加稳定。人的记忆力总是有限的，遗忘总是比记忆容易。求职者面试时目的是通过讲述自己的经历获得一份工作，而不是去参加记忆力考试的，所以完全可以借助其他工具释放记忆的压力。

第二，避免冷场尴尬。

面试者的 PPT 就好比一个工具，使面试不再赤手空拳。有了 PPT，求职者的心里就更加有底气了，因为在求职者和面试官面前有一个共同要面对的课题——看完 PPT，即使求职者在面试讲述的过程中遇到什么问题，总是有继续进行的理由，这样就避免出现因为在一个问题上卡住而冷场的情况。

第三，使面试表现更稳定。

求职者在面试之前整理 PPT 的过程，相当于对工作经历内容的系统梳理，在梳理时由于没有时间压力，求职者可以比较全面地收集材料、组织思维，使之逻辑性更强。这种整理一旦完成，就会成为一个样本，遇到任何一个面试官，求职者都会依照大体相同的逻辑顺序进行表达。而如果事前没有整理，求职者在面试的过程中只能在大脑中每次临时激发回答的内容要点和逻辑顺序，这样就会出现同一个问题每次回答时，内容的丰满度和逻辑顺序都不太一样的情况。成熟的求职者应该尽力避免这种不稳定情况的发生。

第四，直观反映工作能力。

PPT 不仅是对工作内容、工作状态和工作成果的展示，也是对求职者能力的一种反映，可以反映求职者的写作能力、归纳总结能力和逻辑思维能力。例如，求职者向面试官介绍自己可以熟练使用办公软件，那么利用 PPT 展示在面试官面前是最有说服力的。

当然，准备 PPT 所花费的时间可能比写简历花费的时间多出不少，但这样做是值得的。准备一个 PPT 可以解决求职过程中的很多问题。

那么 PPT 中应包含哪些内容呢？

一般来说，PPT 中的内容可以是实习经历中最值得介绍的一件事情，也可以是求职者经典的工作案例，还可以是项目经历中一个具体项目的过程和成果。总之，PPT 中呈现的内容，一定是以展现核心工作成果和证明工作能力为导向的。例如，我曾在自己的面试 PPT 中展示了做用户访谈的几个画像案例，如图 4-7 所示，这样具体形象的内容可以充分展示个人的工作成果和工作能力。

面试是一个展示自己的机会，这种展示不仅要充分应用听觉思维，还要运用视觉思维，但遗憾的是很多人没有意识到这一点，在我面试的求职者中，几乎很少见到拿着面试 PPT 或者其他材料的求职者。

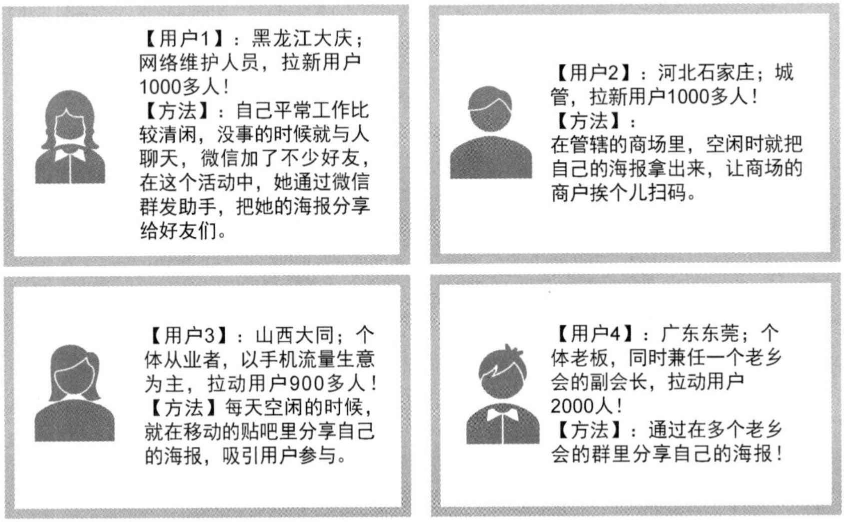

图 4-7 PPT 展示内容示例

李笑来老师建议每个人都要打造自己的“多维竞争力”：一个维度比的是长度，两个维度比的面积，三个维度比的是体积。求职者应该是与别人比体积而不是比长度，应该运用多种面试展现形式，而不是单一的展现形式。

在面试中，求职者利用的维度越多，展示出的能力面就越广，就越容易让面试官发现自己的优点。求职者的工作经历可能并不丰富，但通过 PPT 展示出了其他方面的能力，如文字表达能力和逻辑表达能力，也是有可能被录取的。当一个优秀面试官招聘时，不仅要看一个人过去做过什么，而且要看一个人能做什么。

4.2.2 面试官通常会问哪些问题

回答问题是面试中必不可少的重要一环，面试在很大程度上是在一问一答中完成的。一般情况下，面试官会问很多通用性的问题，求职者了解了这些问题，在面试中就会有更大的把握。其实，对于求职者而言，相比知道面试官提什么问题及如何回答问题，了解面试官设置某个问题的目的和逻辑，学会拆解问题并回答问题才是更为重要的。

求职者在面试时，面对面试官的提问是不可避免的事情。如果一个求职者经历过多次面试就会发现，面试官问的很多问题是具有通用性的。这些问题虽然没有标准答案，但还是会有一些通用的应对办法。对于求职者来说，至少要了解面试官可能会问哪些常见问题。

本节主要讲述的是在面试中面试官常问的问题，以及面对这些问题应该以什么样的思路解决。了解了问题背后的逻辑，求职者就更容易把握面试官的心理，从更加宽广的视角来回答问题。

关于面试中的问题，业务面试官（未来的上级）和人力资源官所问的问题通常会有所不同。未来的上级更关心求职者的职业技能、思维和执行力，而人力资源官更关心求职者的人际沟通能力、品德、诚信、稳定性等方面的因素。

面试官常问的问题会有哪些？哪些问题是最重要的？哪些是次重要的？哪些问题是人力资源官必定问的问题？哪些是未来的上级必定问的问题？

1. 针对简历的可能问题

简历是面试官在面试时主要的参考资料，依托简历中的内容进行提问以获得对求职者的了解是大部分面试官通常的做法，尤其是一些经验并不丰富的面试官在面试时更是如此。所以，求职者要根据简历中的核心要素对应的内容自己预设一些问题，并提前想好如何回答，以便面试时能够轻松应对。尤其是求职意向、工作经历、项目经历、自我评价等方面。

关于经历方面问题的准备是重中之重，如工作经历、实习经历、大学社团经历等。面试官在这个部分通常会问比较多的问题，主要目的是通过求职者对自己以往经历的表述，来获得对求职者工作能力和工作经验的判断。

对于工作经历部分的设问，因为每个人的情况和经历各不相同，所以很难归纳出通用的问题清单，这就需要求职者根据自己的简历有针对性地进行设问。在这里可以使用“5W1H”分析法进行。

“5W1H”分析法来源于“5W”分析法，而“5W”分析法是 1932 年由美国政治学家拉斯维尔最早提出的一套传播模式，后来经过人们不断运用和总结，逐步形成了一套成熟的“5W1H”模式。5W1H 分析法又称六何分析法，是一种思考方法，也是一种创造方法。它是指对选定的项目、工序或操作流程、解决问题的方法，要从对象（What）、人员（Who）、时间（When）、方法（How）、原因（Why）、地点（Where）六个方面提出问题进行思考，如图 4-8 所示[①]。这是一种刨根问底式的追问方法。

① 来自百度百科。

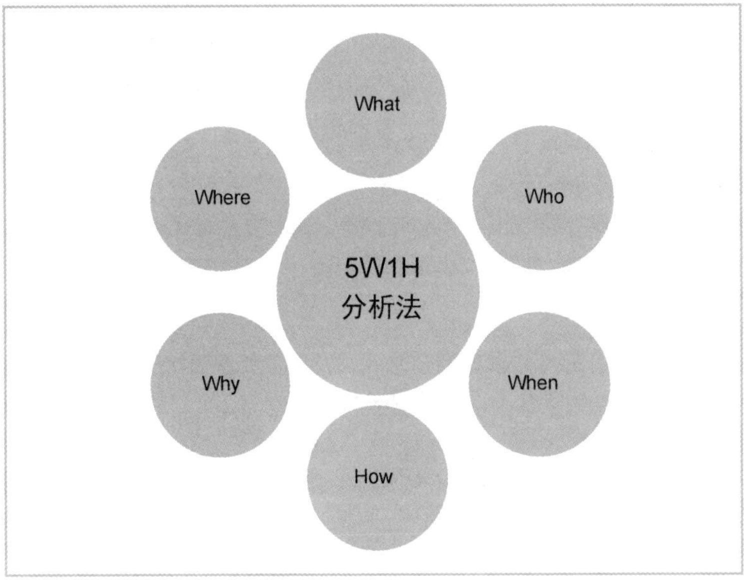

图 4-8　5W1H 分析法

What——什么事情

求职者的简历中往往会有很多工作项目，那么相应可能的问题是：你做的项目或任务是一件什么样的事情？有什么价值？你的目的和出发点是什么？

Who——都有谁

工作项目都是由人完成的，那么对于面试官来说主要关心的是：求职者简历中提到的项目中主要的参与人是谁？分别承担什么职责？更重要的是求职者在其中担任什么角色？是主要角色还是次要角色？求职者在其中的作用是什么？

When——什么时间

项目发生在什么时候？通常问这个问题时，面试官的目的是想通过时间维度来验证求职者讲述事件的真实性。所以，如果一些重要的、跨越时间周期长的项目，在准备简历时应该把时间也列出来，能准确地说出项目发生的时间会让项目经历的可信度更高。

How——怎么做的

简历中描述的工作项目具体是如何开展的？其中的顶层策略是什么？具体的措施是什么？流程和步骤是如何进行的？甚至采取的策略背后的逻辑是什么？作为工作项目的主导者

（或者参与者）你当时是怎么想的？具体又是怎么做的？做的过程中遇到了什么难题？你是如何解决的？

Why——为什么

为什么那么做？你当时是怎么想的？面试官不仅特别关心工作项目的开展过程以及在此过程中的操作路径，而且关心项目步骤推进背后的原因。所以与 Why 相关的问题和与 How 相关的问题是密切相连的，有的面试官会打破砂锅问到底。对此，求职者在预设问题以及自己回答问题时也要多想几步。

What Result——结果是什么

在这里，Where 的追问本身并不重要，没有太大的价值。所以，Where 的追问改为 What Result，即项目最终取得的成果。

面试官可能会追问："你们最终取得的结果是什么？直接的成果是什么？间接的成果是什么？对谁产生了价值？给团队带来了什么价值？给自己带来了什么价值？"

需要注意的是，面试官针对结果方面的追问，求职者不要报喜不报忧——不要只说好的结果，而隐瞒不好的结果。世界上没有完美的事情，不可能存在没有负面结果只有正面结果的事情。所以，在回答结果的问题时一定要把正、负两个方面的结果都列出来，并且回答从正面结果中获得的价值，从负面结果中总结的经验教训。失败的经验在很多时候对于企业来说往往更加珍贵。

求职者在预设问题时，通过上面的策略进行自我设问、自我回答，对于简历方面的准备就更加充分了，这样在现场面试时也就不用过于担心面试官的问题了。

虽然通过"提问—回答"的方式并不一定能把人的能力评估出来，但这种方式在面试中仍是了解一个人最主要的途径。有的人可能善于做不善于说，而有的人善于说不善于做，后者可能会比前者更具有优势。如果求职者是一个不善言谈的人，就更加需要提前设问、提前作答，做好相应的准备，这样面试临场发挥可能会更加游刃有余。

2. 一些关键性的通用问题

简历中除了工作经历部分，其他部分也有一些关键环节会成为面试官发问的重点，如自我评价、求职意向、职业技能等。如表 4-2 所示，面试官可能会问到一些关键性的通用问题。求职者在了解这些问题的过程中可以先考虑一下：设置相关问题背后的目的是什么？应怎样回答这些问题？

表 4-2　关键性的通用问题列表

序　号	典 型 问 题
1	你了解过我们公司吗？为什么来我们公司面试，看重我们公司什么？
2	你有什么优点？有什么缺点？
3	你在三年或五年内的职业规划是什么？
4	你以前的薪水是多少？你期望的薪水是多少？
5	你为什么离开现在这家公司？
6	在你的职业生涯中，最有成就感的一件事是什么？遭遇的最大挫折是什么？如何看待这次挫折？最后是怎样解决的？
7	你为什么应聘这个岗位？你觉得自身的优势在哪里？

① 你了解过我们公司吗？为什么来我们公司面试，看重我们公司什么？

- 人力资源官：80%的概率会问。
- 未来的上级：提问的概率相对于人力资源官较低。

面试官提出这个问题的主要目的是考察求职者的面试态度，考察求职者投简历是海投还是经过筛选，考察求职者是否重视本次面试、是否做了相应的准备、对公司的基本概况是否了解、能否提出关于公司和业务方面有亮点的问题。

② 你有什么优点？有什么缺点？

- 人力资源官：80%的概率会问。
- 未来的上级：50%～60%的概率会问。

这两个问题通常是面试官通过求职者的自述来验证自己对求职者认知的判断，也是为了验证求职者对自己的认知是否存在较大的偏差。不过，这两个问题一般是分开问的，尤其是问缺点时确实存在一定的“挖坑”嫌疑，此时要看求职者能否处理好，如果处理不好可能就会给面试蒙上一层阴影。所以，求职者对于自己的缺点一定要预先进行“准备”，这样在面试时才能回答得恰到好处。

③ 你在三年或五年内的职业规划是什么？

- 人力资源官：70%～80%的概率会问。
- 未来的上级：30%～50%的概率会问。

关于职业生涯方面的问题，更多的是考察求职者是不是一个目标明确的人。虽然职业生涯规划只是一个预测性的工作，尤其是刚毕业的大学生对此还很难进行清楚的定位，因为刚刚步入社会，对于企业和工作还缺乏了解。但如果根本没有考虑过这个问题，面试官可能就会认为求职者是一个缺乏规划的人或者是一个缺乏企图心的人，这样的人往往很难有做出成果的决心。

④ 你以前的薪水是多少？你期望的薪水是多少？

- 人力资源官：100%会问。
- 未来的上级：较大的概率会问。

关于期望薪水这个问题一般是必然会被问到的，这也是企业在招聘时要考虑的一个因素。每个企业都有自己的人力资源发展规划，不同工作年限、不同岗位的人的薪资水平都会有一个大致的区间范围，如果超出这个范围很多，那么即使这个人再优秀也有可能会被淘汰。这一点在国内大部分公司中是一种常态，只有很少的大中型互联网企业才会根据人才的水平和能力去考虑这些特殊的情况。所以，如果面试官在谈到薪资水平时质疑求职者的期望薪水，那么求职者一定要提前想好应如何应答。

⑤ 你为什么离开现在这家公司？

- 人力资源官：100%会问。（如果已经有其他公司的工作经历）
- 未来的上级：70%～80%的概率会问。

求职者的离职原因是一个极为敏感但又必然会被问到的问题，尤其是人力资源官一般都会问这个问题，目的是通过这个问题的回答对求职者的离职原因进行真实性评定，判定求职者的稳定程度和诚信品质。

求职者在回答这个问题时一定要慎重，最好是讲述真实的原因，如果因为一些难以言说的原因离职，也尽可能使回答合情合理。不要因为想迫切找到工作刻意隐瞒自己真实的离职原因，因为现在很多企业都有背景调查的环节，在所有面试通过后会启动背景调查，完成背景调查之后才会发出 Offer。如果在背景调查中发现离职原因有问题，就会被打上“不诚信”的标签直接拉入黑名单。求职者即使已经拿到 Offer，如果被发现其中有假也会辞退。

⑥ 在你的职业生涯中，最有成就感的一件事是什么？遭遇的最大挫折是什么？如何看待这次挫折？最后是怎样解决的？

- 人力资源官：50%的概率会问。
- 未来的上级：50%的概率会问。

面试官问这些问题的目的更多的是通过求职者对事件的阐述，了解求职者在过往是如何解决压力事件、如何应对挫折、如何解决冲突的，以此考察求职者的性格特征，判断求职者是否易于和他人合作，求职者的抗压能力如何。

⑦ 你为什么应聘这个岗位？你觉得自身的优势在哪里？

- 人力资源官：50%的概率会问。
- 未来的上级：50%的概率会问。

面试官问这些问题的主要目的是考察求职者对应聘岗位的理解和对自身能力的理解，以此验证求职者与岗位的匹配性。这里的优势不同于前面个人优点的回答。前面的优点更多是一些优良品德等职业素质，而这里关于自身优势的提问是了解求职者在工作能力方面是否和当前面试的岗位存在较高的匹配性。

以上这些问题是面试官大概率会问到的一些问题，而且这些问题往往都是有“坑”的问题，求职者如果回答不好就会面临新一轮的问题。所以，对这些问题一定要提前做好相应的准备。

需要说明的是，上面的概率只是根据个人经验的基本判断，不是精确的数值，仅供求职者作为一种相对可能性的参考。

另外，以上这些问题都假设了在面试过程中只有两个面试官的情况，实际上在很多公司中，尤其是在大型公司中至少有三到五轮面试，也就是说会有三到五个不同的面试官轮番上阵。但一般的公司仅面试两到三轮就会敲定最终的结果。

3. 一些重要性较低的问题

除了上面提到的问题，有的面试还会问一些“不痛不痒”的问题，针对这些问题，也需要了解面试官发问的背后逻辑。

① 在你的经历中记忆最深刻的一件事情是什么？

这个问题看似平淡无奇，但求职者如果提前没有准备的话，在面试时可能就会走弯路。

实际上，这个问题是有限定范围的，而且限定的范围是隐形的，那就是求职者最终说的这件事情要能够证明自己的能力、思维、思想等，而且证明的能力、思维、思想对工作有很大的帮助。这才是面试官问这个问题的核心目的。所以，在准备回答这个问题时，也要在这个范围内考虑，找到一件可以证明自己能力的事情，把这件事情的来龙去脉和所思所想写出来，自己尝试讲几遍，这样在面试时就不会太被动。

② 你如何看待加班这件事？

这个问题也是一个有“坑”的问题，面试官问这个问题的本意实际上是了解求职者能否接受加班，而且隐含的另一个意思是加班是没有工资的，但后面这两点面试官是不可能直接说出来的。

一般对于这个问题不要追问加班的细节，如一周加几天班、加班到几点、有没有工资，类似这样的问题会被认为求职者对于加班可能是有排斥心理的。当然有时候面试官也会直接问能否接受加班。

对于这个问题的回答要看每个人的自主选择，有的人希望自己能够做比较多的事情获得能力的提升、收入的提高；有的人可能更希望能从事较轻松的工作。求职者自己属于哪种情况，如实回答就好。

③ 你有什么爱好吗？

这是一个看似闲谈的问题，但面试官也不是随便闲聊，目的是希望通过这个问题看看能否在求职者身上挖掘到别的亮点。例如，一个爱看书的人很有可能是一个具有积极进取心的人。求职者如果有闪光点的爱好就如实回答，即使没有也不要瞎编，更不要非常牵强地说一些价值不大的爱好，否则不仅没有什么意义，说不好还会起反作用。

4．经典之问：你有什么要问我的吗

一般情况下，在面试的最终环节不管成功与否，面试官都会问一个问题：你有什么要问我的吗？如果面试官问这个问题，通常有两种情况：一种情况是打算录用求职者了，或者在这一环节已经过关了，询问求职者是否还有什么疑问；另一种情况是并不会录用，只是礼貌性地问一下，暗示求职者面试即将结束了。

求职者在回答这个问题时，需要依据下面两个问题来决定如何回答。第一，自己被录用的可能性有多大？第二，发问的对象是人力资源官还是业务面试官？

如果求职者预估面试的结果并不理想，进入下一轮面试或者拿到 Offer 的概率很低，面对这个问题时直接结束谈话，避免浪费彼此的精力。当然，如果求职者估计某个问题没有回答好，可以在提问环节提出一个比较好的问题以挽救不利局面。一般如果是这种情况，虽然挽救的可能性不大，但同样可以进行最后一搏。

另外，求职者在回答这个问题前，需要考虑发问的对象是人力资源官还是业务面试官，以决定如何回答这个问题。

（1）应该问人力资源官哪些问题

如果是人力资源官发问，并且已经明确表明要给予录用通知，求职者就可以询问一下薪资、福利待遇方面的问题。尽量把自己关心但人力资源官没有提到的问题都了解清楚，在这里可以提前列一个清单，面试前看一看，但不要在现场拿手机或者拿小本子问。

如果人力资源官没有明确表示录用的说法，或者求职者自我感觉没有希望，那么这个时候询问的意义已经不大了。尤其是人力资源官说，你先回去我们再通知你，这种情况基本就意味着没有下文了。

（2）应该问业务面试官哪些问题

如果是业务面试官，尤其是未来的上级明确表示会录用，那么求职者可以问一些部门组织

架构设置、部门人员设置等方面的问题。如果求职者提前准备了公司业务方面或产品方面的问题，就能以一种请教的姿态请对方谈谈看法。此时，求职者可以通过这些问题反向地提前了解未来的上级，判断这个人是否值得跟随。

如果上级并没有表示出太大的可能要录用的倾向，就不要问组织架构方面的问题，而应主要请教产品、运营等业务方面的相关问题，这就需要求职者提前做一些准备工作。如果求职者的问题确实有一定的价值，并且大家还会根据这个问题展开后续的讨论，那么这些问题很可能会成为挽救本次面试的一个机会。

本节列举了一些常见的面试问题，以及面试官设置这些问题背后的目的和逻辑。其实，大千世界中人与人的差别是极大的，每个面试官问到的问题都不尽相同。如果试图穷尽所有问题是不现实的。所以，通过对一些常见的通用性问题的分析，了解问题背后的设置逻辑，学习解决问题的思路，这才是本节的主要目的。

4.2.3 产品经理岗位面试常见问题及应对策略

求职者在面试产品经理岗位时，可能遇到的问题通常有四个方面：工作能力、学习意愿与学习能力、职业素养、职业规划。其中，工作能力方面的问题又是最重要的，其中会有很多细分的问题类型，如产品分析、用户调研、竞品分析、产品规划等方面的问题。在回答这些问题时，根据问题是封闭式问题还是开放式问题，以及求职者对问题的知晓程度，可以做出不同的回答。求职者在回答时注意——要具体化、要有预见性、要回答完整。

在 4.2.2 节中，我们学习了一些面试官可能会问的常见问题，但这些问题都是一些通用性、不涉及业务层面的问题。在实际的面试过程中，面试官会问到大量的与业务相关的问题，因为业务问题是评估一个人工作能力最重要的评价维度。

对于应聘产品经理可能被问到的问题，根据考察的内容不同，大致可以分为四类，如图 4-9 所示。

其中，工作能力方面的问题又可以划分为更具体的类型，如图 4-10 所示。

回答这些类型的问题，首先要看问题的属性，评估遇到的问题是属于封闭式问题还是开放式问题。

- 封闭式问题是指那些有固定回答策略的或者能找到比较准确答案的问题。在一般情况下，这类问题占比会比较小，回答时可供发挥的余地不大，都是与产品经理相关的硬性职业技能，如果不知道就很难回答。

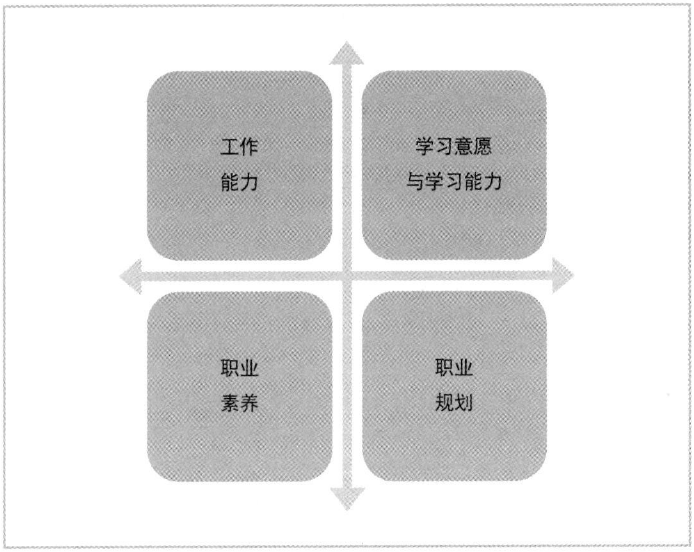

图 4-9　产品经理岗位面试常见的四类问题

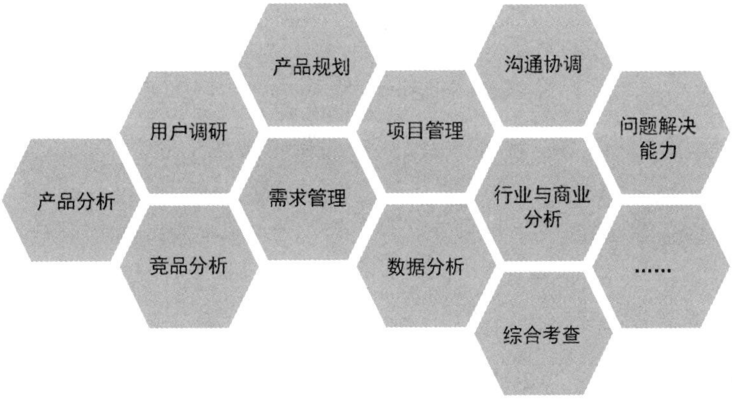

图 4-10　与产品经理岗位工作能力相关的问题类型

- 开放式问题是指那些没有固定的回答策略、答案可能千人千面的问题。这类问题占比会比较大，一般有比较灵活的发挥空间，但这种发挥也建立在具有一定的产品工作经验的基础上。如果完全没有接触过这类工作，回答起来还是比较困难的。

在对问题性质有了基本判断之后，再根据对问题的知晓程度（知道和不知道），确定回答问题的基本策略，如图 4-11 所示。

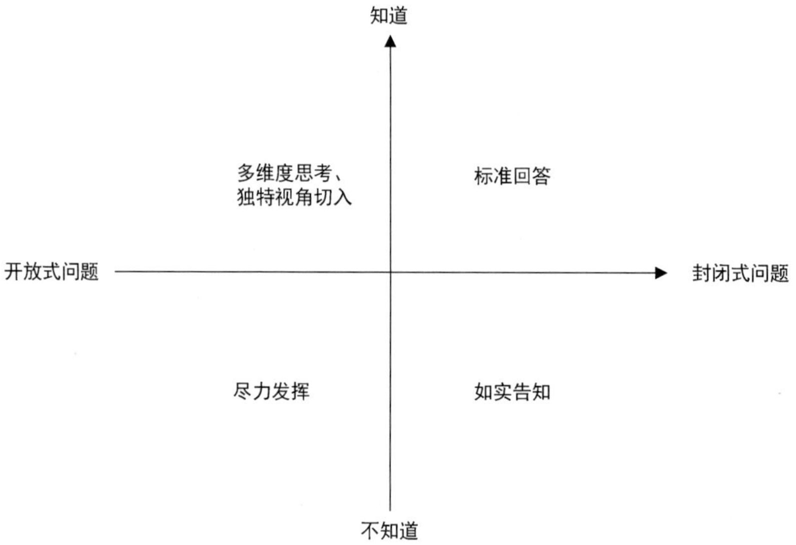

图 4-11 回答面试问题的基本策略

对于封闭式问题，如果不知道答案：则如实告知自己不知道，表达自己的歉意，千万不要不懂装懂，试图蒙混过关，胡乱回答不如坦诚相待。

对于封闭式问题，如果知道答案：根据自己掌握的情况如实回答即可。一般情况下，封闭式问题都是偏重于理论性的问题，如用户画像的方法、数据分析的常用方法等此类理论性问题。针对这类问题，如果只回答出基本的理论只能算是一个中规中矩的回答，如果想出彩一点，应尽可能举实际的案例，更能体现求职者的能力。当然，这些案例一定是求职者做过的案例，否则一知半解也很难回答好。

对于开放式问题，如果不知道答案：这类问题没有标准答案，如果能够想到一些独特的思考视角，可以从独特的思考视角来回答。如果对于这类问题完全不知道从何处下手，可以再向面试官提一些相关的问题，让面试官给出更多的提示性信息以进一步寻找回答问题的方向。

对于开放式问题，如果知道答案：通常这类问题是面试过程中出现频率较高的问题，也是相对不容易陷入僵局的问题，针对这类问题首先要做的是考虑可能考察的方向是什么，尽可能从多个视角进行思考，在众多方向中选出一个最为关键的方向，然后从独特的视角切入进行回答。

有了上述的基本策略，下面再来看一些具体问题，以此掌握这些问题的考察点和回答的方向与策略。

1. 工作能力

（1）产品分析

典型问题

- 请说出几款你认为今年做得好的产品？能否告诉我你认为好的地方在哪里？
- 平时会使用哪些 App 和网站？觉得有哪些方面设计得比较好？好在哪里？
- 你使用过我们的产品吗？对我们的产品有什么建议？
- 你觉得怎样的产品才是一个成功的产品？成功的产品有什么标准？

问题分析与回答方向

这一类问题主要考察求职者的产品分析能力，产品分析能力是产品经理最基本的工作能力。作为一个产品经理，一方面应多关注并体验市场上出现的新产品、发现有特色的产品，以此作为自己保持产品感觉的一个重要手段；另一方面，也可以借鉴一些不错的产品功能设计，用于自己所负责的产品功能迭代。

上面几个问题既可以从宏观的视角回答，也可以从微观的视角回答。宏观的视角可以从产品设计的五层面理论出发，即分别从战略层、范围层、结构层、框架层、表现层来分析。微观的视角重点是聚焦，从一个单点进行突破深入挖掘产品的特点。例如，可以从用户体验流程的流畅性方面进行分析，也可以从产品功能的需求准确性把握进行分析。上面几个问题都可以从上述两种视角进行分析回答。

（2）用户调研

典型问题

- 最近某产品很火你知道吗？假如你是这款产品的产品经理，你认为它的典型用户有哪几类？
- 你是否从 0 到 1 做过一款产品，第一批种子用户是如何获取的？
- 在日常工作中你会进行用户调研吗？通常采用的用户调研方法有哪些？

问题分析与回答方向

这一类问题主要考察产品经理是否注重用户调研、是否做过用户调研，以及是否会做用户调研。用户调研是产品经理在挖掘需求的过程中必须做的工作，每款产品从 0 到 1 都是从单一功能出发并逐步演化的，在产品越小时产品的功能也应该越聚焦，每款产品都有特定的用户群体。如何精准地把握产品的用户群体特性并找到目标用户群体，这需要通过用户调研的方法来实现。

第二个问题属于一个开放式问题，求职者可以用具体的案例来回答，把操作的过程和路径讲得尽可能详细。第三个问题是一个标准的问题，主要是理论性的知识，一般没有太大的发挥余地，求职者把用户研究的方法讲出来即可。

（3）竞品分析

典型问题

- 你是否做过竞品分析？通常是怎样做的？有没有典型的竞品调研结果？

问题分析与回答方向

关于竞品分析的问题，其实主要了解竞品调研的方法，以及求职者是否做过竞品调研，基本属于标准的问题。回答这类问题，既可以从理论性的角度出发，也可以从实践性的角度出发。如果求职者做过竞品调研，就把自己做竞品调研的具体经历和过程讲出来；如果求职者没有相关的经验，那么可以从纯理论的角度来回答竞品调研是如何做的。

（4）产品规划

典型问题

- 如果要从 0 开始做一款产品，你应如何规划？需要先做什么？后做什么？
- 在最近一年你有没有特别想做的产品？为什么想做？打算怎样做？

问题分析与回答方向

产品规划能力是产品经理综合能力的体现。求职者需要经历一款产品完整的开发过程，并对此有深入的思考，只有这样对这类问题才能找到回答的方向。当然，如果没有经历过真实的产品开发全流程，那么只能从理论层面来回答。这就需要求职者对此有相应的知识储备。所以，对这个问题，求职者最好是从实战的角度出发来回答，如果没有实战经验，那么只能借助于掌握的理论知识。

一款产品的诞生，首先从挖掘用户需求的角度出发，在了解用户需求的基础上产生产品概念；接着需要规划产品的功能点，这主要考验产品经理对用户痛点的把握，或者在竞品研究中所受到的启发；完成功能点梳理之后，需要梳理详细的产品需求文档，画出产品的流程图，并进行产品需求评审；当产品需求评审完成之后，开始进入设计和开发阶段。这是一款产品诞生的简单过程。求职者在回答类似问题时，需要从产品规划的具体实操流程出发进行思考，进而做出具体的回答。

（5）需求管理

典型问题

- 请问你平时是如何收集产品需求的，你的产品需求的来源都有哪些？

- 在你的工作过程中，有没有遇到需求堆积如山的情况，在这种情况下你是如何划分优先级的？

问题分析与回答方向

在产品开发过程中，需求管理是产品经理经常要做的事，当一款产品进入成长期后各种需求就会纷至沓来。不仅产品经理自身要挖掘各种需求，运营人员、市场人员也会提出各种需求，还有在产品发展过程中凸显出来的各种紧迫性的问题。当各种需求迅速累积时，就需要产品经理有确定需求优先级的能力，决定先开发哪个功能，后开发哪个功能。当然，需求优先级的确定要有一定的判定依据，要符合业务当下发展的情况。虽然产品经理是产品的负责人，但是开发人员也会考虑他们的投入产品比，也会对产品开发的优先级提出自己的意见，这就需要产品经理以具有说服力的理由和合理的标准来说服开发人员。

针对第二个问题，可以考虑的回答方向：需求优先级评定的依据是什么？有什么标准？标准是怎样制定的？当遇到和标准冲突的情况时，该怎样处理？

（6）项目管理

典型问题

- 之前你所在公司的产品开发流程是怎样的？你觉得其中存在问题吗？
- 如果产品开发过程中有一个需求必须延期，你应该怎么办？

问题分析与回答方向

在大型互联网公司中，产品开发通常会设置一名项目管理负责人跟进项目总体的开发进度。但在很多中小型互联网公司中，这个角色通常是由产品经理兼任的。所以，在产品经理的面试中也会涉及与项目管理相关的问题。

这里的两个问题既有封闭式问题，也有开放式问题。第一个问题是两类问题的混合：前半部分是封闭式问题，主要了解求职者所在公司的常规产品开发流程，只要求职者参与过产品开发工作，了解整个产品开发的工作流程，就能轻松回答出来；后半部分是开放式问题，主要考察求职者对于过往产品开发存在的问题是否进行过思考，考察的是求职者的反思能力和对于细节的关注。第二个问题是一个开放式问题，主要考察在项目管理中出现例外情况后，作为产品经理的求职者所采取的沟通协调机制和具体措施是什么，以了解求职者在这方面的能力。

（7）数据分析

典型问题

- 你是怎样做数据分析的，平常会关注哪些数据指标维度？
- 你是如何衡量一个产品功能上线的？怎样评估这个功能的效果？

问题分析与回答方向

数据分析能力是产品经理必备的能力，互联网公司属于数据驱动型企业，产品功能上线效果好不好需要通过数据进行评估和反馈。

这两个问题主要考察求职者的数据意识和数据思维，以及对数据的敏感性。第一个问题是一个相对宏观的问题，回答时不要仅停留在单个的数据维度上，而应该从数据指标体系的角度来回答。第二个问题是一个相对微观的问题，主要考察求职者是否有通过数据来评估效果的意识，以及如何制定效果评估的数据指标。在回答这个问题时，求职者最好以具体的案例进行回答。

（8）沟通协调

典型问题

- 在产品设计和开发过程中，如果和上级或者同事出现分歧，你会怎样解决？
- 你认为自己的沟通能力如何？谈谈你是如何说服合作对象接受你的想法和设计的。

问题分析与回答方向

沟通协调是每个职场人都需要具备的基础能力，对于产品经理来说，这方面能力的要求会更高。因为产品经理只是产品创意的产出人，并不是产品开发的实际执行人，所以产品的开发落地严重依赖于各类开发人员的配合。产品经理并不是开发人员的上级，如何要求并没有直接隶属关系的人配合完成产品的开发工作，对于沟通协调能力的要求非常高。

这一类问题主要考察求职者如何解决产品开发中的沟通协调问题。这类问题通常都是开放式问题，没有唯一的答案，求职者可以从沟通机制的角度进行回答，也可以从人际关系的角度进行回答。具体取决于每个人解决这类问题的方法。

（9）行业与商业分析

典型问题

- 你对目前所在的行业了解多少？请谈谈你对行业现状和发展趋势的看法。
- 互联网行业常见的商业模式有哪些？对应的代表产品是什么？

问题分析与回答方向

产品经理成长到一定的阶段就需要关注与商业模式相关的问题，所有的产品演化的最终结果必然要在商业变现方面得以体现。所以，对于产品经理来说一定要关注自己所从事的行业，并形成自己对于行业的看法。

这类问题一般是针对中高级产品经理才会问到的问题，对于初级产品经理问到的可能性相对比较小。这类问题属于开放式问题，求职者应考虑从务虚的角度来回答，一般可以使用价值链理论、波特的五力分析模型、行业环境分析等理论框架进行回答。

（10）综合考察

典型问题

- 你平时的工作流程是什么样的？你典型的一天工作是如何度过的？
- 请讲一个你自己主导或者参与过的印象最深刻的项目？
- 你之前做过什么产品？具体哪个模块是你负责的？最终的结果如何？
- 你负责的产品最近做的一次改动是什么？怎样做的？结果怎样？
- 谈一谈你做过的最满意的产品，大概讲一下从需求挖掘到产品上线的全过程。

问题分析与回答方向

通常面试官问这样的问题是想了解求职者的工作状态，从中挖掘求职者的工作能力优势，或者找到一些切入的话题点。这类问题通常属于开放式问题，每个人的情况千差万别，所以每个人的回答也各不相同，求职者根据实际做过的产品项目的经历来回答即可。面试官一般会在求职者回答这些问题的过程中挖掘可能存在的新问题，所以在这种情况下通常会是问题连着问题。求职者要把握好自己回答问题的方向，不能漫无边际，而应有目的地引导面试官的思路，最终朝着证明自己有某种能力的方向发展。

（11）问题解决能力

典型问题

- 假如你负责的一款产品用户流失率很高，你会如何解决？
- 如果你提出的需求技术人员说做不了，你会如何处理？
- 如果市场、运营部门提出的需求特别多，但开发资源严重不足，你会如何处理？
- 如果你的产品功能开发排期总是延期，你该怎么办？
- 如果领导提出一个不合理的需求，你会怎样做？
- 如果你接手了一个效果并不好的产品，你会怎样做？
- 我们公司的产品上线后 Bug 特别多，你会如何解决？
- 如果你来负责我们公司的产品，你会最先优化哪几个功能？为什么选择这几个功能？

问题分析与回答方向

在职场中解决问题的能力是一种非常重要的能力，尤其是解决棘手问题的能力。在面试中，面试官通常会通过问一些棘手问题，以此了解求职者是否遇到过此类问题，以及是如何解决的。其目的是考察求职者是否具备解决棘手问题的能力。

上面列举的这些问题涵盖的范围比较广，既有沟通协调方面的问题，又有业务难题，而且大多属于开放式问题，没有固定的回答框架，更多的是实战的经验。如果求职者没有一定的产品工作经历，可能回答起来有一定的难度。但只要不是产品新手，在面试的过程中就可能被问到这些问题。提前对这些问题有一定的了解，对这些问题的回答思路进行梳理，在面试时就不会出现冷场甚至无法回答的尴尬。

2. 学习意愿与学习能力

典型问题

- 最近一个月你关注的行业动态有哪些？
- 请问你平时都关注哪些类型的互联网的信息？
- 你看过哪些有关产品经理的书？能否讲一下其中主要的收获？

问题分析与回答方向

这类问题通常考察求职者是否是一个善于学习、善于思考的人，以及学习能力、深度思考的能力如何。从事任何岗位的人都需要不断学习，从书籍和网络中获取大量的信息、更新自己的知识结构、深化自己的思考能力。对于产品经理来说，不仅要有固定的获取信息的方式，而且要看一些专业的书籍，通过体系化的学习来强化自己的思考能力。

这类问题一般都属于开放式问题，回答时没有固定路径，但每个人在回答时都应该有自己的策略。如果是行业信息，一定要说明自己关注的行业信息具体是什么，关注的目的是什么，获得的成果是什么，这些成果是如何应用在自己工作中的。如果问题是看过什么书，最好是回答自己精读过的书，因为当求职者回答自己看过什么书之后，紧接着可能就会被追问细节问题，如这本书主要说了什么，对你有什么启发。所以，在回答时，不要轻率地随便说一本自己脑海中想到的书籍，这样就会给自己“挖坑”。

3. 职业素养

典型问题

- 你认为一个优秀的产品经理最重要或最核心的能力是什么？
- 你认为一个优秀的产品经理需要具备什么样的素质和能力？

问题分析与回答方向

这是一类本源性的问题，主要考察求职者对本岗位根本性问题的思考，以及思考的深度。如果一个人对于本岗位的工作核心能力都不知道，或者没有理解到位，可能在工作中就无法把握工作的核心方向，这样的人很难在产品岗位做出出色的成绩。

产品经理需要的素质和能力有很多，如需求分析与挖掘、产品规划与设计、行业与商业分析、数据分析、项目管理等，但最重要或最核心的通常只有一两种。如果求职者的答案把产品经理所有的能力都列出，那么说明他没有听清楚问题，所以这里一定是聚焦的，而不是发散的。至于哪种是最重要或最核心的能力，这是一个不完全封闭式问题，不会是千人千面的回答。求职者在回答这个问题时，可以按产品经理所处的不同阶段、所需要的不同能力来回答。

4. 职业规划

典型问题

- 请问你为什么要做产品经理？
- 你是怎样走上产品经理之路的，初心是什么？

问题分析与回答方向

是否热爱本职工作也是很多面试官筛选候选人的一个考虑因素。这类问题是非常个性化和发散的问题。面试官通常通过求职者的从业历史、从业起点了解求职者对于本职工作的热爱。求职者有着非常明确的目的从事这个岗位，或仅仅随大流被动从事这个岗位，在两种情况下的候选人对于工作的投入度是不一样的。产品经理对本岗位的工作是否有热情，决定了他在做具体工作时是否有意愿把工作做到极致。

明确了这个目的之后，求职者也就知道了如何来回答此类问题。具体在回答时，求职者主要应结合自己的真实情况，但要注意如何巧妙回答，以达到面试官的期望。

上述四大类问题只是列出了在面试产品经理岗位时最可能碰到的一些常见的问题类型及问题实例，这些问题不可能覆盖面试中所有的情况。对于每类问题的分析也只是一种思路的拆解，并不是唯一的答案，希望求职者通过这些问题了解面试官设置题目的目的、考察的方向，以及如何解答。

另外，求职者在回答问题时还需要注意以下几点。

第一，回答问题要具体化。

求职者在回答问题时要具体，不要空洞无物，每个问题最好借助具体的案例、通过细节的阐述来回答，这样更有说服力。

第二，对问题要有预见性。

求职者在回答问题时，要关注问题的衍生问题，也就是注意连环追问，面试官的问题后面还藏着问题，或者求职者的回答背后还会衍生出新的问题。对此，求职者要有预见性，要提前想好衍生问题之后可能的问题和回答的策略。

第三，回答问题要完整。

求职者在面试中一定不要用一句话回答问题。面试官提问的目的是希望和求职者进行深入的沟通，不管是选择题还是论述题，求职者都要展开来回答，不仅要有观点还要有论据和论证过程。如果求职者总是一两句话结束回答，面试官就无法与其进行深入的沟通，这样就无法达到面试官深入了解求职者能力的目的。

4.2.4 运营岗位面试常见问题及应对策略

求职者应聘运营岗位可能被问到的常见问题，同 4.2.3 节中产品经理岗位的问题类型基本相同，主要包括以下四类。

- 工作能力。
- 学习意愿与学习能力。
- 职业素养。
- 职业规划。

针对学习意愿与学习能力、职业素养、职业规划方面的问题，应聘运营岗位涉及的问题和应聘产品经理涉及的问题大致相似，所以本节针对这三类问题不再举例并进行详细分析，具体可参考 4.2.3 节中相应问题的回答策略，本节主要针对工作能力方面的问题展开阐述。

关于运营人员工作能力方面的问题，会有和产品经理重叠的一部分工作能力类型，如下所述。

- 用户调研。
- 竞品分析。
- 数据分析。
- 沟通协调。

运营岗位的面试，在这几个工作能力方面可能问到的问题和产品经理的面试可能问到的问题会具有一定的相似性，回答的逻辑也大致相同，在 4.2.3 节已有所阐述，本节不再对此展开讨论。本节关于运营岗位的工作能力的问题，从另一个视角——基于特定运营岗位所需要的工作能力来展开。关于运营岗位的分类，在 2.2.5 节已介绍，主要有如下几种类型。

- 产品运营。
- 用户运营。
- 活动运营。
- 内容运营。
- 新媒体运营。
- 社群运营。

虽然这几类运营岗位之间的差异比较大，问到的问题也有所不同，但是从面试考核的角度来讲，这些岗位会问到的问题大致可分为四类，如图 4-12 所示。

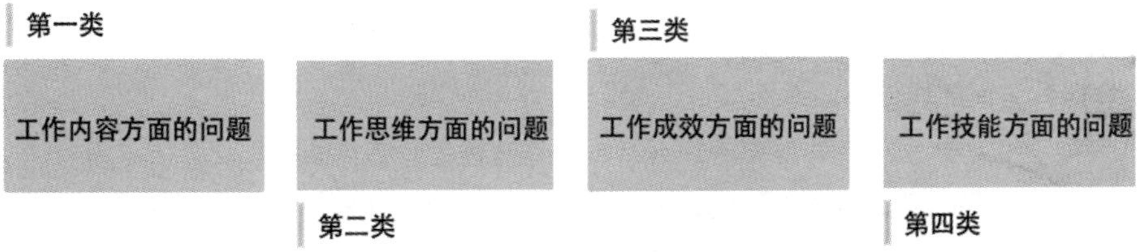

图 4-12　运营人员面试中与工作能力相关的四类问题

1. 工作内容方面的问题

（1）可能问到的问题

产品运营方面的典型问题举例

- 你在上一家公司主要做哪些产品运营方面的工作？最重要的是哪个部分？
- 你在做产品运营工作的过程中，主要采取的方法有哪些？各有什么优势和劣势？
- 你在产品运营工作的过程中，主要关注的数据指标是什么？
- 你在产品运营工作的过程中，曾经做过哪些运营机制的建设？能否讲一下哪些机制是最重要的？为什么？

用户运营方面的典型问题举例

- 在日常的用户运营工作中，你负责哪些具体的工作？哪些是最主要的工作？你认为自己是否抓住了用户运营最重要的工作？为什么会这样认为？
- 你在做用户运营工作的过程中，更多做的是短期性的工作还是长期性的工作？为什么这样做？
- 你是否做过关于用户运营的基础设施建设工作？具体做过哪些？
- 你在用户拉新、留存、促活、召回方面有哪些方法？这些方法各有什么优点和缺点？哪种方法是富有成效的？哪些是效果不彰的？
- 你在上一家公司做用户运营的过程中，是否做过用户调研、用户画像、用户分层方面的工作？具体是如何做的？

活动运营方面的典型问题举例

- 你在上一家公司做活动的频次是怎样的？通常做什么类型的活动？活动的规模是多大？
- 你在以往的活动中花费最多的一笔预算费用是多少？这样的活动预算费用是如何做出的？

- 当活动上线后没有效果怎么办？在你的工作过程中有没有出现过这种情况？通常情况下，你是如何解决的？
- 你是否操盘过大型的活动，能否描述一个大型活动从开始到结束的完整流程？
- 你在每次活动结束时都会进行活动复盘吗？通常复盘都会关注哪些方面？

内容运营方面的典型问题举例

- 你在做内容运营工作的过程中，通常的工作流程是什么样的？
- 你在做内容运营工作的过程中，内容是怎样产出的？有哪些内容来源？
- 你如何看待原创内容与洗稿问题？
- 你在内容推广传播中做过哪些具体工作？

新媒体运营方面的典型问题举例

- 你从事新媒体运营已有多长时间？主要是哪方面的新媒体运营（如微博、微信、抖音、短视频）？
- 目前的新媒体平台有哪些？如果分类的话，你认为大致分为哪几类？
- 你是否了解当前主流的新媒体平台的运营规则？
- 针对某个特定的新媒体平台，如微信公众号，你认为运营的核心要点是什么？
- 你认为在新媒体运营中最核心和关键的工作是什么？为什么？
- 你如何看待内容在新媒体运营中的作用？

社群运营方面的典型问题举例

- 你在上一家公司中，主要做哪些社群运营方面的工作？
- 你认为在社群运营中典型的工作流是什么样的？
- 你认为在社群运营中最关键的工作是什么？为什么？
- 你是否制定过一个社群的具体规则，在制定的规则中最核心的是什么？
- 通常你是如何管理一个社群的？

（2）回答方向与策略

面试官对求职者工作经验的考察，首先是通过对基本工作内容的考察来验证的。例如，应聘用户运营，就要考察求职者是否做过用户调研、用户画像、用户分层、用户成长、用户增长等相关的工作。如果求职者做过相关的工作就会有一定经验，面试时就能够比较顺畅地叙述出来。如果求职者没有做过相关的工作，就很难编造出一些经历来。基本工作内容方面的考察，是了解一个求职者工作能力和经验的最直接有效的办法。所以，面试官在面试中常常会问到与基本工作内容相关的问题，如上述问题中的“主要做哪些产品运营方面的工作”“在日常的用户运营工作中，你负责哪些具体的工作”等。对于这类问题，只需要根据自己的日常工作内容如实回答即可。

关于基本工作内容考察的第二个点，在于考察求职者是否抓住了真正重要的工作。很多求职者虽然在一家公司的工作年限可能有两三年，但仅仅是机械性地做一些例行、常规、重复、没有成长性的工作。而一个求职者如果没有创新的意识，没有做过成长性的工作，那么也不要期望他会在新的岗位上大放异彩。所以，面试官通常会通过提问一些问题了解求职者是否有做重要工作的意识，是否有把握重要问题的能力。例如，上述问题中的“主要做哪些产品运营方面的工作？最重要的是哪部分”“在日常的用户运营工作中，你负责哪些具体的工作？哪些是最主要的工作”等相关的问题。对于这部分问题的回答，需要求职者善于区分重要工作和非重要工作，并在面试之前就对此进行区分，做到心中有数。

关于基本工作内容考察的第三个点，在于考察求职者是否有特定的做事流程，判断求职者是一个井井有条的人，还是一个“胡子眉毛一把抓”的人，因为两种人不同的做事方式决定了做事的成效。所以，面试官就会提问一些与工作流程相关的问题，如对活动运营岗位可能提问“你是否操盘过大型的活动，能否描述一个大型活动从开始到结束的完整流程”等问题。对内容运营岗位可能提问“你在做内容运营工作的过程中，通常的工作流程是什么样的”等问题。关于这类问题的回答，主要依靠求职者在日常工作中的总结。如果求职者在日常工作中做过总结，在面试时就能轻松应对。如果求职者在日常工作中没有做过总结，那么在面试之前也应该对此进行一些梳理，以便在面试时不会尴尬。

2. 工作思维方面的问题

（1）可能问到的问题

产品运营方面的典型问题举例

- 你在上一家公司做产品运营工作的目标是什么？
- 你在做产品运营工作的过程中主要的策略是什么？
- 你们的产品处于什么阶段？在不同的阶段分别采取了什么样的运营策略？
- 你在以往的工作中，是否总结过一些方法论，能分享一下你的方法论吗？

用户运营方面的典型问题举例

- 你在用户运营方面有什么心得体会吗？
- 你认为用户运营的基础是什么？
- 你在用户运营方面有什么典型的策略和方法论吗？
- 当平台利益和用户利益发生冲突时，如何平衡两者之间的关系？
- 你是否了解分享裂变这种机制，你认为这种机制要想成功，最核心和关键的因素是什么？
- 你在以往的工作中是否做过会员体系？会员体系的核心是什么？
- 你是否负责过用户成长体系的建设，具体是如何规划的？

活动运营方面的典型问题举例

- 你在活动运营中是否有典型的标准作业流程（SOP）？
- 你在上一家公司的活动大多是年初规划的？还是临时发起的？为什么会是这样？
- 活动运营可供选择的方案有很多，如红包、优惠券、游戏、抽奖等，你在做具体业务的活动运营时是如何从中选择适合方案的？决策的依据是什么？
- 如何避免活动运营人员为了做活动而做活动？

内容运营方面的典型问题举例

- 你在内容运营方面的方法论是什么？
- 你是如何规划内容运营的整体框架的？
- 你在上一家公司的内容运营方面主要做哪些工作？这些工作的目的是什么？和公司的核心业务之间是什么关系？
- 你在内容运营的工作中，文字、图文、视频类内容是否都有涉及，如何决定在具体的运营中使用哪种类型？

新媒体运营方面的典型问题举例

- 你在上一家公司中，新媒体运营的主要目的是什么？价值在哪里？
- 你是如何选择新媒体运营平台的？你的决策依据是什么？
- 在新媒体运营方面，你是否总结出一套自己的方法论？
- 如何从系统的层面看待新媒体的运营？你认为单一的新媒体运营有价值吗？
- 你们做新媒体矩阵吗？你们的新媒体矩阵是如何规划的？背后的逻辑是什么？

社群运营方面的典型问题举例

- 你在上一家公司做社群运营的出发点是什么？它与整体业务的关系是什么？
- 你是如何选择社群运营平台的？参考的依据是什么？
- 微信社群运营与 QQ 社群运营之间有哪些差异？如何在两者之间进行选择？
- 你是如何做社群运营规划的？在做社群运营规划的过程中，最重要的是什么？
- 你在做社群运营的工作中，一个群从建立开始，大概能够维持多久？如何长期维持群的基本活跃度？

（2）回答方向与策略

面试官对于求职者工作思维的考察比对基本工作内容的考察更为重要。基本工作内容只是代表着一个求职者过去做了什么，并不意味着他下次一定还会做这些事情。有的求职者做过某些事情仅仅是因为上级安排让他做这件事情，至于为什么这样做他可能并不清楚。如果是这样的求职者，那么算不上是一个好的候选人。

关于工作思维方面的问题有两类，如图 4-13 所示。首先是与目的相关的问题。如果一个职场人对自己做事的目的尚不明确，那么他做事的方向可能与公司的方向是相对偏离的，做事的结果可能是价值不大或者没有意义的。所以，面试官在考察一个求职者时，不仅会考察求职者做过什么，更会关注做这件事情的出发点和目标。因此，面试官就会问类似于“产品运营工作的目标是什么”这样的问题。对这类问题的回答，需要求职者有“目的意识”和“目的思维”，在工作中做任何事情之前记得问问自己“目的是什么”。以便在目的的指引下做后续的工作，避免漫无目的地做没有价值的工作。关于目的思维，在 5.2.2 中还会进行详细的阐述。

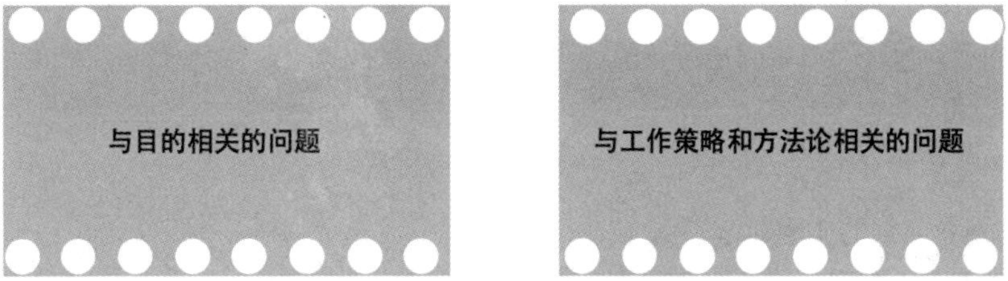

图 4-13　关于工作思维方面的两类问题

关于工作思维方面的第二类问题，就是与工作策略和方法论相关的问题。工作策略和方法论方面的问题通常是与规划、框架、体系、机制相关的一类问题，如运营工作方面的用户成长体系、会员体系、内容运营的框架、产品生命周期不同阶段的运营策略等。这些问题通常涉及在开展工作之前相对宏观的纲领性指导思想，面试官在考察一个求职者时，会通过这些问题来考察他的工作思维。善于使用工作思维和方法论解决问题的人，工作是会相对结构化的，而不是杂乱无章的。所以，就会有类似于“你在用户运营方面有什么典型的策略和方法论吗”“你是如何规划内容运营的整体框架的”这样的问题。这类问题的回答对求职者来说存在比较大的挑战，需要求职者在日常工作中总结、整理、提炼并加以运用，这样才可能在面试中对这类问题提出有深度的观点和看法。这类问题是无法通过面试前的“临时抱佛脚”解决的。

3. 工作成效方面的问题

（1）可能问到的问题

产品运营方面的典型问题举例

- 你在产品运营工作中有哪些典型的工作成果?
- 你能否举一项以往工作中非常典型的工作成果，并围绕这项成果来讲一下过程?
- 你在上一家公司工作期间，产品的关键指标方面是否因为你的工作有较大的提升?
- 为了达到较好的产品运营效果，你主要是从活动、内容、社群等哪个方面切入的?

用户运营方面的典型问题举例

- 你在用户运营方面有没有里程碑式的事件？
- 你在用户运营方面的工作对公司的业务起到了什么样的作用？是支撑作用还是支持作用？

活动运营方面的典型问题举例

- 你在上一家公司的活动运营中有什么典型的成果？
- 你所做的工作对于公司核心业务的价值体现在什么方面？

内容运营方面的典型问题举例

- 你在上一家公司或者其他公司的内容运营工作过程中是否有出色的成果或者案例？
- 你离职时是否为上一家公司留下了内容运营方面的运营规范之类的成果？
- 在内容运营工作中，你主要关注的数据指标有哪些？

新媒体运营方面的典型问题举例

- 你在上一家公司新媒体运营工作方面的主要成果是什么？
- 你在上一家公司入职和离职时，新媒体运营方面有什么大的变化吗？

社群运营方面的典型问题举例

- 你在上一家公司社群运营工作方面取得了哪些出色的成果？
- 你能否从多个维度来讲述一下你在社群运营工作方面为上一家公司提供的价值？
- 在社群运营工作中，你会关注哪些关键的数据指标？

（2）回答方向与策略

面试官对于工作成效方面提出的问题也是对求职者进行考察的一个重要方面。在企业中，一个做事有成效的人才是理想的目标人选，有成效的工作才是对企业有价值的工作。如果一个企业所有的人都在做没有成效的事，那么这个企业是很难长久生存的；如果一个企业大部分的人都在低效率地做事，只有少部分人是有成效的，那么这个企业仍然难以快速发展。成效其实包含了两部分内容：成果和效能。

成果不同于结果，任何工作都会有结果，但结果有正向的结果和负向的结果，只有正向的结果才能算成果。例如，产品经理开发了一个产品功能，这个功能如果带来了用户新增、活跃或者留存，那么这算是一个不错的成果；如果产品功能上线后没有任何效果，就算不上成果，只是一个失败的尝试。对于面试官来说，招聘时最期望找到有成果的求职者。所以，对于工作成果方面的考察会问到“你在产品运营工作中有哪些典型的工作成果”“你在上一家公司或者其他公司的内容运营工作过程中是否有出色的成果或者案例”等问题。

效能是衡量工作结果的一种尺度，包含了工作效率的提高、投入产出的提升等考核要求。

企业是营利性组织，在产出方面当然希望能够做到尽可能高的投入产出，不仅是在物质资源方面，而且在人力资源方面也希望有较高的产出。所以，企业在评估总体的人力资源情况时，会使用“人效水平”的概念，即平均一个员工一年产出的收入价值是多少。这就是对于效能的一种直观的衡量。当然，对于求职者个人来说，通过这种方式可能无法很好地反映自己的价值，更多还是需要通过自己的某些工作方法、工作思路等提升效率，以直接证明自己的效能价值。例如，通过建立某个标准工作流程，使部门人员在某项重复性的工作上花费的时间明显降低了百分之多少，这就是一种效能价值的体现。

对于这类问题的回答，同样需要求职者在面试准备阶段提前梳理好以往的工作成果和工作效能价值，因为与工作成效相关的结果都是一些数字性的指标，一个人几乎不可能把几个月以前，甚至更长时间之前自己做过的工作的成果数字记得很清楚。提前用书面 PPT 等方式将工作成果记录下来，求职者在面试时就会有备无患，不至于仅靠模糊的记忆来应付面试官。

4. 工作技能方面的问题

（1）可能问到的问题

产品运营方面的典型问题举例

- 你之前公司的产品开发上线流程是什么样的？你的运营工作通常是从哪些节点切入的？
- 在产品运营工作过程中，对于用户的了解是基于自己之前的用户调研，还是借助于别人的工作？
- 在产品运营过程中，你会使用哪些数据分析工具？

用户运营方面的典型问题举例

- 你做过用户画像工作吗？具体是如何做的？
- 你是否做过与用户调研相关的工作？具体是如何做的？
- 你是否做过与用户分层相关的工作？具体是如何做的？
- 你是否了解 AARRR 模型？在实际的工作中是否使用过？
- 你是否了解 RFM 模式？在实际的工作中是否使用过？这种模式给你的工作带来的价值体现在哪些方面？

活动运营方面的典型问题举例

- 你会设计红包（抽奖、游戏、优惠券）活动吗？红包活动的基本构成要素有哪些？
- 你是否做过活动排期表？一个好的活动排期表应该包含哪些基本要素？
- 你是否做过活动预算？预算表的基本要素应该包含什么内容？

内容运营方面的典型问题举例

- 如何才能写出一个有吸引力的标题？内在的重要因素是什么？

- 在内容运营工作中，长文案和短文案的写作各有哪些要点？两类文案之间有什么差异？
- 在内容的生产中，UGC 内容和 PGC 内容运营的差异体现在哪些地方？
- 在内容运营工作中，你是如何进行内容的筛选的？是否有可借助的工具？
- 图文内容的运营和视频内容的运营，二者之间有哪些差异？这些差异对运营策略有哪些影响？

新媒体运营方面的典型问题举例

- 在微信运营工作中你会使用哪些排版工具？
- 如果让你同时运营多个微信公众号，你会如何高效管理？有没有什么工具？
- 在内容运营工作中你会追踪热点吗？你是借助于什么工具、如何追踪的？
- 在内容运营工作中，如何监测竞品动态？有哪些第三方的工具可供使用？

社群运营方面的典型问题举例

- 在社群运营工作中，如何批量管理大规模的微信群或 QQ 群？
- 你在做社群运营工作的过程中，有哪些提高运营效率的方法？

（2）回答方向与策略

工作技能是做任何工作必须具备的基础，也是工作能力的构成部分。没有相应的工作技能就不可能做好相应的工作。所以，面试官对于工作技能方面的问题，一方面是间接考察求职者的工作能力，另一方面是侧面印证求职者基本工作方面的内容是否属实。

关于工作技能方面的问题，会有偏重于理论性的问题，如“你是否了解 RFM 模式？在实际的工作中是否使用过？这种模式给你的工作带来的价值体现在哪些方面”等问题。也会有与具体技能相关的问题，如“在社群运营工作中，如何批量管理大规模的微信群或 QQ 群”等问题。

有关工作技能方面的问题都是与具体工作密切相关的，如果面试官问到这方面的问题，就说明他很可能是了解这方面的技能或者相关工作的。所以，求职者在回答这类问题时，可以提前告知面试官自己对于技能的掌握程度，让面试官有一个合理的预期。如果求职者没有掌握这类技能，不知道某个理论，那就实事求是地说出来，并请面试官讲解一下。这种谦虚的做法比胡编乱造试图蒙混过关的策略更加明智。

最后需要再次明确的是，以上列出的问题仅仅是一些典型的问题举例，现实企业中的面试官各不相同，问到的问题也会有很大的差异，本书不可能穷尽所有的问题。作为求职者，重要的是通过问题分析面试官所考察的方向，并据此掌握一些回答问题的根本性策略，这才是重要目的。

4.2.5　如何准备与行业相关的问题

在面试时，业务面试官常常会问一个问题：你了解这个行业吗？

面试中行业话题其实比较宽泛，问题往往比较宏大，如果没有很好的思维框架，回答的内容可能会比较粗浅，求职者很容易在这个问题上丢分。通常，入行时间较短的人对于行业其实很难有深入的了解，尤其是很多行业的实际发展状况是需要职场人在业务发展过程中亲身体会的，不是随便从网上看几篇文章就能有深入见解的。

如果求职者在行业方面确实经验较少，对于这个问题就束手无策吗？其实也不尽然，还是可以寻找一些方法来解决的。这里的关键是求职者要使用成熟的、关于行业研究的理论框架来阐述对于行业的理解。求职者可以基于现有的行业理论框架有针对性地搜集信息，在此基础上形成对于行业的理解，这样提出的见解才会有一定的价值和意义。

关于行业研究方面的理论有几个框架模型（见图 4-14）可以借鉴。

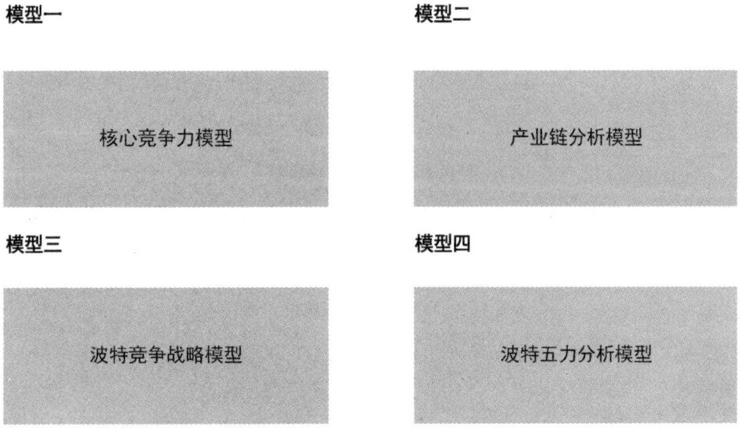

图 4-14　行业研究的理论方面可借用的框架模型

1. 核心竞争力模型

核心竞争力是指能够为企业带来竞争优势的资源，以及资源的配置与整合方式。这个概念是由美国学者 C. K. 普拉哈拉德（C. K. Prahalad）和美国学者 G. 哈默尔（G. Hamel）提出的。他们认为：核心竞争力是一个企业（人才、国家或者参与竞争的个体）能够长期获得竞争优势的能力。公司的核心竞争力应该是难以被竞争对手所复制和模仿的。[①]

① 来自百度百科。

核心竞争力通常是针对个体企业而言的，但面试官的问题是针对行业的看法，这里需要从个体上升到总体。所以，求职者可以通过对行业中重点企业的分析，发现该行业中的企业要想成功需要具备的核心竞争力因素，以此作为对这个问题的回答。因为行业内“领头羊”的核心竞争力常常也意味着这个行业的其他企业要想获得成功必须达到“及格线”的水平，如对于汽车行业的个体企业来说，产业整合能力就是一项核心竞争力。

求职者如果在日常的工作中经常关注行业的信息，了解一个行业中企业的核心竞争力的构成，在面试时就不会对这类问题无从下手，而且基于这样成熟的理论框架体系进行阐述就不会陷入漫无边际的空谈。

2. 产业链分析模型

产业链是某个企业所在行业的同一类企业，在经营过程中与上下游行业的相关企业共同构成的一个协作型生态体系。

产业链的实质是不同行业的企业之间的关联，而这种关联的实质则是各个行业中的企业之间的供给与需求的关系。产业链向上游延伸一般使产业链进入基础产业环节和技术研发环节，向下游拓展则进入市场拓展环节。[①]

在社会化大分工背景下，任何一家企业要想生产自己的产品，都需要和产业链上下游的企业保持密切的联系，在大的协作体系中各取所需完成生产、交易。任何一个企业，即使大到像波音公司和空客（空中客车公司）这样的大型飞机制造企业，也不可能依靠一己之力生产所有的设备，它们也需要复杂的供应体系来支撑。

同样，互联网企业也处于特定的产业链环节中，如早期的类似新浪的媒体企业，上游需要有报纸等传统媒体作为内容提供商。不过，因为媒体网站直接面对读者（消费者），所以下游不需要传统的分销渠道。

又如，互联网贷款行业的企业也有相应的上下游产业链。上游是传统金融机构等资金提供方（资金端），互联网贷款行业的企业需要这些机构提供资金来源；下游是各种流量渠道，互联网贷款行业的企业需要不断获得新的用户（资产端）；此外，横向上还需要支付通道、数据行业的相应支撑。这些企业共同构成了一个完整的产业链。

因此，产业链分析模型也是应对面试中有关行业问题的一个重要的思路，求职者在回答这类问题时，可以从自己所从事行业的整个产业链的角度分析行业问题。

---

① 来自百度百科。

3. 波特竞争战略模型

竞争战略是迈克尔·波特提出的一个概念，他认为企业在面对竞争时可以采取的基本战略有三种：总成本领先战略、差异化战略和专业化战略。①

- 总成本领先战略要求企业积极建立大规模的高效设施，通过经验积极降低成本，严格控制成本和管理费用，避开次要客户，在研发、服务、销售团队管理和广告等领域实现成本的最小化。企业管理层需要高度关注成本控制。
- 差异化战略是指企业提供行业认可的独特产品或者服务。
- 专业化战略是指集中于特定的买方群体、产品类别或者地域市场的战略。

竞争战略有多种形式。总成本领先战略和差异化战略旨在行业范围内实现目标，而专业化战略却是为特定的目标群体而设定的，企业每个职能部门的政策都以此为中心。

波特竞争战略很多年来被许多教科书广泛传播，在企业界得到普遍应用，咨询行业也以此作为一种框架为客户提供服务。在实际的企业运行中，每个企业的情况也基本都能套用这个框架进行解释。

求职者在面试中遇到与行业相关的问题，可以使用这一理论作为解释框架。针对面试企业的情况，求职者可以尝试分析这个企业的战略更可能是哪种战略类型，以及采取相应战略类型需要遵从的战略规则是什么。

4. 波特五力分析模型

关于行业的问题分析，还有一种分析工具是迈克尔·波特的“波特五力分析模型”。波特五力分析模型中的五种力量包括供方力量、买方力量、同行业竞争力量、潜在进入力量、替代者力量，如图 4-15 所示。

对于一个小生意来说，做五力分析确实有点“杀鸡用牛刀”的感觉。但对于一个具有一定规模的社会化企业来说，使用波特五力分析模型来了解行业的竞争就非常有必要。波特五力分析模型在咨询行业的使用也比较普遍。

波特五力分析模型对于求职者个人来说也是有价值的。求职者如果以波特五力分析模型作为框架基础，介绍自己打算从事的这个行业的竞争状况，并把自己所了解到的情况投射到这个模型中，即使可能谈得还不够深入，但在面试官看来至少是一个思维清晰、善于使用工具的人。

---

① 迈克尔·波特. 竞争战略[M]. 陈丽芳，译. 北京：中信出版社，2014：30.

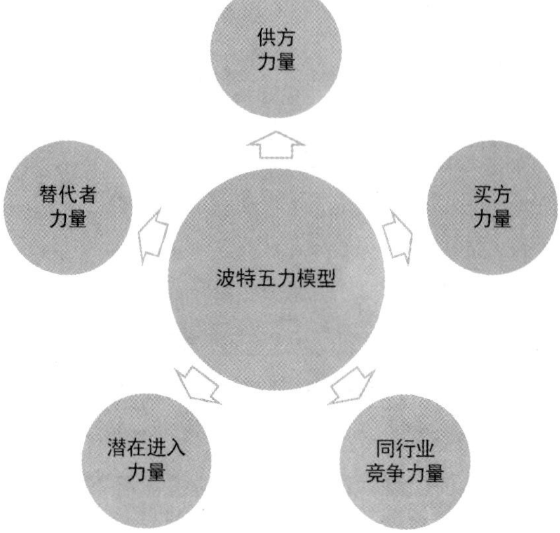

图 4-15　波特五力分析模型

下面以共享单车行业为例，来了解如何从五种力量的角度对一个行业进行结构化的分析。

- 供方力量。

供方力量考虑的是企业的供应商是谁或者产业链的上游是谁？他们是处于优势还是劣势？例如，对于共享单车行业来说，供方力量就是单车生产商，他们相对于共享单车购买企业来说并没有非常强的议价能力。

- 买方力量。

买方力量考虑的是企业的最终用户，这个行业的最终用户是谁？用户是处于优势地位还是劣势地位？用户在谈判中的议价能力如何？用户对企业的发展会有哪些至关重要的影响？

买方力量可能是企业用户，也可能是普通消费者。如果是企业用户，要具体看两个企业的实力情况。如果是普通消费者，那么很明显买方力量是不强的，因为单个消费者都是分散的，很难对企业的决策产生较大的影响。例如，单个共享单车的用户对于企业的影响是比较小的。

- 同行业竞争力量。

同行业竞争力量比较好理解，就是这个行业目前正在经营的企业有多少家？主要的“玩家”有几家？具体包含谁？谁是龙头？有什么优势？有什么劣势？

每个行业内都有很多的竞争者。例如，共享单车行业 2017 年的局势是摩拜和 ofo 两强相争的寡头竞争，但进入 2018 年，滴滴收购小蓝单车加入战局，还有阿里巴巴支持的哈罗单车，局面开始复杂化。对于共享单车来说，背后的资本支持是关键竞争要素。

- 潜在进入力量。

潜在进入力量分析，要考虑这个领域目前的发展状况如何，是行业的早期、中期，还是晚期？有哪些可变的因素会导致经营环境发生变化使行业的进入门槛降低，进而使新的“玩家”进入这个行业？一个企业在发展的过程中，不仅要考虑现有的竞争者，而且要随时关注潜在进入者对行业可能产生的影响，以便做出相应的对策。

- 替代者力量。

在互联网时代，竞争不再仅仅局限于本行业内，有时候给行业造成冲击的“黑天鹅”往往来自其他行业。因此，对于某个行业来说，有没有可能出现替代者？如何应对可能出现的替代者的威胁？这是身处行业内的企业需要经常考虑的重点问题。

例如，电子办公对传统的纸笔办公类生产企业造成了很大的冲击，这是本行业的企业很难想到的。

求职者在面试中谈对行业的看法时，使用波特五力分析模型来谈自己的看法，会比东一榔头西一棒子的空谈要好。当然，上述五种力量不一定面面俱到，只要选其中一两个点进行深入的扩展，谈出深度即可。

其实，波特五力分析模型不仅对初入职场的人来说是一个有用的分析工具，而且对工作多年的职场人来说也是非常有用的工具，这种分析工具其实是进行任何竞争分析时都应该想到并且利用的工具。

除了上面讲的核心竞争力模型、产业链分析模型、波特竞争战略模型、波特五力分析模型，还有一些其他的工具，如环境分析工具，又称 PESTEL 分析工具，具体包括政治因素（Political）、经济因素（Economic）、社会因素（Social）、技术要素（Technological）、环境因素（Environmental）和法律因素（Legal）。

上述的几个理论方面的框架模型只是提供回答问题的一种思路，在具体应用时求职者还需要将理论和具体的企业所在行业的实际结合起来，从细节中谈自己的看法，而不仅仅是把这些框架模型摆出来空谈一番。

另外，在面试时选取上述任意一个框架模型即可，不要套用所有的框架模型，毕竟针对面试而言，行业问题只是众多问题之一，在单一的问题上可能无法花费太多的时间和精力。

4.2.6 如何了解目标公司

求职者在面试前应尽可能对面试的目标公司进行足够的了解，主要是公司的基本情况、面试岗位的基本情况及未来上级的情况。了解清楚这些信息，不仅有助于决定是否前去参加面试，而且有助于最终决定是否加入目标公司。如果能够提前了解到这些信息，面试时也会有更大的把握。

“知己知彼，百战不殆。”这句话原本是用于军事方面的，但如今也适用于面试方面。当求职者将要去面试一家公司时，要对公司、应聘的岗位和未来的上级有所了解。求职者之所以做这样的准备，不仅是为了提高面试的成功率，也是为自己的职业生涯负责。

在面试时，面试官常常会问的一个问题是：“你对我们公司了解吗？请简单说一说。”如果求职者对此没有准备，那么很可能会陷入困境。对于面试的公司如果没有任何了解的话，面试官就会觉得这个人只是一个过客，对公司不会有感情，他只是一个“找工作”的人，而不是一个合格的职业人。

从职业生涯的角度来说，求职者加入一家公司后往往要工作很长一段时间，传统的职场人在一家公司一待就是十几年，即使如今互联网职场人在一家公司工作，正常情况下至少也要工作 2 ~ 3 年。把如此长的时间和精力花费在一家公司，在进入这家公司之前应该对它的整体情况进行基本的了解和判断。

所以，求职者在面试前一定要对即将面试的公司进行一些基本的了解，主要包括公司概况、应聘岗位、未来上级，如图 4-16 所示。如果时间允许，应该做尽可能深入的了解。

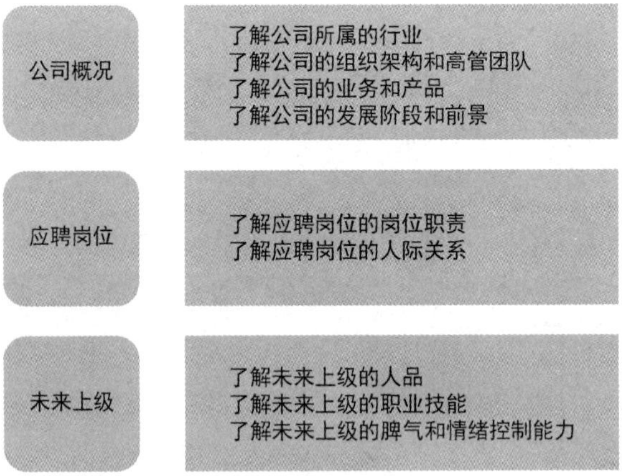

图 4-16　重点了解公司的三个方面

1. 了解公司概况

（1）应该了解公司的哪些方面

通常而言，在去一家公司面试时，求职者至少应该对公司的四个方面有所了解，如图 4-17 所示。

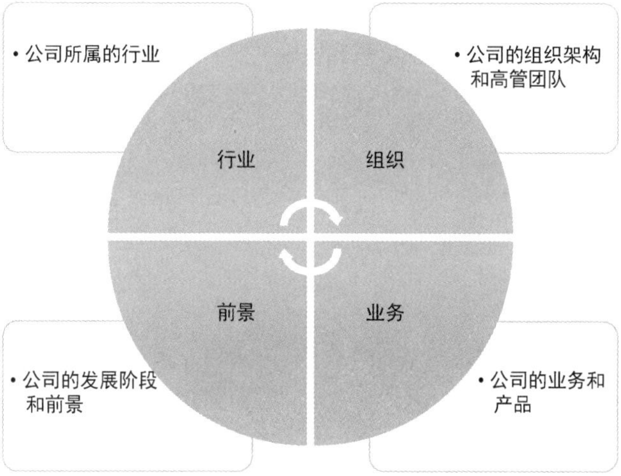

图 4-17　面试应该了解公司的四个方面

一般情况下，这些信息通过搜索公司的官方网站，就能了解得差不多。

第一，了解公司所属的行业

了解公司所属的行业是基于对个人长期职业生涯的考虑，在前面已经有所阐述，求职者选择行业时一定要选择朝阳行业，而不要选择夕阳行业。更进一步来讲，求职者需要看一看这个行业是不是自己圈定的行业领域，如果不是自己所中意的行业，那么这家公司的其他方面再好也不要考虑了，因为这与职业规划不符。

如果求职者时间比较充裕或者非常看重某家公司的面试机会，可以参考 4.2.5 节中提到的几个理论模型，如产业链分析模型、波特五力分析模型，对行业进行深入的了解。

第二，了解公司的组织架构和高管团队

对于公司的组织架构和高管团队，求职者可能会疑惑：自己只是面试一个普通的岗位，为什么还要了解这两方面呢？

首先，了解公司的组织架构能看出一定的问题。如果一家公司规模并不大，但组织层级非常多，那么这家公司的等级制度和官僚气息很可能会比较浓厚。对于求职者来说，这样的公司可能并不是理想的选择。

相反，如果公司的管理层级很少，就意味着公司的管理更加扁平化，更加以业务为中心，而不是以人为中心。求职者在这样的公司里工作会有更大的概率做出成绩，锻炼自己的业务能力。互联网公司具有非常典型的这种特征。

了解高管团队的目的是判断一家公司未来的发展前景，如果创始人或创始人团队具有很强的背景（包括学历和工作经历），可以大致判断这家公司相对会有更好的发展前景。因为一个有丰富工作经验的创始人，会有更广阔的视野和管理经验，这对于创建一家优秀的公司是非常重要的因素。

如果求职者有一些工作经验之后，对于某个行业多少会有自己的一些看法，这时也可以从媒体报道中看看这家公司的创始人对于行业的一些观念和观点，从中多少可以判断出这个创始人的眼界和水平。这也是了解一家公司的一种视角。

第三，了解公司的业务和产品

了解公司的业务和产品对于求职者来说是最重要的事，也是最务实的了解方法，而且了解业务和产品与面试密切相关。面试官很有可能会在这些方面提问一些问题："你使用过我们的产品吗？有什么看法？如果让你来做这项工作，你会怎么做？"如果求职者对类似这样的问题完全没有了解，是很难与面试官进行有效沟通的。

第四，了解公司的发展阶段和前景

公司如同人一样也有生命周期。一家公司是处于刚刚起步阶段还是快速发展阶段？是处于发展的稳定阶段还是衰退下行阶段？不同的生命周期阶段意味着不同的发展前景，每个求职者肯定希望选择一家蒸蒸日上的公司，而不是一家日薄西山的公司。所以，了解公司的发展阶段和前景同样非常重要，这方面可以通过公司的融资情况等信息进行综合判断。

求职者了解公司的以上情况是面试前极其有必要的一项准备工作，尤其是公司的产品。即使面试前的准备时间并不充裕，求职者也应该对公司的大致情况进行简单的了解，这样在面试时才会更加从容。

（2）如何了解一家公司

上面讲述了应该了解一家公司的哪些信息，但求职者如何寻找这些信息呢？对解决问题能力强的求职者来说这可能根本不是问题，但对一部分不善于搜集信息的人来说，就需要对搜集信息的方法有所了解。要了解一家公司的情况可以通过三种方式，如图 4-18 所示。

通过公司的官方渠道了解公司信息

一般情况下，了解一家公司最重要的途径是公司的官方网站，只要稍微有一定规模的公司，通常都会认真包装自己公司的官网并进行广告投放，以宣传公司的品牌和产品。所以，公司的组织架构和公司的业务发展情况，一般都可以通过其官方网站了解到。除此以外，求职者还可以通过公司官方微信公众号、官方微博等渠道综合了解。

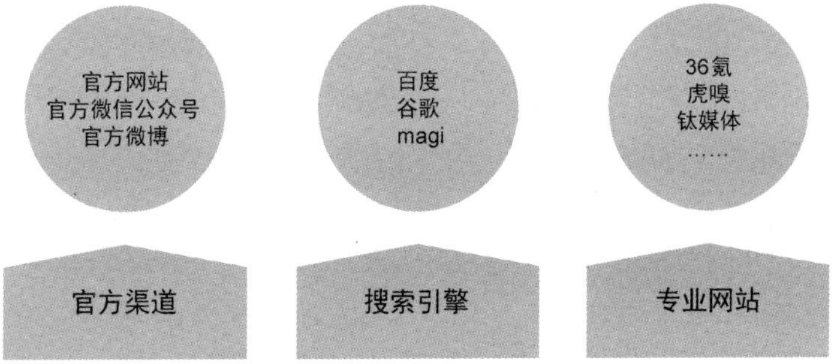

图 4-18　了解公司的三种方式

仅仅依赖公司的官方渠道了解信息也有一定的问题，因为人们在传播信息时，都会倾向于过滤对自己不利的信息，而只传播对自己有利的信息。所以，求职者不能只看公司自身传播的信息，还需要了解竞争对手对公司的看法，了解外部媒体和社会公众对公司的评价。这就涉及以下两种了解公司信息的方式了。

通过搜索引擎了解公司信息

作为聪明的求职者，在了解目标公司信息时，除了通过官方渠道了解公司的信息，更重要的是要借助自己的动手能力，通过搜索引擎主动搜索信息。这种方式可以很快搜索到媒体发表的很多关于公司的报道，这些报道会有正面的信息，也会有负面的信息。求职者只有通过正反两个方面的信息对一家公司做出客观的判断才会更加全面。

通过专业网站了解公司信息

搜索引擎也会有自己的短板——搜索到的信息因为搜索权重的因素只能搜到一部分，有很多的信息不一定能发现。另外，很多时候求职者搜出来的信息往往比较杂乱，这就导致有些重要的信息可能会被忽略。

所以，在这种情况下，还需要登录一些专业的网站搜索公司的关键词，以获取一些针对目标公司的专栏文章。例如，通过 36 氪、虎嗅、钛媒体等了解关于目标公司的第三方观点；通过 IT 桔子了解公司投融资的轮次及投资方等相关信息；通过百度指数、微信搜索指数了解公司的热度；通过新浪股票了解公司（如果是上市公司）的具体业务信息及财报；通过知乎、脉脉等了解过往员工对公司的评价等。

（3）如何评价一家公司

求职者搜索很多信息的目的是对一家公司形成判断并做出决策。因此，求职者对于搜集到的信息应该有一定的评价策略，既不能完全听信公司自主的信息传播，也不能完全听信第三方媒体的报道，在这两者之外还需要加上自己的独立判断。这就需要求职者对这两类信息进行充分的比较，以判断是否有观点冲突的地方，比较不同的第三方媒体报道的信息之间有什么差异，从这些差异中找到真正有价值的信息。有时可能需要求职者自己亲自去面试体验，才能最终做出自己的判断。

2. 了解应聘岗位

求职者要了解应聘岗位，主要从两个方面着手，如图 4-19 所示。

图 4-19　了解应聘岗位的两个方面

（1）了解应聘岗位的岗位职责

求职者了解应聘岗位，目的是提高面试成功率和为自己的职业道路负责。了解应聘岗位有时并不容易，这主要是因为面试的岗位职责内容（公司在招聘网站中的岗位介绍）往往写得大而化之，并不准确，甚至与实际的内容相去甚远。出现这种情况主要是因为一般的招聘信息都是人力资源部门的人员发布的，不是每家公司人力资源部门的员工都非常了解公司的业务细节；而且招聘岗位多，他们没有精力在一个招聘岗位的内容上花费太多的时间。他们更为省事的做法往往是向有招聘需求的业务负责人大致了解需求后，借鉴招聘网站同类岗位的介绍快速发布一个职位。

当然，有的岗位招聘信息是业务负责人直接提供的，但业务负责人对此也没有太多的经验，一般也是参照同类岗位的写作方法。所以，求职者有时会看到不同公司同一个岗位的介绍内容写得几乎一模一样。

因此，求职者如果仅仅通过岗位介绍来了解岗位职责，不一定就能把握最准确的需求。那应该如何解决这个问题呢？

一种非常重要的途径是在面试前通过人力资源官来了解，这又可以通过两个环节实现。

第一，在人力资源官电话通知面试时，可以趁机咨询一下具体的岗位职责。此时求职者往往处于相对主动的地位，人力资源官有义务，并且也愿意花费一定的时间进行详细的讲解。

第二，如果在接电话通知时忘记咨询岗位职责的问题，可以在收到人力资源官的面试通知后，主动给对方打电话咨询。当然，如果打电话咨询，最好是在临近下班时，此时人力资源官相对来说工作不会太繁忙，介绍得会更详细一些。

通过人力资源官了解岗位职责会有一定的积极效果，人力资源官会觉得求职者对于这份工作是认真准备的，后期在评估录用时，很可能会把这个信息反馈给招聘的业务负责人。尤其是在和人力资源官交流的过程中，沟通讨论的话题质量比较高的话，会是一个加分项。

了解岗位职责还有更大的好处在于，通过与人力资源官的沟通会了解到更为真实的岗位职责，这样在面试时能够更加有针对性地和面试官谈自己过往的工作经历，从而不会出现太大偏差。

有的求职者对于岗位职责并不清楚，面试时仍滔滔不绝地讲了一番自己如何能够胜任这个岗位，结果发现与面试官的招聘期望有很大的偏差。这样不仅浪费了一次面试机会，而且白白浪费了自己的时间。所以，作为一个聪明的求职者，一定要清楚地了解应聘岗位的职责，认真评估自己是不是真正适合再决定去面试。

当然，如果跟人力资源官没有沟通清楚岗位职责，那么在面试时也要跟业务面试官优先沟通这个问题。有的求职者面试结束之后都不知道自己入职后具体负责什么工作，这类错误在职场新人中很常见。

（2）了解应聘岗位的人际关系

求职者除了要了解清楚岗位职责，还要了解该岗位的权属关系和人际关系。例如，这个岗位所在的部门有几个人？各自都负责什么具体业务？应聘的岗位和这些岗位之间是一种什么关系？这个部门在公司的整个架构体系中处于什么样的位置？

了解这些内容的目的是了解清楚这个部门是不是刚刚成立的，在公司内是不是重要部门，是不是受到重视。如果这是一个刚刚成立的业务部门，目前只有几个人，那么未来业务发展起来的可能性有多大其实是一个未知数。如果一个部门在公司不受重视，求职者的职业生涯也是很容易受到影响的。如果业务发展受阻面临裁员，求职者就可能面临重新找工作的情况了。

当然，这些信息只有在面试时才有机会问到，但相关问题在面试前就应该准备好，在面试时一定记得提问并得到答案，这样才能在后续决定是否加入这家公司时有更充分的决策依据。有的求职者在面试时没有问清楚这些问题，入职之后发现了相关的问题，不到一周又离职了，这样给自己和招聘公司的时间和精力都会造成很大的浪费。

总之，面试是一个复杂的任务，也是需要花费精力的事情，求职者在面试中的表现及面试最终取得的结果，在很大程度上取决于求职者在面试前的准备工作。

3. 了解未来上级

面试时除了要了解公司概况和应聘岗位的情况，求职者还需要了解未来上级的情况，通常可以采用两种方式。

第一种是通过熟人关系了解。如果认识未来上级的学长、朋友，可以提前向他们了解一下这个人的行事风格、为人处世的能力，不过这种方式对于大部分人来说能够应用的概率比较小。

第二种方式是网络搜索。当求职者收到人力资源官邀约时，最好问一问未来上级的名字，通过“公司名称 + 人名”进行组合搜索，或许会搜到这个人的信息。有时候邀请面试的人可能就是未来的上级，如果遇到这种情况最好主动请求加对方的微信，成功之后看看对方的微信朋友圈都发什么内容，以此作为了解他的一个窗口。如果微信朋友圈没有任何信息，也可以尝试在搜索引擎中搜索他的昵称，有可能会搜索出他用该昵称注册的其他各类网站的信息，或许会有所收获。

当然，上述方式都做不到的话，那就只能在面试时再去完成这件事了。关于了解自己未来上级这一点，在 2.3.2 节中也有详细的阐述。对于未来上级，需要了解三个方面的内容。

第一个方面是人品或者基本品德，这方面最重要的是正直和公正。

第二个方面是职业技能。

第三个方面是脾气和情绪控制能力。

求职者可以在面试的过程中完成对上述三个方面的初步判断。面试是互相了解，在面试中，不要被动的仅仅作为一个应答者，而应主动做一个好的提问者，尤其是面对未来上级时，可以在回答问题的过程中穿插一些问题来了解一些关键信息。如果面试过程中没有机会，可以在面试即将结束时抽出一点时间，大大方方地向未来上级提出自己的问题，了解一些他的过往工作经历，通过他讲述的事情了解他的决策思维。

当然，这件事对初入职场的求职者来说还是有比较大的挑战的。一方面，处于劣势的求职者能够有勇气提出问题本身就不容易；另一方面，是否有足够的技巧提出合理的问题以达到自己的目的，这也需要一定的职场智慧，需要一定的职业磨炼才能掌握。不过，即使充满挑战，求职者还是要尽可能去做这件事，因为它对于自己的职业发展是有益而无害的。

4.2.7　面试前 12 小时需要准备的事项

前面的章节讲述了面试前要做的各种准备，面试过的人可能会对此提出质疑：求职面试时时间那么紧迫，哪有时间来做如此多的准备呢？

提出这样的质疑其实是可以理解的，求职者在面试时总是处在一种紧张的状态中。

如果是已经处于失业状态的求职者，往往迫于各方面的压力急于寻找工作，每天奔波在面试的路上，回家后精疲力竭，没有准备的时间。

如果是还在职的求职者，虽然计划重新找工作，但是因为还未离职，还有日常的工作要处理，所以也不可能随时去面试，因此也没有太多的时间做准备。

但对于求职者来说，无论处于哪种状态、面临什么压力，为了提高面试的成功率，为了自己能找到一个更好的职业平台，还是要尽量做充分的准备。所谓“不打无把握之仗”，求职者最好不要在完全没有准备的情况下去碰运气，而应充分利用面试前的 12 小时。

1. 关键准备工作

在面试前一天，最重要的准备工作是了解公司概况、应聘岗位和未来上级的信息。如果在此之前没有充裕的时间做这些准备工作，那么面试前的这段时间就需要做最后的努力，即使“临时抱佛脚”也是有必要的。

求职者可以根据了解到的上述各类信息，有针对性地进行设问并把这些问题记录下来，作为面试时候的“弹药”。

如果面试的是互联网公司，那么可以下载目标公司的 App 产品或者关注微信公众号，了解目标公司的产品和业务，对产生的问题进行记录，面试时可以作为和面试官沟通的话题。

求职者可以给公司的人力资源官再打一个电话，咨询一下岗位的详细职责，问问未来上级的姓名，这样在面试时就会避免不知如何称呼的尴尬。了解面试官也有助于面试时减少一定的不确定性因素，减轻自己的心理压力。对于面试的环境越熟悉，面试的压力就越小，这样越有助于稳定的发挥。

对公司信息的了解，在 4.2.6 节中已有详细的讲解，不再赘述。总之，在面试的前一天，求职者应进行充足的准备，这样在面试时才会有更大的把握。

2. 基本准备工作

面试之前，除了要做上述关键的准备工作，还需要做一些基本的准备工作，尤其是对于初入职场的人来说，找工作是一种前所未有的考验，可能对一些基本的事项也很困惑。例如，需要带什么材料，穿什么衣服。本节也会对此进行简单的阐述，为这部分求职者提供一些建议，如图 4-20 所示。

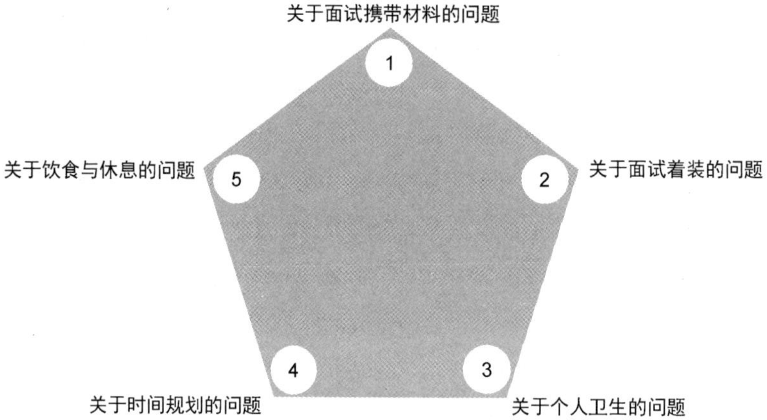

图 4-20　面试前的基本准备工作

（1）关于面试携带材料的问题

经常看到有些职场新人面试时抱着一堆证书，其实，对于首次面试来说并不需要这些，一般情况下，企业是很少看证书的，而且很多证书的含金量并不高。即使求职者有很重要的证书，等到入职再给企业查验也不晚。

建议求职者不要携带所有证书也是出于安全和省心的考虑。面试比较耗费精力和体力，求职者拿着毕业证、学位证等其实是有些重量负担的，而且频繁奔波在求职路上，如果丢失某个证件是一件很麻烦的事。

那么面试是否需要携带纸质简历呢？实际上，很多时候纸质简历是可以不用带的。尤其是在打印并不方便的情况下，其实这也没有太大关系，面试官一般都会帮忙打印，简单解释一下自己没来得及打印的原因即可。

如果有关于工作经历、实习经历相关的 PPT，那么携带电脑是极为必要的，在面试的过程中用 PPT 进行辅助讲解效果会更好，其中的原因在 4.3.2 节中将进行详细的阐述。虽然手机如今也可以演示 PPT，但相比电脑给人营造的正式感还是不一样的。

（2）关于面试着装的问题

关于着装问题，职场新手可能看过影视剧都会形成一个认知，一定要西装革履，实际上在互联网公司面试时并不需要这样。除一些传统的银行机构在面试时会有这方面的要求之外，现在绝大部分公司都不会在这方面提出特别的要求，所以无须特意准备非常职业的服装。

但在着装问题上也避免走入另外一个极端，有的求职者在着装方面过于随意，尤其是在夏天，为了自己舒服穿着人字拖、短裤、短裙、露背装去面试，这样也是不太好的。虽然说互联网公司的氛围比较活跃，但是人际交往的基础原则在任何时候都是适用的。因为着装方面的问题给面试官留下不好的第一印象，是得不偿失的。

（3）关于个人卫生的问题

面试是一个近距离交流的场景，所以求职者也需要注意个人卫生方面的问题。之所以提到这个问题，是因为我在面试的过程中发现这个问题还比较普遍，有的人在面试表达时会从口中散发出不好的气味，会让人产生尽快逃离的想法。如果出现这种情况，那么求职者怎么可能和面试官有良好的沟通呢？虽然每个人可能有各种各样的身体原因，但是面试时应尽量避免这样的情况。最好的办法是随身带一瓶口香糖，面试前嚼一颗，这样就会避免面试时候的尴尬，避免自己给面试官留下不好的印象。

（4）关于时间规划的问题

面试时的时间规划也是一个非常重要的细节，守时是优秀的职场人非常重视的一种职业素养。如果求职者连面试都无法守时，那么在面试官看来，他在工作中会有多大的概率是一个自律的人呢？一旦面试官产生这样的想法，那求职者在这家公司的求职结果就已经存在一个非常大的不确定因素了。

如果求职者一天面试两到三家公司，而这些公司分布在一个城市的不同地方，那么求职者一定要算好路上的时间和面试的时间，避免迟到给自己造成紧张情绪从而影响面试。在大城市，路上的时间其实占用不算少，可以提前使用地图导航软件，查询从家到第一家公司，从第一家公司到第二家公司分别需要多长时间，然后预留出一点弹性时间。

与时间密切相关的是交通，所以交通工具的选择也要有所考虑。如果所在城市有地铁，最好优先选择地铁，尽量少选择公交车。在大城市，堵车是很常见的事情，如果发生堵车，就很容易打乱既定的时间计划。

（5）关于饮食与休息的问题

面试其实是一件非常辛苦的事情，既费体力又费脑力。因此，求职者需要保持充沛的体力，合理安排饮食、注意休息。

在饮食方面，需要提醒求职者的是一定要按时吃饭，早上出门前最好在家解决早餐问题，面试的地方有时候并不太容易找到吃早餐的场所。如果没有吃早餐饿着肚子去面试，面试战线拉得长一点就可能出现体力不支、精力下降等问题，这样面试的效果也就不容易保证了。

在休息方面，晚上的休息相对比较容易保证，主要是中午的休息。夏天的下午一般容易犯困，如果中午没有及时休息，那么面试时同样容易出现精力不集中、打哈欠的情况，这样对于面试表现也是非常不利的。所以，最好在中午吃饭时找一个相对安静的餐厅，可以吃完饭稍微闭目养神休息一会儿，这样在下午面试时才会有精神。

总之，面试是一场非常辛苦的耐力考验，这个过程往往非常艰辛。所以，求职者在面试前一天一定要做好充分的准备，不仅要做好面试本身的相关准备，而且也要做好饮食、休息等方面的准备。只有这样，求职者才能在面试这样高强度的耐力赛中赢得胜利。

4.3 面试实战：掌握面试成功的法宝

4.3.1 面试时会经历些什么

求职者在面试的过程中通常会经历填写表格、初次面试、二次面试及最终面试四个环节，由于每家公司的规模和制度建设完善程度不同，这些环节还会有一定的差异。求职者要理解各个面试环节设置的逻辑，了解每个环节考核的重点，尽量减少面试中的未知事项带给自己的不确定性。

前面章节讲解了如何准备面试，目的在于希望求职者能为面试本身做好充分的准备，这样在面试过程中才能游刃有余，更加轻松自如地应对。初入职场的人对于面试的过程是什么样的可能还会有点陌生，本节将对面试的过程进行分析，带求职者了解面试过程的全貌。

一般情况下，面试的典型流程如图 4-21 所示。

1. 填写表格

大部分的面试开始都是同样的路径，求职者到了公司之后接触到的首先是公司的前台人员，前台人员会通知人力资源官或者业务负责人。在这个过程中，前台会给一张表格让求职者填写，表格的主要内容其实和简历上的内容大致相同，但也有些不一样的地方。

相同的部分是基本信息、工作经历、实习经历等方面的概要。这个部分不需要填写太多细节的内容，主要侧重于时间、地点一类的信息，切记不要和简历上有出入，保持一致。

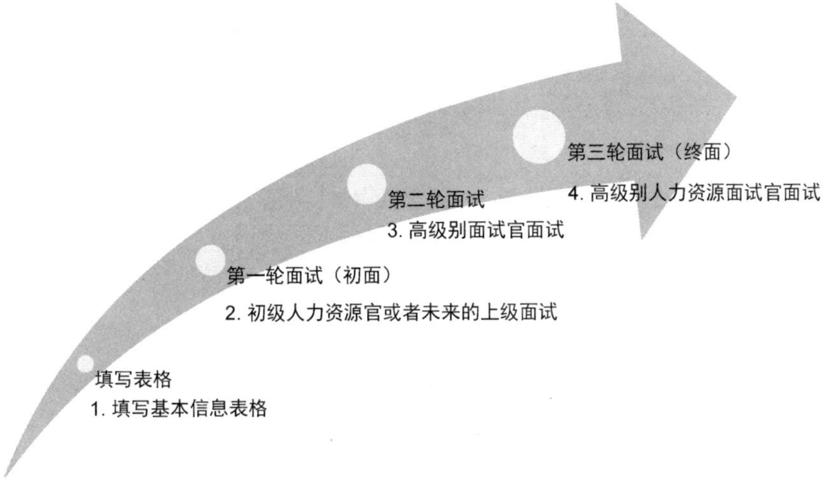

图 4-21　面试的典型流程

不同的部分是要填写家庭成员情况、紧急联系人、身体健康状况及学历证明人或者上一家公司的证明人之类的信息，每家公司的情况会有所差别。证明人之类的信息可以先不用填写，等到公司确定录用时再提供。

2. 第一轮面试（初面）

第一轮面试也叫初面或者一面，这一轮面试可能的情况往往有两种：有可能是初级人力资源官面试（有时候可能是部门同事面试），也有可能是未来的上级直接面试。

（1）非上级面试——预演

在不同的公司中，初面的面试官可能会不同，通常的情况是业务面试官直接面试，但有时候也会是初级人力资源官先面试。这种情况很多时候可能是因为业务面试官还没有到位，由人力资源官先了解一些求职者的基本情况。如果是这种情况，那么这个环节一般不会淘汰候选人。所以，求职者可以把这个环节作为一次预演，以缓解自己的紧张情绪或者对环境的不适应状况。

在第一轮面试中，人力资源官在业务方面通常与求职者不会有太深入的交流，更多的是从人力资源的角度来考察求职者的职业稳定性、职业规划等相对务“虚”的工作。通常的步骤是让求职者先进行自我介绍，然后让求职者讲述一些个人经历、工作经历，没有太大的问题基本就会进入下一轮面试。

所以，如果求职者了解这个环节由人力资源官面试，那么可以不用在阐述工作经历方面花费太大的精力，不用介绍得特别详细，否则在这个环节耗费过多精力可能会影响后面轮次的发挥。

当然，这个环节也会存在这样的情况：面试官既不是人力资源官，也不是未来的上级，而是业务部门的同事——和求职者职级差不多的未来同事。这种情况有时候可能是因为未来的上级没有到位，拖延一点时间，也有可能是未来的上级对于相关领域的专业知识不足，让业务部门的同事来了解求职者的专业度。当然，还有一种情况是让业务部门的同事先过滤一遍，为上级节省时间，背后的逻辑是：如果连同事这一关都没有过，那么也就不需要上级再耗费多余的时间了。所以，在这个环节中，如果是业务部门的同事面试，那么表现专业性和能力是一方面，更重要的是要表现出谦虚，不要过于自负、自大。

（2）未来的上级面试——关键考验

如果前面有人力资源官的面试或者未来同事的面试，那么顶多算是一场预演，真正的初面是未来的上级对求职者的直接面试。所以，如果明确知道面试官就是未来的上级，求职者就需要付出十分的努力来展现自己的能力。

通常情况下，未来的上级的面试过程一般包含三个环节，如图 4-22 所示。

图 4-22　未来的上级的面试包含三个环节

自我介绍

自我介绍是面试中经典的开场白，不论是未来的上级面试还是人力资源官面试，第一句一般都会说：请先做个自我介绍吧。

作为求职者，在这个环节中首先需要克服的是自己的心理紧张情绪。如果前面已经经历了人力资源官的初面，可能在这个过程中已经消除了紧张情绪。如果在人力资源官面试过程中已经因为某些原因造成了紧张情绪，那么在下一轮面试之前应采取一些办法尽快消除紧张情绪。除了采取一些类似于深呼吸之类的生理办法，另外一种策略是采取一种“无所谓”的态度，就是要在心里告诉自己：面试不是考试，只是一场聊天，失败无所谓。越是这样，求职者可能反而越能够轻松应对。

自我介绍通常是一个例行性的部分，不会有太出彩的地方，所以做到中规中矩即可。一般简单介绍自己的姓名、籍贯、学校、专业即可，求职者不要花太多的时间在这一部分，更不要面面俱到，重点应该放在后面自己的能力和经历的介绍上。

求职者完成自我介绍后不要停下来让面试官接着提问，而应尽量把握主动权，继续介绍工作经历。当然，具体的情况也要看面试官是否有问题要问，如果对方有问题就先停下来，而不是自己滔滔不绝地讲。注意观察并确定什么时候该讲话、什么时候该停下来，对于求职者而言也是重要的面试能力和职场技能。

经历详介

完成简短的自我介绍之后，就会进入面试的重点部分——开始进行工作经历和能力的介绍。尤其是工作经历或能力与目前应聘职位之间的契合性或者匹配性。

对于初入职场的求职者来说，往往面临的实际情况是工作经验缺乏，实习经历成为为数不多的可以依托的谈资。求职者如果没有实习经历，就挖掘自己的能力和优势，可以根据企业招聘职位中要求的关键能力，尽可能以实际的具体案例向面试官证明自己的匹配性。

举例来说，企业对于基层员工往往侧重于执行力、关注细节、人际沟通能力、协调能力等。如果应聘的职位特意提到希望求职者具备某项能力，求职者就可以对照自己的实际情况，思考是否具备这样的能力，然后搜索过往经历中能证明这种能力的一两个案例，提前把这些案例按照 START 法则进行包装，包装后的案例此时就可以派上用场了。

这个环节是面试官考察的重点，能否被录用或者进入下一轮面试，就看求职者能否以自己的工作经历或能力打动面试官。面试官在这个环节中可能提出很多具有挑战性的问题，求职者能否顺利应对至关重要。

在这个阶段中一个重要的应对策略是，拿出一个提前准备好的 PPT 文档主动引导面试官，而不是被面试官的问题牵着走。关于这一点在 4.3.2 节会有详细的阐述，此处不再赘述。

另外，在此需要提醒一点，很多求职者有一个容易忽略或产生误区的地方，认为工作能力应通过以往的工作经历去证明。实际上，在面试过程中用语言表达的过程也是一种证明能力的方式，语言表达逻辑性强，总结概括的能力足够好，这些也是加分项。相反，语言表达不畅可能会被认为是沟通能力方面有问题。

面试中遇到的面试官千差万别，有的面试官可能不会问太多的问题，反而是他自己有很强的表达欲，如果遇到这种情况只要倾听并适时进行反馈，或许就能拿到 Offer。

问答环节

如果求职者已经通过了经历详介环节的考验，无论是否被录用或进入下一轮面试，面试官都会问求职者一个经典的问题：你有什么问题吗？

这个问题其实是一个非常重要的问题，有没有被录用的可能或者能否进入下一轮面试，面试官提出这个问题时的语气、神情基本上就有了暗示。

这时候求职者问的问题也很重要，关于这一点，在 4.2.2 节已进行阐述。具体问什么问题，要区分面试官此时的态度。

如果面试官明确表示通过了这个环节的面试，那就可以问一些部门组织架构设置、部门人员设置方面的问题，尤其是如果提前准备了公司业务方面或产品方面的问题，就以一种请教的态度请对方谈谈看法，帮助自己解决疑惑。借此机会，求职者不仅可以了解一下未来上级的特点以决定是否加入该公司，而且如果问题提得好，也会给面试官留下一个好印象。

如果面试官并没有表示出太大的通过面试的倾向，就不要问组织结构方面的问题，而应请教产品或者业务方面的问题，这就需要提前做一些准备工作。

在完成问答环节之后，这场面试的关键环节基本就结束了。接下来是有更高级别的面试官面试，还是直接和人力资源官沟通薪资福利，要看各家公司的具体情况了。

一般来说，如果面试的是中小型公司，成功与否的局面基本已定。如果面试的是大公司或者机制比较完善的公司，那么面试还远没有结束。在大公司中，本环节结束后至少还会有一至两轮面试，所以初面只是完成了面试的二分之一或者三分之一，挑战仍然存在。

3. 第二轮面试

如果还有第二轮面试，那么就是未来上级的上级甚至是更高级别的面试官进行面试，如公司总监或者首席执行官。这些面试的过程与之前面试的过程差不多，大致也是包含自我介绍、经历详介和问答环节。

不过在这个环节中，根据面试官的职级不同，面试的沟通方式、语言表达要更为谨慎一些。如果面试官级别比较高，那么往往意味着他具有更丰富的阅历、更强的能力，求职者在面对这种面试官时，尤其要注意谦逊、诚实的表达。

如果求职者的言辞中但凡有闪烁的谎言，可能很容易就被对方识破，面试的结果可想而知。但这并不意味着求职者不敢说话、不敢表达自己观点，良好的自信也是很重要的。

前面提到的千人千面的问题求职者也要适当考虑，注意观察面试官是一个更愿意提问让求职者回答的人，还是一个更倾向于滔滔不绝讲话的人。

在实际面试过程中，有一部分级别更高的面试官，往往属于善于表达型的人，他们习惯了讲话，遇到这种情况让他们充分表达即可。

另外，级别更高的面试官可能提出的问题也会和直接上级有很大的差异，直接上级一般考查的重点是业务经验和业务能力，而更高级别的面试官考察重点多是思维、职业素养和公司文化等问题。一方面是因为级别更高的面试官对于具体业务的参与度已经不深，在这个方面也无法进行深度的考察；另一方面，团队对于一个企业的成败来说非常重要，选择什么样的人加入团队，决定了公司的氛围和团队的综合业务能力，级别更高的面试官面试的重要考察点往往在于为团队选择合适的人、过滤掉不合适的人。

4．第三轮面试（终面）

如果求职的面试过程没有第二轮面试，或者通过了第二轮面试，接下来的环节则是第三轮面试（终面）——高级人力资源官的面试。这个环节也不容小觑，在有的公司中，人力资源官基本不会淘汰人，尤其是在大部分的中小型公司中，基本上还是以业务负责人的意见为主。但在有的公司中，尤其是在一些大型公司中，人力资源官对于最终是否录用求职者有较大的决定权，原因可能是人员稳定性、工资待遇超标、企业文化方面等各种考虑因素。所以，求职者即使顺利通过了业务负责人甚至高级别面试官的面试，在高级人力资源官面试的环节也可能被刷掉。

高级人力资源官的面试一般是人力资源部门的负责人或者核心岗位负责人直接面试，考察的内容如图 4-23 所示。

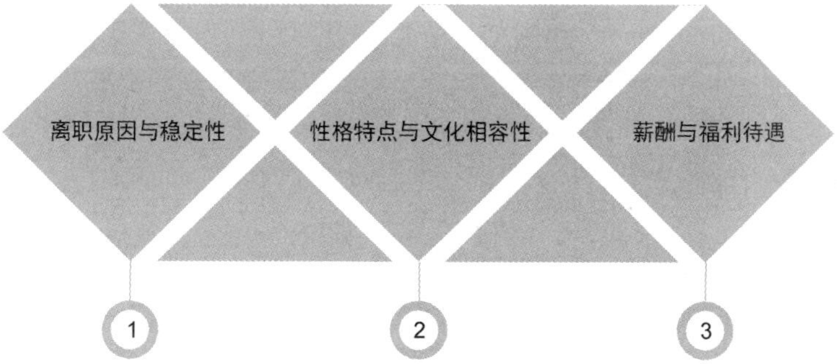

图 4-23　高级人力资源官面试考察的内容

离职原因与稳定性

人力资源部门的一项重要工作是负责公司人员的招聘，所以在他们的绩效考核中有一个重要的指标是离职率，高级人力资源官非常重视人员的稳定性，因为人员不稳定会造成巨大的招聘成本，而且会影响业务的正常推进。所以，高级人力资源官对于求职者的离职原因通常考察得非常仔细，每一家公司的离职原因都会问得很详细，并且会提出各种问题来交叉验证，以判断求职者的稳定性。

所以，求职者在回答离职原因时，应尽可能表达自己的真实离职原因，不要试图编造谎言，更不要抱怨前一家公司的制度缺陷，应更多从家庭方面或者职业发展方面谈离职的原因。

性格特点与文化相容性

对于企业来讲，招聘并不仅仅是招聘到有业务能力、工作经验丰富的员工，还需要考虑与企业文化的相容性，尤其是企业越大，这方面的因素考虑得越多。所以，高级人力资源官在面试时常常会对求职者性格特点方面的因素进行考虑，他们会通过现场面试和过往经验判断求职者的情绪稳定性、是否容易合作等。

有的企业会专门使用人格测试量表进行专业化的评估，如使用“大五人格模型量表”“MBTI 模型量表”“DISC 个性测验”等工具，对求职者进行相应的测评，把测评结果作为决策判断的依据。如果高级人力资源官认为求职者有性格方面的重大问题，可能会拒绝这样的候选人。

薪酬与福利待遇

薪酬与福利待遇是高级人力资源官必谈的内容，一般情况下人力资源官会再次确认求职者的期望薪酬，并告知求职者本公司的薪酬结构体系。如果高级人力资源官没有明确讲明这一点，求职者要记得咨询这个问题，并且得到明确的答案。

在薪酬待遇方面，如果求职者的期望和公司能够给出的水平不一致，尤其是求职者的期望高于公司能够提供的水平，人力资源官还会进行讨价还价，如果双方的诉求差异巨大可能就会谈崩。因为每家公司都有自己的成本预算和针对每个职位的薪酬范围，如果求职者的期望大幅超出该范围，就不是高级人力资源官或者业务负责人权限范围内能解决的问题了，这是公司既定的原则性问题。

对求职者来讲，这个环节重要的是了解清楚薪酬和福利待遇。所以，该问的问题尽量要问全，以下这些问题都可提问。

- 公司是五险一金还是六险一金？
- 公积金是否足额缴纳？
- 年终奖是几个月的工资？
- 工资是如何构成的？
- 如果有绩效工资，绩效工资全额发放的条件是什么？

当然除了这些问题，如果还有一些个人的问题，包括部门的人员构成等没有来得及向业务负责人提问的问题，都可以在这个环节提问。

需要说明的是，上述的几轮面试并不是一次可以完成的，因为不同级别的面试官很难一次性邀约齐全，要在一家公司面试完所有的环节通常可能需要面试两至三次。这个过程对于求职者来说有些辛苦，所以求职者需要有耐心。

总之，面试的过程是一场综合耐力赛。在这个过程中，既有智力的考验，也有体力的考验；既有对求职者过往经历的考察，也有对求职者临场发挥的考察；既有书面表达能力的考察，也有语言表达能力的考察；既需要自己的努力，也需要机遇与运气。对于求职者来说，如果想在职业之路上节节高升，就需要未雨绸缪、长期准备，不要临时抱佛脚、撞大运。

4.3.2　面试中使用 PPT 破解无话可说的尴尬

在面试中使用 PPT 可以帮助求职者取得更好的效果，这是因为使用 PPT 能够满足不同面试官的信息接收需求，而且相比于单纯的听觉信息，人们更容易接收 PPT 呈现的视觉信息；另外，人们通过多种感官接收信息效果更好。对于不同的求职者来说，在面试中使用 PPT 应该有所差异：经历缺乏的求职者应该以事件发生的过程为单位来组织 PPT 的信息结构；经历丰富的求职者应该以事件（经历）本身为单位来组织 PPT 的信息结构；“高段位”（经验丰富、能力强）的求职者应该以自我方法论为单位来组织 PPT 的信息结构。

在 4.1.2 节中我们讲了框架思维及使用框架思维的具体操作方法，包括使用 PPT 等工具来强化框架思维。本节将对此进一步展开，阐述如何使用 PPT 破解面试中无话可说的尴尬，尤其是对于那些不善言辞的求职者来说，这个策略能够极大地提升临场表现。

1. 面试中使用 PPT 的必要性

前面的章节从信息发送者的角度出发介绍了使用 PPT 的好处。本节从另一个角度——信息接收者的角度来阐述使用 PPT 的必要性，这种必要性主要体现在以下三个方面，如图 4-24 所示。

图 4-24　面试中使用 PPT 的必要性

（1）满足不同面试官的信息接收需求

在面试中，单轮面试的时间其实非常有限，一般不超过两个小时，短则半个小时。在如此有限的时间内，如何让自己的观点更加有说服力，其实只有语言的表达是远远不够的。尤其是人们有阅读型和倾听型之分，有的面试官通过倾听就能掌握很多关键的信息，但有的面试官反而是通过看书面材料才能更好地掌握信息。对于后一类面试官来讲，求职者通过 PPT 展示自己的工作经历就是一种非常好的方式。对于求职者而言，能够注意到使用适合面试官的信息沟通方式，也有助于与面试官进行充分有效的沟通。

（2）视觉信息有助于面试官更好地接收

人类是视觉型的动物，通过视觉接收信息的能力要比听觉强很多。其实这一点很好理解，同样一段信息，如果让人通过阅读来把握关键信息，就比通过倾听容易得多，能够记住的内容也更多。关于这一点，在认知心理学方面有专门的研究。

求职者通过 PPT 展示自己的工作内容、工作成果，在面试官的大脑中会形成更强、更多的刺激，面试官大脑中留存的信息也会更多。这使面试官在对求职者进行判断时，大脑中会形成对求职者更加有利的因素。

（3）多种感官刺激加强信息接收效果

当求职者在讲述自己工作经历时，如果只是通过语言表达，面试官接收的是一维的信息刺激；当求职者在使用 PPT 时，面试官接收的是双重的信息刺激。双重刺激的叠加效果必然比单纯刺激效果要好。我们从小到大上学时需要教材、需要老师写板书，原因就在于单纯的倾听很难达到最佳的学习效果。

总体来看，面试中使用 PPT 无论是从信息发送者的角度来讲，还是从信息接收者的角度来讲，都是非常有价值的。而无论哪种角度，最终都是有利于求职者的。所以，在面试中使用 PPT 应该是求职者首选的策略。

2. 面试中使用的 PPT 该怎样准备

有人比较善于做 PPT，有人在这方面经验相对比较欠缺。面试中使用的 PPT 是什么样子的？怎样做才能更有效地帮助求职者取得面试的成功呢？

通常做 PPT 有三种境界：第一种是样式和内容兼备；第二种是有内容但样式一般；第三种是样式好看但没有实质内容。面试中使用的 PPT 如果能做到第一种境界当然最好，但如果做 PPT 的经验不足，能做到第二种境界其实也是不错的。第三种境界是不可取的。制作 PPT 花费的时间会比较多，对于求职者来讲，样式其实并不是最重要的，内容才是关键和核心部分。所以，这里主要介绍内容方面的准备。至于样式方面，网络上的教程极其丰富，找一些好的样例学习一下就可以了，没有必要花费太多的精力。

那么，面试中的 PPT 具体应怎样制作呢？

大部分的求职者可以沿着两条路径尝试：一条路径是做深，一条路径是做广。前者主要适用于经历比较少的求职者，后者主要适用于经历比较多的求职者。当然，不同类型的求职者，PPT 的制作思路会有较大的不同，如图 4-25 所示。下面分别进行介绍。

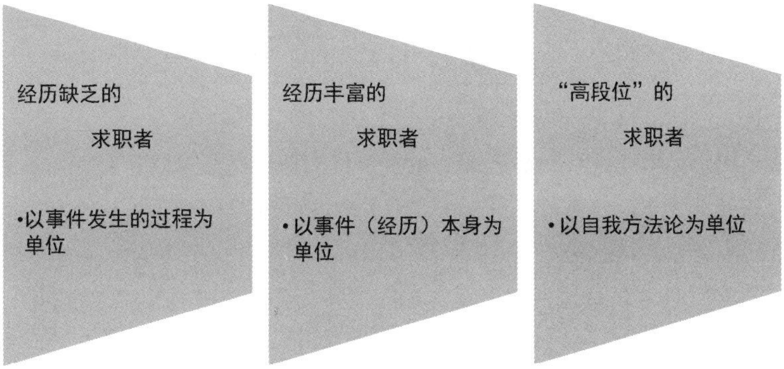

图 4-25　三类求职者制作 PPT 的策略

（1）经历缺乏的求职者应该怎样制作 PPT

如果求职者没有什么实习经历，或者工作经历、项目经历比较少，那么就要“以事件发生的过程”为单位，把整个事件进行彻底挖掘与包装。工具还是使用 START 法则，START 法则的五个方面可以作为面试 PPT 的一个基本框架，这意味着每种工作经历至少有 5 页 PPT 内容，如果写两到三个案例，那么这个 PPT 至少有 10 页以上的内容。这是一种侧重于强调细节的策略，可以很好地解决工作经历少、工作经验不足的问题。

所以，在内容方面，求职者一定要更加用心，尽量把所有表述这件事情的内容从头到尾、按照 START 法则写成文字稿，尤其是行动、结果和感悟部分可以作为重点。企业在招聘的过程中不仅会考虑工作经历的相关性，同时还会考察求职者的工作能力。求职者是不是有想法？是不是有自己的思考？是不是关注细节？这些也是能力的一些构成要素，是面试官比较看重的。

这里需要注意的是，文字稿是面试时候的底稿，并不是要全部放在 PPT 中的。PPT 中放的应该是和这些文字背景相匹配、与所述事件相关的图片，里面仅放少量关键文字信息，能够起到提醒作用即可。

需要再次强调，文字稿一定要写下来。这个过程不仅是对思维的一次锻炼，而且是一次面试回答的预演。很多人在写文字稿的过程中可能发现，即使是在没有其他人施加压力的情况下，也无法非常清晰、准确地用语言把这些内容表述出来。对于这部分人来说，假如到了面试现场，又怎样保证能够清晰、准确地向面试官讲出这些内容呢？

（2）经历丰富的求职者应该怎样制作 PPT

对于经历比较丰富的求职者来讲，展示自己工作经历的丰富度才是更为关键的，细节的展现只需要通过其中一两个案例来体现就足够了。

所以，对于经历比较丰富的求职者来讲，可以“以事件（经历）本身为单位”进行整理。每段工作经历放一些事件的背景和结果图片即可，一般每个事件（经历）控制为一两张 PPT，共挑五至七个重要的项目案例即可。

在面试的过程中，求职者对于这些经历或者事件的讲述要有重点，不要对所有的案例都花费同样的精力，一定要有所侧重。抓住一个重点事件做最充分的准备，进行非常详尽的表述，以此来体现自己的能力，其他案例只做简单讲述即可。当然，每个案例仍应按照 START 法则来讲述，只是不需要把 START 法则的每个要素都列在 PPT 中，否则会显得比较臃肿，并且耗费的时间也会比较长。

在这里有一点需要特别说明的是，一些求职者准备 PPT 时可能会发现一个问题，就是对于那些最重要的事件也觉得没有多少东西可写。这其中有两个原因：对于事件的记忆已经模糊不清；对于事件缺乏多维度的思考。

对于前者的一个解决办法是记录——随时随地地记录，在日常工作中对于发生过的一些重要事件，一定要随时做记录，不管是文字还是图片都要记录下来。如果当时记录下来，以后在制作面试 PPT 时就不会面临“无米下锅”的困境了。

对于后者的解决办法其实需要求职者具备多维度思考的能力，这个问题主要考验一个人多维度思考力，需要求职者加强思维方面的训练。

（3）“高段位”的求职者应该怎样制作 PPT

对于一些在职场中段位比较高的求职者而言，在制作 PPT 时需要另外一种策略——从框架思维和系统思维的角度输出自己的工作方法论，把自己多年的工作经验或工作方法浓缩为一个理论体系或者概念体系，整个 PPT 的框架就是这个理论或者概念的展开。整个过程如同画一棵树，先画出树的主干和根部，然后画关键的分枝，接着点缀小树枝，至于最后的“树叶”则不需要放在 PPT 中了，如果都放进去，就会非常的臃肿，也不符合使用 PPT 的目的。

通常这类 PPT 不是一朝一夕能够做出来的，需要求职者未雨绸缪，在日常工作中随时随地地做长期的准备；需要在某个特定的时间点系统地梳理过往的内容；需要求职者对这些内容进行反复的琢磨和锤炼，最终才能做成。可见，面试的准备，功夫更在平时。

3. 面试中使用 PPT 的原则

在面试中使用 PPT 的两个原则，如图 4-26 所示。

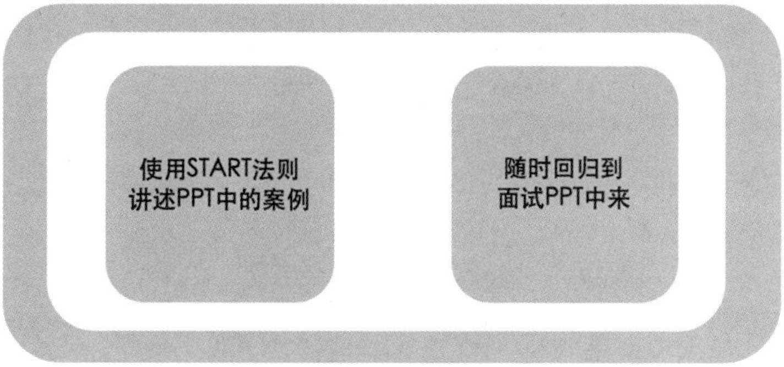

图 4-26　面试中使用 PPT 的两个原则

（1）使用 START 法则讲述 PPT 中的案例

在 3.1.2 节中提到，求职者在写简历的过程中可以使用 START 法则描述自己的工作经历，使表述结构更加清晰。其实，求职者在面试过程中同样需要使用 START 法则来进行阐述，无论是工作经历缺乏的求职者，还是工作经历丰富的求职者，抑或是“高段位”的求职者，都是适用的。

不过，在写简历的过程中不需要过多提及反思的内容，因为反思的内容相对来说会比较多，放在简历中会使简历过于臃肿。另外，反思的内容可以留在面试时用于打破面试官的预期。

因此，在面试过程中，反思部分是一个更为关键和重要的部分。可以重点阐述相关工作经历案例中的下列内容。

做得好的方面分别是什么？好的原因是什么？

做得不好的方面分别是什么？不好的原因是什么？下次如何改进？

相关的工作经历以后是否可以复用在其他工作场景中？

相关工作经历复用在其他工作场景中的适用条件是什么？

相信有了反思的部分，工作经历的价值会更加突出。

需要再次提醒的是，反思部分最好提前用文字写一遍，在写作的过程中梳理整体的逻辑，补充自己反思的深度和全面性，并把反思的整体逻辑记下来，以供在面试表述时参考，从而使面试过程更加顺畅。但切记不要背诵文字稿，一个人很难把写过的东西一五一十地背诵出来，使用背诵的策略效果反而不好。相反，求职者要尽量把整个经历像讲故事一样讲出来。

（2）随时回归到面试 PPT 中来

面试过程中如果双方交流比较深入，求职者和面试官之间可能会产生很多问题的碰撞。在这个过程中，面试官可能会问很多问题，这些问题往往容易把求职者引至其他方向，进而跳出求职者使用 PPT 设定的框架，这样求职者的策略就可能失效，进而影响到面试的效果。为了避免这种情况的发生，求职者一定要谨防被面试官带离了自己所设定的框架，如果发生方向偏离要注意及时引导回来。

求职者如果没有实践过使用 PPT 面试，初次做可能会比较难。需要记住的一点是，在整个面试的过程中，求职者都是在证明自己有能力来承担招聘岗位的工作职责。而能够起到作用的过程和证据，就是求职者手中的“武器”——PPT。所以，求职者一定要随时记得使用这个“武器”，随时回归到 PPT 中，同面试官按照自己的思路进行沟通，这样面试的胜算概率会更大。

4.3.3 互联网成功面试的三大法宝之一：逻辑

逻辑不仅在书面表达中很重要，而且在语言表达中更重要。语言信息是瀑布流式的，如果没有逻辑性，面试官接收信息时只能把握住很少的信息，求职者和面试官交流的意图就会收效甚微。在面试中体现逻辑性，一般可以通过三个步骤来实现：首先用一句话总括想要表达的关键信息；其次用标志性词语区分信息表达的层次；最后用核心要点进行重复。

在职场中，没有逻辑的人要想获得好的职业发展是比较困难的。

如果求职过程不讲逻辑，求职者就很难说服面试官信服自己的工作经验和能力，因此很难获得期待的目标职位。

如果工作中没有逻辑，就很难说服别人采纳自己的方案，也很难说服别人和自己协作以达成自己的目标。

在 3.1.3 节中讲过，在职场中具备逻辑思维，只需要掌握“金字塔原理”就可以了。求职中使用“金字塔原理”体现逻辑主要呈现在两个场景中：简历写作中和面试过程中。不过，在两种场景中应用“金字塔原理”仍有一定的差异。在 3.1.3 节中已经讲过在简历中如何使用“金字塔原理”进行逻辑表达，因此本节主要讲述在面试这种语言表达环境中应如何进行逻辑表达。

1. 面试中为什么要体现逻辑

简历中体现逻辑其实比较容易，因为文字性的书面信息通常都是结构化的，可以从中看到明确的逻辑结构。但在语言交流中，信息往往是一种瀑布流式的，对于信息的发送者（求职者）和接收者（面试官）来说，语言信息的交流沟通是一件相比写作而言更加困难的事情。

如果信息发送者（求职者）的语言信息没有逻辑，接收者收到的信息就是一团乱麻，很难梳理清楚其中的关键信息到底是什么。当面试官所获得的信息是混乱的且对其无从下手处理时，他能做的只有忽略，这样面试官就无法对求职者做出正确、客观的评估了。

所以，对于求职者来说，在进行面试表达时一定要力求有逻辑地表达清楚自己的信息。否则，面试官无法有效把握求职者所传达的信息，吃亏的还是求职者自己。

在过往的面试中，我发现一些求职者在表达自己的想法、观点时，很难厘清讲话逻辑，我听到的信息往往是一团一团飘过来的，缺乏清晰的层次结构。如果求职者整个面试过程一直处于这样一种状态，那么最后只会被淘汰。所以，在面试中展现逻辑性对于求职者而言非常重要。

2. 在面试中体现逻辑的三个步骤

既然逻辑在面试中也很重要，那么求职者在面试中应怎样体现表达的逻辑性呢？一般来讲，求职者依照如下三个步骤进行操作（见图 4-27），基本就能够实现表达的逻辑性了。

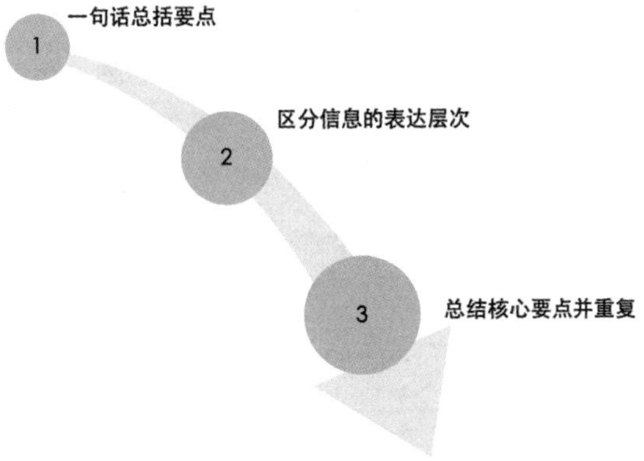

图 4-27　面试中有逻辑地表达三步骤

第一，一句话总括要表达的信息，并明确告诉对方自己要表达的内容有几个要点。

第二，在表达的过程中用“第一、第二、第三”这样的标志性词语来清晰地区分信息的层次。

第三，在表达结束时，总结表达的核心要点，并且在必要时进行重复以强调关键的信息。

在 3.1.3 节中我们曾经举过一个例子，如何在写自我评价时应用“金字塔原理”体现逻辑性。其实，面试中的语言表达和简历中的书面表达，在核心内容的表达逻辑方面是相同的。前两个步骤基本是一样的，尤其是在表达分论点（善于使用方法论解决问题等）时，在书面简历中可以通过将文字加粗、加黑来引起面试官的注意，在语言表达中就需要通过加重、放慢节奏、强调等语气变化来引起面试官的注意。

不同的是第三个步骤，在语言表达中，需要一句话总结前面表达的所有信息，如在使用语言表达自我评价结束时，可以这样表述：“总体来说，我个人的优势主要体现在善于使用方法论、快速学习能力和基础的技术知识方面。”

在使用语言表达的整个过程中，信息是线性的，在听完后面的信息时前面的信息可能已经遗忘了，因此如果不加以总结，面试官记住的只是最后一个优势。

语言表达和书面表达最大的不同：书面表达力求简洁，避免信息的冗余；而在语言表达中，则需要尽可能通过重复来强调重点，这势必会造成信息的冗余。例如，在进行自我评价时，简历的最后没有必要再重复自己的优势，而在语言表达中则最好进行重复强调。

4.3.4 互联网成功面试的三大法宝之二：数据

无论是在简历中还是在面试中，数据都非常重要，但两种场景使用数据是有差异的。在简历中主要呈现的是丰富的数据结果，而在面试中更多的是表达关键数据指标产生的逻辑。在面试中使用数据，还需要注意数据的准确性、数据的逻辑是否合理等相关的问题。

清华大学管理学教授宁向东在得到的管理学专栏课程中讲过一个概念——数字呈现力。他认为：“职场上的人，凭借的本钱就是两样——能和忠。能，就是业绩响当当；忠，就是对老板忠诚、对组织忠诚。最好的人，应该是既能又忠的。能，就是不断提升业务能力、靠好业绩说话。……一个业绩导向的好下属，核心是数字呈现力和数字实现力。业绩导向的人，他们的工作成果或者工作报告都有数字指标。数字摆在那里，胜过千言万语。”[①]关于数据对求职者的重要性，在 3.1.3 节中已经有所阐述，本节不再赘述。

其实，数据不仅在求职简历中很重要，在面试中同样非常重要。尤其是应聘与业务相关的岗位，求职者一定要通过数据来体现自己的工作成果和业绩，通过数据来证明自己的工作能力，以便提高获得期望的工作机会的概率。

① 宁向东. 宁向东的清华管理学课. 得到专栏.

1. 简历中和面试中使用数据的差异

在面试中所用到的数据类型和简历中是一样的，主要是绝对量数据和相对量数据。但在两种场景中的数据运用差异主要体现在两个方面，如表 4-3 所示。

表 4-3　简历中和面试中使用数据的差异

差 异 点	简历中使用数据	面试中使用数据
数据体现的内容	主要呈现数据结果	更多表达数据产生的逻辑
数据体现的程度	呈现丰富的维度	表达关键的数据指标

（1）简历中和面试中数据体现的内容差异

简历中使用数据

简历中的数据只是说明工作成果的证据，只能反映出结果，说明业务做得怎么样。但数据无法完整地体现出整个任务或者项目的全貌。所以，在简历中通常只列出数据结果即可。例如，求职者通过自己的工作为部门取得了多少销售收入、获得了多少利润、ROI 提升了几个点、阅读率提升了几个百分点等。至于这些数据结果是怎样获得的、数据反映了什么样的问题，则不需要在简历中列出来。简历不是论文，不适合呈现逻辑推理和完整的论证过程，因为那样会占用很大的篇幅，面试官也没有耐心去看这些数据论证的过程。

面试中使用数据

在面试中，由于是面对面沟通，面试官有相对充足的时间了解数据结果的由来和数据反映出的问题。而且，出于充分了解求职者能力的目的，面试官也有兴趣来详细了解简历上所呈现出来的数据背后的细节。所以，求职者在面试中不仅要向面试官阐述数据结果，而且要说出数据所体现的成果是怎样获得的，以及这些数据背后反映出的业务问题是什么。

因此，求职者对数据结果的整个演化过程一定要了然于胸。例如，销售收入是怎样取得的，ROI 是通过什么途径提升的。一个结果业务指标是由众多的中间过程指标构成的，如 ROI 是由收入和成本得来的，而收入是由商品数量和商品价格决定的，成本是由市场推广成本和运营成本等各种成本构成的。所以，如果在面试中提到了 ROI 数据，则求职者不仅要了解 ROI 是多少，而且要了解 ROI 详细的构成数据，以及与这些数据相关的其他数据又是如何构成的。否则，如果面试官追问详细的数据链，求职者回答不出来，那么说明求职者对数据其实并没有很好的把握，进而面试官就会质疑求职者所说的数据结果的真实性。

所以，求职者在面试之前，在准备相关的数据时，一定要准备充分，不仅要知道最终的数据结果，而且对整个数据的演化过程也要详细掌握。

（2）简历中和面试中数据体现的程度差异

简历中使用数据

在简历中，书面表达的空间比较大，数据的呈现相对比较丰富，求职者可以把能够体现自己工作成果的关键数据指标全部列出来，这样简历的数据呈现不会过于单薄。例如，假如求职者是一个活动运营人员，在简历中列了一个较大的活动成果，那么对于活动成果的数据，不仅可以把活动参与人数、活动的成本、活动带来的收入、用户的增量、活动的传播量等数据都列出来，而且可以把与这些活动直接相关的数据列出来，还可以把活动与历史活动进行对比，或者把与同行业平均水平的对比提升率的指标列出来，这样更能够体现活动效果的好坏。总之，求职者在简历中尽可能展现出能体现工作成果的丰富的数据维度，以此得到面试官的青睐，获得面试的机会。

面试中使用数据

在面试的语言沟通中，数据的表达会不太一样，在面试中尽量不要展现太多的数据维度，而应抓住最核心和关键的数据维度，从深度上把整个数据成果所代表的事情的演化逻辑讲清楚，把数据所反映的问题讲清楚就可以了。之所以这样做主要有几个方面的原因。

第一，记忆过多的数据是一种负担。在面试中，求职者需要记住的信息是非常多的，不仅要记住自己在各家公司的工作职责、项目的发生和发展过程，还要记住自我评价等。如果还要记忆大量的数据，给自己增加的负担就会更重。如果记忆的数据维度太多，中途出现遗忘或者数据混淆的情况，那么反而容易给面试官留下不好的印象。

第二，太多的数据会稀释核心数据的价值。在面试中不建议表达太多数据的另一个重要原因在于：从信息接收者的角度来讲，其实能够接收并记住的信息不是很多；从求职者的角度来讲，一定要让面试官记住最核心的信息，那些最能够体现自己工作能力的数据。在面试中，求职者表达太多的数据信息反而容易分散面试官的精力，让他们无法清晰地把握哪个数据才是最核心和关键的。尤其是求职者在表达的过程中，原本就没有突出强调自己表达的重点，这样更容易让面试官陷入数据的“汪洋大海”中。所以，求职者在面试中表达数据要克制，不是堆砌一大堆数据就好，少而精的策略反而更好。

2. 在面试中表达数据需要注意什么

在面试中表达数据，除了要了解上述所说的差异并采取正确的策略，还需要注意一些事项，如图 4-28 所示。

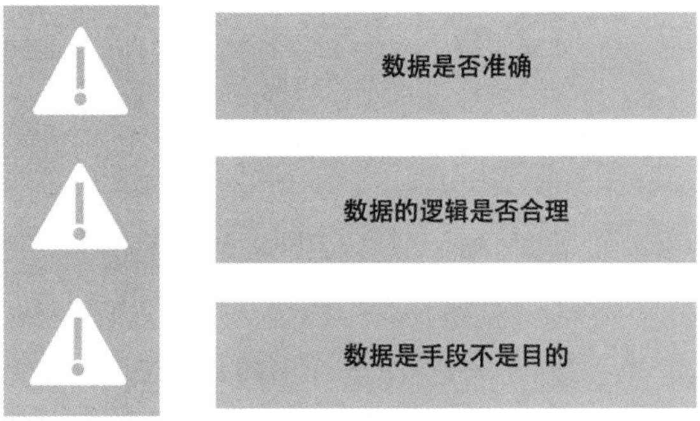

图 4-28　面试中表达数据的注意事项

（1）数据是否准确

在面试中表达数据最基本的要求就是数据的准确性。在面试候选人的过程中，我时常向求职者提问数据问题，对方会多次修改同一个数据，一会儿说 5%，一会儿说 10%。这样的情况其实对于求职者来说是非常不利的，数据本来是体现一个人严谨性的证据，但连基本的数据都没有记清楚，只能反向证明求职者的不严谨。所以，求职者在面试中如果要说数据，就一定要保证数据的准确性，含糊不清的数据最好不说。

（2）数据的逻辑是否合理

在面试中，有的求职者为了证明自己的成果，往往用一些七拼八凑的数据和面试官沟通。他所能做的就是告诉面试官一个数据结果，如果面试官仔细追问数据结果是如何演化来的，他就无法应对了。在业务中，任何数据都不是孤立的，而是由一系列其他的数据构成的，数据背后有数据。求职者如果无法把数据的逻辑结构讲清楚，那么尽量不讲。

（3）数据是手段不是目的

求职者需要明白，无论是在简历中还是在面试中，使用数据本身并不是目的，不要为了数据而讲数据，更不要玩数字游戏。数据只是手段，对于企业来讲，数据是监控业务、发现问题的手段。对于求职面试的场合来讲，数据只是证明求职者能力的手段。所以，求职者重要的是通过数据来说明业务问题，不能对此本末倒置。如果求职者讲了一堆数据，并没有证明自己的能力，那么在面试中是没有意义的。典型的案例就是有的求职者在面试中讲公司的经营业绩如何，一年取得了几个亿的收入，公司的用户量达到了几千万。但这些数据后面的成果如果不是求职者创造的或者参与创造的，那么在简历和面试中呈现出来有什么意义呢？所以，求职者所说的一定是和自己相关的数据，这样才能真正起到证明自己价值的作用，也才能真正取得面试官的信服。

4.3.5 互联网成功面试的三大法宝之三：故事

在面试中，求职者可以利用故事作为重要的说服策略，因为故事更容易传递信息，人们更容易记住故事，故事能够增强说服力。求职者在面试中使用故事要有意识地把自己的工作经历、个人经历等各种要素故事化，具体的故事讲述可以借鉴两个策略：一个是逆境策略，一个是影响力策略。

假如你是一个新闻记者，现在要报道中学生学习压力大这件事。请问你会怎样开始？

经验丰富的记者可能通常会从一个故事开始："张女士的儿子正在上初中二年级，全班排名第十，可是张女士非常焦虑，竟然把自己全部的业余时间和三分之一的收入都用来给儿子上补习班……"

这种讲故事的写作方式被称为华尔街日报体。所谓华尔街日报体，即先从一个小的切口切入，先讲一个小故事，最好是一个小人物的故事，制造出足够的悬念，然后慢慢引入正题，在夹叙夹议的过程中把事情的来龙去脉，原原本本地讲清楚。[①]华尔街日报体是一种使用非常普遍的新闻报道方式，这种方式之所以如此流行，是因为它迎合了人类爱听故事的本能。

1. 面试为什么要讲故事

在面试中，除了要善于使用逻辑和数据，还有一个重要的法宝就是利用故事。我们从小到大听了无数的故事，寓言故事、童话故事、神话故事……每个人都可以随便讲几个故事。故事在我们的成长中发挥了不可替代的作用。人类善于讲故事，也乐于听故事。所以，在求职面试时，求职者也可以利用故事和面试官沟通，以达到说服的目的。在面试中讲故事，有一定的好处，如图 4-29 所示。

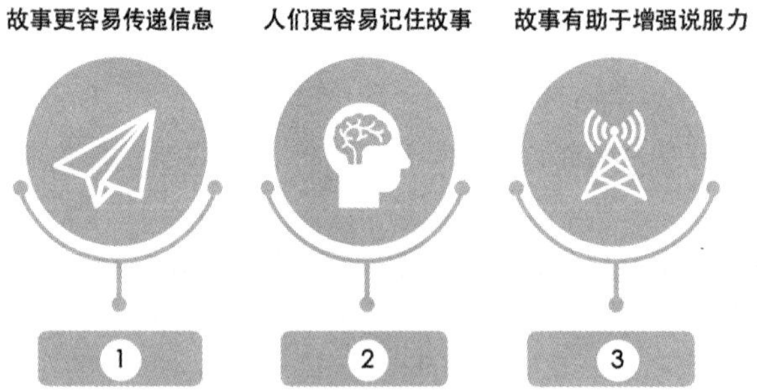

图 4-29 面试中讲故事的好处

① 何帆. 何帆大局观. 得到专栏.

（1）故事更容易传递信息

故事能够把信息视觉化，在听众的头脑中勾画出一幅幅生动的画面。提起卖火柴的小女孩的故事，我们的头脑中就会浮现出在圣诞夜寒冷的大街上，一个孤零零的小女孩的情景；提起孟母三迁的故事，我们的头脑中就会浮现出一个母亲为了孩子的成长四处奔走的情景；提起孔融让梨的故事，我们的头脑中就会浮现出一个礼貌懂事的孩子的情景……故事汇集了特定人物、场景和事件，天然具有勾勒画面感的能力。故事具有使信息视觉化的能力，在一定的程度上克服了语言传递信息容易丢失的缺陷。

（2）人们更容易记住故事

每个人的人生都是从故事开始的，从懵懂未知时就开始听父母讲故事，当步入学堂开始学习时也是从故事开始的。这种讲故事、听故事的传统其实有着深刻的原因。在原始蒙昧时代，人类遇到洪水、风暴、闪电等恶劣但无法解释的自然现象，就通过创造各种神话故事来解释周围的一切。这些故事给了人们以希望和信心，帮助人们对抗自然界带来的不确定力量，从而使人类一直繁衍生息。从中国的盘古开天辟地、女娲造人，到外国的挪亚方舟、亚当与夏娃，这些耳熟能详的故事之所以流传了数千年没有随风飘逝，是因为故事具有较强的生命力。

在如今的日常生活中，我们会遇到各种各样需要听讲的场合。在这些场合中，比起那些干巴巴的长篇大论和空洞的口号、文字，听众通常更喜欢听故事。一场演讲下来，人们记住的往往是那些动人的故事，因为故事最能产生震撼人心的力量。所以，有人说“人们是故事的俘虏”。善于演讲的高手并不是那些最为雄辩的理论家，而是善于讲故事的人。因为他们早就明白一点：无论什么样的听众都会对故事感兴趣，也更容易传播故事。例如，当人们提到阿里巴巴就会想到“十八罗汉”的故事，提到马云就会想到他去肯德基面试失败但如今却功成名就的故事。

正如宁向东教授所说：“人们记住的往往不是学习上的那些大道理，而是故事。”所以，他建议公司的价值观、公司的历史，一定要用故事来承载。

（3）故事有助于增强说服力

企业做到一定规模时都会建立相应的企业文化，在创建企业文化时都会纳入很多能够体现文化期待的标签词语，如“创新、协作、顾客第一、诚实守信……”但这些词往往很空洞。因为没有相应的故事承载，所以听起来很空洞。连自己的员工都不相信，社会公众又怎么能相信呢?

美国有一家超市名叫好市多，它在自己的企业文化中加入了“信守承诺”这个标签，并用一个故事让其令人信服。好市多超市曾经购入了一批牛仔裤，当时定价为 29.99 美元。后来，公司采购了另外一批同样的牛仔裤。由于采购量大，成本非常低，如果好市多维持市场价格继续卖 29.99 美元，全部卖出去就会获取更多的利润。但好市多有一个经营原则：每件商品最高加成幅度不能超过 14%。如果按照 14%来计算，这批牛仔裤就只能卖到 22.99 美元。好市多最终就是按照 22.99 美元售卖了这批牛仔裤。这个故事后来被广为流传，成为这家企业“信守承诺”最强有力的证据。

不仅企业，对于个人来说，故事也能够增强说服力。这一点是有科学依据的。曾经有一个名叫加洛的学者进行了一项研究，让一个人讲故事，另外几个人听故事。同时，研究者用功能性核磁共振成像（FMRI）扫描讲故事的人和听故事的人的大脑。研究者发现，故事开始之后，听众的大脑，就在一定程度上成了讲故事那个人的大脑的镜像。故事讲到动情的地方，讲故事那个人大脑的“岛叶”——负责感情——活跃起来，听众大脑的“岛叶”也跟着活跃起来。如果讲故事那个人的大脑的“前额叶”——负责理性决策——活跃起来，听众大脑的“前额叶”也活跃起来。[①]也就是说，讲故事的人和听故事的人产生了感情同步。而感情同步就更容易达成观点认同和说服。

2. 面试中如何讲故事

（1）面试要素故事化

在面试中如果使用故事作为说服的一个重要工具，就需要把很多信息进行故事化叙述，如个人经历、自我评价、工作经历、项目经历。

很多人在做自我评价时往往喜欢大而全，恨不得把能够体现美德和能力的词汇都用在自己身上，实际上这种做法并没有太大的价值，还不如确定一两个关键的能体现个人优势的关键词，辅以一个具有说服力的故事，这样更能够打动面试官。在我过往面试候选人时，常常听到求职者说：“我的优点是关注细节……”当我追问如何证明他是一个关注细节的人时，他却回答不上来，或者回答的说辞也只是一套没有实质内容的空洞话术。

有时候，在面试中使用故事往往能起到很好的说服效果。我曾经在一次面试中给面试官讲用户调研时，没有采用摆数据说理的方法，而是采用了讲故事的方法。

我告诉他：在我曾经执行过的一次“邀请好友助力拿奖品”的活动中，和 50 多个高传播性的用户进行一对一聊天。在这些用户中，有各种各样故事的用户，其中有一个城市管理员，他的方式就是在自己管辖的片区商场内邀请商户为自己助力；还有一个大学生用户邀请别人的方式是通过在自家大型超市内用滞销的商品作为奖品，以物质奖励激励别人为自己助力。

我成功通过这家公司的面试并加入其中，虽然无法准确地衡量这个故事对面试成功起了多大作

---

① 万维钢. 精英日课第一季. 得到专栏.

用，但是后来这个故事被面试官——也就是我的上级在多个场合提及。很显然，这个故事打动了他。

（2）借鉴两个讲故事的策略

每个人从小到大听过无数的故事，在日常生活中也能讲出一些有趣的故事，但那更多的是出于娱乐目的。在面试中讲故事对于很多人来说是全新的体验，这是传统的教育中不曾提及的。那么，在面试中的故事如何讲出来才能更符合彼时的场景，起到更好的说服效果呢？得到专栏课程主理人万维钢介绍过一本书《你可以做任何工作》。在这本书中，作者安德斯介绍了面试讲故事的几个策略，其中的两个策略非常有价值。第一个是逆境策略，第二个是影响力策略，如图 4-30 所示。

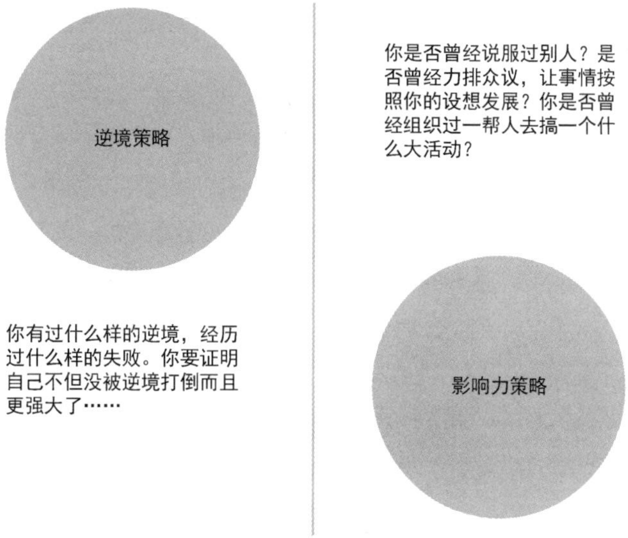

图 4-30　讲故事的两个策略

逆境策略

在面试讲故事时要利用好逆境策略，就是“你有过什么样的逆境，经历过什么样的失败。你要证明自己不但没被逆境打倒，而且更强大了，把明明很大的困难轻描淡写，充满乐观情绪。然后你要顺便感谢一下在困境中曾经帮助过你的人，让人感觉到你是一个懂得感恩的人。”[①]

这是一种英雄故事的写作策略，如今被影视界广为接纳，被证明是好故事的经典策略。英雄故事的策略来自美国神话学作家约瑟夫·坎贝尔，坎贝尔分析了几千年以来在各个民族、各

① 万维钢. 精英日课第二季. 得到专栏.

种文化中流传的神话故事和民间传说，发现最受人喜爱的故事其实只有一种。不管是孙悟空还是《黑客帝国》里的 Neo，他们的经历本质都是一样的——一个普通的角色，一段从已知世界到未知世界的旅程。在经历了一系列小磨难之后，面临一场终极考验，最后他经受了考验，完成了从小人物到大英雄的转变。所有受人喜爱的故事都是这样的英雄故事。这就是为什么好莱坞电影非要拍英雄。[①]

虽然面试中的故事不一定都要写成这样的英雄故事，但是战胜逆境、克服困难，无论是在生活中还是在职场中都是一种难能可贵的品质，具有这种品质的人更能够帮助上级解决工作中的难题。在讲述自己工作经历时，把这一主题思想融入其中，工作经历就具备了故事性的特征。

影响力策略

影响力策略是面试故事中可以借鉴的另外一个重要的策略。在求职者的面试故事中是否有影响力的要素？“你是否曾经说服过别人？是否曾经力排众议，让事情按照你的设想发展？你是否曾经组织过一帮人去搞一个什么大活动？”[①]作为求职者，做出的成就是否能够给其他同事、给部门、给上级，甚至是公司带来积极的影响，如果答案是肯定的，说明求职者是一个能够为公司带来多重价值的人。

能够影响他人、驱动他人，证明求职者在工作中具有比较强的能力，这种能力可能是沟通协调能力，也可能是说服能力。总之，能够影响他人完成任务、取得成果，这样的人当然是企业期望招聘的理想人选。所以，如果求职者在过往的经历中有这种能够产生影响力的故事，那么一定要记得在面试中使用。

4.3.6 职场新人如何谈工资

职场新人在谈工资时往往缺乏经验，不知道如何谈。关于工资方面，职场新人首先需要了解那些在工资中不为人知的秘密，如工资的增长不一定是线性的、同样的岗位可能不同酬等。要正确地谈工资，首先要正确评估自己的工资预期，然后在谈时要做到有理有据。

谈工资是面试时一件非常重要的事情，工资是求职者决定是否选择一家公司最主要的考虑因素之一。因为这是职场人找工作最基础的动力，没有可以保障基本生活水平的工资，工作的稳定性就无从谈起。

---

① 万维钢．精英日课第二季．得到专栏．

对于工作多年的人来说，谈工资不是什么难事。但对于职场新人来说，谈工资却是一种全新且陌生的体验。有的人漫天要价而错失良机；而有的人则恰恰相反，因为对工资水平不了解，要求的工资很低，最终使自己的工资长年处于偏低的水平。

总之，关于工资这个话题，至少有两个方面的内容是职场新人需要了解的。

第一，了解工资中不可言说的秘密。

第二，学会如何正确地谈工资。

1. 了解工资中不可言说的秘密

谈工资无论是在日常生活中，还是在工作中都是一个“禁区”。人们在生活中不愿意谈及是因为谈工资在某种程度上泄露了一个人的家庭财务信息。工作中，企业不希望职场人谈工资，是因为这个话题往往会给企业带来不必要的麻烦甚至是危机。不过，工资是大部分职场人求职的第一关键动因，求职者有必要了解一些关于工资的秘密，如图 4-31 所示。

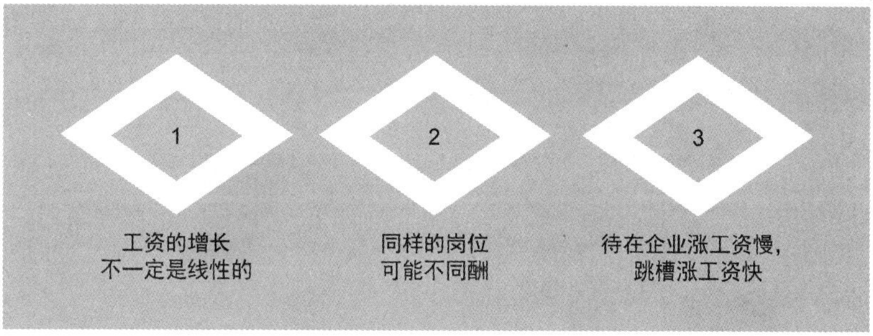

图 4-31　关于工资的一些秘密

（1）工资的增长不一定是线性的

关于工资的第一个秘密——工资的增长不一定是线性的，而是跳跃的。职场新人存在这样一种错误的认知：认为工资是按照一个固定的比例慢慢增长的，今年 10%、明年 10%……如此来推算，算来算去，觉得工资增长缓慢，离自己的各种人生目标相距甚远，进而不免受挫。

其实，这种想法是错误的，现实的情况很复杂。有的企业可能多年也不涨工资，有的企业可能每年都会较大幅度地上调工资。这里要分具体的情况，如不同的城市、不同的企业会有较大的差异。在大城市的大中型企业，出于争夺人才的需要会有一个普涨机制，每年给所有人都会涨一次工资，对于业绩突出的人还会有更高幅度的差异化上调。但在一些二三线城市的中小型企业，由于企业的发展模式不同，每年涨薪的可能性不大。

如果在大城市里跳槽，往往是可以提出要求按照一定比例增长一次工资的，而且幅度可能比较大。具体要看每个人的情况，如果求职者在之前一家公司做出了较好的业绩，或者能力提升很快，在下一次跳槽时就可以期望一次可观的工资增长。相反，如果求职者能力并不突出，业绩平平就比较难获得较大幅度的工资增长。

另外，不同行业的工资涨幅也是不一样的，一般情况下传统行业的企业工资涨幅会比较小，而互联网企业的工资涨幅会比较大。

总之，工资的增长不一定是线性的，有可能几年后工资扶摇直上，也可能原地不动，这取决于求职者所在的城市、行业、具体企业，以及求职者自己的成长和选择。所以，不要想当然地以自己当下能拿到的工资水平来预测 5 年后的工资水平，这样的预测是没有太大意义的。通常而言，如下几个因素与工资水平有较大的关系。

第一，求职者如果能力提升比较快，那么工资增长也可能比较快。

第二，不同行业的发展速度是不同的，如果求职者步入快速发展的行业，那么工资水平也可能会大幅提升。

第三，只要社会经济是在不断发展的，工资水平就会有相应的提升。

（2）同样的岗位可能不同酬

关于工资的第二个秘密——同样的岗位可能不同酬。很多职场新人对于工资的认识还存在另外一种错误的认知：认为企业会给同岗位的人基本相同的工资，但实际的情况并不是这样的。同一个岗位的求职者可能会拿到不同的工资。这与毕业后的工作年限关系并不大，更多与企业对求职者综合能力的评估及求职者期望的工资有关。

所以，在同一个部门中同样的岗位、做大致相同工作的同事之间，工资可能会有不小的差距，有的人可能拿的工资低，有的人可能拿的工资高。如果求职者入职后正好遇到这种情况，那么也不要心理失衡，应努力通过业绩提升来逐步实现工资的增长。

（3）待在企业涨工资慢，跳槽涨工资快

在互联网企业中存在一种现象：跳槽新入职一家企业时往往能达到一个更大增长幅度的工资水平。但如果向当前就职的企业要求得到较大增幅的工资，往往是很难的。所以，有的人就会通过跳槽来实现工资的二级跳、三级跳。通过跳槽的方式来增长工资对于求职者来说并不可取，毕竟随意跳槽不仅对所就职的企业不负责，而且对自己的职业生涯也可能产生不利的影响，所以这种方式要慎用。不过，如果求职者正好准备跳槽，最好认真评估自己求职岗位当前市场的行情，把握好跳槽的机会，以实现工资水平的大幅增长。

2. 学会如何正确地谈工资

面试是一场关于说服力的谈判，谈工资更是如此。求职者如何和企业谈工资才能让自己的工资要求显得合情合理呢？合理的工资要求是基于对行业工资水平的了解和对自身能力水平的客观评估。能否达到合理的个人预期的工资水平，还需要一定的谈判技巧。具体操作时，求职者可以采取两步走的策略，如图 4-32 所示。

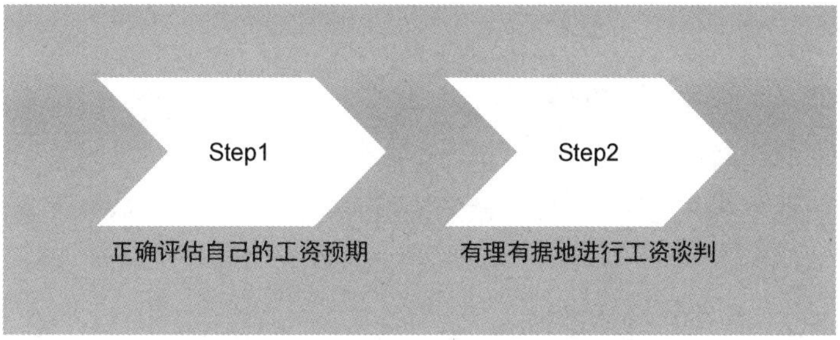

图 4-32　正确谈工资的两步走策略

（1）正确评估自己的工资预期

了解所在城市的生活成本

求职者要评估自己的工资期望，首先要了解所在城市满足基本生活所需要的成本支出，如大致的房租水平、吃饭的开销，以及日常的其他开销。在国内不同城市的生活成本还是有一定差异的，求职者了解了基本的生活成本开销，在面试时就多了一个说服的依据。

了解目标岗位的工资水平

求职者在找工作时，要对当前城市、当前市场环境下目标岗位的工资水平有大致的了解，这样才能正确评估自己的期望工资水平。要了解目标岗位的工资水平，可以通过招聘网站了解，但这种方式只能了解大致的区间范围。如果要了解得更加细致，就需要找真正处于实际工作岗位的人，可以找自己的同学，也可以找往届的学长。只有了解了目标岗位的工资水平，求职者才能做出合理的工资预期。

（2）有理有据地进行工资谈判

在工资谈判中，如果求职者期望的工资没有遇到阻碍是最理想的情况。这种情况在互联网公司也比较常见，因为相对于节省成本，企业更希望招聘到有能力的人才，所以只要不是离谱的工资要求，一般都能满足求职者。但有时候也会遇到在面试时谈工资遭遇“砍价”的情况。当然，“砍价”往往意味着企业对求职者产生了录用的意愿，从这个角度来看是好事。但在这时候如何不让好事变成坏事是最重要的。也就是如何保证既不失去机会，又能很好地回绝企业人力资源官降薪的要求，这就需要有理有据的谈判。

在这种情况下，如果求职者不希望自己的期望工资水平降低，就需要表明立场，需要掌握一定的技巧和面试官进行谈判。巧妙的谈判需要给出理由，而理由一定是相对比较充分的，求职者可以基于以下因素表明自己的观点。

第一，告诉人力资源官自己了解到的关于本岗位目前市场的薪资水平是什么样子的，这样让面试官明白你并不是不了解市场而漫天要价，相反对市场行情是有一定了解的。

第二，告诉面试官目前所在城市的生活成本是多少，为了保证基本的生活水平，需要这样的期望工资，从道义上获得一定的同情和理解。

第三，告诉面试官自己的能力水平是值得企业付出这样的工资的。当然，到了这个环节一般都是已经过了面试官的几轮评估，而且已经认可了求职者的能力，这是求职者进行工资谈判的一个基础。

当然，上面只是一个可能谈判的思路，求职者在实际操作过程中还需要注意谈判的措辞，不要给面试官留下自大等不良印象。如果因为措辞方面的原因导致面试官对求职者的人品等产生怀疑，进而影响最终的录取，就是得不偿失的。下面是一种参考话术，求职者可以作为一种借鉴和参考。

“首先，我非常理解您的工作职责所在，控制成本是每家企业都需要考虑的问题，不过据我了解，目前市场的薪资水平是……，我提出的这个要求并没有超出市场的平均水平。

“其次，您也了解现在的物价水平，在×（城市）生活，租房、交通、吃饭，加起来一个月需要×元。而我目前提出的薪资要求如果扣除这些生活成本，基本所剩不多。如果没有基本的生活保障，对于任何一个人来说，可能都会面临很大的压力。

“最后，从工作能力方面考虑，面试中几位面试官对我也是认可的，这一点也非常感谢。所以，我希望能够在一个保证基本生活水平的薪资水平下，全身心地投入工作中，不为生活压力而分心。我想这也是企业希望看到的……”

当然，很多时候求职者是处于相对劣势的地位的，即使使用了前面的说服策略也未必奏效，最终的结果可能还是求职者降低期望薪资。但即便如此，也不意味着求职者针对工资这个话题不用做任何准备，不做任何的谈判努力。

4.3.7 如何在多个 Offer 之间做出正确的选择

在求职面试过程中，要在多个 Offer 中做出正确的选择，可以通过因素加权法，对一家公司的关键考核因素进行综合评估，通过评分来做出决策，这样会比单纯凭借感觉做出的决策更加合理、可靠。

在 2017 年的求职过程中，我在半个多月的时间内面试了多家企业，选择了三家自己认为还不错的企业进行复试，并且都拿到了 Offer，这时面临的一个问题就是选择哪家企业。虽然当时我通过一些简单的策略选择了目前来看也是最为可靠的一家企业，但如果让我重新选择，我会使用更为全面、客观的方法对此进行评估。这就是本节要讲的决策方法。

在 2.3.2 节我们探讨了选择企业的八大关键考虑因素，本节主要基于这些考虑因素，结合 2.1.4 节讲到的因素加权法，来剖析当拿到多家企业的 Offer 时，求职者如何更加客观理性地选择适合自己的企业。

基本的操作步骤分为以下五步。

第一，定义问题。

第二，因素穷举。

第三，因素赋权。

第四，定义评分规则。

第五，计算得分。

1．定义问题

如前所述，定义问题指的是仔细分析自己面对的问题特性，进一步理解所面对问题的本质。本节所要探讨的问题是求职者如何在多个 Offer 之间做出正确的选择，其本质是如何多方位了解即将加入的企业，以及从哪些维度上判断意向企业的优劣。基于对这些问题本质的探索，我们就可以对其进行拆解，列举出要分析的因素。

2．因素穷举

如前所述，因素穷举指的是在对可选项进行分析时，分别需要考虑哪些因素，然后把这些因素一一列出来，以便从更加完整的细分维度上对目标问题进行研究。

在 2.3.2 节我们已经讲过，从求职的角度来说，求职者可以多了解一家企业的以下几个因素。

- 行业领域。
- 薪资水平和福利。
- 企业的业务类型。
- 企业创始人和创始人团队。

- 直接上级。
- 企业口碑。
- 办公环境与工作氛围。
- 人员规模。

当然，每位求职者在具体操作时，也可以列出自己认为重要的一些其他因素。此处仅以前述列出的八个要素为分析基础。

3. 因素赋权

如前所述，因素赋权指的是给上述各个因素赋予一个权重数值，以数字的形式量化该因素的重要性，通常以百分比来表示。

之所以要进行因素赋权，是因为上述因素的重要程度并不相同，为因素赋予权重后，可以保证在进行加权计算得分时，各个因素仍旧保持与各自相匹配的权重。

因素赋权的具体做法与原则如下所述。

- 对上述列出的因素中认为重要的因素，给予高权重百分比。
- 对认为不重要的因素，赋予一个低权重百分比。
- 所有列举的因素的权重百分比加总后，正好等于 100%。

我个人赋予各个因素的权重百分比（示例），如表 4-4 所示。

表 4-4 赋予各个因素的权重百分比（示例）

考 虑 因 素	权重百分比
行业领域	15%
薪资水平和福利	20%
企业的业务类型	10%
企业创始人和创始人团队	5%
直接上级	20%
企业口碑	5%
办公环境	5%
工作氛围	15%
人员规模	5%
合计	100%

在因素赋权的过程中，我认为薪资水平和福利、直接上级两个因素比较重要，所以赋予其

比较高的权重百分比。行业领域和工作氛围相对次级重要，所以权重百分比也会高一些。对于企业口碑和人员规模这些相对不是非常看重的因素，我赋予其比较低的权重百分比。

4．定义评分规则

定义评分规则指的是规定每个因素的评分规则，以便为各家企业在相应因素上评分时，有一个可参考的基础标准，保证对每家企业在相应要素评分时是相对客观的，而不是随意的。各个要素的评分规则如表 4-5 所示。

表 4-5　各个要素的评分规则

考 虑 因 素	评 分 方 法	评分指标说明
行业领域	从夕阳行业到朝阳行业：1～10 分	主要从行业出现的年限、媒体讨论的热度、行业投融资情况来评定分数。如果刚刚出现 1～2 年，行业投融资情况比较热门，给予高分
薪资水平和福利	从低到高：1～10 分	具体根据各家企业给出的薪资水平和福利待遇来评定，总体待遇最高的给予最高分
企业的业务类型	纯粹 To B：1～3 分； 纯粹 To C：4～6 分； 兼具 To B 和 To C：7～10 分	根据业务类型进一步细分的情况给予相应的分值，如纯粹 To C 业务，可以给予 5 分的评定
企业创始人和创始人团队	从普通到优秀：1～10 分	评定普通或者优秀，可以根据创始人的学历、工作经历、网络知名度、对创始人发言的认可度等因素来评定
直接上级	从普通到优秀：1～10 分	根据面试过程对于上级的直观印象，在亲和力、情绪、沟通表达等方面进行评分，或者试用期内对上级的人品、职业能力和情绪控制等方面进行评分
企业口碑	根据评论的数量多少和质量好坏：1～10 分	根据网络上或者求职网站上对该企业的评论条数和评论好坏的情况进行评分。而且，对评论的质量给予更高的权重
办公环境	从一般到很好：1～10 分	根据企业的地理位置、硬件设施、办公面积、交通便利度等方面给予综合评定
工作氛围	从一般到很好：1～10 分	根据对前台和人力部门接待的态度、员工的工作状态、面试官待人接物的行为举止等方面进行评分
人员规模	从少到多：1～10 分	通过观察工位区的人数或者直接询问面试官，了解企业的人员规模来直接进行评分

5. 计算得分

当确定了具体的评分规则之后，最后要做的就是对各家企业的上述因素进行评分，并且计算出每家企业的加权总分，以便根据分数确定最终选择哪家企业。

下面以我个人经历为例，说明打分和计算得数的过程。通过对三家企业的调查研究，我对三家企业的上述几个因素的评分如表 4-6 所示。

表 4-6 对三家企业的评分

考虑因素	评分	权重百分比	企业 A		企业 B		企业 C	
			得分	加权分	得分	加权分	得分	加权分
行业领域	从夕阳行业到朝阳行业：1～10 分	15%	6	0.9	6	0.9	6	0.9
薪资水平和福利	从低到高：1～10 分	20%	5	1	6	1.2	7	1.4
企业的业务类型	纯粹 To B：1～3 分； 纯粹 To C：4～6 分； 兼具 To B 和 To C：7～10 分	10%	6	0.6	6	0.6	8	0.8
企业创始人和创始人团队	从普通到优秀：1～10 分	5%	3	0.15	4	0.2	5	0.25
直接上级	从普通到优秀：1～10 分	20%	4	0.8	6	1.2	8	1.6
企业口碑	根据评论的数量多少和质量好坏：1～10 分	5%	4	0.2	4	0.2	4	0.2
办公环境	从一般到很好：1～10 分	5%	5	0.25	5	0.25	6	0.3
工作氛围	从一般到很好：1～10 分	15%	5	0.75	4	0.6	6	0.9
人员规模	从少到多：1～10 分	5%	4	0.2	4	0.2	6	0.3
合计		100%	—	4.85	—	5.35	—	6.65

注：加权分=公司 A（B、C）得分×权重百分比。

对于上述主要因素评分的过程简要说明如下。

① 行业领域：因为我选择的都是互联网金融公司，这在当时还算不错的行业，所以三家企业给予相同的评分。

② 薪资水平和福利：在三家企业中，企业 C 的薪资水平和福利相对最高，所以给予 7 分的最高分，A 公司总体的薪资水平和福利比较低，所以给予最低分。

③ 企业的业务类型：企业 A 和企业 B 都是主要业务类型为 To C 业务的，而在企业 C 中我要去做的业务类型不仅包括 To C 业务，公司的核心业务还有 To B 业务，所以给予企业 C 相对高的评分。

④ 直接上级：这主要是根据当时面试的第一感觉和一些相应的判断做出的。我对于企业 C 的上级印象最为深刻、评价最好，给予最高的评分。后来也证明了当时的判断还不错。

⑤ 办公环境：三家企业都在比较繁华的地段，从各家的装修、交通等因素判断，企业 A 和企业 B 差不多，企业 C 略微胜出。

⑥ 工作氛围：主要根据三家企业面试时候对于前台、面试官、工位区的员工工作状态进行判断，给予了企业 C 相对高的评分。

综合来看，企业 C 的加权分为 6.65 分，高于企业 B 的 5.35 分和企业 A 的 4.85 分。通过评分来看，我还是应该选择企业 C。

需要再次强调的是，第三步的因素赋权完全是基于我个人的偏好做出的。每个人在赋权时，对应不同因素的重要性看重并不相同，这就导致最终的计算得分必然和别人不同。所以，在本节所计算出来的分数和列出的因素并不是最重要的，最重要的是学会因素加权法这样一种更好的决策方法，帮助自己在多个 Offer 之间做出正确的选择。

第 5 章

职场生存：思维与能力才是制胜之道

5.1 如何经营你的职业

5.1.1 职场人应该拥有正确的心态

职业生涯是一场持久赛，是常年的修行。在职场中不同的做事心态，决定了不同的做事方式，进而决定了事情的最终结局，因此职场人需要拥有良好的进取心态、乐观心态和终身学习的心态。无论是在求职的过程中还是在职场中，职场人都要有耐心、要谋定而后动，避免急躁冲动。

如果把求职者比作一条河面上的小船，面试就像过急流险滩，进入公司工作就像进入了河面宽阔平稳的地方。当求职者面试成功进入一家公司之后，在河面宽阔平稳的时期应该如何划船呢？

有的人可能被河流两岸的美丽风景所吸引，无暇顾及船的方向，走了很久发现离目的地还很远；有的人可能急于赶路，无暇顾及船体和船桨是否良好，结果中途抛锚无法前行，这一类人虽然很努力，但最终结局并不尽如人意。

这两类人的不同情况其实和职场人的情况是一样的。有的人进入一家公司之后就过起了舒舒服服的日子，没有什么进取之心，朝九晚五很自在，也没有太强的事业心；有的人急急忙忙，总是希望能够尽快做出业绩，快速升迁，拿到更高的工资，结果太急功近利使自己误入了歧途，最终的结局也并不好。

在通常情况下，职场人如果希望自己的职业之路能够走得更好、更顺畅，就应该拥有正确的心态，如图 5-1 所示。

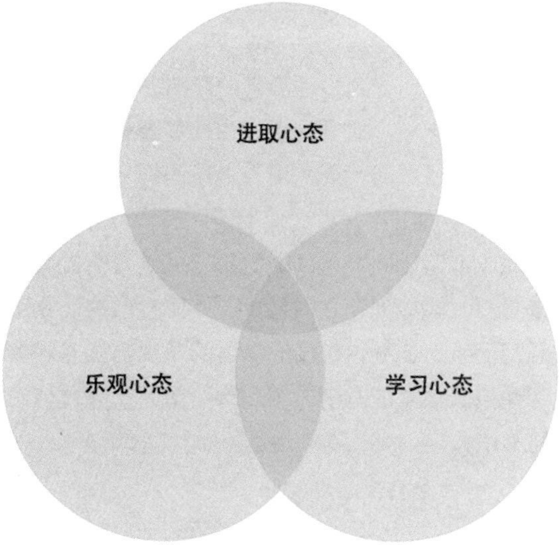

图 5-1　职场人应该拥有的三种心态

1．进取心态

职场人需要拥有的第一种心态是积极进取的心态。

选择怎样的职场生活虽然是个人的自由，我们无法要求所有人以同样的拼搏精神奋斗，但是职场和生活是两种完全不同的场景。职场天然是一个拼搏的场所，在职场中如果职场人没有进取意识和心态，终有一天会失去职场竞争力，等到年纪大了再找工作就会面临重重困难，甚至还会面临失业等问题。“35 岁现象”说的就是这一点，当一个人到了 30 多岁以后，如果相应的工作能力还停留在和工作两三年的职场新人差不多的水平，每天还浑浑噩噩当“撞钟的和尚”，迟早有一天会遇到职场危机。因为没有一家公司能够长久地养活这样一批人。所以，职场人应该拥有一种积极进取的心态，持续地保持对工作的激情。

积极进取的心态体现在：要有成为更好自己的期待，要有不断向上升迁成为管理者的期盼或者成为行业专家的企图心。总之，职场人应该有关于自我成就的期望并为之付出努力。

2．乐观心态

职场人要拥有乐观的心态。在漫长的职业生涯中，一个人的职业道路不可能一帆风顺，有顺风顺水时，也有诸事不顺时。在职业道路顺利时，职场人不要过度乐观、盲目自大；在遇到难事时，职场人也不要过度悲观、一蹶不振。职业生涯就像经济周期一样，总会有波动起伏，有高峰、有低谷。只要在职业低谷期降低自己的预期，树立应对低谷期的正确心态，职场人就能够相对容易地处理好职场危机。

在职业生涯中，职业道路的走向受到多种因素的影响，可能有外部环境的影响，也可能有个人方方面面的因素，还有可能是某个偶发的事件，这些因素都会影响职场人的职业生涯。例如，遭遇经济危机的人，职业道路可能就会比别人走得曲折一些，我本人曾亲历过这种事情。2008 年金融危机，那时我刚刚参加工作，因为找不到好工作，所以只能凑合找一些勉强度日的工作。因此，之后几年的职业道路比同等条件的学长走得更为曲折。好在我没有因此而消沉，而是一直保持积极的改变之心，转型到互联网行业，并使自己的职业道路重新步入了正轨。所以，在逆境中，多一点乐观的心态，哪怕是没有缘由的乐观都是非常有必要的。职场人只有拥有乐观的心态才能扛过那些最为艰难的时刻，等到行业重新复兴，也才能有信心积蓄力量、努力学习，最终找到更好的工作。

3. 学习心态

职场人要拥有学习的心态，通常的学校教育往往偏重于理论层面，与企业的实际情况还是有比较大的差异的。以前社会流行一句话——“毕业即失业”，虽然这句话过于夸张和片面，但在某种程度上也说明了大学课堂内容与企业需求匹配性之间存在巨大的差距。所以，大学毕业不是学习的终点，而是学习的起点。一个优秀的职场人的职业生涯成长史就是一部学习史。一个人不可能仅依靠刚刚毕业时候的那些资源去应对职场的各种挑战，因为职场的情况几乎完全不等同于学校的情况，各种事情都需要全新的经验去面对。无论是工作技能、工作思维，还是人际关系的处理，都需要完全不同于过往的经验，这些都需要职场人不断学习并加以应用。

在工作技能方面，不同的岗位需要不同的职业技能和对应的技能工具，而且随着技术的变革，新的工具不断出现，这就需要职场人舍弃旧工具、掌握新工具。例如，数据分析这项工作，虽然在互联网的早期阶段，只能依赖于 Excel、SPSS 这些工具来进行，但随着大数据行业的发展，出现了更多数据分析工具，后者能够更加高效地提升数据分析的效率，这就需要职场人进行技能转换和学习。

在工作思维方面，不同岗位的工作逻辑不同，因此需要的工作思维可能也会有一定的差异，尤其是在职业生涯早期、职业生涯中期和职业生涯晚期不同的阶段，每个人所做工作的属性有很大的差异，这也需要职场人掌握各种不同的工作思维。例如，在职业生涯早期，大部分人还是一个执行者，这时候需要锻炼的是作为一个执行者在做具体业务时需要使用的工作思维；而随着工作年限的增长，很多人都会走上管理岗位，这就需要掌握管理工作的思维；有些人还会逐步升迁，在公司中担任高层管理的岗位，这时候需要的更重要的是经营管理的思维。每一类思维之间都有很大的差异，这就要求职场人在不同的阶段都应努力去学习，掌握相应的工作思维，进而承担自己的工作职责。

人际关系方面的能力虽然不会随着职业生涯的发展出现太大的变动，但处理人际关系的能力是永远学不完的，因为这种能力考验的不是科学性的一面，更多考验的是艺术性的一面。所以，人际关系处理能力也是一项需要终身修炼的能力。

在职场中的学习可以有多种多样的方式，除了通过专业机构、自己积累经验学习，职场人还可以通过模仿别人学习，尤其是向他人学习这一点是很多人往往容易忽视的方式。因为人总是有自我高估的倾向，往往觉得自己是处于平均水平之上的人，不屑学习周边同事的经验方法，觉得他人的方法也不过如此，这就是心态的问题。职场中的每个人都有各自的优点和特长，通过观察他人是最直接、最有效的一种学习方式，职场人在日常工作中只要仔细观察同事和上级，就会发现很多值得学习的方面，包括他人的工作方法、解决问题的思路、处理人际关系的方法等。

其实，在一个人漫长的职业生涯中，需要学习的东西很多，因为社会在不断变化，职业的具体工作内容也在不断变化；相应地，技能和思维方式也需要持续不断地更新迭代。唯一不变的只有学习本身——终身学习，这是职场精进中永恒的主题。

在职场中需要有进取心态，虽然要充满斗志，但同时也要避免一些不良心态，如焦虑急躁、缺乏耐心，做事情急于求成，遇到一点挫折就“缴械投降”甚至失去斗志、一蹶不振。

一个人要在一家公司做出成绩往往不是一年半载就可以迅速见效的，有时需要等待两三年才会有典型性的产出。通常加入一家公司之后，往往熟悉环境、建立人际关系就需要一定的时间，少则几个月，多则一年的时间。在这段时间内，没有建立良好的人际关系，没有各协作方的支持，其实很难做出突出的成绩。有的人可能觉得一年的时间很长，没有耐心坚持下去，结果中途跳槽了，到了下一家公司，一切又重新开始。

其实不仅在职场中需要有耐心，在求职时也需要有耐心。有的人在求职时总是盲目、冲动，没有良好的规划，遇到一家公司发来录用通知书马上前去报道，从不进行认真的研究比较，结果工作了一段时间，觉得这家公司不合适马上又辞职了。甚至会在一年中反复入职、辞职，陷入一个恶性循环。其实，这就是由焦躁的心态引起的。在这种情况下职场人要有耐心，不要随意加入一家公司，也不要随意从一家公司辞职。在没有想好之前，职场人应多一些耐心进行权衡对比，等自己想清楚了再行动也不迟。

总之，在职场中心态很重要，心态不对就容易走弯路。

5.1.2 经营职业的七大注意事项

在一个人的职业发展道路上，经营职业是一项长期、复杂、系统的工程，如何在日复一日的工作中把自己的职业经营好？应该从哪些方面入手经营自己的职业？该如何从这些方面深入经营自己的职业？这是本节要讨论的问题。本节的内容主要是针对职场新人的，不过，经验丰富的职场人也可以对照考察自己是否忽视了一些重要的事项。经营职业的七大注意事项如图 5-2 所示。

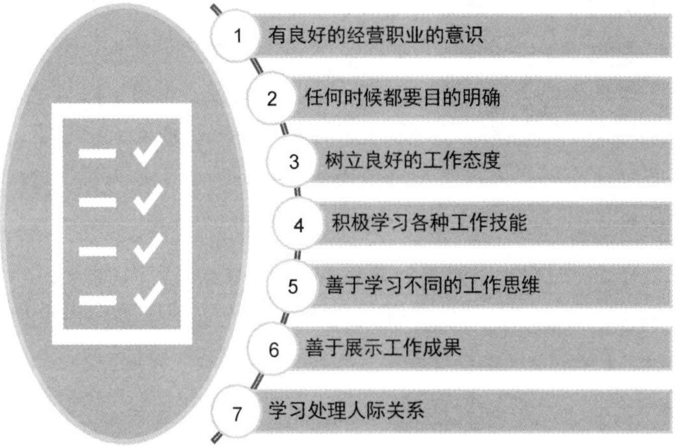

图 5-2 经营职业的七大注意事项

1. 有良好的经营职业的意识

当一个人踏入职场之后，要有良好的经营职业的意识。

意识是什么？简单地说，就是认识到自己该做什么事情、不该做什么事情的想法。如果求职者都没有意识到应该做这件事情，应该如何去做好这件事情，那么根本不可能开始做这件事情，更谈不上做好这件事情。

在职场中，要想让自己的职业之路走得更快、更顺利，职场人应该有经营职业的意识。经营职业包括职业生涯中方方面面的内容，如技能提升、人际关系、思维锻炼、表达能力、沟通协调、管理他人、成果导向……所有这些方面都需要首先具备锻炼这些能力的意识。因为人的大脑往往有节省心力的倾向：能少思考一件事情就不多思考一件事情。所以，在职场中，职场人在做规划时通常可能会想到很多事情，在做的过程中却渐渐越做越少了。如果没有意识时刻提醒，大脑就会逐渐忘记很多规划过的事情，最后不了了之。

所以，对于职场人来说，要想让自己逐渐强大，就需要经常有意识地去做技能提升、人际关系、思维锻炼、表达能力、沟通协调、管理他人等工作，要有意识地经营职业生活中的方方面面。职场人如果没有锻炼这些多维度能力的意识，那么他的职业经验就是不全面的。这在很大程度上会影响一个人的职业成长。

2. 任何时候都要目的明确

“你的目的是什么？”这是我的上级经常用来“灵魂拷问”下属的一个问题。很多职场人做的事情，在面对这个问题时都经不住拷问，仔细推敲就会发现自己所做的事情根本没有价值。

在日常生活中，我们可以漫无目的地做一些没有明确目的的事情，因为人有休息和放松的需求。在职场中，职场人追求的是效率和结果，每天都要有所进步。因此，没有明确的目的，职场人所做的事情就会发散，甚至偏离既定的轨道。所以，在职场中做任何事情时职场人都要目的明确，时刻记得自我发问：我的目的是什么？

这种发问不仅可以用在一些大的事情上，如找什么样的公司、什么行业、什么领导，也可以用在日常工作中的大小任务上。例如，一名产品经理就应该问自己做某个产品功能的目的是什么？对于运营人员来说，就应该问自己做某个活动的目的是什么？做某次用户调研的目的是什么？只有目的明确，做事情时才会更加聚焦，更容易把资源集中在有限的方向上，从而产出期望的结果。

虽然对于目的的追问有时候会自然而然地想到，但在很多事情上我们往往容易忘记发问。经常记得自我发问“目的”这个本源性的问题，就会起到刻意练习进而内化为本能的效果，以后遇到事情时我们才能够条件反射式地追问“目的”。

3. 树立良好的工作态度

在职场中，良好的工作态度是一个职场人职业素养的体现，态度不端正的人和在任何时候都有正确态度的人，在结果产出和职场晋升中都会有不同的结局。那么，作为职场人应该注意哪些必要的工作态度呢？我认为至少应注意以下几个方面（见图 5-3）。

（1）认真工作

虽然认真工作应该是职场人必备的一种素养，但在实际中工作不认真的人比比皆是。小到邮件中的表述没有逻辑，或者错别字频出，大到工作不按时完成，或者完成的质量很差。其实，对于上级来说，一个职场人工作不认真，和工作做不出成果一样是无法容忍的事情，因为这是一个职场人最起码的职业素养。

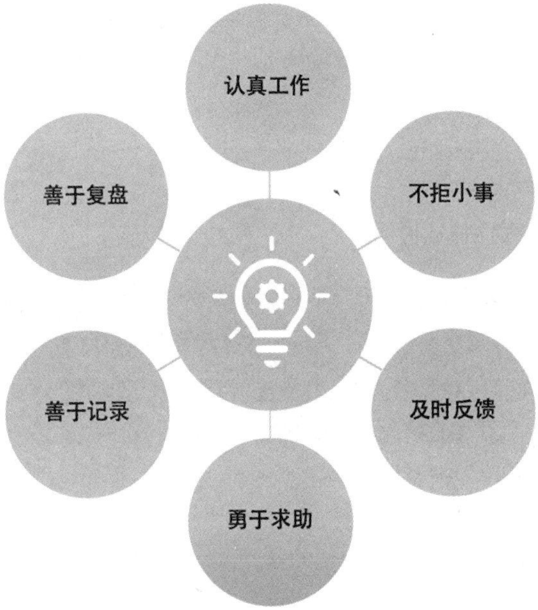

图 5-3　六种良好的工作态度

所以，无论是刚刚工作的职场新人，还是已经工作一段时间的成熟的职场人，都应该在日常工作中注意这个问题，不要在最基础的工作中给自己留下污点。不管是交付给领导的工作结果、工作材料，还是与公司同事之间的工作交流都应该认真对待。

（2）不拒小事

在职场人漫长的职业生涯中，工作中的事情不一定都是波澜壮阔的大事。很多时候，琐碎的小事才是职场工作的主旋律。有的人在职场中既看不上小事，又搞不定大事，这就是大家常说的“眼高手低”的一类人。

其实，工作能力都是通过小事逐步锻炼出来的，只有当做小事的能力经过考验没有问题之后，才具备挑战大事的条件。所以，做好小事才有可能在接到更大任务时能够接得住、做得好。正所谓“泰山不让土壤，故能成其大；河海不择细流，故能就其深”。

当初入职场时或者刚刚加入一家公司时，上级分派一件简单的事情，不要因为看不上眼而敷衍了事，上级可能就是在考察下属的工作态度。如果一个人连一件小事都无法保质、保量地完成，那上级又如何能够放心分派更大的任务呢？

（3）及时反馈

在工作中及时反馈是一种非常重要的素质，有的人对领导布置的任务有了结果之后藏着掖着，不及时反馈，等领导来问时才会告诉结果。这其实是一种非常不好的处事方法，不利于建立良好的上下级关系。

及时反馈不仅包括重要事情的工作汇报，也包括日常工作的及时沟通。移动互联网让现代职场人有了非常高效、便捷的沟通工具，很多上级基于这些工具喜欢进行快速的交流，有的人可能因为种种原因没有及时查看并回复这些消息。这样的情况发生一次、两次还可以理解，如果频繁地发生这种情况，上级可能就会质疑这个人的工作态度。因为对于这样的领导来说，他们不喜欢效率的损耗，如果让他一直处于一种等待的状态，这可能是他们无法忍受的。

及时反馈包括反馈事情的结果、时间进度、完成情况等内容。所以，当自己做的事情有了阶段性的成果时，职场人就要及时向上级反馈。如果一件事情的时间进程比较长，即使还没有产生结果，那么也需要职场人在阶段性的时间节点上（如一周）反馈当前的情况，让上级知道事情的进展，以便让他们有更多的决策时间和空间。

（4）勇于求助

在职场中，勇于求助也是一种重要的工作态度。有的人遇到难事时不愿意找上级沟通，觉得不好意思，或者害怕上级责骂，到了交付工作结果时，自己又做不出来。其实，上级的一个重要的作用就是帮助下属排除障碍，让下属能够顺利推进工作拿到结果。所以，当遇到难事时职场人要勇于求助。其实，在工作中的求助不仅可以向上级求助，也可以向周边同事求助。

同时要记住的是，勇于求助不是遇到任何小问题都去找上级和同事，或者是非常小的问题都拿去问别人，这样会给别人留下自己工作能力差的印象。向别人求助的事情一定是自己尝试了多种方法，或者超出自己能力范畴的事情。

（5）善于记录

在工作中要善于记录。记录工作会议纪要，记录重要的工作推进节点，记录每天的工作计划安排，记录重要的工作思路……

为什么要记录这些内容呢？因为人的记忆力非常有限，可记住的事情很少，有些重要的信息过了就忘了，很难再想起来。记录可以很好地弥补人的这个缺点，便于事后追查和改进。吴军老师在得到专栏课程中曾经提及："系统的试验、完整的记录，是科技取得可叠加式进步的保证。"他认为西方在瓷器技术中之所以最终超越中国，重要的原因之一就是西方人有记录的传统。他们会认真地记录试验的数据，每次的改进都是在上一次的基础之上进行的，这样就容易迭代，从而形成可叠加的进步。

在互联网企业中，产品经理必须记录产品版本的迭代记录，甚至是需求的开发记录；开发人员要记录代码日志。一个重要的目的是便于出现问题时追查，另一个目的是便于后续的迭代。

一个人在职场中要想取得叠加式的进步就需要善于做记录工作，很多人在换工作时总是会对上一家公司进行切割，把自己过往的工作成果也抛弃掉了。这样实际上阻碍了自己取得“可叠加式进步”的可能。

（6）善于复盘

在职场中，很多人完成工作时从来不进行总结和复盘，其实这样只是完成了工作的 80%。虽然拿到了那个最关键的结果，但如果缺少了总结和复盘，实际上职场人并没有获得这项工作的最大价值和成果。对于职场人来说，从一项工作中找到的相似情况的处理逻辑和思路，可以在以后的工作场景中反复利用，这才是对自己真正有价值的成果。

在工作中，成功的工作需要总结和复盘，失败的工作同样需要总结和复盘。如果一件事情成功了却没有总结和复盘，那么可能职场人根本不知道这项工作取得的成果是偶然的运气，还是因为自己的实力，当然也不会了解类似事情成功必须具备的要素是哪些。如果一件事情失败了没有勇气去总结和复盘，那么职场人就不知道失败的原因在哪里，以及以后如何避免，下一次遇到类似的工作场景时可能会重蹈覆辙。

所以，作为一个成熟的职场人应该抓住每一次工作项目的机会，进行总结和复盘，深刻理解一类工作成败背后的逻辑，让自己获得持续性的进步。

4．积极学习各种工作技能

在职场中，不同岗位的工作都会有各种各样的工具。产品经理需要使用原型工具（如 Axure、墨刀等）、需要使用思维导图（如 XMind、亿图等）、需要使用数据分析工作（如 Excel、SPSS等）。运营人员根据各种细分的岗位也需要使用各种各样的工具。至于开发人员和设计师，需要掌握的工具就更多了。

每一种工具的学习都需要一定的时间成本，还需要花费一定的脑力。尤其是当一种工具看似复杂时，很多人就会望而却步甚至放弃了学习的念头。当看到别人使用时，除了羡慕和一声感叹，这些人也就没有任何其他的触动和行动了。

有时候，职场人多掌握一种工具对于工作效率的提升是非常大的。例如，微信运营中很多时候都会涉及图片处理的简单工作，一般情况下需要借助 Photoshop 软件进行处理，很多运营人员觉得学习 Photoshop 软件是一件极为困难的事情，所以从来不会花费时间学习，工作中遇到类似的场景只能求助于设计人员。在这个过程中，运营人员的工作效率就会大打折扣。

首先，求助别人就需要沟通，沟通成本就是一笔不小的成本。其次，让别人支持做某件事情，即使是很小的事情也需要等待别人处理，这就增加了不必要的等待时间。而且，当别人处理这件事情时也需要付出一定的时间成本。所以，一个简单的工作会影响两个人的工作效率和时间损耗。如果运营人员自己会使用 Photoshop 软件，类似这样的简单处理工作可能只需花费一两分钟的时间。换句话说，自己掌握了工具方便的还是自己，不仅可以提升自己的工作效率，还不用去麻烦别人。

其实，工具的学习并不难，尤其是入门级的，掌握基本的使用方法非常容易，我们只要集中花费一段时间就可以学会。学习多种工具不仅掌握了处理不同工作的技能，更重要的是掌握了不同工具背后的设计逻辑和思维，可以触类旁通。

5．善于学习不同的工作思维

在工作中要善于学习处理工作的不同思维，因为思维是最底层的“武器”，很多工作虽然看似不同，但解决方法的底层思维都是一样的。掌握了底层的工作思维，就掌握了处理一类工作的能力。很多人遇到工作中的难题往往不知所措，就是因为不善于使用底层的工作思维。

在职场中，技能的学习是显性的，职场人可以观察别人使用什么工具，然后自己马上照搬学习就可以很快掌握。思维的学习一般是隐性的，别人在表达完自己的观点和方法之后，一般不会把背后的思维逻辑说出来。有时候可能他自己也没有意识到使用了什么思维工具，只是他已经习惯性地形成了某种思维并且自然而然地使用了。所以，职场人要通过自己的认真观察和揣摩，从中摸索学习，这才是常见的路径。

思维的学习往往是比较困难的。而且，思维是处理一类工作的思考方法，而工作中集中处理一类问题的机会并不多，这也给职场人学习总结思维工具造成了一定的困难。

不过，虽然这种直接的学习思维的方法并不容易，但间接的学习思维的方法还是相对比较容易的。间接的学习思维方法就是通过书籍或网络了解其他人总结的思维方法。例如，系统思维、流程思维、数据思维、复盘思维、黄金思维、长期思维，这些思维工具是可以直接借用的，不一定都需要自己去琢磨、总结。

需要注意的是，有的工作思维是可以直接套用的，有的工作思维是不可以直接套用的，我们需要结合自己的实际工作场景来具体对待。

6．善于展示工作成果

职场中有很多人只知道埋头干活，不知道向上级展示自己的工作成果，这种情况比比皆是。根据个人观察，我认为他们之所以不愿意做这件事，原因主要包括以下几个方面。

第一，认识不够：有的人认识不到自己所做事情的意义，认为自己所做的事情意义好像并不大，没有必要声张。

第二，不愿花费时间：有的人认为日常的工作已经够多了，哪有时间再去整理已完成项目的成果向上级展示。

第三，“知识的诅咒”：有的人对自己做的事情非常了解，理所当然地认为上级和同事也都了解自己所做的事情。实际上，上级不可能完全了解每个人做的每件事情的细节和所有信息，他需要下属同步完整的信息。

在职场中，职场人要善于展示自己的工作成果，就是在完成一项工作或者完成一项工作阶段性任务时，要通过相对正式的方式向直接上级和相关支持方展示工作成果。

职场人展示工作成果的两种正式方式，如图 5-4 所示。

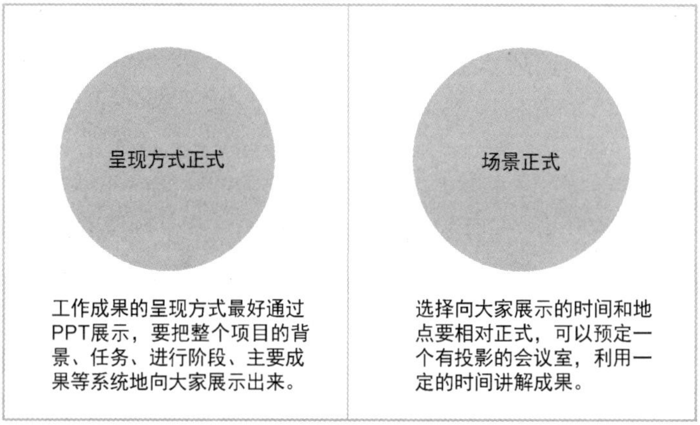

图 5-4 职场人展示工作成果的两种正式方式

- 第一种是呈现方式正式，指的是工作成果的呈现方式最好通过 PPT 展示，要把整个项目的背景、任务、进行阶段、主要成果等系统地向大家展示出来。不要采取太过随意的方式，如把一些主要的数据截图用聊天软件发给上级就完事了。这种方式虽然传达了关键信息，但传达的信息是片面和碎片的，无法让上级对整个项目的情况形成完整的认知。
- 第二种是场景正式，指的是选择向大家展示的时间和地点要相对正式，可以预定一个有投影的会议室，利用一定的时间讲解成果。不要随意在工位上解决这件事情，如果以一种随意的场景对待这件事情，那么在上级和支持方同事的意识中，这就是一件随意的事情，价值并不大。

向上级和支持方展示工作成果还有一些更深层次的目的。

向上级以正式的方式展示工作成果的目的，主要是以非常明确的信号告诉上级：自己是一个有始有终的人，一项工作完成之后，不管结果好坏都需要对上级有一个交代。

给支持方的同事展示工作成果的目的，主要是让相关的支持方也了解他们工作付出的价值。通常在一个项目中很多支持方只是参与其中的角色之一，他们可能并不了解这个项目的全貌，也不了解进展的情况。如果最后他们也不知道这个项目的结果好坏，那么在他们的意识中，支持我们做事情和支持别人做事情是没有差别的。如果对方作为项目的负责人，我们能够把项目的关键结果展示给他们，让他们知道自己在其中扮演的角色和重要作用，那么下次再做其他工作时，他们可能会给予更强的支持。这种信息沟通的作用很重要。

7. 学习处理人际关系

很多职场人在公司中常常喜欢做"隐形人"，不愿意和别人交流，自己的交际范围仅仅局限在自己工位周边的 3 ~ 5 个人，处理与他人的关系非常消极、被动。这种自我封闭的处理人际关系的方式是非常不利于职业发展和升迁的，尤其是对做业务的人来说，如果不善于和别人交流，就无法有效地调动、整合资源，而没有其他部门的资源支持，基本上很难成功。

一个人在职场中，无论是作为一个执行者还是作为一个管理者，都需要其他同事或者其他部门的协同支持才能够做出业绩，获得成功。在现代企业组织中，一个人单打独斗是很难做出成果的。所以，在职场中职场人要有意识地学习如何处理好各种关系，要有意识地经营各种人际关系，包括与直接上级的关系、与同事的人际关系等。这部分内容将在 5.1.3 节中进行详细介绍。

5.1.3 如何正确处理职场中的人际关系

职场是一个复杂的社会关系网络，职场人要在这样的网络中生存需要建立良好的人际关系，无论是从短期的工作绩效出发，还是从长期的职业发展的角度考虑，这都是非常有必要的。在职场中最主要的人际关系是和上级的关系，其次是和同事的关系。其中，和上级的关系中又细分为和直接上级、和非直接上级的关系。和同事的关系中不仅包括和本部门同事的关系，还包括和其他部门同事的关系，如和支持部门同事的关系、和职能部门同事的关系。在处理各种人际关系时，因为彼此之间关系的重要性不同，所以处理的策略也会各有侧重。

有的人可能好奇：为什么如此重视人际关系？他认为自己到企业中是来工作的，只要把工作做好即可，为什么还要顾及那么多的人情世故呢？人是生活在复杂的社会关系中的，而不是生活在真空中的。所以，职场人建立并维护积极的人际关系极为必要。

1. 为什么要建立积极的人际关系

职场人一年中多数时间都是在职场中度过的，职场中的人际关系是每个职场人必须面对的一大课题。有的人理所当然地认为每个职场人都会妥善处理职场中的人际关系，实际上并非如此。有的人虽然在职场很努力，但始终无法升迁，原因并不在于工作能力，而很可能在于没有妥善处理人际关系。相反，另外一类人虽然工作能力平平，但却能步步高升，原因可能在于善于处理人际关系。

清华大学教授宁向东在得到专栏课程中提到一个观点："一个人想干成一件事，有两种方式。一是围绕着事情大做文章，认真努力，这会取得成功；还有一种方式，就是不去管事，专门做人的工作，同样可以取得成功。"[①] 很显然，这里提到的第二类人，就是专门做人的工作方面的能手。

职场人所在的职场不是一个纯粹的理想环境，相反这是一个由人组成的高度复杂的职场网络。在这样的职场网络中生存，如果不积极地处理人际关系，职场人很难成为赢家。在职场中积极地建立和维护人际关系主要出于两个方面的考虑，如图 5-5 所示。

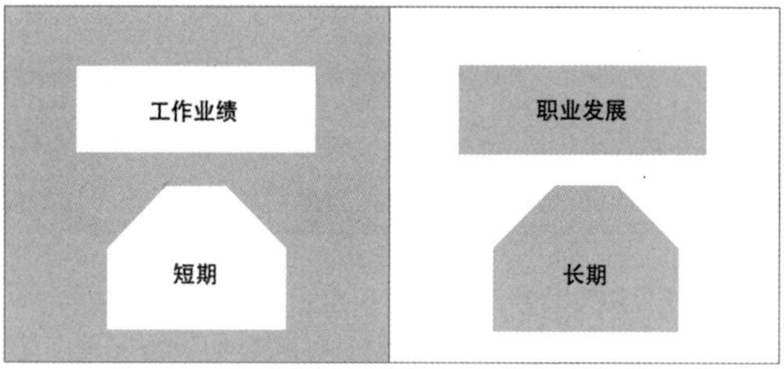

图 5-5　积极建立和维护人际关系的目的

（1）为了短期的工作业绩

从职业发展的短期维度来讲，职场人在每家公司的每个年度、季度甚至月度都会背负各自的绩效目标，就是通常所说的 KPI，这些 KPI 指标要求职场人在短期内必须完成各种任务，才能保证年底升职加薪的期许能够得以实现。而要完成各种任务、达成各自的绩效目标，离不开公司各方面的资源，离不开各种细分职业角色的协作支持，这就需要职场人同各种各样的职业角色进行沟通协作，处理人际关系就是躲不过去的一道关卡。

举个最简单的例子，运营人员要想发起一场活动，需要设计部门的同事帮忙设计活动的页

① 宁向东. 宁向东的清华管理学课. 得到专栏.

面，需要前/后端开发人员开发相关的功能，需要测试人员进行活动的开发测试，需要市场部门协助推广资源的沟通……

可见，即使是非常简单的一项工作也需要很多人的支持，如果没有这些部门相关人员的支持和协作，那么这项工作是否能完成都是未知数，更别提取得好的成果。有的人可能会比较好奇，这些部门相关人员的本职工作不就是做这些事情吗？为什么还需要自己去维护人际关系并进行协调支持呢？

这样的想法虽然也有一定的道理，但你所做的项目和事情，并不一定就是达成公司顶层目标的最关键的项目和事情，况且你做的项目和事情能否成功都是未知数。在这种情况下，如果没有其他的因素激励，你怎么能够保证其他部门都支持你的项目和事情呢？而且，每个部门可能会同时协助支持很多其他部门同事的工作，凭什么一定要去支持你的项目呢？这其中和对方部门的同事甚至是负责人保持良好的关系就成为一种不可或缺的调节剂。

可见，从完成自己短期工作业绩的角度考虑，每个职场人都需要和他人建立并维护积极的人际关系。

（2）为了长期的职业发展

从长期的职业发展角度来讲，每个人都有可能从一个执行岗位升迁到管理岗位。当升迁到管理岗位时，要解决的不仅是一个人、一个项目的支持协调问题，而是整个团队的几个人甚至几十个人的资源支持与协调问题。这时候，职场人不仅要处理部门内部的协调机制问题，更重要的是要协调不同部门间相互关系的问题。如果没有成熟的人际关系处理能力，结局很可能就是整个团队都很难有较高的产出，最终人心离散、团队解散。在职场中，类似这样的失败案例比比皆是。

虽然不能把一个团队没有有效的产出都归结在人际关系和与其他部门的沟通协作方面，但这肯定是其中一个非常重要的因素，而且它是一个典型的短板限制因素，没有它，事情很难成功。

有的人能够一次次借助团队的力量实现里程碑式的工作目标，从而一步步青云直上；有的人担任一个部门的管理者最终毁掉了一个团队。这两种人最终结局的极大反差，不仅反映了个人业务能力水平差异，也是多种综合能力差异的反映，其中人际关系层面的因素就是一个非常重要的方面。

可见，无论是从短期的工作业绩的角度来说，还是从职场人的长期职业发展的角度来说，人际关系能力都是职业生涯中必须修炼精进的一个课题。要想在职场中平步青云，除了业务能力，人际关系能力是一个不可或缺的重要因素。

2. 要和哪些人建立并维护良好的人际关系

既然在职场中建立积极的人际关系很重要，那么接下来的问题就是职场人该和哪些人建立并维护良好的人际关系。这个问题在 5.1.2 节中已经有过阐述，职场中最主要的人际关系是和上级的关系，其次是和同事的关系，如图 5-6 所示。其中和上级的关系中，又细分为和直接上级的关系、和非直接上级的关系。

直接上级比较容易理解，非直接上级不是某个特定领导角色，而是多个角色的集合——可能是直接上级的上级，可能是公司的总监、总经理，也可能是集团分管业务的负责人，甚至是公司的首席执行官等。如果一个人的职级比较低，那么和这些人发生交集的可能性比较小。然而，如果一个人在公司已经属于基层管理者或者中层管理者，和这些人发生交集的可能性就比较大，有交集的场合可能是某个大型的会议或者某个报告会等场合。职场人如何处理与非直接上级的关系也是一个微妙的问题。

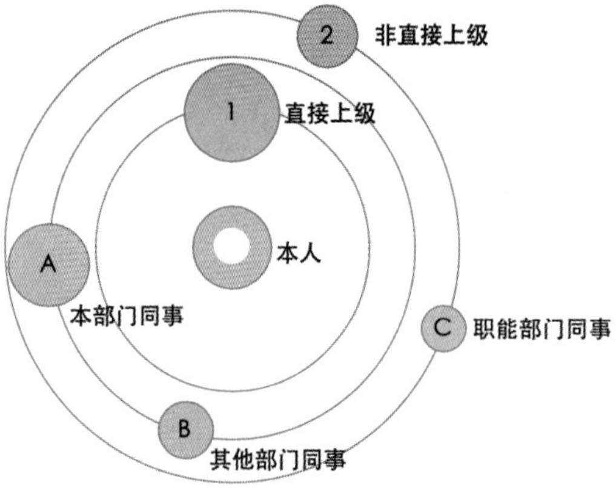

图 5-6 职场中要建立并维护的关系

职场中要建立并维护的同事关系，包括与本部门同事的关系和与其他部门同事的关系。与本部门的同事关系可能是与存在竞争关系的同事的关系，也可能是与不存在竞争关系的同事的关系。与其他部门的同事关系，既包括与支持部门的同事的关系，如与产品经理、设计部门和开发部门的同事的关系，也包括与财务、人力、行政等职能部门的同事的关系。

3. 如何建立并维护职场中的人际关系

仅仅明白了和哪些人建立并维护良好的人际关系是远远不够的，更为重要的是如何和这些不同部门、不同角色的人建立并维护良好的人际关系。了解如何做并把这些方面做好，才能真正建立并维护好人际关系。

（1）如何处理和上级的人际关系

如何处理和直接上级的关系

职场中要处理好的最重要的关系就是和上级的关系，尤其是和直接上级的关系，因为一个职场人的大部分工作都需要获得上级的授权和支持，没有上级的支持是很难开展工作并取得成果的。职场人如果在一个岗位上无法取得有效的成果，就无法实现自己升职加薪的目标，职业之路也会受到影响。

在职场中处理好和直接上级的关系，首先不要拒直接上级于千里之外，有的人因为性格方面的原因，不愿意和直接上级沟通交流，甚至有意躲着直接上级，这样是无法和直接上级建立良好关系的。人和人之间只有进行频繁沟通才能建立相对深度的关系，这样职场人也才有可能获得更多的机会。

当然，和直接上级建立良好的关系不是要职场人成为一个溜须拍马的人。一方面，溜须拍马是有风险的，如果直接上级是一个不喜欢这种处事方式的人，就会给他留下不好的印象，以后也很难得到改变；另一方面，如果做一个溜须拍马的人，不仅会让同事鄙视，而且会破坏团队的良好氛围，最终这个团队的结局也好不到哪里去。

在处理和直接上级的关系中，职场人应注意三个要点（见图 5-7）。

- 取得直接上级的信任。

在处理和直接上级的关系中，职场人最重要的是表明自己的忠诚之心从而获得直接上级的信任，不要在直接上级那里成为一个失信的人。一个得不到直接上级信任的人，职业之路很难有好的结果，甚至异常艰辛。

在职场中，直接上级支持的人需要具备两个特征：一个是基本实力，也就是你的知识积累、智力、体力、敬业精神和顽强的斗志；另一个是“互信状态”，信任才是获取直接上级支持的关键。

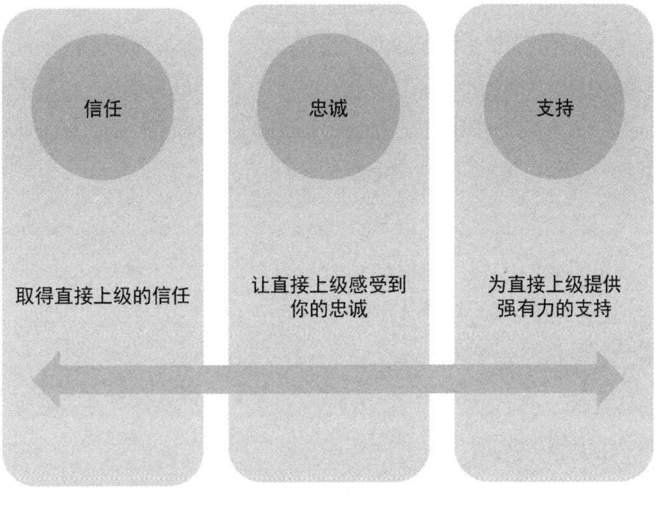

图 5-7　处理和直接上级关系的三个要点

关于这一点其实比较容易理解，假如直接上级交代给下属的任务总是出各种状况，或者直接上级感觉到下属和自己不是一条心，他又怎么放心把重要的事情交给这样的人呢？

- 让直接上级感受到你的忠诚。

处在上级位置的人往往有不安全感，如果一个下属总是比上级还善于在公司管理层面前出风头，那么会有几个上级有宽容大度的胸怀能够容忍呢？除非上级无法掌控这个局面，否则一定不会让这种事情再次发生。如果一个职场人和直接上级面临这种局面，那么双方的关系一定好不了，最终的结局很可能就是下属被扫地出门或者两败俱伤，而前一种结局发生的可能性更大。

所以，对于职场人来说，要处理好和直接上级的关系，一定要经常通过实际行动表明自己的忠诚之心，最好不要让可能冒犯直接上级的事情发生。如果不巧发生了这样的事情，那么一定要及时沟通说明情况，避免让上级产生错误的判断从而失去信任。

为了避免不忠诚的行为发生或者产生错误的信号，职场人需要在工作中坚决地执行直接上级安排的任务。当在某件事情上遇到与直接上级或更高级别的领导意见不一致的情况时，职场人要及时向领导请教，获得清晰的指令再去完成相应的工作。

在前面的章节中讲到了及时反馈，在工作中向直接上级及时反馈也是一种表达忠诚的方式。如果直接上级的指令不能得到下属及时的反馈，工作任务的进度直接上级无法及时掌握，那么下属有可能会被直接上级怀疑忠诚之心。

当然，对直接上级的指令也需要进行区分，下属所接到的指令应该是在公司业务和价值观许可范围内的，也应该符合正常的社会道德规范。如果是违背基本的社会规范的指令或者是不符合公司的基本价值观的指令，下属就要根据具体的情况区分对待了。

- 为直接上级提供强有力的支持。

在职场中，和直接上级维护良好关系的另一个重要方面就是为直接上级在工作业绩方面提供强有力的支持，直白地说就是做出好的业绩。因为直接上级也是有升职加薪、迈向更高职业目标的期许，甚至这种期许比任何一个下属还要强烈。

在依靠业绩说话的公司，上级要获得升迁也需要依靠业绩来加持。一般处于管理岗位的人往往不再亲自处理具体的业务工作，他要取得业绩往往依赖于下属的工作和成果。在这种情况下，有事业企图心的上级必然青睐那种能够做出业绩的下属。如果一个人是每年都能产出典型成果，那么和上级的关系自然差不到哪里去。不过，即使是一个业绩能力非常出众的人，上面说的忠诚和信任仍然是不可少的。否则，仅仅有业绩没有忠诚，一样是无法得到上级信任的。

如何处理和非直接上级的关系

在职场中，职场人要处理的上级关系除了处理与直接上级的关系，有时也会遇到处理和更高级别上级的关系，当遇到这种情况时职场人应怎样做呢？

- 在合适的场合力争表现最好的自己。

一般而言，基层员工或者基层管理者甚至是中层管理者，和高层管理者接触的机会并不多，更多的是在参加公司培训、进行业务汇报或者参加公司年会这样的场合。在这些场合中，如果有机会向公司的高层管理者展示自己，如做业务汇报，作为下属一定要多加重视，认真准备汇报材料并提前进行演示。在汇报过程中，下属应做到逻辑清晰，力争展示最好的自己，给对方留下好的印象。

这样做的目的是因为在职位升迁过程中，最终的决策不仅是直接上级一个人做出的，高层管理者也会参与其中。在类似的汇报中，下属如果能够给对方留下深刻的印象，在以后的升迁过程中就可能具有一定的优势。

- 注意沟通的边界，不要越界。

在和更高层管理者接触时，下属除表现最好的自己，给对方留下好印象之外，另一个重要的点在于沟通的边界问题。在类似的沟通中，一般情况下自己的直接上级都是会参与的。在这种情况下，下属要确保向高层管理者汇报的信息都已提前同步给自己的直接上级，让他提前了解自己所汇报的内容。千万不要给直接上级“惊喜”——在汇报现场说他所不知道的信息。

如果直接上级因为种种原因并不参加汇报，那也一定把汇报的内容提前告诉直接上级，回来之后还要给直接上级反馈汇报的情况。总之，一切行动都要主动地暴露给直接上级，让自己的行动处于他的“视线”控制范围之内，这样做还是为了维护彼此之间的信任和良好的关系。

需要特别提醒的是，在和更高层管理者接触时，下属不要说损毁直接上级的话，不要做越级汇报这种事情，更不要做耍手段的事情，这是一种成本高昂的游戏。

（2）如何处理和同事的人际关系

如何处理和本部门同事的关系

在处理和本部门的同事关系时，要注意区分哪些同事和自己存在竞争关系，哪些同事和自己不存在竞争关系，两种情况下的处理策略是不一样的。

- 和有竞争关系的同事该怎样相处。

在同一个部门中，可能存在工作岗位设置重叠或者接近的情况，这样就会出现若干存在竞争关系的同事，如果一个职场人处于这种情况下，那么和这些同事交往时，除了正常的工作沟通，要特别注意以下几点。

第一，要有戒备之心。

俗话说：害人之心不可有，防人之心不可无。在与有竞争关系的同事相处时，职场人要有一定的戒备之心，避免自己的“果实”被人窃取，尤其是在争抢项目时，要特别注意对自己的工作资料进行保密，尽量不要公开讨论自己的工作方案等内容，电脑要设置密码并随时锁屏。虽然不能假定周边一定有这样的同事，但是如果真的出现工作成果被别人窃取的情况，不仅你们之间无法再和谐相处了，而且整个团队的氛围都可能会被破坏。

第二，采用正当公开的方式竞争。

上面提到的是职场中上不了台面的一类情况，无论谁都不愿意发生和面对，做好主动防御就可以。反过来，职场人一定不要采用这种见不得光的方式来达到自己的目的。虽然职场中的竞争有时候是比较激烈的，但是职场人应该保持一颗本真的心，采用正当公开的方式来应对。阴谋诡计会使所有牵涉其中的人心力交瘁，大家没有必要在这样的事情上耗费心力。

第三，修炼自己的内功。

当和本部门同事之间产生竞争时，职场人要赢得竞争最好的办法还是通过修炼内功、比别人更加勤奋努力，通过真正的能力和实力，通过良性的竞争赢得胜利。如果面对的竞争环境恶劣，职场人通过实力和能力公平地赢得竞争的策略失效，那么这样的环境也不值得留恋，离开这样的环境是对自己最大的负责。

- 和没有竞争关系的同事该怎样相处。

不是所有同一个部门的同事都存在竞争关系。在很多公司中，为了追求高人效，一般同一个岗位的设置都很宽泛，这样每个人的工作范围都很大，彼此之间交叉的部分很少，部门内同事之间更多的是协作关系，基本不存在竞争的关系。在这种情况下，处理同事之间的关系主要的策略是相互依赖与协作。

如果同一个部门不同岗位的设置不存在非常明显的竞争关系，那么很可能是互补的关系。例如，在运营部门，可能一个人专门负责活动运营，另一个人专门负责内容运营。这样的设置会使大家的工作既各有侧重又相互依赖，大家的工作成绩与部门大目标具有共存共荣的关系。在这种情况下，同事之间应该创造融洽的合作氛围，展开密切的合作。毕竟在一个部门内部，相互之间的协作相比不同部门的协作还是比较容易的。

如何处理和其他部门同事的关系

职场中除了处理和本部门的同事关系，还需要处理很多跨部门的同事关系，尤其是那些工作流中必然涉及的协作部门，如开发人员之于产品经理。如何处理和其他部门同事之间的关系也是一个人能力的体现。

- 如何处理和支持部门同事的关系。

在处理和支持部门同事的关系时，重要的是有重点地经营与几个关键人物的关系，这几个人可能是支持部门的上级，也可能是关键的执行支持人员。一个人不可能同时应付很多的关系，所以，为了达到更好的效果，只要重点经营好这些关系就可以了。在处理和支持部门同事关系的过程中，职场人可以采取一些策略，如图 5-8 所示。

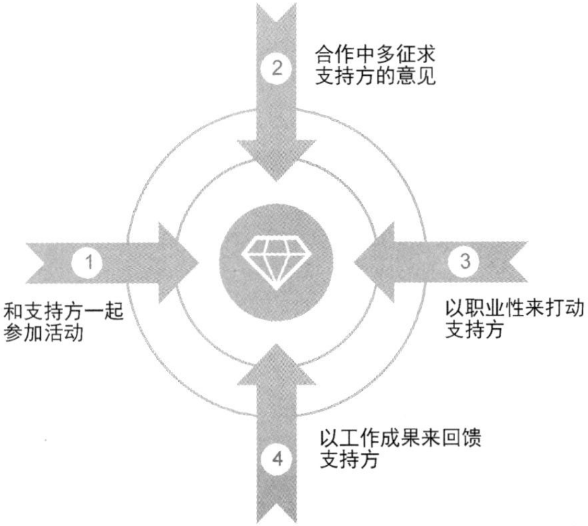

图 5-8　正确处理与支持部门同事的关系

第一，和支持方一起参加活动。

职场人可以和支持部门的同事一起参加一些活动，如一起健身、一起打球、一起吃饭等。这些活动可以是公司组织的，如果公司没有人组织类似的活动，职场人可以主动地创造条件发起一些类似的活动。通过这些活动的互动加深对彼此的了解，从而加深与支持部门同事的关系。

第二，合作中多征求支持方的意见。

很多人在工作过程中不知道尊重支持方的意见，结果就是双方很难达成一致意见，使工作难以正常顺利地进行。造成这种情况的原因：一方面是大家不在一个部门，这样间接地阻碍了一些基础的沟通；另一方面是很多人觉得支持方只是一个配合的角色，不可能对自己的项目或者方案提出什么有价值的信息或者建议。所以，有些人的做法比较简单、粗暴，常常是直接拿着最终的方案让对方配合支持，而不会让这些支持方也一起参与方案的讨论过程。

由于支持方几乎没有参与项目或方案的讨论过程，所以对于整个项目或者方案其实并没有太多参与感，他们只是在完成一个例行的任务，而不是一件有意义的事情。期望这样的支持方能够超预期产出结果是不现实的。相反，如果项目的负责人能够在方案讨论的过程中就想办法让支持方参与进来，一方面有可能获得一些建议和信息，另外一方面也有可能激发支持方后期的参与感。

第三，以职业性来打动支持方。

在和支持方合作的过程中，要充分激发支持方的主观能动性，让他们也积极地成为项目价值的贡献者，这就需要大家处于一种互相信任的状态，也就是彼此处于一种相信各自专业性的状态。如果没有这份互相信任，在项目推进过程中但凡出现一点问题，大家就可能相互抱怨，彼此质疑各自的做事能力和专业性。这就要求职场人在做事的过程中应体现出职业素养和做事的专业性，以专业性来取得支持方的信任。

第四，以工作成果来回馈支持方。

职场人在处理和支持方关系的过程中，非常重要的一点还在于以出色的工作成果回馈对方。任何人都希望自己的工作是有价值的，支持方也不希望自己的工作总是有产出没成果。如果职场人在一家公司中要想和支持方形成长期稳定的合作关系，其核心还是要带领大家“做正确的事情”，能够确保大家共同协作的事情有正面积极的结果。这对于职场人是一个非常高的要求，意味着在做项目时，一定要进行认真的评估，确认自己做的是最关键的事情、可以对整体业务有重要影响的事情。这其实是对职场人做业务提出的更高要求。所以，职场人提升自己的工作能力，能够尽可能做出有成果的事情，这才是与合作方关系稳定的基石。

- 如何处理和无合作同事的关系。

在职场中，除了维护和利益攸关方的人际关系，与没有直接合作关系的人的关系也是需要维护的。维护和无合作同事的关系，目的不是帮助自己，而是尽可能不给自己造成负面的影响。因为每个职场人都无法保证那些没有直接合作关系的人永远都不会与自己合作。所以，即使短期内和大部分同事没有合作关系，也要和一些未来可能在业务中有潜在合作关系的同事保持良好的关系。

第一，工作中要积极帮忙。

在工作中，职场人有时候会突然遇到一些从来没有交往过的同事的求助，大部分的求助都是与工作密切相关的。在这种情况下，职场人不要因为不认识或者没有交集就对对方爱答不理。职场人遇到这种情况要积极回应，然后判断是否是自己可以帮忙的事情：如果是工作中举手之劳的事情，就伸出援助之手帮对方一把；如果无法帮忙，就看是否可以帮忙引荐自己所知道的人；如果确实爱莫能助，就表达自己的歉意说明自己无法帮忙的理由。这样做一方面是体现自己的素养，另一方面也是为自己留有余地，因为不知何时自己可能也需要求助对方。当然，有一种情况需要说明，当遇到非工作方面的求助，而且可能是超出自己能力范围的事情时，职场人最好果断拒绝，不要在职场中背负工作之外无法承受的枷锁。

第二，与人为善，不要树敌。

处理和无合作同事的关系，还有一条是尽可能与人为善，不要树敌。因为和这样的同事之间很少有竞争、冲突和矛盾的可能，所以职场人尽可能避免被卷入关于他们和别人的纷争中。与这些人成为敌人对自己来说没有任何好处。

- 如何处理和职能部门同事的关系。

最后一类需要处理的职场同事关系是和职能部门同事的关系，职能部门包括人力资源部门、行政部门、财务部门等。一般来说，职场人与这些部门的同事虽然平常工作交集不多，但对方负责公司的人员考勤、工资发放等相关事宜。尤其是人力资源部，他们往往会在人员的绩效考核和升迁中有深度的参与，这些事情与每个人的个人职业发展息息相关，职场人要尽可能和他们保持一种良性的关系，这样对于自己在一家公司的发展是大有益处的。

第一，业务方面的忙尽可能帮。

职能部门的同事通常与业务部门的同事还是有比较多的交集的，人力资源部门的同事招聘员工需要了解业务，财务人员进行财务分析也需要了解业务。由于职能部门的人不会深入实际的业务中，当他们遇到与业务相关的问题时，往往会求助于与业务相关的人。这时职场人应尽可能地帮助他们去了解业务，一方面他们了解清楚了业务，对于业务的支持会更加有力，另一方面积极地帮助对方，当自己需要职能部门帮忙时，他们也会积极给予一臂之力。

第二，对方帮忙后一定要感谢。

如果在职场中遇到事情求助于职能部门，当事情结束后，无论成败职场人都应该及时感谢对方。如果事情成功了，自不必说；如果事情没有办成，职场人也不要抱怨，尤其是不要把怨言向其他同事诉说。感谢可以是仅口头的感谢，也可以是一起吃顿饭沟通感情，具体根据所请托事情的大小而定。总之，职场人的及时感谢非常重要，礼多人不怪。

5.2　互联网职场人必备的九种思维

5.2.1　思维是职场生存最重要的武器

思维是职场人职业发展最重要的武器，它能为职场人提供解决问题的基本方向，在新业务的大海中明确航向，它还能为一类相似的问题提供解决思路。互联网职场人在职场中至少应该掌握并熟练应用一些思维工具，以此来提升自己的职场能力。

职场生存可以依赖的工具有经验、技能、能力、思维，其中思维最重要。经验可能会随着时间失去价值，技能会随着时间过时，专业能力往往与特定的职业和行业相适应，唯有思维能穿透时间的制约、超越职业范围的限制，让职场人立于不败之地。

1. 关于思维的界定

关于思维有非常学术的定义，也有相对宽泛的、通俗化的解释。根据相关定义可知，思维是对事物的间接反映，是指通过其他媒介认识客观事物，以及借助于已有的知识和经验、已知的条件推测未知的事物。思维是对一类事物非本质属性的摒弃和对其共同本质特征的反映。①

在日常的工作、生活中，思维是再熟悉不过的一个词语，就通常而言，思维直观的意思就是思考问题的方式。

在现实的工作、生活中，面对同一个问题，大部分人的思维方式基本一致，但总有一些人有不同的思维。例如，当考虑一个问题时，大部分人总是从一两个单一的维度思考问题，而有的人总是能够考虑到问题的方方面面，能从多个维度思考问题，这就是系统思维；当表述观点时，很多人会东拉西扯说一大堆没用的信息，把最关键的信息淹没了，听众无法把握他说话的要点，而有的人总是能够分清主次把事情讲得很明白，这就是逻辑思维；当计划做一件事情时，大部分人通常想到的是成功了就如何如何，然而有些人偏偏是“未胜先虑败”，首先考虑的不是成功，而是失败了怎么办，这就是逆向思维。

关于思维的具体种类和说法还有很多，如批判性思维、创意思维、抽象思维、具象思维、水平思维、演化思维……总之，能够代表一种不同的思考问题的方式基本上就可以称之为思维。

2. 为什么思维是职场生存最重要的武器

（1）思维能够提供解决问题的基本方向

工作就是解决一个又一个问题的过程，职场人在工作中碰到的问题可以简单分为老问题和新问题。老问题可以利用过去的经验、方法快速解决，新问题往往无法复用过去的经验、方法，只能靠摸索来寻找新的破解之道并逐步解决。如果说寻找新问题解决方案的过程像在大海中航行，那么思维就是指南针，它能提供一个大致的方向，让探索者逐渐向目标靠近。

举例来说，假如一个人原来的工作是用户运营，上级现在交给他一项新的任务，让他去做新媒体运营，这是一个全新的领域，他从来没有做过，那么他该如何应对？

其实，破解之道就是从思维工具入手，职场人可以应用系统思维和拆解思维进行最初的思考。学习新媒体运营的思维过程如图 5-9 所示。

---

① 来自百度百科。

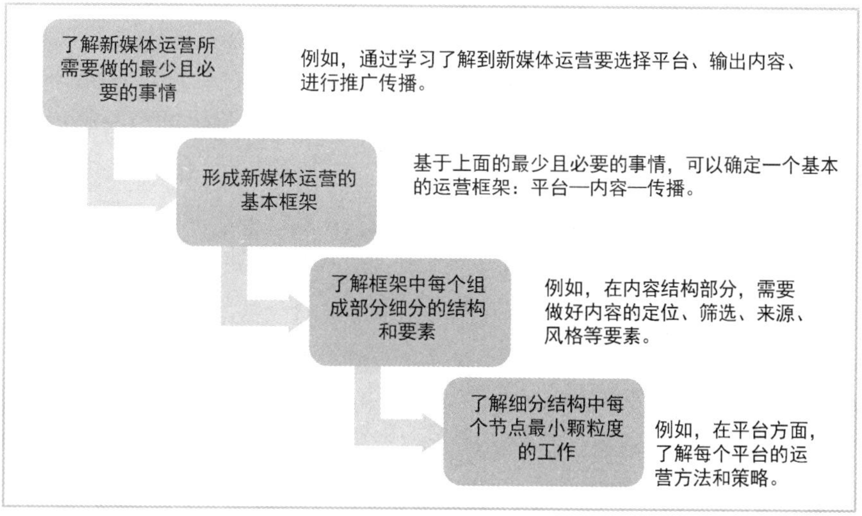

图 5-9　学习新媒体运营的思维过程

从系统思维的角度考虑，职场人应该有一种意识——新媒体运营一定是一个系统化的工程，不是靠单独一个方面就能做好的。所以，职场人首先要了解新媒体运营所需要做的最少且必要的事情，应该从这些最少且必要的事情出发，了解新媒体运营工作具体如何开展。当职场人头脑中有了这样一个基本的框架，接下来就可以通过上网搜索、咨询他人进行下一步的工作。在这个过程中，职场人可能会了解到新媒体运营至少要从三个方面入手：平台、内容和传播。有了这样的认识，职场人对于新媒体运营就会有一个宏观的规划，在具体开展工作时不会陷入单个维度的努力之中。

接下来职场人就可以利用拆解思维，进一步了解从平台方面该如何进行、内容方面要做哪些事情、推广方面要做哪些事情。在内容方面，职场人可以进一步利用系统思维去了解做好新媒体的内容，即要做的最少且必要的事情。这样逐层利用系统思维和拆解思维，直到找到最小颗粒度的工作任务。当然，做到这一步还没有结束，职场人还有很多工作要做。例如，在所有最小颗粒度的工作任务中，哪些任务是必须优先做的，其他的事情该如何进一步展开，职场人都要进行规划。这里关键要讲的是，从这个过程中可以看出，思维工具在面对全新问题时是如何帮助职场人找到工作方向的。

在职场中常常会遇到新情况，当面对新情况时，职场人要做的就是先从思维工具入手，寻找基本的解决方向，然后逐步开始启动相关的工作。从有效的思维工具入手，能够帮助职场人避免无序、混乱的思考，避免陷入“胡子眉毛一把抓”的困境。

（2）思维能够为一类相似的问题提供解决思路

职场人每天都要解决各种各样的问题，尤其是对于快速发展的业务来说，似乎永远有解决不完的问题。而且，很多问题都是全新的问题，没有先例和方法可寻，同时问题又很紧迫。在这种情况下，职场人解决问题时就可以借助各种思维工具。当解决的问题多了，职场人就会发现其实很多解决问题的起点都是利用了相同的思维工具。也就是说，同一种思维往往能够为很多问题提供解决思路。

例如，拆解思维就是一种能够用来解决很多问题的工具。拆解思维是一种把一个问题拆分成颗粒度更小的维度，从更细小的组成部分分析问题，从而找到解决方案的一种思维。拆解思维不仅可以被产品经理拿来解决问题，还可以被运营人员拿来解决问题。例如，产品经理在进行产品设计时可以应用拆解思维，从战略层、范围层、结构层、框架层、表现层五个维度对整体的产品规划进行拆解，然后从每个细分的维度上思考问题，如图 5-10 所示。

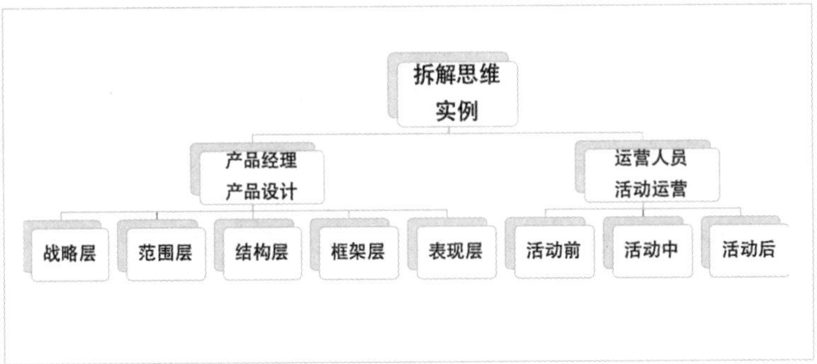

图 5-10　拆解思维的多用途

同样地，运营人员在做活动运营规划时，可以从时间维度上进行拆解，把活动整体的规划按照活动前、活动中、活动后拆解为阶段规划。在进行用户分层时，运营人员也可以用拆解思维，根据用户的年龄段进行拆解分层，也可以对用户的关键行为路径进行拆解分层。可见，拆解思维能够为不同职业的人在不同的问题上提供通用的解决思路。

由此可见，思维具有广泛的适用性，一种思维通常能够应用到各种各样解决问题的场景中，为一类相似的问题提供解决思路。职场人掌握了某种思维工具，如同打通了“任督二脉”，能够穿透问题的表象抓住本质，当遇到一类相似的问题时能够很快地找到破解的方法。

所以，在职场中对于已完成的工作任务，职场人要经常进行复盘，找到那些可以解决一类相似问题的思维方法并总结、整理出来，在遇到全新问题或者疑难问题时，从这些思维工具入手，寻找破局的方向，而不至于在面对问题时不知所措。

3. 初入职场要掌握哪些思维工具

在职场中，各种各样的思维能够为职场人提供解决问题的思路。本章会介绍九种互联网职场人在入行后需要逐步习得的思维，如图 5-11 所示。

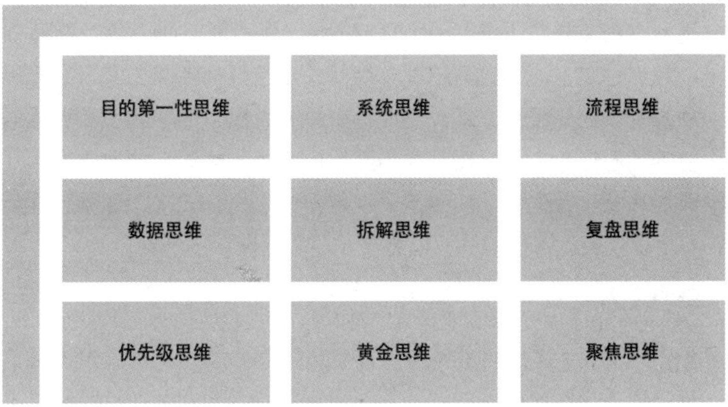

图 5-11　互联网职场人必备的九种思维

（1）目的第一性思维

互联网职场人在工作中要有很强的目的意识和思维，在做任何事情时首先考虑清楚自己的目的是什么。因为目的是确定目标的前提，只有目的明确了，才能确定清晰的目标。之所以要具备目的第一性思维，还因为在同一件事情上，不同的目的需要采用不同的策略。此外，目的第一性思维有助于聚焦目标，把资源都集中在关键点上，产出想要的结果。要让自己具备目的第一性思维，互联网职场人不仅要从意识上引起重视，更要在实践中内化，只有这样才能在关键时刻首先考虑到目的是什么。

（2）系统思维

互联网职场人在工作中要有系统思维，要从整体、全局的角度看待问题，片面化的思维会导致“一叶障目，不见泰山”的困局。互联网职场人如果无法从全局的角度看问题，就无法做出正确的业务决策。系统思维之所以重要，不仅在于系统思维能够帮助职场人摆脱线性思维的束缚，而且它能够帮助职场人看清问题的本质，有助于从整体上把握事物。互联网职场人要用好系统思维，关键是应从多个维度思考问题，从动态的角度思考问题。

（3）流程思维

互联网职场人在工作中要善于使用流程思维，因为流程无处不在，不仅生活中很多事情需要按流程进行，工作中很多事情也需要非常精细化的流程。职场人学会使用流程思维不仅能够提高工作效率，而且能够最大限度地避免出现错误，还有助于查找工作中的问题。在工作中，互联网职场人要能判断出哪些工作需要用流程思维来解决，当遇到这类问题时把流程图画出来，这样对于问题的认识就会更加明晰，也更加容易产生解决方案。

（4）数据思维

如果说有一种思维是互联网职场人最不可或缺的，那就是数据思维。互联网职场人在工作中一定要有定量的数据思维，而不要再依赖单纯的感觉进行判断和决策。数据不仅是一种衡量的工具，还是一种发现问题的重要方式，是职场中最有说服力的工具。在大数据时代，数据分析能力不仅是企业的核心竞争力，它还将成为互联网职场人的通用能力。作为互联网职场人，在使用数据思维时要注意：首先，一切决策要以数据为依据；其次，数据思维和数据分析技能要并重；此外，不要仅仅关注数据本身，应更多关注数据背后的问题。

（5）拆解思维

拆解思维对于职场人来说是一种非常重要的解决疑难问题的工具。很多复杂的问题只要利用拆解的方法，拆分成更小颗粒度的问题，就容易找到解决的方法。之所以要学会利用拆解思维，是因为拆解思维不仅能够帮助职场人把握问题的本质，而且有助于职场人更加细致地考虑问题，进而提高解决问题的效率，帮助职场人找到解决问题明确的路线图。职场人要利用拆解思维可以从两种路径入手：一种是根据演绎逻辑进行拆解；一种是根据归纳逻辑进行拆解。前者可以使用列公式的方法具体落地，而后者可以使用思维导图来具体实施。

（6）复盘思维

复盘是互联网职场中非常高频的一个关键词，复盘和反思在很多场合下是同义词。复盘不等于总结，如果没有对问题的原因进行深度剖析，则算不上是复盘。复盘思维不仅是发现问题的重要手段，而且是总结和学习经验的难得机会。复盘能够提高职场人思考问题的能力，是职场人自我精进的最有效的方式。在职场中，复盘的对象可以是工作内容，也可以是工作方法和解决问题的思维。复盘是很多聪明人在做的事情，职场人除了掌握基础的复盘思维，还可以借鉴他人的一些经验和方法。

（7）优先级思维

优先级思维就是根据事情的重要性和紧迫性判断事情优先顺序的思维。在日常的生活中，很多人会不自觉地使用这种思维，但在工作中，尤其是在一些重要的事情上反而会忘记排列优先级。互联网职场人之所以要在工作中使用优先级思维，一方面是因为他们会经常面临时间和资源的约束，另一方面是出于他们追求较高投入产出比的需要。在日常工作中，让排列优先级成为一种习惯，首先不仅要培养优先级思维的意识，还要锻炼自己排列优先级的能力。优先级不是列出来就结束了，而是需要通过一定的规范、借助一定的工具来落实。

（8）黄金思维

黄金思维是一种具有普适性的思维工具，它指的是在思考问题时从 What、How、Why 这三个英文单词出发，通过自我发问来驱动问题，并进行深入的思考和解决。黄金思维是职场人解决问题最基本的一种思考工具，它能帮助职场人对事物形成完整的认识，也有助于职场人找到更好的解决方案。互联网职场人使用黄金思维时要注意两点：第一是确定最先切入的要素，即是从 What 开始还是从 Why 开始；第二是对于同一个维度要不断追问，深入下去才更容易找到问题的破解思路。

（9）聚焦思维

聚焦思维简单地说就是专注和集中精力，一次只专注做好一件事。职场人需要聚焦，不仅因为面临时间约束和资源约束，还因为每一个职场人的工作要卓有成效就必须聚焦。职场中不仅做具体工作时需要聚焦，而且在很多方面也需要聚焦，如职业方向和行业方向、工作能力的修炼、人际关系的维护等方面都需要聚焦。使用聚焦思维最关键的原则在于：第一要分清事情的优先次序，先做重要的事情；第二要留出大块时间，一次只做一件事情。

以上是对职场人需要修炼的九种思维的简单介绍，后面的章节将会对这些方面进行具体讨论。

5.2.2　目的第一性思维

目的第一性思维就是在做任何事情前，先思考做事的目的是什么。目的第一性思维之所以重要是因为目的是目标的基础，没有明确的目的就难以确定明确的目标。不同的目的决定了做事的具体策略差异，进而决定了最终的结局。达成目的是职业发展的基础动力，明确的目的有助于产出正确的结果。互联网职场人要让自己具备目的第一性思维，首先需要在认识上有意识地重视起来，其次需要通过特定的方式把目的第一性思维内化为自主思考的一部分。

1. 什么是目的第一性思维

如前所述，目的第一性思维指的是在做任何事情时，首先要思考做事的目的是什么。

在互联网企业中经常遇到类似的场景：产品经理要上线一个新产品功能，产品总监就会提出一个问题——这个功能的目的是什么？活动运营人员计划在中秋节上线一个活动，运营负责人也会问一个问题——这个活动的目的是什么？当遇到这种场景时，产品经理和活动运营人员如果没有考虑清楚这个问题，甚至没有考虑过这个问题，那相应的产品功能或者运营活动方案就会受到质疑。

目标明确的人在做事时都会首先考虑到目的第一性思维。《刻意练习》的作者埃里克森在这本书的序言中提及：“在写这本书时，我们必须明白本书的写作目的是什么？我们希望读者从我们的专业知识中学到些什么？什么概念和观点是重要的？读者看完本书后，对于训练潜力的看法，会发生怎样的改变？”

我的目的是什么？你的目的是什么？不管是管理者还是基层执行员工，不管是针对别人还是针对自己，在做任何事情之前都应该问问这个问题。目的就像是黑夜中的灯塔，为航船指明前行的方向。

其实，不仅是在工作中，在生活中做其他事情，也要有明确的目的。例如，有的人去健身是为了保持好身材；有的人三餐只吃水果、蔬菜是为了减肥；有的人开车上班是为了追求更加舒适的上班体验。总之，任何一件事情都有一个核心的理由，这个理由就是他做这件事情的主要目的。

2．为什么要把目的放在第一位

“目的是什么”是一个核心的问题，很多人在遇到问题时连根本目的都没有搞清楚就急于给出解决方案，这个解决方案放在目的的“拷问”之下可能根本就是无效的，甚至与最终目标是背道而驰的。所以，把目的放在第一位是极为必要的，如图 5-12 所示。

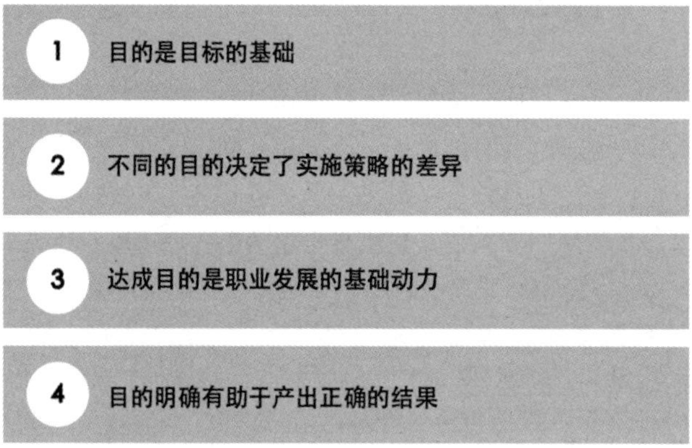

图 5-12　把目的放在第一位的必要性

（1）目的是目标的基础

职场中做事有各种各样的目的，也有各种各样的目标，很多人认为目的就是目标，其实它们不是同一个概念，两者之间有联系也有差异。

目的更多针对的是具体事件，是做一件事情的核心理由。它只是一个宽泛的范畴，不具有指标考核性，是一个定性的概念。例如，有的人可能会说：我这次去日本旅游的目的主要是去买东西，然而买什么、买多少，这些没有明确的数字指标。

相对而言，目标有非常清晰的指标。它往往很具体，可以用明确的数字指标来衡量，因为目标不具有可衡量性就不会被称为目标，所以目标是一个定量的概念，而且它往往受到时间的约束。例如，有人会说：我明年的目标是工资增长一倍；我这个季度的绩效目标一定要达到 80 分。

目标和目的又有非常强的联系，两者是统一的。目的是目标的基础，没有明确的目的，目标就没有产生的价值和意义。例如，明年工资增长一倍的目的是改善生活，或者是买房买车；本季度的绩效目标达到 80 分的目的，可能是希望下个季度能够拿到更好的项目。

（2）不同的目的决定了实施策略的差异

同一件事情对于不同的人来说可能会有不同的目的，而不同的目的决定了做事的具体策略会有较大的差异，这种差异最终会影响到事情的结局。

举个简单的例子，以上大学为例：大部分人上大学是为了将来有更好的发展和成就；不过，有的人上大学只是为了拿到一个学历；还有一些人上大学是为了进入某个人脉圈。对于第一类人来说，他们需要在大学四年中努力学习，力争各门功课的成绩处于上游的水平，在大学中还要积极地实习，为毕业后找到一份好工作做准备。对于第二类人来说，因为学习这件事在他们大学四年中并不是最重要的事情，所以他们可能几乎不会在学习上花费太多精力。而对于第三类人来说，上大学可能仅仅是为了进入人脉圈，如上 MBA 的人大多数是为了达到这个目的。

类似的案例在日常的工作中也屡见不鲜。例如，活动运营人员要策划一次活动，可能会有不同的目的。如果目的是拉新，那么需要设定较高的预算，通过物质奖励来刺激用户，因为拉新是一件成本比较高的事情。如果目的是活跃气氛，那么可以不用花费太多的钱，重要的是找到用户的兴趣点，并以此为基点设置用户喜欢的活动即可。可见，同样是活动运营，要达到不同的目的所需要执行的策略也是有差异的。

（3）达成目的是职业发展的基础动力

生活中的很多事情都需要明确目的，职场中的事情则更不必说，因为职场中的工作要有明确的结果、正确的产出。否则，组织的目标就无法实现，个人的价值无法得到体现，个人所期待的工资福利、职位升迁等诉求也不可能得到实现。可见，达成目的是个人职业发展的重要基础动力，如果没有明确的目的，一个人在职场中的奋斗拼搏可能都是徒劳的。

（4）目的明确有助于产出正确的结果

当思考问题的解决方案时，把目的放在第一位的原因还在于：明确做事的目的才能快速产出正确的结果；明确了做事的核心理由才能聚焦目标，把资源都集中在关键点上。

吴军老师在讲到美国和德国制造原子弹这件事情时指出了明确的目的和正确的结果之间的相关关系。德国在 1939 年就开始研究原子弹，美国在 1942 年才开始研究原子弹，但是，美国先于德国，在 1945 年成功试爆原子弹。而当盟军进入德国后，发现德国的原子弹研究离实用还有很大一段距离。吴军老师认为，之所以出现这种巨大的差距，是因为美国和德国的目的不太一样，美国的曼哈顿计划（制造原子弹计划）从一开始就是为了制造武器，因此从领导的任命到人员的组织，都是为达到这个目的而进行的……相比之下，德国人到最后都没有搞清楚他们是在做研究，还是在制造武器。

在职场中对于一件事抱有的目的不同，结果的差异也是很大的。例如，一个项目的目的只是试验性的，还是这个项目要作为公司的下一个核心项目，这两种目的决定了大家投入度的不同、工作决心的差异和资源投入的多少，这些因素会使最终的结局产生天壤之别。

3. 如何让自己具备目的第一性思维

既然目的第一性思维对于职场人来说很重要，那么如何让自己在工作中能时刻想到问自己目的是什么，尤其是在重要的问题上记得发问呢？

首先，要想具备较强的目的第一性思维，就要从意识上重视它。只有认为这个思维是重要的，才会在遇到问题时想起来这个思考的维度。

仅仅在意识上重视是不够的，工作中每天会有大量琐碎的事情让职场人陷入处理细节的“无尽深渊”中，进而忘记目的第一性类似的重要问题。所以，这样的思维应该内化到内心深处，使职场人能够随时想起。就像是自动触发装置，一旦遇到重要的事情，就会首先想到问自己要做的目的是什么。这种内化的过程可以由职场人自主发起，也可以通过别人促成。

例如，我自己的内化过程就是通过我的上级得以强化的。那一年，我和我的上级频繁地沟通关于工作中很多具体工作的方案。在此过程中，他总是会在关键时刻对我提出关于“目的是什么”的“灵魂拷问”。虽然我也常常会在遇到一些问题时想到自我发问，但是在好几次重要的问题上，我却忘记了问这个问题，最终的解决方案就产生了很大的偏差。在这种时候，我的上级总是以一种冷峻的语气挑战我，让我意识到没有搞清楚目的的结果有多么严重。就是在这样一次又一次被挑战的过程中，我的内心受到了猛烈地撞击，“目的第一性”这个思维才会深深地印刻在我的内心，在以后遇到问题时也更容易进行自我发问。

虽然不是每个人都有这样的机会，但是内化不仅可以通过别人来实现，也可以通过自己的刻意练习来实现。

总之，职场人要想牢固掌握“目的第一性”这个思维：首先需要在意识上重视起来；其次要通过特定的方式进行内化，进而让目的第一性思维成为自己自然思考的一部分。

5.2.3 系统思维

系统思维是一种通过多维视角从整体和全局来看问题的思维方式。系统思维有助于人们从整体上把握事物进而形成整体性的认知；有助于职场人摆脱线性思维的偏误；有助于抓住问题的本质进而找到解决问题的正确方法。学习使用系统思维的关键在于从多维、动态角度看问题。在具体应用时，职场人可以参考两种方法：第一种是列框架；第二种是画关系图。

很多人虽然对于“系统思维”这个词比较熟悉，但是对于什么是系统思维、工作中应如何使用系统思维，也许并没有进行过深入的探究。本节从“系统”开始，讲解工作中应如何使用系统思维。

1. 什么是系统

在谈系统思维之前，首先需要对系统这个概念进行讲解。“系统”这个词在日常生活中出现的频率其实非常高，如计算机系统、排水系统、血液循环系统、地铁系统、生态系统等。那么到底什么是系统?

所谓系统，就是一个由很多部分组成的整体，各部分互相之间有联系，作为整体又有一个共同的目的。[①]身体、医院、学校、公司、国家、一棵树、一片森林、一片草原、一条河及众多的河流组成的水系都是系统。可见，凡是由多种要素构成的复杂有机体或者无机体都可能是一个系统。

如果要进一步了解系统，就需要先了解系统的要件，也就是考察一个系统最起码需要关注哪几个维度。《系统之美》一书对系统的要件进行了明确的阐释，认为一个系统至少包含三个要件：要素、连接和目标，如图 5-13 所示。

要素

要素是系统的各个组成部分，也就是组成系统的各个细小单位，可以是不可细分的最小单位，也可以是可再次细分的二级单位。每个系统都由各种要素构成。例如，公司作为一个系统，首先由人构成，其次需要各种办公场所等硬件设施，然后还需要制度规范，以及具体业务支撑。这些就是公司系统的要素。

---

① 万维钢. 万维钢精英日课第二季. 得到专栏.

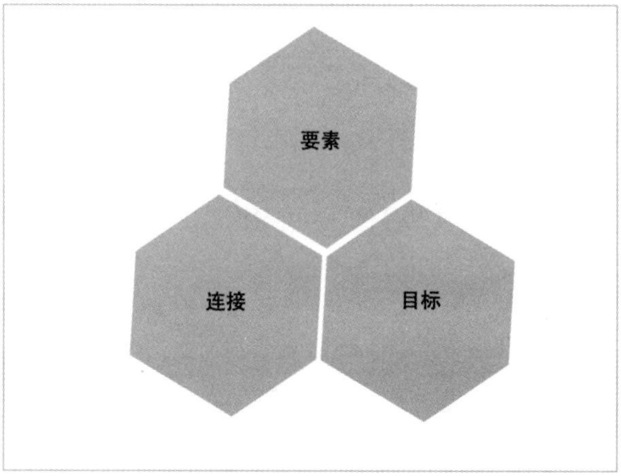

图 5-13 系统的三个要件

连接

连接就是各个要素之间的相关关系及其中的信息流动。例如，在公司系统中，人与硬件之间的关系、人与制度之间的关系、业务与人之间的关系、制度与业务之间的关系。

目标

目标就是系统存在的目的和意义。一般来讲，系统中可能还存在系统，所以系统的目标不是单一的。一个系统除了有总的目标，还会有各个子系统的子目标。

了解了系统的三个要件，职场人就能够识别一个结构体是不是系统了。能够认识清楚系统，职场人就对了解系统思维有了一定的基础。

2. 什么是系统思维

从系统的定义和要件来看，系统思维是一种从整体、全局角度看问题的思维，从要素相互联系的角度看问题的思维。对于系统思维的定义，万维钢认为：系统思维就是超越单点和线性，从多点和它们之间的相互关系看问题。[①]

万维钢在讲到系统思维时举了一个例子，假设让你管理一个自然保护区，你要怎样做才能把它做大、做强呢？他认为，首先要把保护区看作一个“系统”，而不是一个东西。所谓“系统”，关键在于它不仅是一大堆东西在一起，而必须是这些东西之间存在较强的关联。你对其中任何

① 万维钢. 万维钢精英日课第三季. 得到专栏.

一个东西了解得再明白也没用——你必须厘清各个东西之间的关系，这样才能解决系统的问题。这体现的就是系统思维。

在职场中，系统思维意味着职场人要有审视全局的能力、要有大局观，能够梳理清楚整个公司、工作或者具体事件中的相互关系，对于各个要素的互动关系比较明了。如果职场人只是着眼于一两个方面而不是全局，那么会存在工作方向偏离目标的巨大风险。如果职场人开始没有做对事情，那么在做的过程执行得越到位，会"死"得越快，"死"得越惨。

例如，在互联网企业的用户运营工作中，一款 App 产品的用户活跃度运营有很多工具可以利用，如积分、会员、优惠券、游戏、签到和红包。在产品发展的特定阶段中，使用哪类工具不仅要从产品的生命周期全局出发，而且要从系统的角度分析各种工具的优劣。只有在对各种工具进行了优劣势的比较，评估出在当前产品发展阶段最适合的工具之后，再启动工具的开发和运营才是正确的策略。否则，一开始就开发积分、会员这种资源耗费巨大的工具，可能并不能解决问题，反而给开发人员和运营人员带来巨大的负担，甚至造成资源的浪费。

3. 为什么系统思维重要

系统思维对于职场人来说是一种极为重要的工具，这种重要性主要体现在以下三个方面，如图 5-14 所示。

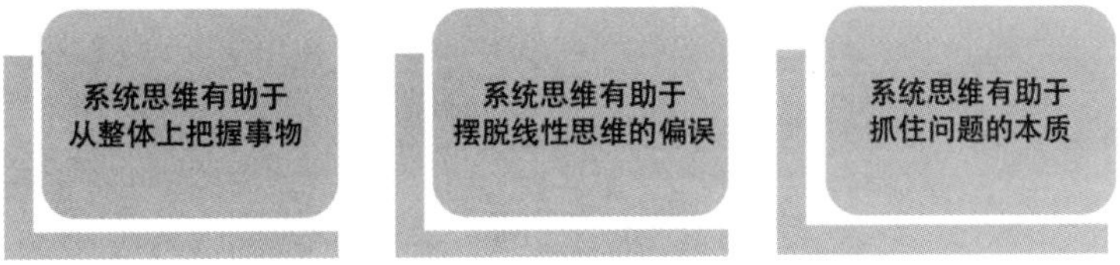

图 5-14 系统思维的重要性

（1）系统思维有助于从整体上把握事物

在日常工作、生活中，人们往往容易陷入思维窄化，看问题比较片面，习惯于通过一两个维度得出结论。例如有关中国足球的问题，当探讨这个问题时，人们往往从各自的视角提出自己的看法，有的人认为中国人的体质不行，有的人认为是运动员没有拼搏精神，还有的人认为是没有好的教练……因此，仅仅从单一的视角来看待这个问题而得出的结论是片面的，无法从整体上对这件事形成完整的认知。

很多人都看过《明朝那些事儿》这本书，或者通过其他途径了解过明朝末年的历史。谈到明朝的灭亡，很多人首先归因为朝廷腐败、制度腐朽等一两个维度的因素。然而，一个王朝的没落和覆亡很难仅仅归因至一两个因素上。吴军老师在他的专栏课程《世界贸易中的瓷器和真实的历史》中，对明朝的灭亡给出了更加系统的分析。他认为，在明朝末年，除了政治腐败因素，经济方面流入中国的白银锐减也是一个重要的因素。因为从美洲流入菲律宾进而进入中国的白银锐减，使明朝的财政入不敷出，政府不断征收苛捐杂税，最终导致了农民起义不断爆发。此外，从地理因素方面来讲，明朝末年正好赶上全球范围内的小冰期，天灾频发，生活在关外的游牧狩猎部落在这种情况下只能南下谋生从而给中原带来战乱。同时，小冰期也带来粮食骤减的负面影响，而过去所谓"苏湖熟、天下足"的江南，因为很多土地种植了桑、棉等经济作物，财政富余却没有粮食，所以不惜花重金到河南等中原省份买粮食，导致全国陷入了粮荒。最终，行政效率已经非常低下的明朝完全无法应付这种内外交困的局面，灭亡就是不可避免的了。

吴军老师不仅从政治因素这个单一维度，还从经济因素、地理因素等多个维度对明朝的灭亡得出了结论。这种系统分析的方法有助于人们对于一个问题形成更加完整和全面的认识。

在互联网企业中设置不同的部门，这其实也是系统思维的体现。因为一项业务要发展起来，需要不同部门的高度协作，需要产品部设计产品、开发人员实现产品、测试人员测试产品功能的稳定性、市场人员推广产品、运营人员运营用户、商务人员谈判资源……在整个业务发展的过程中，各部门必须有机配合才可能使一项业务发展起来。对比我曾经就职的两家公司：第一家公司部门配备并不完善，虽然大家付出了努力，但是始终没把业务做起来；而第二家公司仅仅两年时间，其业务规模就实现了 10 倍增长。完善的部门配备是除其他因素外的一个决定性因素。很多小公司之所以发展不起来，在很大程度上就是没有从系统的角度来看待问题。它们在人员上不敢投入，认为一两个部门就能搞定很多的事情，结果就是发展很多年还是一个"小作坊"。思维决定了结局。

（2）系统思维有助于摆脱线性思维的偏误

万维钢在讲系统思维时，讲到一对相对的概念：线性思维和系统思维。他认为单一维度看问题的思维是线性思维，从多个维度看问题的思维是系统思维。线性思维考虑的是一个点；系统思维考虑的是很多个不同的点，以及这些点之间的关系。

在工作中对一个问题发表观点或看法时，更好的策略是多使用系统思维，从多个维度进行分析。职场人一旦具有系统思维意识，就会抑制自己立即发表看法的冲动，而是先思考问题分析的维度。一旦开始思考从几个维度来分析问题，职场人就可以避免陷入从单一维度分析问题的片面性思维误区。

所以，职场人在遇到问题时不要急于从自己的第一个念头和想法就发散开去，而应先想到从系统思维的角度，考虑这个问题可以从哪几个维度上展开，其中哪几个维度是更好的维度。一旦从多个维度开始思考，职场人就更容易从系统思维的角度来看待问题。

（3）系统思维有助于抓住问题的本质

在日常的工作中，职场人每天都会遇到各种各样的问题，其中一部分问题属于简单问题，除此之外还有很多问题属于复杂问题。对于这些复杂问题，职场人必须用系统思维来考虑才容易把握本质，找到正确的解决办法。

举一个我在工作中遇到的例子。我之前就职的一家互联网公司，为了业务的快速发展，公司每天在各种推广媒体上花费大量的市场推广费用用于推广。公司对这些媒体的分类是应用商店渠道（如 App Store）、信息流渠道（如今日头条、抖音等）、垂直渠道及搜索渠道。之前公司在考核这些投放渠道时，都是分开来看各个渠道的成本和投入产出比的。其具体表现就是应用商店的成本低，投入产出比高。在一次偶然的事件之后，公司发现信息流渠道停投之后，应用商店的成本迅速拉高，它的表现和过往完全不同。后来，公司经过仔细分析发现，实际上应用商店的成本受信息流渠道的影响非常大。由此可以发现，实际上市场投放应该是一个系统性的工作，而当时公司把这种系统割裂开来，加上以往大家根本没有认识到问题的本质，错误地判断了不同渠道的成本和投入产出比。

由此可见，工作中很多事情都应该从系统、全局的思维来考虑，业务各要素之间是相互关联、相互影响的。如果仅从单个维度去分析问题，实际上就会偏离问题的本质，最终也许职场人会错误地判断问题。

4. 如何使用系统思维

既然系统思维如此有价值，那么应如何学习并掌握这种思维呢？又应如何使用系统思维呢？

首先来说如何学习系统思维。根据上面的分析可知，把握系统思维最核心和关键的一点是从多维度出发，进行多维度思考。例如，当分析企业所处的环境时，要从政治、经济、社会、法律、文化等多个维度分析，而不能仅仅从其中一个维度分析。当分析企业所处的上下游产业链时，可以使用波特五力分析模型，从供应商、购买者、替代者、同行业竞争者、潜在进入者五个维度分析。如果你是一个业务负责人，当分析业务问题时，就不能仅仅从市场或者运营的一两个维度分析问题，而应该综合考虑产品、市场、运营、开发等各个方面的因素，从多个维度寻找出路，否则很难在竞争激烈的市场中闯出一片天地。

学习并掌握系统思维，可以通过一定的刻意练习来实现。那么在应用系统思维时，具体应如何使用呢？这里介绍两种方法。

（1）设定思考框架

要想在分析问题和解决问题时正确使用系统思维，最简单的一种方法是列框架，框架会强迫大脑思考多个维度，这样就会避免落入思考的单维性和思维窄化的陷阱。

例如，要写一本书，不能一开始直接写第一篇，然后才考虑第二篇写什么，而应先确定整体的写作框架，考虑内容的完备性之后再启动每一章、每一篇的写作。

在得到平台中有一门广受欢迎的管理学课程——宁向东的清华管理学课。这门课程有 20 万名以上的订阅用户，之所以受到这么多人的青睐，除了与课程主理人本身的知名度和得到平台不错的用户基础有关，还与课程从一开始就设定了完备的课程体系（课程目录）有关。后者是促进很多用户订阅的重要原因。这门课程的体系从人的行为开始，包含了领导力、团队、指导下属、组织、文化与沟通、客户、竞争战略、计划与变化、运作、业绩、激励、控制、转型与变革等完整的管理学内容（见图 5-15），因此这门课程具有非常强的系统性。我自己也是在看到这样一个完整的管理知识体系的情况下，毫不犹豫下单订阅的。

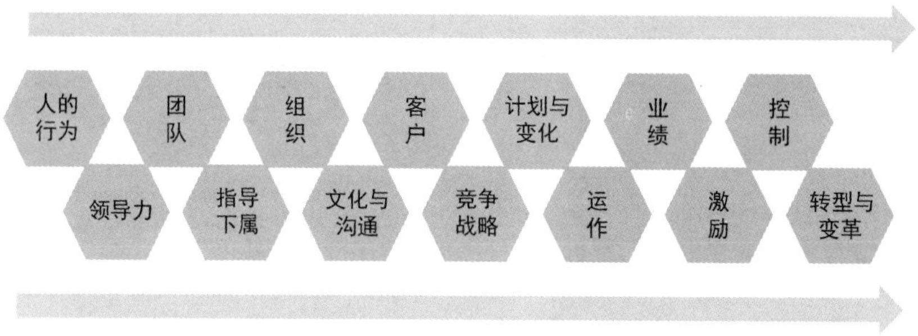

图 5-15 宁向东的清华管理学课的框架

在工作中，针对问题提出解决方案是非常普遍的。作为一个成熟的职场人，在遇到问题产出解决方案时，要注意设定思考的框架，通过框架让整个解决方案更加完善。在《运营之光：我的互联网运营方法论与自白 2.0（珍藏版）》这本书中，作者提出了一个产出解决方案的框架——目的、策略、措施、衡量指标和效果评估，如图 5-16 所示。这个框架可以应用在很多运营工作的问题解决中。一个运营问题的解决方案只要考虑了上述要素，就可以称得上是一个完备的方案。

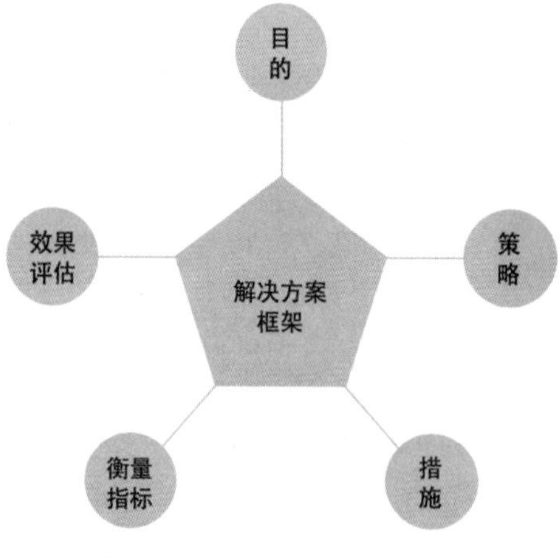

图 5-16 产出解决方案的框架

第一是目的，方案的目的是什么，这是首先需要解决的问题。明确了目的，后面的解决思路才可能是正确的，这一点在 5.2.2 节中有过详细的讲解。

第二是策略，方案总体的策略是什么。策略是一种指导性的思想，是一种原则性的约束，是措施的基础。

第三是措施，有了总体的策略，方案就可以落地了。方案落地的措施有哪些？措施往往是具体可操作的，如什么人在什么时间做什么动作。

第四是衡量指标，任何一个方案都需要考虑衡量指标，以便解决方案落地之后进一步评估方案是否有效、效果如何。衡量指标不仅包括衡量的维度，还必须包括指标的目标值。例如，一个用户拉新活动的衡量指标是注册人数达到 1000 人。

第五是效果评估，方案落地之后需要进行效果评估，评估的依据就是方案产出时设定的衡量指标。

（2）画关系图

除了设定框架的方法，还有一种方法能够促成系统的思维落地——画关系图，画出系统各要素之间的关系图。当职场人遇到问题时，一开始可能很难从系统的层面出发，因为不知道系统的要素是什么，以及要素之间是如何连接的（它们直接的关系是什么）。通过画关系图，职场人就会寻找系统构成的要素，并寻找它们之间的关系，从而最终获得对问题的整体性认识，进而采取正确的策略。

例如，如果思考宏观经济中的问题，那么职场人首先会想到其中有消费者，然后消费者会构成市场，政府会监管市场，这样就会画出"消费者—市场—政府"的一个关系图。这个关系图一旦画出来，就形成了一个最简单的分析宏观经济的系统。

再举一个例子，很多人都有炒股的经历，大部分人选择从技术分析的角度出发炒股，还有的人仅仅依靠内幕消息来炒股，因此大部分人的炒股结果并不会太好。其实，如果从系统的角度来看，股市是一个极为复杂的系统，其中的要素包括股民、上市公司、证监会、各种机构、央行等，任何两个要素之间都有相互关系，而且这种关系随时随地在发生变化。当画出这种简单的关系图之后，炒股者就会认识到股市的复杂性，就会对炒股这件事多几分敬畏，不至于随意地挥霍自己的资金做出各种不靠谱的决策了。

5.2.4　流程思维

生活中处处有流程，工作中更需要精细化的流程。职场人在工作中要有流程思维，流程能够提高工作的效率，流程能够避免出错，流程还能锁定范围查找问题。使用流程思维时，职场人要考虑流程思维适合哪些工作。借助流程思维解决具体问题，可以通过三步走的策略：第一步找关键事件节点，第二步梳理节点之间的关系，第三步查漏补缺、审核节点。

你参加过考试吗？考试时第一步通常做什么事情？

我们从小到大参加过各种各样的考试，通常在考试开始时，第一步先写自己的姓名、班级、学号，等待考试铃响开始从前往后答题。在这个过程中，我们已经自然地遵循了两个流程：第一个流程是"填写基本信息—开始答题"，第二个流程是从"第一道题—第二道题……"一直往后答。其实，这就是两个最简单的流程。

职场人在职场中解决具体问题时，如果善于从梳理流程的角度出发来寻找解决问题的思路，就说明已具备了流程思维。无论是在生活中还是在工作中，遇到事情时都先梳理流程，职场人解决问题的效率就会大大提升，而且还不容易出错。

1. 流程无处不在

（1）生活处处有流程

正如考试中的流程一样，生活中其实到处都有这样简单的流程。例如，早上起来先刷牙、洗脸，然后吃饭、去上班；穿衣服时先穿内衣再穿外套，最后是袜子、鞋子。炒菜时先打开燃气阀门再点火；开车时，先点火、挂挡，然后踩油门前行……这些流程如此的简单、自然，且因为经过无数次的重复，已经内化为自然的动作，以至于人们认为这些事情理所当然就应该如此。

正因如此，很多人可能从未仔细琢磨过：如果上述的操作进行反转，或者颠倒一两个动作，那么会有什么不妥？假如我们先吃饭再刷牙，这样有什么问题吗？虽然这样也不会有太大的问题，但是这明显违背了日常生活习惯，我们在心理上接受不了。

同样地，我们无法想象内衣穿在外套外面是一种什么样的体验，估计会被别人笑掉大牙。当然，这些操作出现错误，事情还能运转，有的操作如果颠倒了，事情根本就无法继续进行。如果没有开燃气阀，根本就打不着火；如果开车时没有先点火，那么无论怎样踩油门，车子都不会动。可见，即使是生活中最简单的流程也有其根本的逻辑，至于工作中的流程就更不必多说了。

（2）工作需要更精细化的流程

生活中的事情尚且需要遵循一定的流程，工作中的事情就更加需要遵循严格的流程了。我们先看两个简单的流程：在求职面试时，求职者一般会根据流程先填写资料；在具体面试时，求职者一般先接受职级低的人面试，再逐步接受职级高的人面试。之所以这样做，是为了最大限度地提高效率、节约资源，毕竟职级高的面试官相对来说时间更为宝贵。

当求职者拿到录用通知书入职一家公司时，人力资源官也会按照一定的流程帮助办理入职手续，通常遵循“签订劳动合同—录入指纹—讲解公司规章—领取办公用品”的流程办理，然后才让求职者前往工位。虽然整个流程并不一定是严格按照如上执行的，但大体上不会有太大的差异，这样的流程对于人力资源官来说是一种效率更高的工作方式。如果每个员工入职时都不遵循流程，那么当多人同时入职时，人力资源官的工作就会乱套。

上面描述的情况，有不需要严格遵循流程的工作，在这些工作流程中，可以跳过某些步骤先进行下一步，然后回头补充跳过的步骤。在另外一些工作岗位或者工作任务中，流程则需要被严格地遵循，否则就会出错。

例如，在互联网公司中，一般情况下产品经理的需求文档中应包含流程图这个关键部分。流程图为开发人员指定了开发的路线图，如果没有按照相应的流程开发，产品功能上线后很可能就会出现错误。运营人员的很多工作其实也需要遵循特定的流程，如一个简单的活动参与流程，如图 5-17 所示。

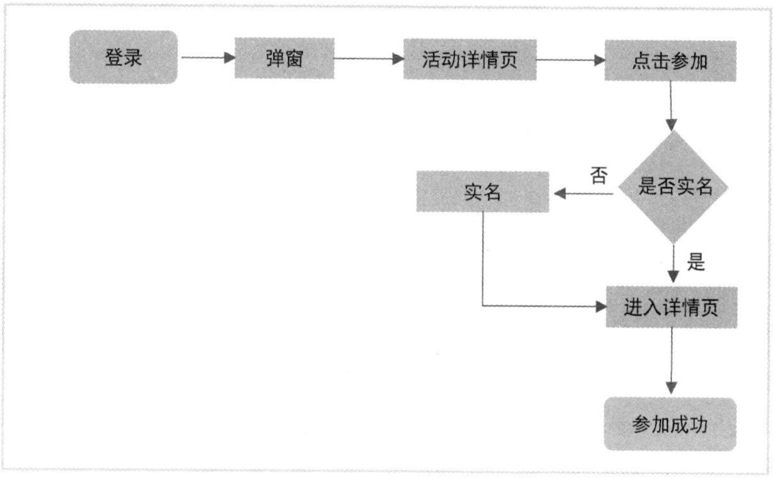

图 5-17　一个简单的活动参与流程

其实不仅在互联网企业中，在很多企业中，一些工程类岗位的工作也会涉及严格的流程问题。在其他行业的工作岗位中，有很多工作同样有严格的流程，如医生做手术时会有严格的手术流程，飞行员有非常严格的起飞、降落及其他操作流程。可见，流程的使用无论是在生活中还是在工作中都极其普遍。

2．为什么需要流程思维

既然流程在生活和工作中如此普遍，那么必然有其存在的合理性。通常而言，遵循特定流程的价值在于图 5-18 所示的几个方面。

（1）提高效率

流程代表了一种先后顺序的逻辑，当做某件事情的方法形成了一套流程之后，就消除了动作的无序性和随机性，这就意味着这项工作有了一定的操作顺序。当做一件事情时，相比每次都按一种新的操作方式操作来说，按照固定的流程操作效率会更高。

图 5-18　流程思维的价值

通过流程提高效率的案例，最经典的莫过于流水线的发明。福特汽车因为改造汽车装配流水线，使平均装配一辆汽车的时间从原来的 728 个人工时压缩到后来的 90 分钟。因为效率的提高，汽车的价格大幅下降，从而使汽车在美国普通家庭得到了普及。①

流程的改进之所以能够提高效率，是因为通过流程规定的工作步骤具有可复用性。当一项工作的操作步骤形成固定的流程后，就具备了可复用性，这意味着即使不同的人做同一项工作，也可以按照相同的步骤来完成。这其实不仅保证了可以用相同的效率标准来考核不同的人，而且可以保证输出的工作质量的稳定性和一致性。麦当劳和肯德基之所以能够四处开连锁店，而且口味基本保持一致，就是因为他们制定了严格的工作操作流程。

（2）避免出错

一般来说，需要流程的事情往往意味着操作步骤之间有严格的逻辑关系或先后顺序，通常这些顺序是不能颠倒的，否则就会出错。就像前面提到的，如果开车时没有完成点火操作，后续的操作都是无法进行的。如果医生在手术前不进行消毒，病人被病菌感染的风险就会急剧提高。

在产品经理或者运营人员的工作中，很多流程就是需要严格遵循的。例如，产品经理在设计 App 时，App 的页面流转就是有严格流程的，前一个页面之后是哪个页面必须非常明确，否则开发出来的产品在用户使用时就会出错，这对于产品经理来说是不能犯的低级错误。

（3）便于查找问题

流程指明了工作任务操作的顺序，这意味着当工作出现问题需要排查时，可以按照既定的流程进行逆向的排查，因为操作的每一步和其前后步骤之间都是密切关联的。我们可以以上下两个操作步骤为节点限定排查的范围，然后一步一步地排查，这样既有利于尽快发现问题，又能大大提升解决问题的效率。

① 来自百度百科。

如果一项工作没有固定的操作流程，就比较难找到一个合适的节点作为排查的起点。在整个操作过程中大范围排查问题，显然比在一个限定的范围内排查问题要花费更多的时间和精力。

3．如何使用流程思维

虽然在解决工作中的难题时，流程思维往往会起到事半功倍的效果，但并不是所有的问题都适合用流程思维来解决。哪些工作任务适合使用流程思维来思考？如何使用流程来解决具体的问题？

（1）适合使用流程思维的工作任务

在工作中，凡是涉及行为的工作任务都适合用流程思维来解决。尤其是解决步骤之间具有明显前后制约关系的工作任务，这种制约关系可能是时间先后关系，也可能是重要性方面的前后关系等。

在互联网企业中，产品经理和运营人员的很多工作场合都需要使用流程思维来思考解决方案。产品经理的工作一般就是与流程相伴随的，凡是与用户操作相关的产品功能，都需要考虑流程的问题。

运营人员的工作，有很多场景也是需要流程思维的：用户调研时，问题设置的先后顺序离不开流程思维；活动运营中，凡是涉及用户操作行为的工作也适合用流程思维来解决。

其实，不仅这两类岗位的人员需要流程思维，其他任何岗位的人员也需要把流程思维融入自己的工作中。职场中很多人的工作都是既有例行性的工作，又有不确定性的工作。对于例行性的工作，可以设定每天固定处理的流程，每天上班先处理哪项工作，后处理哪项工作，形成一套固定的流程，这样既可以提高工作的效率，也可以避免因为新增的不确定性工作耽误了常规要做的事情。

（2）如何用流程思维解决具体的问题

当工作中遇到难题无从下手时，我们可以尝试使用流程图工具来画出事件进行的流程顺序或者解决问题时可能出现的操作流程。通过画出流程图，问题的分析或者解决方案就一目了然了。画流程图是一种通过工具强制大脑进行清晰思考的方法。工具的使用并不难，难的是分析出事件进行的流程路径，或者问题解决可能需要的路线图。具体操作可以遵循如图 5-19 所示的步骤。

我们可以通过一个具体的案例来对这个操作步骤进行详细的讲解。假如你新入职一家公司的运营部门，这家公司做的是一款音乐 App 产品，上级告诉你这款 App 产品最近连续一周播放音乐的人数明显下降，他想知道出现这个问题的原因，让你尽快查明并给出解决方案。请问你该从何入手？

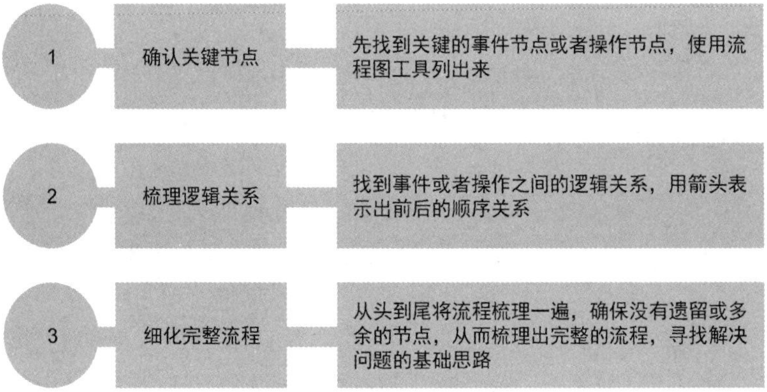

图 5-19　画流程图的步骤

其实，针对这个问题，一条可行的操作路径就是梳理用户的行为路径，根据上述三个步骤，可以具体操作如下。

第一，找关键的行为节点：对于音乐类的 App 产品来说，用户的主要行为包括注册、登录、浏览歌曲列表、点击歌曲、播放、切换下一首歌曲。

第二，找到关键行为之间的先后逻辑关系，并用箭头表示出这些行为之间的关系，这样就梳理出了用户的基本行为路径。

第三，仔细梳理流程，看用户行为路径是否正确。如果没有问题，看各个行为节点的转化率数据，通过数据分析来发现问题。

通过上述的流程分析，对于上级提出的问题，职场人基本可以查到一些问题和原因，在此基础之上产出解决方案就相对容易得多。

这里的案例相对比较具体，对于有些非运营岗位的人来说，虽然理解起来有一点困难，但这种分析方法的思路是通用的。

5.2.5　数据思维

数据思维是一种依靠数据定量思考的思维方式。职场人要用数据思维武装自己，原因在于：数据不仅是衡量工具，也是发现问题的重要方式；数据是职场最有说服力的工具；数据是现代互联网企业的核心竞争力；数据分析能力将是互联网职场人的通用性工作能力。数据思维可以通过数据分析方法落地，常用的数据分析有趋势分析、同比和环比分析、漏斗分析、相关性分析等。职场人在使用数据思维时要注意一切的决策应以数据为依据，要注意数据思维和数据分析技术并重，不仅要关注数据本身，而且要关注数据背后真正反映出的业务问题。

1. 什么是数据思维

数据思维就是在分析问题、做决策时，依靠数据进行思考的思维方式，它是一种定量思维模式，与之对应的是定性思维模式。定性思维是一种描述性的思维，更多依赖的是直觉、常识和经验。当一个人表述一件事情时，更多使用数字来描述，说明他是一个偏重于定量思维（数据思维）的人；如果一个人倾向于通过“很好”“极其”“特别”等形容词来描述事情的结果，说明他是一个偏重于定性思维的人。

定性思维和数据思维两者之间到底有多大的差异，通过一个案例就可以了解清楚。

设想有这样一个场景，你是一个部门领导，现在有两个下属向你进行月度的工作汇报，第一个人是这样表述的。

我这个月的工作主要包括内容运营、竞品调研和社群运营。

在内容运营方面，我们发送了很多的文章，文章的阅读量非常可观，文章带来的转化效果也还不错，有很多用户都表示对我们的产品感兴趣。

在竞品调研方面，我们看了市面上几个主要的竞品，分析了这些竞品近期的运营动作，和我们都差不多，没有太多的亮点。

在社群运营方面……

这是一种典型的定性思维模式。在日常的工作中，这一类人很常见。第二位下属的工作汇报是这样的。

我这个月的主要工作有三个方面：第一个方面是用户调研的工作，第二个方面是活动运营，第三个方面是内容运营。

在用户调研方面，基于了解用户画像的目的，我花费了两周时间完成了 1000 份调研问卷的收集。问卷设计的问题共计 20 个，其中用户属性维度问题共计 18 个，18 个维度数据完整的问卷我定义为有效问卷，有效问卷的数量为 860 份，问卷有效率为 86%；其中有价值的问卷共计 400 份，占有效问卷的比例约为 46%；在这 400 份有价值的问卷中筛选出 10 个典型的用户，花费了 5 天对这 10 个用户进行了一对一面谈，通过面谈收集了更多的用户生活状态的信息，从而为完整的用户画像提供了充足的资料。

第二个方面的工作是活动运营……

你作为这个部门的领导，听了两位下属的汇报，会对谁的工作了解得更加清晰？对谁的工作结果更容易判断？毫无疑问是第二位，因为第二位下属有很好的数据思维，能够通过数据来体现自己的工作成果。相比而言，第一位下属的表述充满了很多不准确的界定，“文章的阅读量非常可观”到底是怎么样可观？有多大的用户比例在阅读？“文章带来的转化效果也还不错”，到底多少是不错？这些模糊的描述让领导无法准确地把握其工作的真实成果。

上面只是通过一个简单的对比案例展现了没有数据思维的下属和拥有数据思维的下属汇报工作的差异。

在大数据时代，数据思维已经不仅指的是有数据导向的意识，而是要求职场人在工作中应彻底贯彻数据思维。一切工作的展开要以数据为依据，一切工作成果的呈现要以数据为准绳，要用数据说话，要有通过数据挖掘问题的能力。

2. 职场人为什么需要数据思维

数据思维是职场人重要的工具，它对职场人具有重要的价值，如图 5-20 所示。

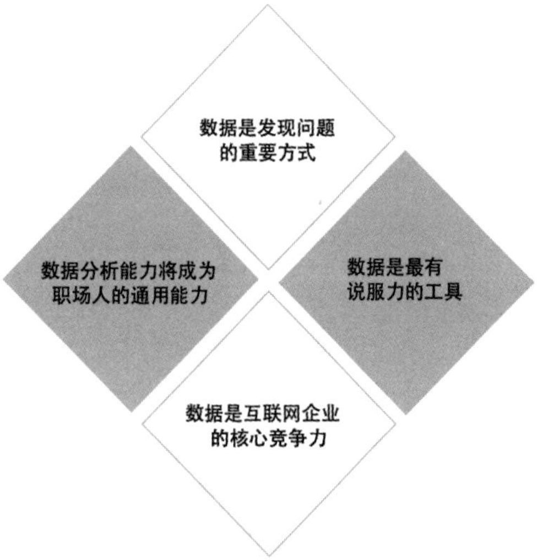

图 5-20 数据对于职场人的价值

（1）数据是发现问题的重要方式

通常看一国经济的好坏往往看 GDP 增速、国民人均收入等数据指标；评判一家企业的经营状况，往往看企业的收入、成本、利润及股价等数据指标；企业考核员工也是通过各种以数据为基础的绩效指标来完成的。尤其是在经济世界中，衡量很多事情都是以数据为基础的。数据不仅是衡量各种经济主体的有效指标，也是发现问题最重要的方式。

通过消费者物价指数（CPI）、生产价格指数（PPI）等数据的上升与下降，就可以知道国家的经济是过热还是过冷；通过企业利润或者股价的上升与下降，就可以知道企业的经营是否有问题；通过绩效指标（KPI）的完成情况，就可以知道一个员工业绩的完成情况。作为个人，在职场中也要有数据思维，通过数据来判断自己的工作有没有做好，通过数据发现自己工作中的问题。

（2）数据是最有说服力的工具

职场上常常遇到和别人讨论问题、需要说服别人的场景。如何让别人信服自己的观点？如何说服别人接受自己的方案？说服别人的过程中可以引用很多的论据，包括专家观点、个人感受、典型案例甚至是故事，不同的论据有不同的效力，要想提高论据的效力最好使用数据。

如果一个人的论据是自己的主观感受，那么论据的效力是比较弱的，很难让人信服，因为每个人都有自己的感觉，无法评判谁的感觉对、谁的感觉错。如果论据是通过某些数据比较得出的，那么别人通常是很难提出反驳意见的。所以，在职场上讨论问题时，能用数据的地方一定要使用数据。

（3）数据是互联网企业的核心竞争力

过去，传统企业由于无法收集到精准的数据，所以无法依靠数据来决策，只能依赖于企业领导人和企业管理者及核心骨干的经验进行经营决策，那时候做得好的企业往往是经验积累方面比较出色的企业。

由于互联网天然具有精准收集数据的能力，因此每个人的各种行为，数据会以极为精细的颗粒度留存在网络上。互联网企业得以收集每个个体的数据，进而具备了使用数据的能力，互联网企业的决策从一开始就依赖于这些数据。不过，在这个阶段，互联网企业使用数据的能力还不够强，数据的利用还比较粗放。

随着移动互联网的快速发展，我们进入了一个大数据时代。互联网企业能够收集到的数据越来越多、越来越精细，通过数据分析进行决策已经成为很多互联网公司的核心竞争力。很多互联网公司都在做基于数据的智能推荐，淘宝的商品展示、京东的商品展示、今日头条的信息展示、抖音的视频推荐都已经实现了“千人千面”的个性化推荐。

互联网巨头企业已经从成立初期的单一业务种类进入了各行各业，进入了传统企业所属的领域并促使了新零售、新金融的产生。在这些传统企业所属的领域中，互联网巨头的身影无处不在。如今，以 BATJ（百度、阿里巴巴、腾讯、京东）为首的互联网巨头和以 TMD（今日头条、美团、滴滴）为首的互联网“独角兽”几乎都已经完成在金融领域的布局。而金融天然是一个以数据为核心能力的行业，蚂蚁金服和微信支付目前都已经切入信贷、保险、理财等领域，他们的业务规模和人均产出效率要远远高于传统的金融企业。这一切的可能性都来源于这些企业在发展中积累的大量用户数据，依赖于他们对海量数据的精细化挖掘利用。可见，数据能力已经成为当下互联网企业的核心竞争能力。所以，身处这个时代的互联网职场人，必须用数据思维武装自己。

（4）数据分析能力将成为职场人的通用能力

在互联网企业中，不同岗位的人员要求具有不同的工作能力。例如，对产品经理要求具有很强的需求分析能力、竞品分析能力、产品设计能力、沟通协调能力、项目管理能力等；对运营人员要求具有很强的用户调研能力、活动策划能力、内容运营能力、文案能力等；对市场推广人员要求有很强的渠道开发能力、渠道资源能力、市场推广能力等。之所以有这样大的差异，是因为不同岗位的分工不同，人员具有的能力也有很大的差异。这些岗位之间的能力要求也不是完全不同的，有些能力是各种岗位都必须具备的通用性能力，如人际沟通与协调能力。而如今的数据思维能力也正在成为一种跨越不同职业的通用性能力。

过去，由于数据量还未达到应用的量级，数据分析的技术水平也不是非常成熟的，支撑海量数据运算的硬件成本还比较高。数据分析是一种比较“高冷”的能力，在企业岗位设置中也并不普遍，导致很多人一提到数据分析就觉得高不可攀，认为这是一种需要极强数学能力的人才具备的能力。

由于身处激烈的竞争环境，企业要想在市场的厮杀中胜出，就需要对市场、对用户有更加深刻的洞察和了解，而这就需要依靠更加精细的数据、更强的数据分析能力。这对企业员工就提出了更高的要求——数据的分析利用不再是数据分析部门等专职部门做的事情，而是所有的业务人员都要掌握的一种能力。在这样的企业经营大环境中，个体员工如果没有数据思维，没有提高自己数据分析和数据决策能力的意识，仍依赖于经验做判断决策，那么迟早会被企业淘汰。

3. 常用的数据分析思维有哪些

数据思维不是一种抽象的概念，它有很多实际落地的方法。数据思维在职场上的应用可以借助很多数据分析方法落地。职场人在工作中会遇到各种各样的数据，如何对这些数据进行有效的分析以解决问题呢？对于大部分人来说，掌握下面的数据分析方法就能解决工作中的很多问题。

（1）趋势图分析

趋势图分析指的是用一条曲线把同一维度的数据在不同时间颗粒度上的表现呈现在一张图上的分析思维。趋势图分析主要用于观察在一段时间内，特定数据指标的表现和背后的业务问题，趋势图的数据波动能够清晰、直观地反映出问题。

图 5-21 所示为某微信公众号的用户数增长趋势图。从图中我们很容易能够了解到 2019 年 9 月的情况：2019 年 9 月 13 日用户数增长最少，2019 年 9 月 25 日用户数增长最多。据此我们就可以研究这两个时间点是因为什么而导致了这种数据的波动，并在此基础上可能会发现用户数增长的方法。

（2）同比和环比分析

同比分析指的是用某年第 n 月的数据与前一年同期的数据进行对比，用以说明本期发展水平与去年同期发展水平对比而达到的相对情况。例如，2019 年 9 月的数据和 2018 年 9 月的数据进行对比就是同比分析。

环比分析指的是以某一期的数据和上期的数据进行对比，主要目的是便于观察最新一个时间阶段内的数据与相邻阶段的数据的对比情况。例如，3 月份的数据和 2 月份的数据进行对比就是环比分析。

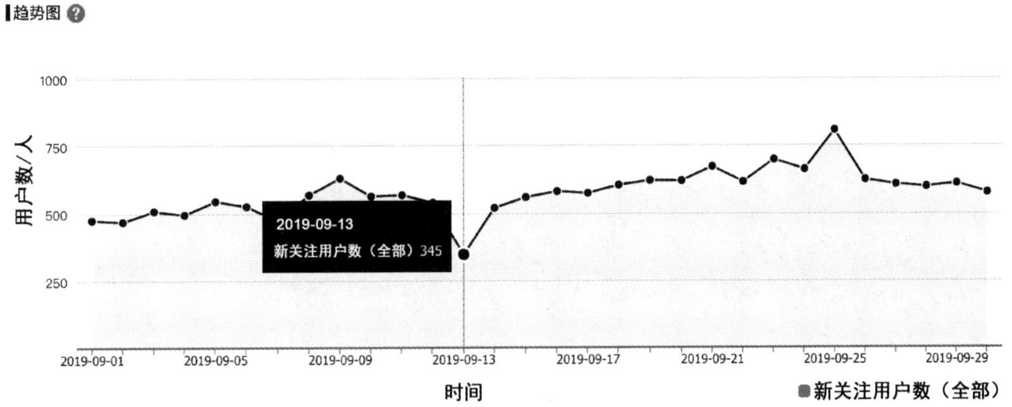

图 5-21　某微信公众号的用户数增长趋势图

同比分析和环比分析都是对业务当下阶段的情况与过去相对时间阶段内的数据进行对比，以此来评判当前阶段的情况是在好转还是在恶化。环比分析观察的时间范围相对比较短，同比分析可分析的数据范围相对比较长。两者从不同的时间维度上来评判问题，各有优劣、相互补充。

（3）漏斗分析

漏斗分析是互联网业务中最常见的数据分析方法，常见的漏斗主要是用户转化漏斗，它指的是在用户行为路径上，数据流从起始位置到结束位置流经各节点构成的一个从大到小逐渐收口的流程或者模型。一款用户数为 10 万人的 App 产品，从注册到登录，到浏览商品，再到查看商品详情页、点击购买，直到最后付款，在整个流程上每个环节都有用户放弃操作，从而产生流失，各个环节构成的整个转化流就是一个漏斗，如图 5-22 所示。漏斗分析就是计算上述各个相邻节点之间的转化率，从而发现问题的一种方法。

漏斗分析实际上是一种拆解思维的应用，通过把整个流程拆解开来，把分析的颗粒度划分到最细，从而能够从更加微观的局部来发现问题。

（4）相关性分析

相关性分析是统计学中常用的一种分析方法，如今被广泛应用到企业的业务分析中，如图 5-23 所示。相关性分析指的是研究两个或两个以上处于同等地位随机变量间的相互关系的统计分析方法。

图 5-22　漏斗分析示例

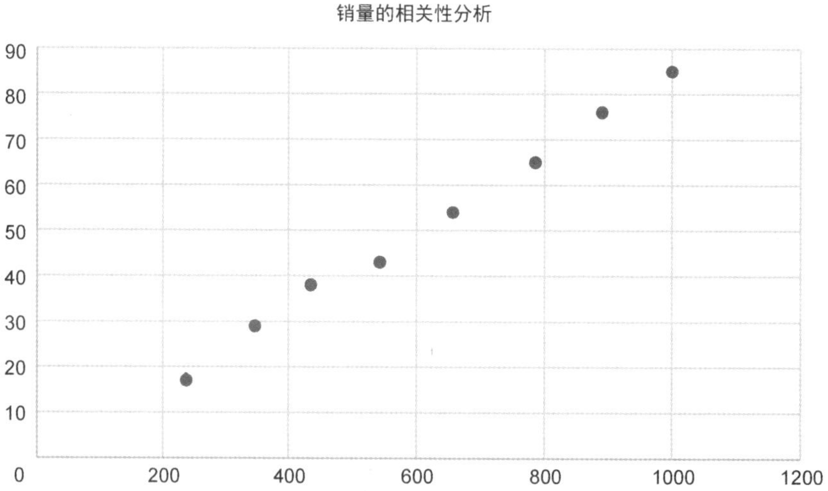

图 5-23　相关性分析的示例图

在业务发展过程中，我们常常会遇到某个数据指标突然变差或者突然变好的情况，而且通过各种非量化的分析方法，仍然无法分析出到底是什么原因导致的。在这种情况下，我们就可以使用相关性分析，对可能的因素和出现变化的数据指标进行统计分析，看看两者之间是否存在相关性。相关性分析是一种量化统计的分析方法，需要借助类似于 SPSS 这样的统计分析工具，产出的结果比较有说服力。因此，相关性分析是一种比较科学的分析方法。

以上四种分析方法只是众多数据分析方法中比较常用的几种，这些数据分析方法分别代表了一种数据分析的思维。职场人在具体的工作中遇到问题时，可以根据需要选择上述几种方法进行数据分析，以便查找问题。

4. 使用数据思维的注意事项

虽然数据思维是一种有效的工具，但是在使用时还是要注意图 5-24 中所示的几个事项。

图 5-24　使用数据思维的注意事项

（1）一切决策以数据为依据

在工作中，尝试锻炼让自己的决策依据数据来做出，而不再依赖于直觉、经验等定性的思维。在分析问题时，尽可能依据数据来寻找问题点；在解决问题时，依据数据来选择解决方案；在工作任务结束之后，以实际的数据来评估问题是否被解决及被解决的程度。

举例来说，如果产品经理发现某款 App 产品近期注册-登录转化率指标下降了 5%，在分析问题时，可以对注册-登录转化率指标以天为单位进行比较，看是否存在问题。如果未能发现问题，继续以小时为单位进行比较；当问题定位后，提出的解决方案可以包含 A、B 两个版本，上线后观察两个版本方案各自的转化数据情况，如果 A 版本方案效果优于 B 版本方案，那么则将 A 版本方案作为最终的解决方案，而且在 A 版本方案上线后，还需要继续观察数据指标是否正常。

（2）数据思维和数据分析技术并重

数据思维是一种看待问题、解决问题的宏观指导原则，而解决问题的过程往往是具体的，仅仅具有数据意识和数据思维是不够的。在解决实际问题时，我们还需要借助具体的数据分析方法和技术。因此，如果想成为一个使用数据解决问题的高手，我们不仅要培养自己的数据思维能力，还要学习并掌握数据分析的具体技能。

对于常规的数据分析，一般通过对比数据差异就能解决问题，借助于 Excel 的趋势图、柱状图、饼状图、筛选排序、数据透视表等基本的分析方法，容易发现一些简单的问题。如果面对复杂一点的问题，就可能需要用到线性相关分析、逻辑回归、随机森林等复杂的数据分析方法，这些分析方法只有经过专业的训练才能够掌握。而且，这些数据分析都需要借助特定的工具，如以前常用的 SPSS 软件、SAS 软件等，或者直接通过 Python 语言、R 语言等来解决。

另外，培养数据思维还需要学习一定的统计学知识。例如，了解数据分析最小规模的样本量是多少，了解一些基础的数据指标的含义和使用。具体来说，平均数、中位数、众数等指标，虽然都是衡量“平均”这个概念，但是它们各自能反映的问题差异是什么？还有，方差、标准差这些指标可以在哪些分析的场景下反映问题？正太分布和幂律分布的图形在业务层面分别代表着什么？

总之，要成为一个依赖于数据解决问题的职场人，不仅要培养数据思维，而且要学习数据分析的具体方法。我们只有把思维和具体方法结合在一起，才能够让自己成为一个真正具有数据分析能力的职场人。

（3）除关注数据本身之外，更要关注背后的问题

在工作中注重使用数据思维和数据分析要避免两种倾向。

第一，不要为数据分析而分析，要关注数据背后反映的真正问题。

在数据分析中，职场人要避免完全脱离业务的纯粹技术分析。有的人是数据分析科班出身，对于数据分析的技术非常熟悉，在分析问题时会使用各种各样的分析工具。虽然“数据分析”本身做得很漂亮，各种图表令人眼花缭乱，但是这些人没有真正抓住问题的核心，甚至根本没有了解清楚业务的背景，最后做的分析结果华而不实，解决不了任何问题。

需要特别注意的是，数据分析只是手段，真正的目的是通过分析了解数据背后的问题并解决问题。所以，在数据分析的过程中，采取什么样的方法都是根据具体的问题而定的，可能非常简单的趋势图对比就可以发现问题，这时候就没必要采用非常复杂的方法了。

第二，不要陷入纯粹的数据分析陷阱中，还需要结合定性分析。

在使用数据分析问题时，职场人不能完全依赖于定量数据思维而完全抛弃定性分析，这两种方法常常是结合在一起使用的。很多时候，数据分析的起始点就是基于一定的定性分析和判断，给出一个大致的方向，再使用定量数据分析的手段进行“手术式的剖析”。很多问题的解决往往是定性和定量方法的完美结合。

最后需要说明的是，大千世界的问题往往很复杂，不是所有的问题都可以靠数据分析就一定能够解决的，有时候人的经验、直觉可能比数据分析的判断得出的结果更为迅速和准确，这就是人的直觉、人的感性因素的独特性，也是人存在于世界中的独特价值。

5.2.6　拆解思维

拆解思维就是通过将问题逐步拆分，从而找到解决方案的一种思考问题的方法。职场人之所以需要借助这种方法，是因为拆解思维能够找到解决问题明确的路线，能够提高解决问题的效率，有助于更加全面、细致的考虑问题，能够通过拆解看清问题的本质。拆解思维有两种思路：演绎式拆解和归纳式拆解。在具体应用时，职场人可以使用列公式法和思维导图法让拆解思维落地。

1．拆解思维是什么

拆解思维即分解思维，指的是把一个问题拆分成颗粒度更细的维度，从更细小的组成部分来考虑并分析问题，从而找到解决方案的一种思维。例如，外出旅游时要携带物品：有的人想到什么带什么，结果到了目的地总会发现少带了某样物品；有的人会先行分类，分为洗漱类、衣物类、证件类、办公类，然后根据分类考虑要带的东西，这样做的好处是能够把需要的物品列得更加全面，避免出去以后发现遗漏一些重要的物品。

社会分工是拆解思维最为广泛的应用，最早的大规模分工是在工业中进行的，之后在服务业中也开始进行精细化的分工，工业和服务业之所以能够发展到如今的规模，与分工协作是密不可分的。例如，一部手机的生产过程就是一个拆解思维的实例，屏幕、摄像头、电池等硬件的生产都来自不同的国家或地区，最后的组装又是在另一个国家或地区完成的。服装领域也一样，可能布匹来源于欧洲、纽扣来源于中国、染色在越南等，这种全球分工都是基于成本和效率的考虑。

企业中不同工作岗位的设置也是一种拆解思维的体现。因为一个人不可能完成所有的工作，也不可能胜任所有的岗位，所以需要把企业的经营活动拆解成不同的岗位，由不同岗位的人分工完成各自的工作，然后由各个岗位协同实现整体的目标。

美国管理学的先驱泰罗和福特汽车的创始人福特都是解决问题的高手，他们解决问题的方法之一就是拆解。泰罗把工人的工作拆解成一个个动作，把每个动作完成的时间记录下来，根据工人们完成特定动作的平均时间来约定生产时间，结果工厂的效率大幅提升。福特通过发明汽车组装流水线，让工人保持原地不动，汽车车体移动，在车体移动的过程中负责不同环节的工人逐步装上发动机、操控系统、车厢、方向盘、仪表、车灯、车窗玻璃、车轮等。这些是应用拆解思维解决问题的典型案例。

在互联网职场人的工作中，同样可以借助拆解思维来解决问题。很多复杂的问题都可以通过被拆解成一个个小问题逐个击破。在我曾经的工作中，在解决一个业务效果优化的问题时，我采取了拆解思维，先对可能优化的方案进行拆解，再逐步进行细节的工作。我把优化工作首先分为内部优化和外部优化，内部优化包括路径优化、AB 测试优化、结构优化、用户优化、产品优化，外部优化又分为人员优化、服务商优化等。通过这样的拆解，业务效果优化至少有七个细分的可能操作路径，如图 5-25 所示。

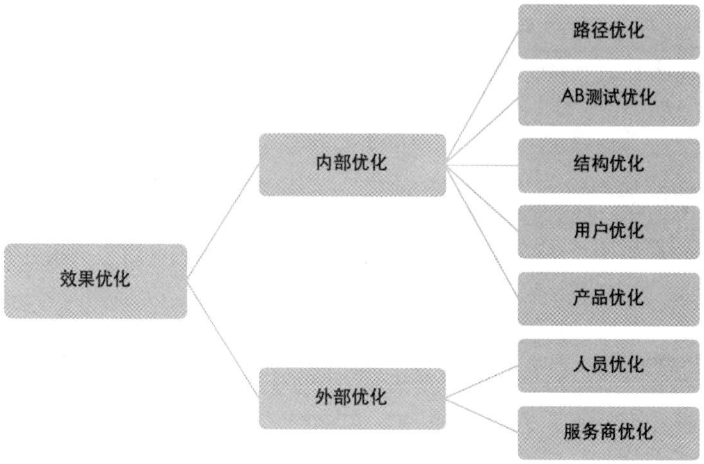

图 5-25　效果优化拆解图

2．为什么要使用拆解思维

拆解思维是很多解决问题的高手都喜欢使用的思维工具，使用拆解思维主要有图 5-26 所示的几个方面的好处。

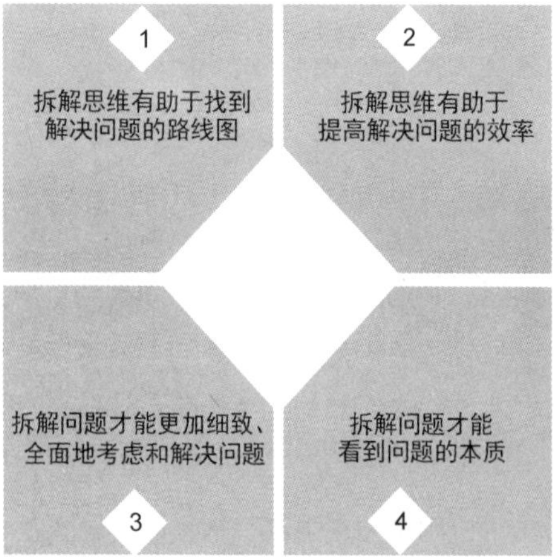

图 5-26　使用拆解思维的价值

（1）拆解思维有助于找到解决问题的路线图

在工作中虽然有些问题比较简单，或者已经有例行的解决方案，但还有很多问题是全新的，完全没有任何解决经验。当遇到这种全新问题时，职场人该如何解决呢？

下面首先思考一类问题，如果要解决这类问题，该如何解答？

“请猜猜芝加哥有多少位钢琴调音师？”

“请问北京市有多少个下水道井盖？”

“请问中国有多少座机场？”

……

大部分人遇到类似于这样的问题就会一筹莫展，不知道如何下手，思考再三之后只能“缴械投降”。其实，破解这类问题可以使用拆解思维。以第一个问题为例，这个问题其实是一个很著名的问题——“费米问题”，它是由美国物理学家费米提出的。北京大学教授何帆在他的得到专栏课《何帆大局观》中对于这个问题的拆解方法有非常详细的解释。

“解答费米问题的诀窍是，把一个看似无法回答的问题分成许多更容易处理的小问题。比如，为了回答费米的问题，我们需要知道：

芝加哥有多少架钢琴？

每年需要给钢琴调多少次音？

每次钢琴调音师调音需要多长时间？

钢琴调音师每年平均工作多长时间？

对于这些细分的问题，你可能也回答不上来。比如，芝加哥有多少架钢琴。不知道没有关系，你可以再把这个问题进一步拆解。当我们遇到不知道的问题时，可以尽可能地用已知的信息去推断。

比如，你知道芝加哥不是美国最大的城市，但也不是一个小城市，我们能不能猜一猜，芝加哥大约有 200 多万人呢？然后，我们可以再假设，在芝加哥的家庭人口中，大约有 1%的人拥有钢琴，再假设将学校、音乐厅、酒吧的钢琴统统加起来，拥有钢琴的数量是个人拥有钢琴数量的 2 倍，那么，芝加哥大约有 5 万～6 万架钢琴。

每年需要给钢琴调多少次音呢？我们也不知道，那就先假设每年给钢琴调一次音；再假设每次调音需要 2 小时；再假设钢琴调音师每周工作 40 小时，每年大约是 2000 小时，扣除路上奔波的时间，每年给钢琴调音的时间大约为 1600 小时。

我再把我们的假设总结一下。我们假设芝加哥有 5 万架钢琴，每年调音一次，每次 2 小时，所以一共需要 10 万个小时。用这个数除以每位钢琴调音师年均的工作时间，那么芝加哥的钢琴调音师大约为 60 位。”①

当然，在这个推理的过程中有些数据虽然并不一定准确，但这并不是最重要的，只要自己上网查一下把数据校正就可以得出更为准确的结果。重要的是，这里通过拆解的方法提供了一条解决问题的清晰路线图。

下面把上述的拆解过程通过图示再来看一看就会更加清晰，如图 5-27 所示。

① 何帆. 何帆的读书俱乐部. 得到专栏.

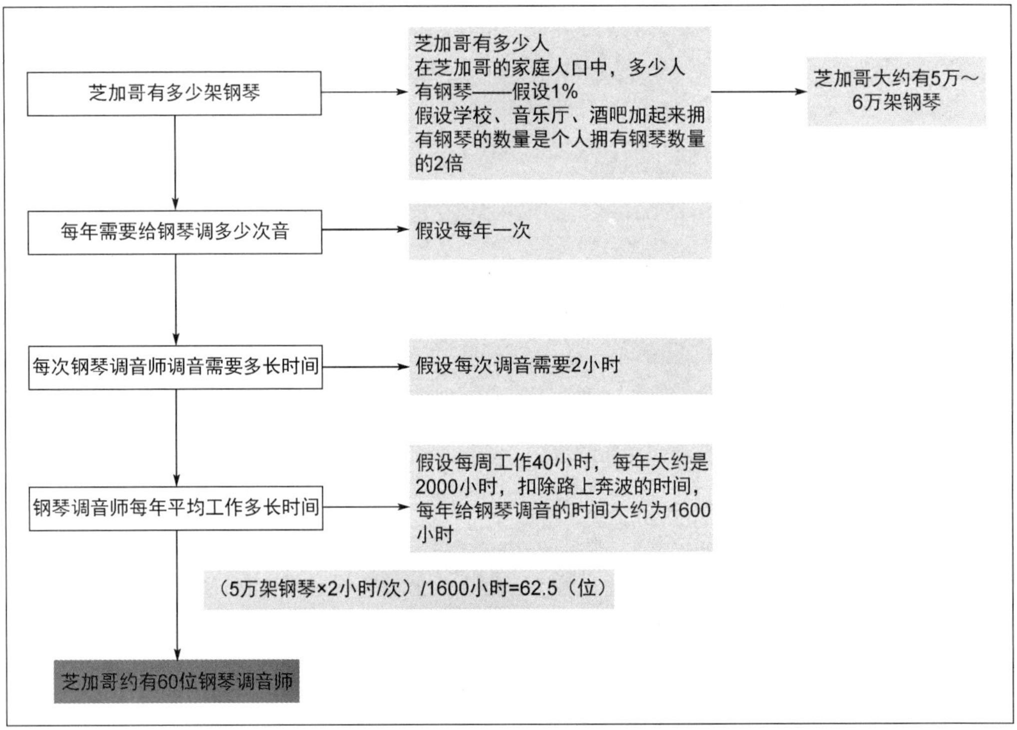

图 5-27　费米问题的拆解过程

（2）拆解思维有助于提高解决问题的效率

当工作中遇到的问题比较复杂，无法一步到位解决时，我们可以把问题拆分成多个部分，先解决一部分问题，再解决其他部分的问题。如果总想一蹴而就，试图一次性解决全部问题，那可能是不现实的。因为有时候我们会面临资源的限制、任务紧迫度等方面的压力，花一周时间先解决一小部分问题让事情运转起来，要好过花费一个月的时间一次性解决问题更为合理和划算。

在互联网企业，产品经理开发产品时，版本迭代就是这样一种拆解思维。产品经理会把一个完整的 App 的开发拆分成很多个开发版本，每次实现一个大的功能，在一个较长的时间周期内通过多次开发把一个完整的 App 做出来。有时为了加速工作，产品经理还会把一个大功能拆分成多个小功能逐个来实现。产品经理之所以会把某个产品功能拆分成 2～3 次分批上线就是为了提高工作效率，这种工作方式叫作“敏捷开发”。通过将产品开发功能进行拆分，可以快速开发、快速上线，及时得到效果的反馈。如果反馈良好，则继续按照既定的路线图开发；如果反馈不好，可以快速调整，按照新的思路进行开发尝试，这种快速迭代的开发方式能够极大地提高总体的开发效率。因此，“敏捷开发”在互联网企业中被广泛应用，互联网企业之所以以快速著称，是因为与这种快速迭代开发的工作方式密不可分。

（3）拆解问题才能更加细致、全面地考虑和解决问题

当工作中遇到问题时，拆解问题的过程就是一个逐步细化问题的过程，通过拆解可以找到颗粒度更细的维度。只有问题被拆解得更细致，解决问题时才能顾及更多细节的问题。没有进行细致的拆解，就不知道局部的差异性，不了解局部的差异性，就只能使用通用性的手段和方法解决问题。通用性的手段或许只能解决 70%的问题，剩余 30%的问题可能就无法顾及了。

在互联网企业中，尤其是在用户运营工作中，进行用户分层就是一种典型的拆解思维。所谓用户分层指的是根据某个特定的指标，把用户细分为在特定属性上有差异的不同群体。最简单的用户分层就是年龄的分层，如把某个音乐类 App 的典型用户根据年龄段分为 20 ~ 30 岁、31 ~ 40 岁、41 ~ 50 岁三个群体。由于不同群体用户的出生年代不同，行为特点也会有差异，所以在进行用户运营时就不能进行无差异的运营。20 ~ 30 岁的年轻人可能更喜欢新生代歌手的音乐、喜欢说唱类音乐，而 41 ~ 50 岁的用户可能更喜欢怀旧歌曲。如果给这两个年龄段的用户群体推荐歌曲，就必须考虑这种差异性，进行精确的推荐。如果运营人员不考虑这种差异性，把怀旧歌曲推荐给年轻人，那么运营的效果肯定好不到哪里去。所以，拆解问题才能考虑到差异性，才能更加细致、全面地考虑和解决问题。

（4）拆解问题才能看到问题的本质

很多时候，一个人无法很好地解决工作的问题，根源在于他对问题本质的把握是错误的，而错误的认知会导致错误的决策。使用拆解思维剖析问题的细节，则容易看到问题的本质。

你该送孩子去家庭托儿所还是正规托儿所

万维钢在专栏课程中讲到一个对于风险认知的案例。假如你是一位年轻的新生儿家长，现在你要为孩子选择一个托儿所，从安全的角度考虑，是选择家庭托儿所还是正规托儿所呢？

通常大部分人的第一反应肯定是正规托儿所更加安全，当然要送孩子去正规托儿所。

万维钢给出了一个美国的数据，“在美国，家庭托儿所中孩子因为事故死亡的概率是正规托儿所的 7 倍……”表面看起来事实果真如此。如果不进行拆解来看事实细节，很多人就会认为自己的判断是对的。然而，事实是“全美国每年死于家庭托儿所的孩子有十几个——而同样年龄的孩子死于交通事故的数量是每年 79 个。”所以，万维钢认为，“如果正规托儿所离家比较远，家庭托儿所离家比较近的话，哪怕距离只相差 20%，你如果只考虑安全，就应该把孩子送到家庭托儿所。”

所以，看问题只看到表面还是抓不住问题的本质，很多时候要进一步拆解问题的细节，只

有通过更细的维度，才能看到事情更真实的情况，进而做出正确的决策。

你该如何看待消费价格指数（CPI）

在经济生活中，很多人会关注一个经济指标——消费价格指数（CPI），因为它是衡量当前阶段通货膨胀率的一个关键指标，如果通货膨胀率比较高，人们手中的资产就面临贬值的风险。然而，很多时候人们仅仅关注全国性的CPI，不关注地域性的指标和分类的指标，而看全国性的CPI并不能把握实际的情况。得到专栏主理人香帅在她的金融课中提到，CPI指标的编制一般包含八大类的数据：食品、居住、娱乐教育文化用品及服务、交通及通信、医疗保健个人用品、衣着、家庭设备及维修服务、烟酒及用品。如图5-28所示。拆分来看，各个种类上的CPI又会有很大的差异，而每个人在不同服务种类的消费是不同的，这意味着每个人面对的 CPI 会有差异。所以，如果以后要关注CPI，我们就应该更细化地看地域的差异和分类的差异，而不应该仅仅关注全国性的指标。

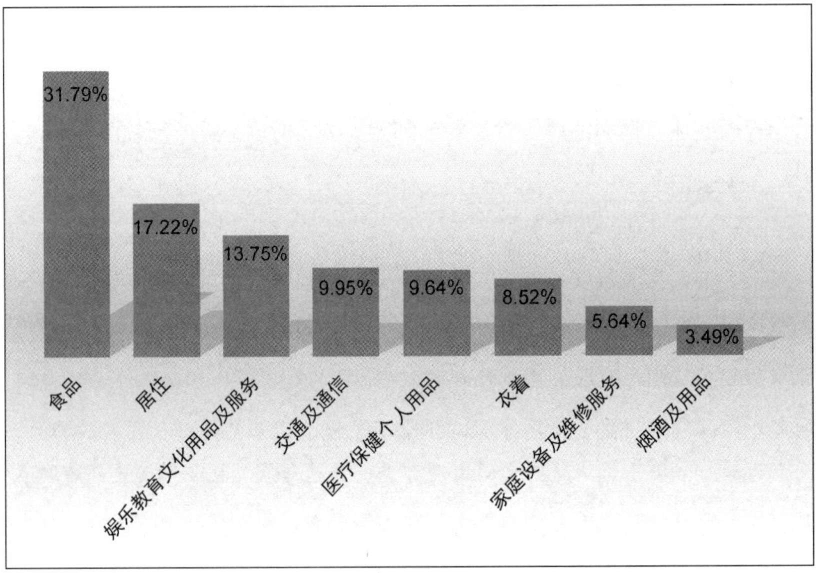

图5-28　构成我国CPI的八大类数据

3. 如何使用拆解思维

（1）拆解思维的两种拆解路径

在使用拆解思维时，有两种可行性的拆解路径，这两种拆解路径与解决问题的两种逻辑思维紧密相关：一种是演绎式拆解路径，另外一种是归纳式拆解路径。

演绎式拆解路径

演绎式拆解路径对问题的拆解是环环相扣的，下一步依赖上一步，上一步制约下一步。

例如，前面的费米问题使用的就是这种拆解方法，如图 5-29 所示。在此，我们可以逆向地拆解其中的逻辑关系：芝加哥钢琴调音师的数量，可以根据芝加哥所有钢琴的总调音时间和钢琴调音师每年平均的工作时间这两个参数推算出来，而所有钢琴的总调音时间又可以根据芝加哥有多少架钢琴和每年需要给钢琴调多少次音两个参数推演出来。所以，这是一种严密的演绎逻辑的关系。

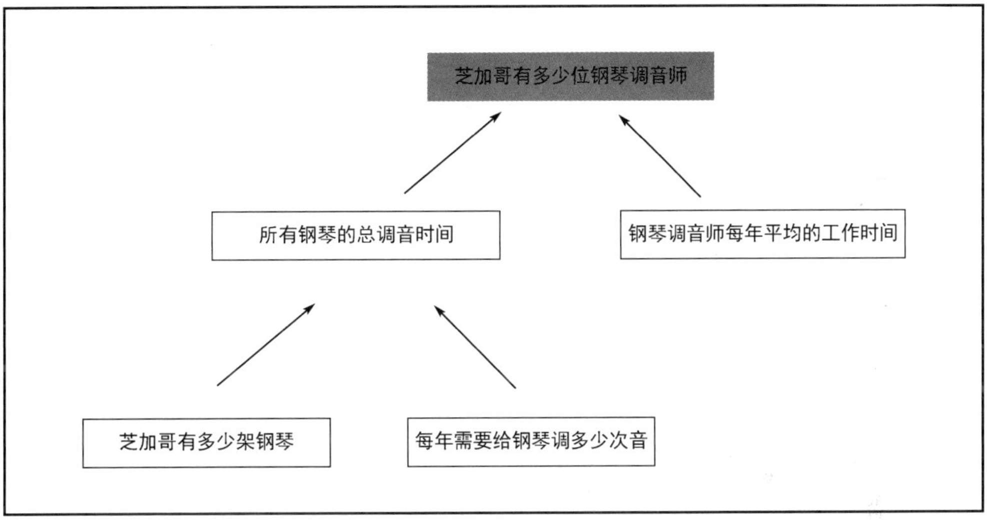

图 5-29　费米问题的逆向演绎式拆解路径

在进行此类问题的拆解时，重要的是找到其中最重要的要素及要素之间的制约逻辑关系。

归纳式拆解路径

归纳式拆解路径拆解的各个部分是更加细分的维度，而且这些维度是并列的，并不存在不同维度之间的明显制约和依赖的关系。例如，在前面列举的效果优化的案例中，效果的优化会包含内部优化和外部优化，这是一个粗放的分类。在内部优化中又包含路径优化、AB 测试优化、结构优化、用户优化、产品优化。每一个维度和相邻维度之间都是并列关系，没有制约关系，维度之间的属性可能差异不大，也可能差异巨大。需要特别注意的是，这些维度之间不是包含关系，而是相互独立的，彼此没有非常明显的交叉和重叠。

在进行此类问题的拆解时，重要的是应尽可能穷举出解决问题的更多维度，而且维度之间要做到不重叠、不交叉。当然维度也要有一定的收敛性，不要无限制地穷尽下去。

（2）拆解思维的具体落地方法

演绎式拆解路径和归纳式拆解路径都是宏观的思考方法。在执行时，我们还需要具体落地的操作方法。这里针对不同的思考路径给出两种典型的具体落地方法，如图 5-30 所示。

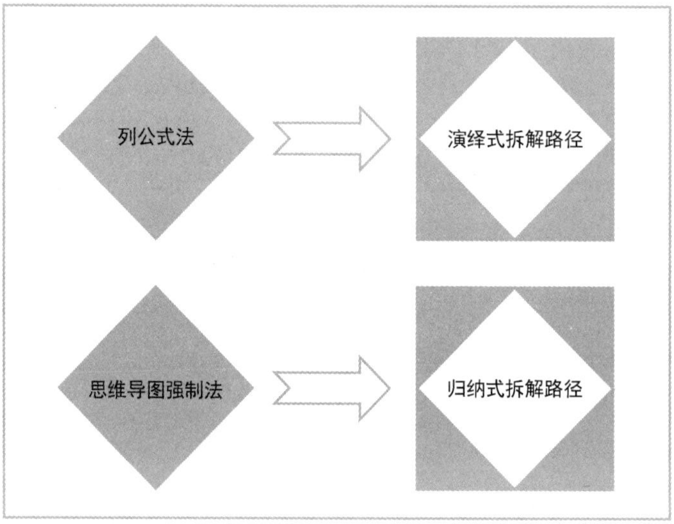

图 5-30 拆解思维两种典型的具体落地方法

列公式法——演绎式拆解路径

42 章经创始人曲凯在讲到“拆解问题”时提到一个概念——公式化思维。就是用列公式的方式进行问题的拆解。提到公式，大多数人都清楚，这是数学课中使用非常普遍的一种解题方法。实际上，数学中的公式就是一种严密的演绎逻辑。所以，在拆解问题时，也可以学习使用这种方法，尝试将需要破解的问题公式化。

例如，在费米问题中，对芝加哥钢琴调音师数量的拆解就可以转换为一道数学公式题：

$$\text{芝加哥钢琴调音师的数量}=\frac{\text{芝加哥钢琴总数量}\times\text{每年钢琴调音的次数}\times\text{每次钢琴调音需要的时间}}{\text{钢琴调音师每年平均的工作时间}}$$

公式是一种强制性的约束工具，能对人的思考过程进行迅速的收集和聚焦，并能使人仔细考虑其中的逻辑关系是否合理。所以，在职场中进行拆解问题时，如果选择演绎式拆解路径，职场人就可以想办法通过公式来寻找整个问题的逻辑关系和破解方法。

思维导图强制法——归纳式拆解路径

当解决问题时，遇到需要通过归纳逻辑来进行问题梳理的情况，最好是使用思维导图工具。

就像公式一样，思维导图工具也能强迫人的思维具体化，使思维不再漫无目的地发散，这样有助于清晰地思考问题，也能加速问题的解决。使用思维导图工具把一个个维度逐步列出的过程，能比较清晰地梳理出哪些是可行维度、哪些是不可行维度、不同维度之间是否有包含的关系而需要合并、哪些维度无法兼容需要进一步拆分等问题。

5.2.7　复盘思维

复盘思维就是在事后对事情的过程进行全方面拆解并仔细分析的一种思维。通常情况下，复盘和反思是可以相互替代的。职场人之所以要对工作进行复盘，是因为复盘能够提高思考问题的能力。复盘是发现问题的重要手段，是学习经验的难得机会，也是自我精进的有效方式。在职场中，除了复盘工作内容之外，还需要对工作方法、解决问题的思路等进行复盘。在使用复盘思维时可以借鉴两种方法：一种是事件的反应链分析法；一种是宁向东的复盘法。

1．什么是复盘

复盘其实是一个围棋术语，也称“复局”，指对局完毕后复演该盘棋的记录，以检查对局中招法的优劣与得失。所以，复盘的过程实际上是拆解问题全貌并把其中每个局部拿出来进行仔细分析的一种策略。

复盘在互联网企业中是出现频率比较高的一个关键词，在一个项目结束时都会召开复盘会。我曾经服务过的一家互联网公司，就有各种各样的复盘会，包括月度复盘会、季度复盘会和年度复盘会。

关于复盘这个概念，有两个要点需要明确。

（1）复盘≈反思

在日常的用语中，反思和复盘常常是混用的，在很多场景中这两者是可以相互替换的。两者强调的关键都在于通过对整个事件发生的过程进行剖析来分析存在的问题以及问题的原因。反思针对的主体更多的是人，而复盘针对的主体更多的是事情。其实人和事情往往是相伴相生的，事情是人做的，人是事情的施加主体。所以，复盘和反思的混用并不存在明显的问题。

（2）总结≠复盘

很多互联网企业都会进行工作总结，对做过的事情总结其中做得好的地方和不好的地方。如果不触及对问题原因的深度剖析就算不上复盘，最多算是工作总结。工作总结不等于工作复盘。其实，复盘和总结有着巨大的差异，知名自媒体人成甲在他的《好好学习》这本书中表明，总结是对结果的好坏的分析，而复盘是对产生结果的原因的分析。[①]如果复盘中缺乏对结果产生的原因的深度剖析，就起不到复盘应该有的作用。

2. 为什么要进行复盘

复盘是提高学习效率的一种重要的方法，得到 App 的各个专栏课程的主理人都会进行课程复盘，如单元复盘、月度复盘、季度复盘、年度复盘。成甲认为复盘是提升学习能力的一种思维方法，“如果要想成为一个肌肉男，那么就要坚持不懈地进行力量训练。与此类似，要想训练思想的“肌肉”，让自己看问题深刻而准确，要坚持的基础训练之一便是复盘。”[②]在工作中，复盘同样具有不可替代的价值和意义，如图 5-31 所示。

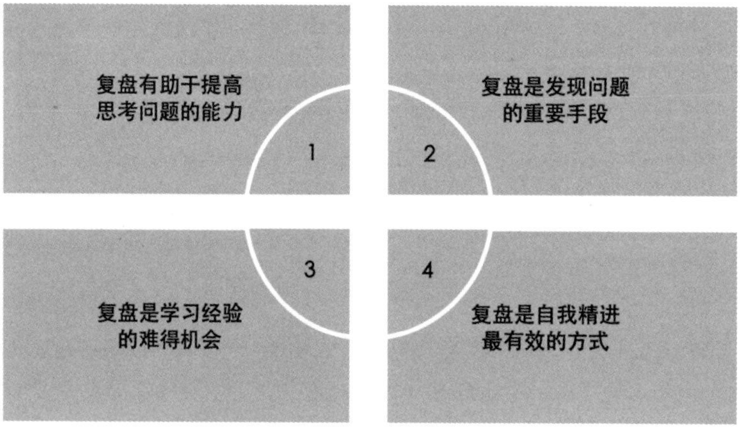

图 5-31　复盘的价值和意义

（1）复盘有助于提高思考问题的能力

职业生涯的不同阶段对人的做事能力的要求也是不同的，在职场早期强调人的执行能力，而越往后越注重人的思考解题能力。

在工作中常常会碰到这样的场景，开会时领导抛出一个问题让大家发表自己的观点。每当这个时候大家总是面面相觑，偶有一两个人发表自己的观点，也没有太多的新意。之所以出现这种情况，与思考问题的能力有关。因为想得不够深入，发表的观点也就没有什么价值，甚至有些沉默的人都不知道该怎样思考这个问题。

---

① 成甲. 好好学习[M]. 北京：中信出版社，2017.

② 成甲. 好好学习[M]. 北京：中信出版社，2017.

复盘是一种提高思考问题能力的重要手段。当一项工作完结之后，人们在复盘的过程中，就可以进行全方位的拆解，拆解的过程中不仅要复盘工作本身存在的问题，对于当初启动任务的初衷、为什么会有这种初衷、解决问题的路径、为什么会采取这种路径等问题都要进行反思。

- 当初我们为什么开始做这件事情？
- 当初我们是如何思考解决这个问题的？
- 当时我们有几种解决方案？
- 为什么最终我们会选择这种方案？
- 当初认为最好的方案现在来看是最好的吗？
- 在当初我们决定这样做时，什么问题是没有考虑到的？
- 在决定采取这个方案时，谁的意见占了主导？

人们通过发问的方式对整个任务的过程进行剖析，就会发现很多当初思考问题时的局限性，也会发现原来有很多维度是当初思考问题时压根都没有想到的，对这些没有思考到的维度就可以记录下来。下次遇到类似的工作任务场景就会有更全面的思考，至少复盘中发现的那些没有思考到的维度，在以后的工作中就不会遗漏了。通过经常对工作进行复盘，不断地积累思考问题的思路，久而久之，自己思考问题的能力就会得到提升。

（2）复盘是发现问题的重要手段

在工作中常常出现这样一种情况：针对某项工作提出了解决方案，方案也实施了，却没有效果或者效果不明显。这时候要做的不是等待和放弃，而是继续寻找问题，进一步优化、迭代解决方案。

通过复盘重新梳理解决方案的产出过程和实施过程，检查是不是解决方案的处理步骤有问题，或者有实施不到位的情况，以便能够尽快发现问题。一旦解决方案没有奏效，很多人就会马上中断解决问题的过程，重新寻找别的方案。其实，职场人可以重新梳理既有的解决方案，可能只是做一些简单的优化，问题就迎刃而解了。

（3）复盘是学习经验的难得机会

工作中人们习得经验的方式有两种：直接经验和间接经验。很多时候，工作中并没有那么多的机会和资源让职场人去锻炼。所以，间接的工作经验也是增强工作能力的一种重要方式。间接经验的获得需要通过复盘别人解决问题的过程或者在别人复盘经验时进行学习。这也是互联网企业推崇复盘的重要目的，就是希望部分人的实战经验通过复盘能够成为组织的重要能力，尽可能让那些成功的经验留在组织中，而不是随着做这些事情的人的离开而消失。

正如万维钢在专栏课程中所说：“我们在现实生活中的决策机会虽然不多，但是我们可以观察别人的决策，假设是自己遇到那样的情况会怎么办。在 MBA 班上案例课，老师给出一个真实公司的情况，让学生模拟一场决策，然后把当时的真实结果拿出来作为反馈，总结一下得失，考虑一下不同的可能性，这就是一种很好的训练，也可以说是一种复盘。下棋要打谱，运动员要看录像，政客要读历史书，都是这个道理。”[①]

（4）复盘是自我精进最有效的方式

复盘不仅在工作中很重要，在个人的能力养成及个人精进成长方面也是很重要的。“吾日三省吾身”就是一种重要的复盘，职场人不仅需要在工作方面复盘，在为人处世、职业素养等方面也可以每天对自己进行复盘。复盘的过程能够补充很多的思考维度，让自己对一件事的思考更加深入，从而获得对事情的整体性认知。通过这样日积月累的复盘，职场人的处事能力就会得到逐步提高。

3. 职场中复盘些什么

工作中的复盘可以是成功的事情，也可以是失败的事情。成功的事情通过复盘寻找促使成功的可能因素，总结成功的经验；失败的事情通过复盘寻找导致失败的原因。而且失败的工作往往更需要复盘，尤其是创新型的工作更是如此。复盘失败的工作能够避免在后续的工作中再次“踩坑”，这是失败工作复盘的最大价值。

在工作复盘时，不要仅仅局限在单个维度的复盘，而要进行全面性的复盘。职场中复盘的内容不仅包括工作任务的复盘，还包括工作方法、解决问题的思路等方面的复盘，如图 5-32 所示；不仅要看自己在这些方面的问题，同时也要对比别人在这些方面的表现，借鉴别人好的方法，总结记录自己的重要经验。

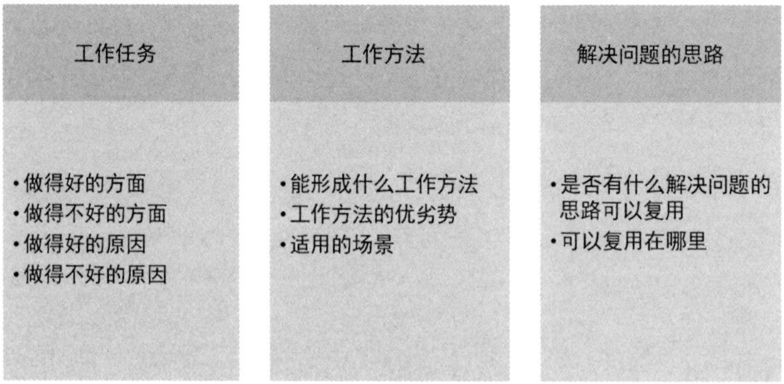

图 5-32 职场中复盘的内容

① 万维钢. 万维钢精英日课第二季. 得到专栏.

（1）工作任务

在工作中的复盘，首先需要复盘的是对工作任务本身的复盘，这是复盘的主要对象和内容。复盘就是希望能够回顾拆解问题的全过程，发现做得好的方面和做得不好的方面，以及做得好的原因和做得不好的原因。通过对这些利弊得失的分析来沉淀经验，作为后续工作的借鉴。

我曾经作为一个项目的负责人，全权负责整个项目的驱动，但这个项目最终以失败告终。在失败之后，我反复地进行复盘，复盘的主要内容就是围绕项目本身展开的，整个复盘的大纲如下所述。

第一部分，项目总体的推进与迭代情况。

第二部分，项目取得的一些基础数据。

第三部分，项目的现状。

第四部分，项目的关键节点和问题分析。其中，回顾了几个主要的产品版本功能和主要存在的问题，以及积极价值的相关经验。

第五部分，从整体上总结项目存在的问题、经验教训和后续的经验借鉴内容。

通过以上五个方面的拆解分析，整个项目本身就有了完整的复盘。通过这样的复盘，我积累了驱动一个项目的经验，这些经验在我后来负责另外一个项目时发挥了很大的作用。那些我第一次曾经犯过的错误，第二次就没有再犯。

（2）工作方法

在复盘时，除了完成对事件（项目）本身的复盘，还需要对工作过程中用到的工作方法进行复盘，尤其是在推进任务的过程中采用的新工作方法，要总结其优劣势及适用的场景，以便在以后的工作中借鉴。

例如前面工作任务的复盘中讲的项目，在推进该项目的过程中我们采用了“产品+技术”的双负责人制度。通过一个产品经理和一个技术负责人双线负责的方式，相互弥补自身的短板，保证了项目进度的快速执行与落地。这个经验后来也被借鉴应用在了其他的项目中。

工作方法的复盘并不是独立于项目本身的，而是和项目密不可分的。复盘工作方法对于项目负责人甚至整个项目团队的成员来说是最有价值的，这种亲自参与的实际经验是不可多得的直接实战经验，其中的经验价值对于这些人来说是再熟悉不过的，对这些工作方法进行深度的复盘，可以内化为自己能力的重要部分，在以后的工作中使用时往往会信手拈来。

（3）解决问题的思路

除了工作方法相关的复盘，职场人也需要对解决问题的思路进行复盘，职场的日常就是一个问题接着一个问题，每天的核心工作也是解决一个又一个的问题。其实很多问题虽然看似不同，但其本质上都是相同的。这意味着解决问题的思路是可以复用的，某个特定的解题思路可以应用在多个不同的问题中。

例如，我曾经负责的那个项目，当初在开始启动时，立项这个动作很草率，没有经过认真的立项评审就开始了。由于很多问题没有想清楚，项目启动之后，一个个问题逐步浮出水面，这时候大家才发现那些问题其实在一开始就应该想到并预先准备应对的策略。所以，在项目失败后的复盘中我一直在思考一个问题：一个全新的项目，立项时必须具备的前提条件是什么？随后，在复盘的过程中我逐步想明白了，立项时一定要获得项目启动必备的资源——人和钱，如果这两者有一个没有具备，这个项目启动后的结局就不会太好。

解决问题的思路具有非常强的可复用性，无论是在同一家公司后续的工作中解决各种问题，还是以后去了其他公司解决问题。这种解决问题的思路都是可以借鉴的，甚至是可以直接拿来使用的。有时候这种解决问题的思路甚至可以跨越职业，复用在生活问题的解决过程中。

4. 工作中如何正确地复盘

在明确了复盘的重要性和复盘的方向之后，职场人还需要了解复盘的方法。在此，我介绍两种可供借鉴的复盘方法。

（1）事件的反应链分析法

这种简单的分析方法是知乎专栏作者采铜提出的，他在《精进：如何成为一个很厉害的人》这本书中讲到了自己的反思复盘的十步法，并且提出反思时需要注意一些关键点，分析事件的反应链就是其中一个关键点。这十步操作起来比较复杂，在工作中很多人并没有耐心对每件事都应用这种方法，而分析事件的反应链是复盘时可以利用的一种简单有效的方法。

简单地说，事件的反应链分析的主要内容包括：分析事件是如何开始、如何发展、如何转折、如何结束的，它背后的动因、阻力及关键节点是什么，这些相关的因素又是如何串联成一条完整的反应链的（见图 5-33）。[①] 采铜认为，梳理（事件的）反应链有助于了解事件背后的运行机制，以便今后能够更好地把控类似事件的发展进程。

（2）宁向东复盘法

清华大学管理学教授宁向东在他的得到管理学课中也讲到了一种复盘方法，不过他的复盘方法主要侧重于对失败事件的复盘。宁向东借鉴日本学者畑村洋太郎的理论，认为要从以下 5 个方面来对一项失败任务进行记录。

---

① 采铜. 精进：如何成为一个很厉害的人[M]. 南京：江苏凤凰文艺出版社，2016：108.

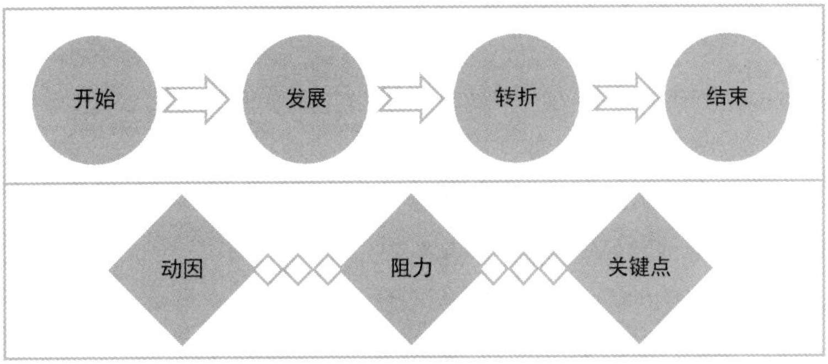

图 5-33　事件反应链的要素

- 事情的概貌。
- 事情发展的具体经过。
- 经过分析和推理之后，我们找到的失败原因。
- 失败之前我们做了什么预案，在失败的过程中我们进行了怎样的处理。
- 对这个失败的结果，得出了怎样的结论。

他认为，对失败进行记录只是一个基础，复盘还需要从以下几个方面进行更深入的思考。

- 为什么会出现引发失败的要素，它的背景是什么？它是在怎样的背景下被认知的？这个背景因素是不是至关重要的？如果是，是否被识别了？识别得是否正确？等等。
- 在我们推定的原因之外，是不是还有其他方面的原因？特别是更深层次的原因。
- 我们当时采取的对策在方向上是不是正确的？如果不是正确的，我们应该采取怎样的对策？我们为什么当时没有采用这样的对策？等等。
- 我们在失败复盘的过程中，是否需要再进行一些补充访谈？我们所采集的信息足以反映这个失败的面貌吗？

从这个复盘方法来看，复盘在某种程度上就是对原因进行深度的剖析，而这种剖析就是通过一环扣一环地追问来实现的。

5.2.8　优先级思维

职场中面对众多纷繁复杂的工作任务要有辨别重要事情的能力，要能区分事情的优先级，把有限的精力和资源投入到最重要的事情上。排列优先级是追求高投入产出比的需要，也是时间和资源约束的要求。在工作中使用优先级思维，首先要培养使用优先级思维的意识，其次要锻炼判断优先级的能力。

1. 认识优先级思维

你是否有过这样的经历：闲时百无聊赖，忙时焦头烂额。不管是在学习中、生活中，还是在工作中，职场人常常面临极其忙碌、时间不够的情况。当面临这种情况时，就需要对事情排出先后顺序，挑重要的事情优先做，次要的事情靠后做，不重要的事情可以先不做。

在这方面最著名的理论莫过于艾森豪威尔矩阵，也就是时间管理四象限法则，如图 5-34 所示。它是根据事情的紧迫性和事情的重要性两个维度，构成了一个四象限的矩阵，把事情分为重要不紧急、重要且紧急、不重要紧急、不重要不紧急，然后选择重要的事情优先去做。工作效率高的人往往会非常重视事情的优先级顺序；而工作效率低的人往往是那些遇到事情“胡子眉毛一把抓”、分不清事情优先顺序的人。很多人碌碌无为就是因为没有明白对自己来说真正重要且紧急的事情是什么。

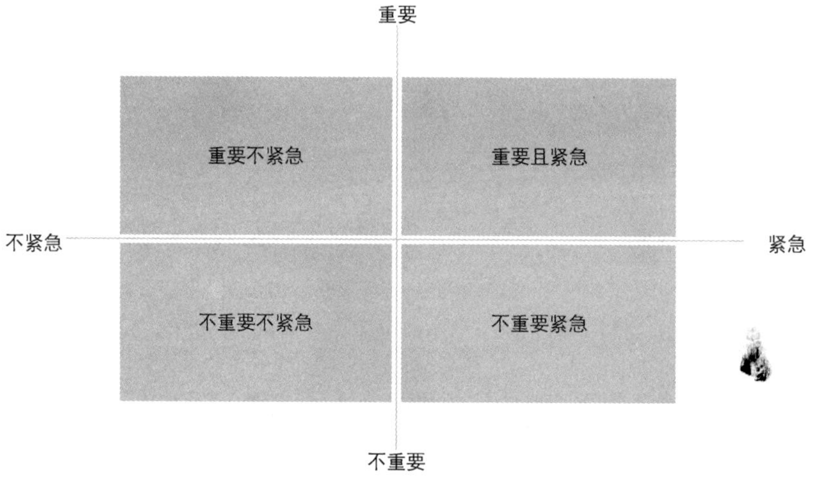

图 5-34　时间管理四象限法则

在互联网企业中，有一类岗位的人是极为重视优先级的，这就是产品经理。产品经理在产品的开发迭代过程中，必须对不同的需求排列优先级。即使是同一个需求，也可能需要对不同的功能列出优先级，并用明确的符号标识出来，一般使用的是 P0、P1、P2……这样的数字字母组合，P 就是英文 Priority 的首字母。如果一个产品经理不知道列出产品功能的优先级，或者无法辨别出产品功能的优先级，他就是一个不合格的产品经理。

给产品功能列优先级是一种强制函数，就是用相对简单而直接的方法迫使必要行为的发生。只有列出优先级，才能迫使产品经理有意识地从众多的产品功能中，辨别那些最紧迫和优先的功能并进行开发。因为几乎每家公司都会受到资源限制，不可能投入无限的资源去开发所有的产品或产品功能。公司只有把有限的资源投入到最重要的产品功能上，才有可能推进产品快速迭代，这是一种少即是多的智慧。

2. 为什么需要优先级

（1）排列优先级是追求高投入产出比的需要

优先级思维是工作过程中最为重要的思维之一，因为工作中的所有事情都是要产出结果的，而且理想的情况是尽可能通过最少的资源投入产出最多的成果，也就是追求比较高的投入产出比。一个职场人如果连工作的优先级都没有区分清楚，没有把时间和精力花费在最重要的事情上，那怎么可能有较高的投入产出比呢？很多人在工作中只知道埋头苦干，看似很忙碌，实际上一年到头产出的典型成果寥寥无几，这样的人怎么可能拿到比较好的绩效呢？

在职场中，要有智慧"摘最大的果子"。产品经理在开发功能进行优先级排序时，判断产品功能优先级的决策依据是去做那些投入产出比较高的功能。两个产品功能哪个优先级更高，要看影响面的大小，如果一个产品功能能够解决 50%的用户问题，另外一个产品功能只能够解决 30%的用户问题，很明显前面一个产品功能的优先级更高。

（2）排列优先级是时间和资源约束的要求

在工作中确定优先级，不仅是追求高投入产出比的需求，而且是时间和资源约束的要求。职场人很多时候往往面临巨大的时间和资源方面的约束，因此必须在不同的工作任务之间做出优先顺序的抉择。

在互联网企业中，无论是产品岗位、运营岗位，还是市场推广岗位，都会面临时间压力和资源约束的问题。以产品经理的工作为例，在开发产品功能时，产品经理认为每个功能都很重要，都需要立即做出来，但实际的情况是不允许的。一方面，产品经理会受到资源的约束，一个产品经理配备的开发人员只有有限的几个，每个功能都受最少工作人数的约束，这些人做了 A 功能就做不了 B 功能。另一方面，产品的开发工作总是有一个时间限制要求的，不可能一个功能开发半年才上线，这是无法满足公司快速发展需要的。在互联网企业中，普遍采用快速迭代的策略，产品的迭代时间要求非常高，有的公司要求两周实现一个大版本的迭代，一周实现一个小版本的迭代。在有限的时间内，企业必然将所有的资源都集中在最重要的事情上。

3. 日常工作中如何应用优先级思维

职场人在日常的工作中使用优先级思维，首先要培养使用优先级思维的意识，其次要锻炼判断优先级的能力。

（1）培养使用优先级思维的意识

前面的章节讲过意识的重要性，在工作中很多人根本没有意识到优先级的重要性，也根本没有自主地使用优先级思维的意识。他们在工作中被动地等待，上级让做什么事情就做什么事情，上级如果同时交代多件事情，也无法辨别哪件事情才是最重要的；等到上级要结果时，不重要的事情完成了，最重要的事情却没有做完。所以，职场人在工作中如果遇到无法判定优先级的情况，要跟上级主动沟通以确定他们期望的优先顺序。

培养使用优先级思维的意识，重要的是在大脑中要时刻有一根弦——记得问自己“什么是当下最重要的事情”“自己是不是在做最重要的事情”。如果这两个问题都无法给出明确的答案，职场人就需要停下手中的工作，重新对近期要做的事情进行梳理以便确定事情的优先级，并把精力优先集中在最重要的事情上。

（2）锻炼判断优先级的能力

当有了使用优先级的意识之后，职场人还需要有判断优先级的能力。判断优先级能力的获得可以借鉴时间管理四象限法则的思想。

时间管理四象限法则的一个优点是能够快速判断出一件事情应该属于哪个象限，进而能够帮助职场人快速做出大致的判断。但是，当遇到两件事情甚至更多事情处在同一个象限时，职场人应该怎样做出最终的决定呢？这就需要更进一步把象限划分为更加细致的表格，根据重要性和紧迫性确定几件事情的相对位置，以此来判断事情的优先级。具体的做法如图 5-35 所示。

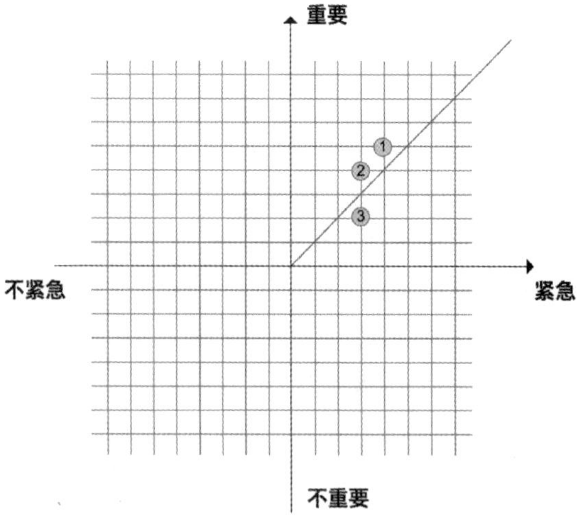

图 5-35　判断任务优先级的具体做法

第一步，画出时间管理四象限图，标注出重要性和紧迫性维度。

第二步，画出更精细的等距线，对象限进行均等划分，象限中的每一个点决定了唯一的优先级。

第三步，画出一条从左下到右上的 45° 斜线。

第四步，标注出不同任务在图上的相对位置，越靠近 45° 线右上方的任务，优先级越高。

当判断出任务的优先级后，职场人还需要将其落实到书面上，通过一定的规范，借助一定的工具记录下来，以此释放大脑的记忆压力。因为时间久了，大脑很可能会忘记或者记错事情的优先级顺序，所以借助工具记录下来是最可靠的，这样也便于进行随时查阅。

在规范方面，职场人可以参考产品经理给产品功能排列优先级的方法，把事项用 P0、P1、P2……列出优先级。也可以将自然的排列顺序作为事情的优先级顺序。

在工具方面，职场人可以将自己每天要做的事情在一个纸质笔记本上列一个清单，在清单上标明重要性和优先次序，每做完一项事情就标注一项。这种做法的好处在于由于要写下来，大脑就会被迫思考每天要做的重要的事情。

当然，使用纸质笔记本有好处也有不好的地方，好处是可以很方便地记录；不好的地方在于纸质笔记本总是不固定的，有可能哪天出差了几天没有带纸质笔记本，连续几天就无法记录了。甚至在回来之后可能忘记了这一习惯，直到过了很多天才想起来。所以，为了方便记录，职场人可以借助笔记本电脑进行随时随地的记录，这样就不容易发生上述的问题了。工作日志与优先级示例如图 5-36 所示。

2019年11月5日 星期二 工作日志

每日工作计划						
2019年__月__日 星期__						
分类		计划安排	工作权重	时间安排	完成情况	备注
	个人计划	1.写短信故障报告	P0		☑	
		2.向上级汇报三事项整理；	P0		☑	
		3.准备抖音推广计划；	P1		☑	
		4.抖音的文案；	P1		☐	
		5.开会：确定短信通道服务	P1		☐	
		6.短信预警的具体方案	P2		☐	
		7.社群运营计划方案完善	P2		☐	

图 5-36 工作日志与优先级示例

我以前就是使用纸质笔记本记录每天的工作优先级，在两年的实践过程中总有这样那样的问题。后来，我发现使用笔记本电脑来管理每天的工作计划更方便，于是开始使用笔记本电脑。具体的做法如下所述。

第一步，创建一个工作日志目录。

第二步，每天的工作日志以日期来命名（便于查找）。

第三步，每天的工作事项，按照重要性或优先次序列出来。

第四步，使用复选框，当一项事项完成后，在复选框中打钩即可。

通过使用上面的方法就比较容易区分每天工作的优先级顺序，不用刻意去记忆，也不用担心会忘记重要的事情。

总之，在职场中，判断事情的优先级并根据优先级的顺序去处理任务是职场人必备的思维工具。职场人如果没有列优先级的意识，每天总是陷入各种琐碎的事情，就会分散对于重要事情的关注。用笔记记录重要的事情，能够在一个明显的地方随时对自己进行提醒，这对于提高工作效率具有极大的帮助，而且能够减少精力的损耗，不用把精力总放在思考今天要做什么事情上。

5.2.9 黄金思维

黄金思维指的是从 What、How、Why 三个维度来思考问题，进而寻找解决方案的一种思维方式。黄金思维能够使隐性的思考显性化，它是解决问题最基本的思考工具，有助于对事情形成完整的认识，找到更优的解决方案。使用黄金思维的关键在于两点：第一点在于确定最先从哪个要素切入来思考问题；第二点在于针对同一个维度要不断追问，在持续追问的过程中探索事情的本质，找到问题的解决方案。

1. 什么是黄金思维

关于“黄金思维”这个概念，我最早是在自媒体人成甲的专栏文章中看到的，原名为黄金思维圈，指的是在看问题时从 What、How、Why 三个维度来思考问题的一种思维方式。最早将这种思维方式总结为黄金思维圈的人是西蒙·斯涅克，他是在一次 TED 演讲——《伟大的领导者如何激励行动》中提到的。

在成甲看来，黄金思维圈实际上是人们认识事物、看待问题的三个层面，如图 5-37 所示。

第一个层面是 What 层面，也就是事情的表象，我们具体做的每一件事。

第二个层面是 How 层面，也就是我们如何实现我们想要做的事情。

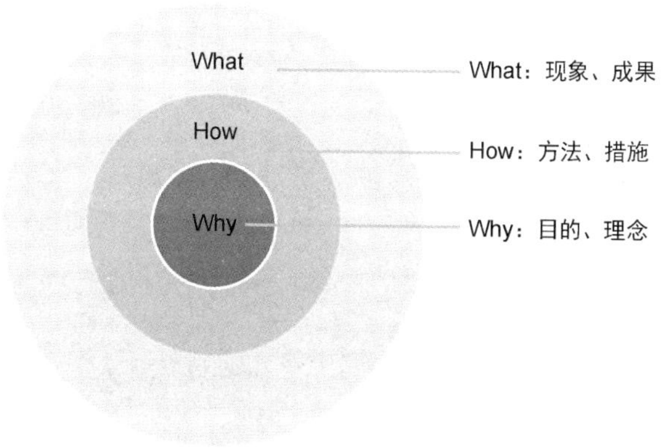

图 5-37 黄金思维圈

第三个层面是 Why 层面，也就是我们为什么做这样的事情。[①]

有人认为这就是三个英文单词而已，怎么能够称得上是一种思维工具呢？这样想其实是没有理解思维的本质，思维本质上就是一种思考方式，它可以为一大类的问题提供解决问题的思路。只要符合这个特性就可以称为思维。当然，这是一种实用主义的狭隘的定义。

虽然看似是三个单词的简单组合，但是这三个单词所代表的含义及它们背后隐藏的逻辑，足以构成一种极为普适的思考方法。工作和生活中遇到的问题，只要从这三个维度深度挖掘，搞清楚它是什么、如何做、为什么这样做，就可以形成完整的认知，进而找到不错的解决方案。

黄金思维实际上来源于美国学者使用的一种更为基本的思考工具——5W1H。5W1H 思考法也叫六何分析法，它是对选定的项目、工序或操作，都要从原因（何因 Why）、对象（何事 What）、地点（何地 Where）、时间（何时 When）、人员（何人 Who）、方法（何法 How）六个方面提出问题进行思考的一种方法。[②]这种思考工具是美国政治学家拉斯维尔提出的“5W 分析法”，后来经过人们不断运用和总结，逐步形成了一套成熟的“5W1H”模式。

其实，黄金思维就是在“5W1H”模式基础上剔除了对时间、地点和人员因素的考虑，转而更加聚焦事情本身——事情的完整面貌（What）、事情的落地方法（How）、事情背后的机理（Why）。由于减少了需要考虑的因素，因此减轻了思考的负担，同时也更加聚焦视角，进而形成对事情更加深透的理解。

① 成甲. 好好学习[M]. 北京：中信出版社，2017.

② 来自百度百科。

2. 为什么要用黄金思维

黄金思维是一种适用性非常普遍的解决问题的基本方法，它能够使隐性的思考显性化，进而找到问题的解决方案。黄金思维对于职场人具有重要的价值，如图 5-38 所示。

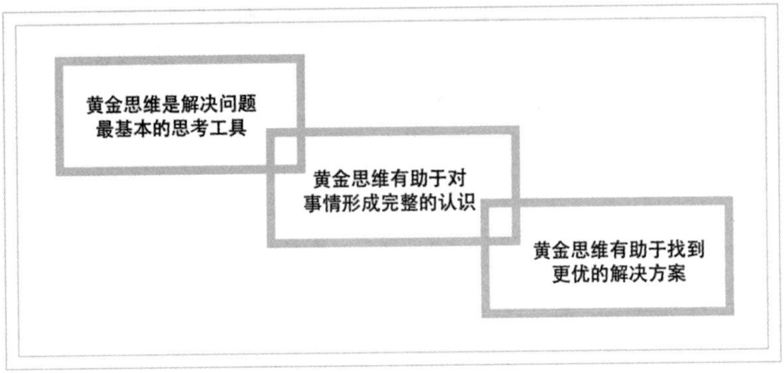

图 5-38 黄金思维的价值

（1）黄金思维是解决问题最基本的思考工具

黄金思维其实是人们在日常的工作、生活中使用非常普遍的一种思维方法，适用性非常广泛，几乎在任何需要认识事物、解决问题的场合中都可以使用。做一个类比的话，如果说修车时使用的各种型号的扳手是针对特定问题使用的特定思考工具，那么，黄金思维就是一个“活扳手”，可以适用于各种螺钉。

其实，很多人在日常的生活中会不自觉地使用黄金思维。例如，有的人初次见到别人买了一款新奇的电子产品，首先一定会问这是什么东西（What）、干什么用的，然后就会问这个产品怎么用（How），甚至好奇的人还会琢磨它的工作原理（Why）。

工作中也是一样，当遇到问题时首先要做的就是认识这个问题到底是怎样一件事情、它的完整面貌是怎样的、问题的本质是什么，接下来就需要了解问题背后的逻辑是什么、为什么会是这样的逻辑，在此基础上再寻找解决问题的方法。

细心的读者可能会发现，本章每节内容的写作思路也是根据黄金思维来写的，每节内容几乎都是遵循 What、How、Why 的写作模式。

所以，无论是生活中的问题还是工作中的难题，当无从下手时都可以从黄金思维三要素出发来探索可能的解决方案，这也是它被称为黄金思维的原因，因为它在任何场景下几乎都可以使用。

（2）黄金思维有助于对事情形成完整的认识

黄金思维的三要素 What、How、Why 是最基本的发问关键词，很多人其实在悄然地使用黄金思维，只是自己没有觉察而已。不过，这种使用是比较随意的，并不是每次思考问题都会完整地考虑到三个要素，在这种情况下对问题的认识必然是不全面的。例如，如果只是想到从 What 和 Why 的角度考虑问题，而想不到从 How 的角度考虑，或者仅仅考虑到 Why 和 How 的角度，而考虑不到 What 的角度，就很容易出现“只知其一不知其二”的情况。认识事物不仅是为了知道它是什么、它的价值是什么，重要的是还要应用它来解决问题。

举一个工作中的例子，产品经理看到竞争对手新上线了一个功能，要去研究这件事情并形成完整的认知，首先需要弄明白这是什么功能、干什么用的、能解决用户的什么问题，接下来马上需要思考他们为什么要这样做、背后的原因是什么、有什么特殊的背景、我们是否适合跟进模仿这个功能，最后研究清楚这个功能的价值和意义。如果产品经理认为本公司的产品也需要具备同样的功能，就需要考虑如何做、它的实现过程是怎样的，进而产出解决方案。只有在考虑了是什么、为什么、怎样做这三个维度之后，对于竞品功能的研究才算是完整的，交付给上级的竞品报告才更具有参考价值。

（3）黄金思维有助于找到更优的解决方案

很多大学生在学校习惯了为问题提供唯一的答案，步入职场之后，遇到问题也只是拿一个解决方案，很少有意识为问题找第二种、第三种解决办法。其实不仅职场新人，很多成熟的职场人时间久了，也会陷入求解唯一方案的陷阱。现实世界中的很多问题不可能仅仅有唯一解，而是有很多解决方案，职场人要在众多的方案中寻找更好的解决方案。好的下属会给上级提供至少两套解决方案以供上级选择。

如果想产出多种解决方案，职场人就需要在为问题寻找解决方案时更加全面地剖析问题，使用黄金思维来剖析问题会达到这种全面性。在使用黄金思维思考问题时，要通过三个要素不断地追问，扩展思考的维度，弄清问题更深层次的原因，这样就会更容易产出多个可能的方案，而不是唯一的方案。

例如，一个商店的老板最近遇到很多来店里买锤子的顾客，而店里没有锤子，老板打算下次进货购进一批锤子，于是问顾客“喜欢什么样的锤子”。有的顾客希望要小一点的锤子，有的顾客希望要轻一点的锤子，有的顾客希望要橡胶的锤子……面对这样差异化的需求老板感到困惑，到底应购进哪一类锤子？如果换一个角度问顾客“为什么要买锤子”，可能会发现顾客只是为了在墙上钉个钉子挂衣服。原来，顾客最终要的不是锤子，而可能是挂衣服的挂钩。这样老板的进货决策就完全不同了。

3. 如何使用黄金思维

其实黄金思维的使用非常简单，就是面对一件事情从 What、How、Why 三个维度不断发问，并进行回答。很多人在使用时可能还是会有困惑，无法理解通过三个关键词怎样才能挖掘出深入的问题。使用黄金思维达成对事情的深入挖掘，关键在于两个点，如图 5-39 所示。

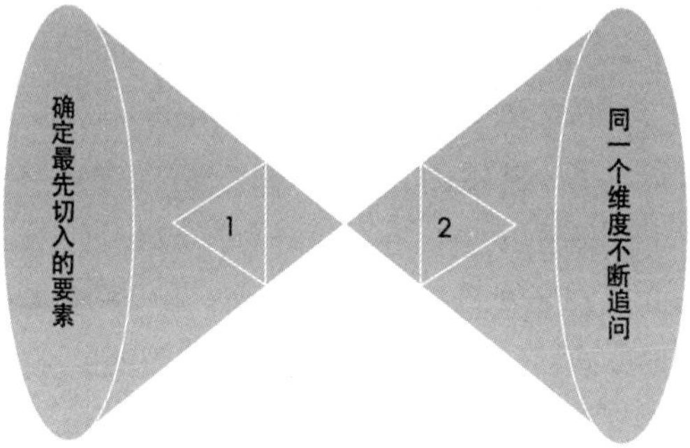

图 5-39　使用黄金思维的两个关键点

（1）确定最先切入的要素

在西蒙·斯涅克的黄金思维圈中，Why 是居于中心位置的，也就是说，针对一个问题应多问 Why，了解问题背后的原因。当然，在使用黄金思维时，不是所有的问题都是先从 Why 开始的，不同的问题最先选择的切入维度是不同的。有的问题可能先从 Why 开始比较好，有的问题可能先从 What 开始比较好。所以，职场人要根据具体的问题，确定从哪个维度开始分析最合适。

当对于问题的背景了解得不够清晰的情况下，一般需要先从 What 开始，此时对问题现象层面都还没有认识清楚，过于着急寻找问题现象背后的原因可能最终是徒劳的。因为随着问题了解的深入，职场人可能发现一开始挖掘原因的问题根本就不是关键和核心的问题，即使挖掘出了问题的原因，也是相对次要问题的原因，而不是核心问题的原因，自然不可能解决问题。

举个例子，运营人员发现某天 App 的活跃度下降了，不应一上来就问为什么，而应进一步通过几个 What 了解更进一步的情况。例如，活跃度下降的绝对值是多少？相对比例是多少？有没有什么相关性比较强的因素同步发生变化？如果发现市场投放下降 5 个点，活跃度也是同样比例的下降，则可以初步推测是市场投放导致的。此时先不要着急问为什么，而应假定可能是市场投放下降导致的，先去验证假设。如果验证是市场投放导致的，则 Why 自然而然已经出来了；如果验证不是市场投放导致的，则进一步转入 Why，了解背后真实的原因。

当然，如果对问题的基本现象已经了解得足够清楚了，则通常直接从 Why 开始，进入对原因的分析。可见，对黄金思维的应用要考虑具体的问题场景，从最合适的维度切入，最大限度地提高解决问题的效率。

（2）同一个维度不断追问

黄金思维的使用也不是简单地从三个要素的维度各问一两个问题就可以了，要实现对问题的深入了解，就需要在每个维度上根据演绎逻辑关系不断深入、层层追问下去。只有在每个维度上层层深入地追问，才可能拨开表象的迷雾，准确地把握事物的本质，逐步接近事情的真相。

例如，产品经理发现 App 产品的一个功能上线后，使用该功能的用户非常少，数据表现很不好。对于产品经理来讲，不是仅仅发问一个 Why 就完事了，而应该不断追问，查明真正的原因。所以，第一个问题应问："为什么使用该功能的用户比较少？"通过调研发现使用该功能的用户比较少的原因是用户不关心这个功能；接着就是要问："为什么用户不关心该功能？"经过进一步分析发现，用户觉得新上线的功能其实与自己使用该 App 的核心诉求没有太大的关系。由此可初步下定论，用户其实关心的是与自己核心诉求密切相关的功能。

所以，黄金思维看似非常简单，实际上，真正看清问题的本质、把握问题的关键、提出有效地解决问题的方案，核心和关键都隐含在针对这三个关键词出发的持续、连贯追问的问题之中。

5.2.10　聚焦思维

职场人在纷繁杂乱的工作任务中要想取得成效就需要聚焦。之所以聚焦是因为职场人常常受到时间的制约和资源的约束。在职场中，需要聚焦的事情既有长期的也有短期的，具体来说至少在职业和行业方向的选择上、在工作能力的修炼方面、在人际关系的维护方面及日常的工作事务中都需要聚焦。落地聚焦思维至少应关注两个要点：第一是分清事情的优先次序，先做好最重要的事情；第二，留出大部分的时间，一次只做好一件事情。

职场人在日常工作中常常面临同时解决很多问题的情景，尤其是成为管理者之后，每天会面临大量的问题。此时，职场人不仅要思考日常的业务方向，而且要安排下属的工作任务，同时还要解决上级安排的各种事情，甚至可能还有各种各样的会议要参加。在这种情况下，职场人如何保证自己的工作是有效的呢？

管理大师德鲁克在他的经典著作《卓有成效的管理者》中对此有专门的论述。他认为："卓有成效如果有什么秘诀的话，那就是善于集中精力。卓有成效的管理者总是把重要的事情放在前面先做，而且一次只做好一件事。"[①]一次只专注做好一件事就是聚焦思维的一种典型的表现。

① 彼得・德鲁克. 卓有成效的管理者[M]. 许是祥，译. 北京：机械工业出版社，2009：54.

1．职场人为什么需要聚焦思维

关于职场人为什么需要聚焦，德鲁克在《卓有成效的管理者》一书中对此有非常明确的观点："我们多数人在同一时间内专心致志地做一件事，也不见得真能做好；如果想在同一时间内做两件事，那就更不必谈了。"职场中之所以需要聚焦，主要的原因在于三点，如图 5-40 所示。

图 5-40　为什么需要聚焦思维

（1）卓有成效的要求

德鲁克在《卓有成效的管理者》第一章开篇就开宗明义地提出：管理者的工作必须卓有成效。在职场中，不仅管理者的工作要卓有成效，每个职场人的工作也要卓有成效。因为企业是营利性组织，企业最基本的诉求就是通过特定产品满足顾客需求以获得收益，实现企业的经济价值和社会价值。作为企业的员工，如果在企业中的工作没有成效，不能产出价值，那么企业是无法长久持续经营的，个人也是无法实现升职加薪等个人诉求和个人价值的。

作为互联网企业，追求快速成长是一个极为重要的内在要求，快速成长需要企业所有的人员要比其他企业有更高的成效。在这种情况下，企业的所有员工应专注聚焦在正确的事情上，快速、正确地完成自己的工作任务，这样才有可能助力企业实现快速成长。

（2）时间的制约

对于时间，我们常常会有这样的感受：小时候觉得一年的时间非常漫长，总是在漫长的岁月中期待着过年；长大以后又觉得时间过得飞快，什么事情都还没有来得及做转眼就要到春节了。我们突然之间会发现自己已经跨过了 20 岁、30 岁、40 岁，从一个青涩少年成为青年，然后又成为中年，却几乎一事无成，当初自己心中的理想和抱负，如今似乎还很遥远。这就是时间对人的制约，这也是职场人获得成就最大的制约因素。

时间的制约无论是在一生这样的长期内，还是在一年或者一个月这样的短期内都会持续存在。所以，无论是在漫长的一生中，还是在短暂的一年、一个月、一天中都需要聚焦，把优先的时间和精力运用到最关键的事情上。如果一个人一生的职业方向总是在切换，最终很可能会一事无成。在任何一个方向上都浅尝辄止的人，怎么可能拼得过那些在一个专业领域辛勤耕耘的人。在一天这样的超短期内更需要聚焦，一天中除去睡觉、吃饭、上下班途中的时间，其实真正能够利用的时间所剩无几，如果分散精力同时去做很多事情，可能最终什么事情都做不好。

（3）资源的约束

职场人需要聚焦的另外一个原因在于企业中的资源约束，企业是一个很多人协作的共同体，虽然企业有总体的目标制约大家的行动，但是在具体每个人的工作方向上总会有不一致的地方，即使是同一业务方向，实现的路径也有很多，每个人所偏好的路径都是不同的。在这种情况下，资源的约束就是一个非常典型的问题。如果不能把有限的资源聚集在最关键的事情上，那么最终可能每个人都无法取得好的结果。例如，针对 App 产品的日活连续下降的问题，产品经理希望通过尽快增加一个功能来解决，而活动运营人员希望通过一次活动来提升。如果资源没有明显的约束，大家可以按照各自的意愿同时行动。如果开发资源只能支持一条路径，那么只能聚焦在最有可能解决问题的那条路径上。

在企业中，上述情况是非常普遍的，不管是大型公司还是小型公司，资源的约束永远是一个常态化的问题。在这种情况下，作为上级需要把资源集中在最可能取得突破的方向上；作为个人，也要把精力聚焦在最可能取得成功的方案上，尽可能让自己的方案成为被上级青睐的方案，这样才能在与他人的竞争中取胜，最终取得个人工作方面的突破。

2. 职场中应该在哪些方面聚焦

职场中需要使用聚焦思维的场合有很多方面：从时间的长期维度上，至少在行业和职业方向的选择、工作能力的修炼、人际关系的维护等方面需要聚焦；从时间的短期维度上，在日常的工作事务中也需要使用聚焦思维。职场中需要聚集的方面如图 5-41 所示。

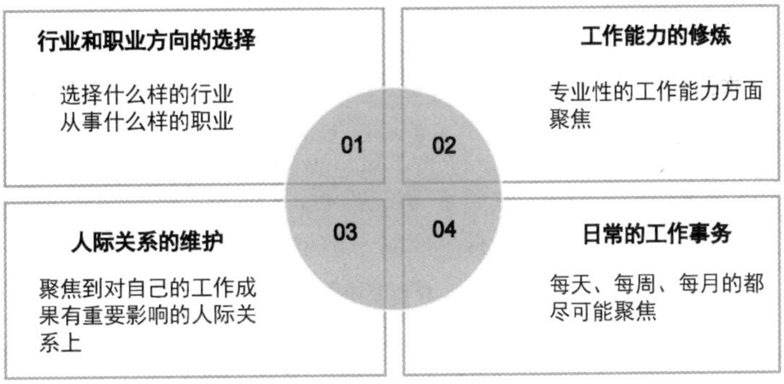

图 5-41　职场中需要聚焦的方面

（1）行业和职业方向的选择

从职业生涯长期发展的角度看，需要聚焦的事情首先在于行业和职业方向的选择，一个人选择在什么样的行业、从事什么样的职业，这是绕不过去的问题。关于行业和职业的选择，在前面的章节已经讲过，此处不再赘述。本节关心的问题不在于如何选择行业和职业，而在于建议职场人应该聚焦自己喜欢的行业和职业，不要在行业和职业方向的选择上经常性地切换，这样不利于长期的职业发展。

当然，行业和职业方向的选择不是一蹴而就的，有的人可能在刚入行时就能确定，很多人可能在工作的过程中才能逐步确定，不是一步到位的。对此，职场人不要太执着于初入职场就立即确定行业和职业方向，在初入职场时就非常笃定行业和职业方向未必是好事。不过，在工作三五年之后就不能再左右摇摆，而应选定适合自己的方向，聚焦在这个方向上长久努力，以便取得累积付出的成果。

（2）工作能力的修炼

职场人在职业生涯中从职场小白一步步升迁到管理层，其安身立命的本钱就是工作能力。在工作能力的修炼方面，职场人需要根据自己的职业方向，聚焦于那些最适合本岗位的能力，并进行长期的刻意练习，使之得到内化和加强。

工作能力一般包含通用性的工作能力和专业性的工作能力：通用性的工作能力是任何岗位都适用的，如沟通协作能力、语言表达能力；专业性的工作能力因为岗位的不同有较大的差异。工作能力方面的聚焦主要是针对专业性的工作能力而言的。因此，从工作能力的要求方面来讲，职场人也需要在职业生涯中尽可能地确保自己职业方向的相对稳定性。

（3）人际关系的维护

人际关系的维护在 5.1.3 节中已经有所阐述。在职场中，职场人要想取得成就一般情况下离不开别人的帮助，因此就需要维护各种各样的关系。职场人不仅要维护和上级的关系，还要维护和同事的关系；不仅要维护和同部门同事的关系，还要维护和支持部门的同事的关系。这并不是说要和所有人都维护关系，不要把精力分散在所有人身上，而要聚焦到那些对自己的工作成果有重要影响的关键人物身上，如自己的上级、支持部门的关键同事或者部门负责人。

（4）日常的工作事务

上面讲的三个需要聚焦的方面，主要是从长期维度来讲的。从短期维度来讲，每天、每周的日常工作同样需要聚焦，职场人要把自己的精力集中在最重要、最可能产出成果的事情上。当一件事情完成之后再切换到下一件事情，避免同时做两件事情。

这里需要提醒的是，不要同时做两件事情，这与职场中经常说的并行做事并不矛盾。因为两个语境中所涉及的时间维度是不同的。并行做事通常指的是在一个相对长的时间段内，可以同时开展两件事情；而不要同时做两件事情，是相对于更短的时间维度来说的，可能是一天，也可能是几个小时。例如，虽然上级可能一周之内让你完成三件事情，但是并不是说三件事情要同时完成，所以在具体完成的节奏上，你可以集中精力先在周一完成第一件事情，在周二和周三完成第二件事情，最后两天再完成第三件事情。

3. 如何使用聚焦思维

职场人在工作中使用聚焦思维时，至少应关注以下两个要点。

（1）分清事情的优先次序，先做好最重要的事情

聚焦思维内包含对时间管理的要求，因为任何事情都是会耗费时间的，如果在聚焦于一件事情之前没有辨别事情的重要性，把精力集中在那些并不重要的事情上，结果可能就是时间浪费了，最重要的事情也没有完成。

所以，聚焦思维一定是针对最重要的事情而言的，这就要求在聚焦之前，先区分出事情的优先级顺序。关于优先级的区分，在 5.2.8 节中已有所阐述，此处不再赘述。

（2）留出大部分时间，一次只做好一件事情

如今，人们面临太多的诱惑，集中精力做事很多时候成为一件奢侈的事情。当打开电脑时，弹窗消息弹出的新闻让人忍不住打开看一眼，等回过神来几分钟已经过去了；刚要打开文档计划完成昨天剩余的工作，好友的微信消息开始闪烁，忍不住回复一条消息，一来二去几分钟又过去了……凡此种种，都会分散人的注意力。

移动互联网给人们带来极大便利的同时，也极大地束缚了人们的自由，很多人因此成为“工具的奴隶”。工作时间严重碎片化使很多人完成工作的时间一再拖延。所以，要让自己的工作高效进行，一定要摆脱这种不利的局面。那些排在日程表中优先级靠前的重要事情一定要留出充足而完整的时间，让自己可以摆脱外界的干扰全力来完成。关于留出完整的时间，有一些具体可行的建议，如图 5-42 所示。

第一，早起。早起是一个可以集中精力的好办法。早晨是一天中相对最为安静的时间段，我们可以在这个时间段内集中精力完成一些重要的事情。我自己在过去半年的工作中，很多关键工作的方案都是在早上产出的。

第二，设定无干扰时间。很多时候，职场人无法集中精力是因为总是受到各种各样的干扰，有时候很想安静地完成一项工作，但总有同事来问各种问题。针对这种情况，我们可以和别人约定哪个时间是自己需要安静处理工作的时间。

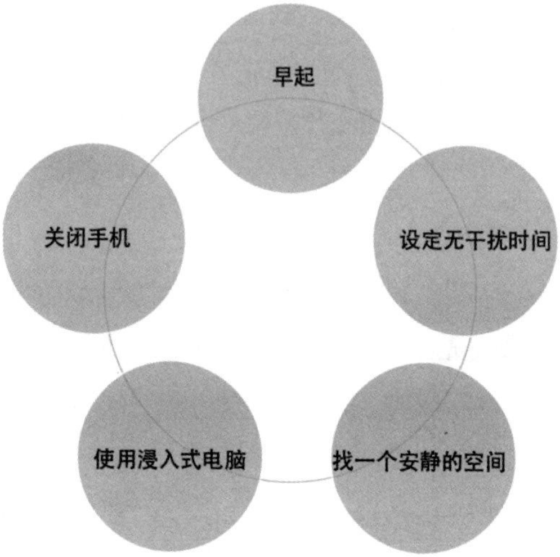

图 5-42 有效利用完整时间的几个方法

第三，找一个安静的空间。在现实中，很多人碍于同事的情面，第二点其实比较难做到。在这种情况下，寻找一个相对安静的空间是一个不错的方法，如果有公司的小型会议室，可以预定一个时间段，集中精力完成一些棘手的工作。

第四，使用浸入式电脑。很多时候职场人不是不想安静地做事，社交软件不断地弹出各种消息，也会造成精力的分散。有条件的话我们可以使用浸入式电脑，先将各种消息屏蔽，等做完重要的事情再一一回复这些消息。

第五，关闭手机。手机是干扰工作连续性的一个重要因素。有时，我们可以尝试将手机调整为飞行模式或者关闭，等处理完手头的重要事情，再打开手机来处理各种消息。很多人担心关闭手机会错过重要的事情，其实很多时候我们往往高估了自己的重要性。下次有机会，可以尝试关闭手机一段时间，你会发现其实关闭手机远远没有那么可怕。

5.3 互联网职场人需要精进的三种通用工作能力

5.3.1 职场中必备的通用工作能力

职场中最基础的通用工作能力就是说、写、学。说就是语言表达能力，写就是书面表达能力，学就是职场学习能力。语言表达能力无论是在求职中还是在日常的工作中都是非常重要的能力，职场人要有意识地加强这种能力的锻炼，以便能够在各种场合清晰表达自己的观点，进而把握住职场的机会；书面表达能力是不同于语言表达能力的另外一种沟通能力，职场中需要书面表达能力的场合也比较多，如果这方面的能力不足，也需要进行相应的锻炼；不同于学校的学习能力，职场中的学习能力不仅是语言表达能力和书面表达能力的基础，也是其他很多工作能力的基础，学习能力强的人在职场中会有更多的机会。

在人的一生中，一般会经历两个主要的人生阶段：上学阶段和工作阶段。在这两个阶段中，角色不同，承担的职责也不同。

上学阶段一般从 3 岁开始，到 20 多岁本科毕业结束，大约需要 20 年的时间。如果读研究生的话，那么时间还会更长一些。在这个阶段中的角色相对比较单一，人所承担的主要职责也比较清晰，主要就是学习。所以，学习能力和研究能力是这个阶段环境对人所提出的最主要的要求。

进入职场工作通常是紧随着大学毕业开始的，大致从 20 多岁一直到退休，长达 30 ~ 40 年，这个阶段中的角色会复杂化，除了成家立业，担负起父母的角色及其他一些社会角色，最主要的是承担起职场人的角色。在这个角色中，工作能力将成为环境对职场人所提出的最主要的要求。这也是工作阶段完全不同于上学阶段的最重要的特征之一。

在职场中，一个人从职场新人逐步升迁到基础管理者，再到中层管理者，甚至是高层管理者，这个过程伴随着个人工作能力的提升。在不同的职业生涯阶段，除了要强化原有的通用工作能力，还需要不断修炼新的工作能力，以便达到下一个职业阶段的要求。就初入职场而言，职场人需要修炼的能力完全不同于职业生涯中后期的能力。这些能力中的很多方面将是职业生涯后期的基础。

本节文章主要围绕职业生涯早期阶段应该修炼的通用性的工作能力进行阐述。如果总结这个阶段的最核心的职场工作能力，我认为是说、写、学，具体内容如图 5-43 所示。我认为一切的工作能力都可以囊括在这三种通用工作能力之中。

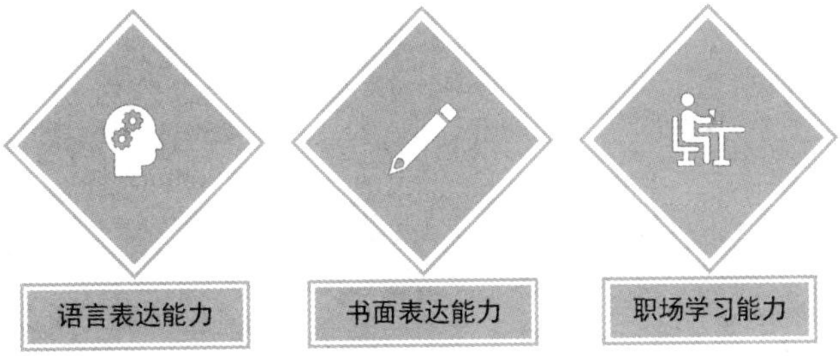

图 5-43　职场中最重要的三种通用工作能力

1. 语言表达能力

在职场中，语言表达能力是最重要的职场通用工作能力，职场中绝大部分的沟通都是通过口头语言表达来完成的。在面试时，求职者展现个人工作能力，主要依托的也是语言表达能力，求职者的语言表达是否清晰，对于面试成功与否发挥着非常重要的作用。

在日常工作中，语言表达能力的重要性更是毋庸置疑的。当开会需要发言时，当和同事讨论问题发表自己观点时，当项目完成之后向上级汇报工作成果时，这些都是体现一个人语言表达能力的重要场合，也是一个人被上级赏识、被其他同事所认识的重要时机。语言表达能力强的人，往往会给同事和上级留下深刻的印象，从而可能产生工作能力强的印象。

在职场中，要抛弃“是金子总会发光的”想法。职场中升迁的竞争是比较激烈的，善于语言表达的职场人更容易获得职场中的机会，也更容易获得升迁。因为通过语言表达有更多的机会展示自己的思想，一个不愿意表达自己观点、看法的人，比那些善于表达的人不知要错失多少被发现的机会。因此，如果一个人的语言表达能力不是很好的话，最好进行有意识的锻炼，尽可能通过长期逐步地刻意练习达到熟能生巧的程度，不能让语言表达成为自己职业发展的障碍。

对职场人来说，在语言表达能力方面首先要突破的障碍是勇于表达、敢说出口。职场中常见的情况是，很多职场人还未解决“流利地表达”这个问题，有的人认为自己的观点并没有什么新意，羞于表达，有话说不出口，或者认为没有人能够了解自己，不屑于表达。这两种做法最终损害的是自己的利益。

优秀的语言表达能力的关键是表达要有结构性，即在表达时观点鲜明、逻辑结构清晰、能够容易让信息的接收者听清楚。这一点并不是所有人都能做到的。因为上学阶段很少进行这方面的锻炼，进入职场后也没有太多的机会进行这方面的锻炼，所以语言表达能力的锻炼只能靠职场人在日常的工作和生活中主动把握机会。

2. 书面表达能力

书面表达能力是职场中另外一种重要的工作能力，它是另外一种表达思想、有效沟通的方式，而且是一种门槛比较高的能力。绝大部分人在上学阶段就不擅长书面表达，这种惰性延伸到毕业之后。在职场中，善于书面表达的人少之又少。所以，在职场中善于书面表达的人就比其他人多了一个机会。

在职场中展现书面表达能力的场合也非常多，最常见的是写邮件和工作周报，虽然这些工作只是展现非常简短的信息，但是挑战还是很大的。因为越是精简的信息，对于写作者的要求越高。通过简短的文字让上级了解自己的工作情况不是一件简单的事情。很多企业要求员工会写月度总结、季度复盘、年度报告等，这些内容要呈现的信息量非常大，如何把复杂的信息通过文字展现出来，同样考验一个人的书面表达能力。如果一个人的书面表达能力强，能够把信息通过文字清晰、有效地表达出来，就会让人刮目相看。

有的人认为在职场中只要有很好的语言表达能力就足够了。实际上，书面表达能力有语言表达能力无法替代的价值。书面文字所表达的信息能够长久地保留下来，便于查阅；而语言表达转瞬即逝，随着时间的流逝会被人遗忘，很难被想起来。所以，文字信息比语言信息天然具有的优势就是留存时间长。

职场中需要学会书面表达的另外一个原因在于职场人要适应不同的上级对信息接收的偏好，为他们提供便利。管理大师德鲁克认为，人有两种类型：读者型和听者型。虽然也存在二者兼而有之的情形，但是比较少。如果一个人面对读者型的人侃侃而谈，那是徒费口舌，因为他只能在读过之后才能听进去。同样，如果给听者型的人递送一本厚厚的报告书，那是徒费笔墨，因为他只能在听了之后才能掌握要点。这两种情况在职场中真实存在。我的上级就是一个听者型的人，如果我提交给他一份厚厚的文字材料，他往往还是需要我通过语言再讲述一遍。相反，我是一个读者型的人，如果事先没有看过文字材料直接去听，我能够得到的信息量是很少的，我更喜欢通过阅读来把握关键信息。

所以，在职场中如果书面表达能力很弱，就需要有意识地通过日常的练习来提高这种能力。因为无论是邮件、工作周报，还是月度总结、年度报告，职场人总会遇到这些场景。尤其是越往上升迁，这些通用性的能力使用的场景越多。如果一个职场人虽然身居高位，但连一份邮件都写不好，那他如何能够获得员工的认可呢？

3．职场学习能力

在职场中，学习能力也是一种非常重要的能力。因为职场人总会遇到新的情况，遇到一些全新的、以前不曾遇到过的问题，此时以往的经验无法复用，所以职场人就需要通过快速学习新的方法来解决新出现的问题。

职场中的学习能力和学校的学习能力有所不同。很多人认为学习能力和考试能力是一回事，实际上职场中的学习能力更多指的是快速学习新事物和把握新事物的能力。

其实，学习能力是其他一切能力的基础。无论是语言表达能力还是书面表达能力，不是每个人生来都能做得好的，如果在这些方面能力比较欠缺，那么可以通过有意识的学习来逐步增强。语言表达能力可以通过在各种场合多说来加强；书面表达能力可以通过写邮件、工作周报、年度报告来训练加强。只要有学习的意愿、具有一定的学习能力，提高这些能力都不是问题。

具有较强学习能力的人将有更多的人生机会，而学习能力比较差、不愿意学习的人，往往容易成为失败者。例如，在企业中，随着原有业务的成熟，总是会有各种新的业务出现，当这些新业务出现时，其实对于大部分人来说都是全新的，此时就看谁愿意快速学习，从而有能力在新业务推广时表现出对新业务的处理能力。那些愿意积极学习并且付出行动的人，能够快速掌握处理新业务的能力，自然就会获得掌控新业务的先机。那些不愿意学习或者学习能力比较弱、行动迟缓的人，大概率会与新业务失之交臂。

职场人需要具备较强的学习能力的一个重要原因在于变化。如今，职场人身处一个快速变化的时代，社会每天都在发生变化，工作技能可能会过时、思想可能会僵化、技术可能会落后，今天熟悉的事情，明天可能就全变了。在这样极速变化的时代，职场人如果想紧跟社会发展的步伐，就需要掌握快速学习的能力，在面临变化时积极学习应对，否则就会在变化中被淘汰出局。

总之，作为一个职场人，不管处在职业生涯的哪个阶段，也不管从事何种职业、在哪个行业、在什么样的公司，上述三种能力是任何一个职场人都必须具备的通用性的工作能力。

5.3.2 语言表达能力

职场人之所以需要较强的语言表达能力是因为：职场协作中需要借助语言进行信息交换；语言沟通容易碰撞出思想的火花，进而启发团队成员迅速找到解决方案；语言表达是职场人最主要的生存工具；语言表达能力强的人更容易获得机会。职场人提高自己的职场语言表达能力至少可以通过三种方式来实现：第一，学习有逻辑的表达；第二，学习有效的讨论；第三，通过书写提高语言表达能力。

语言是人类较早使用的沟通工具，也是基础的沟通工具，几乎每个人都会用语言，很不幸的是，不是所有人都能用好语言。很多人在和别人交谈时能做到谈笑风生，真正到了一些正式的场合，却很难说出有逻辑的话。

虽然我们一直在学习语言，包括母语和外语，但是却很少接受过专门的语言表达能力培训，尤其是如何在职场上进行语言表达。我自己就是一个典型的例子，虽然在上学阶段语文不是很差，但是从初中、高中到大学从来没有课程引导学习如何清晰、有逻辑地进行表达。所以，虽然小学背诵了很多古诗，初中背诵了很多文章，高中也曾出声朗诵文章，但在毕业后找工作时，语言表达居然成了面试成功的障碍。当然这种认识不是一开始就有的，而是在工作多年以后才领悟到，当年与一些好工作失之交臂，很大的原因在于自己的语言表达能力欠缺。

职场语言表达能力与上学阶段学习的语言表达能力还是有很大差异的。在职场中需要具有适合职场的语言表达能力。

1．职场中为什么需要提高语言表达能力

语言表达能力对职场人的必要性主要体现在四个方面，如图 5-44 所示。

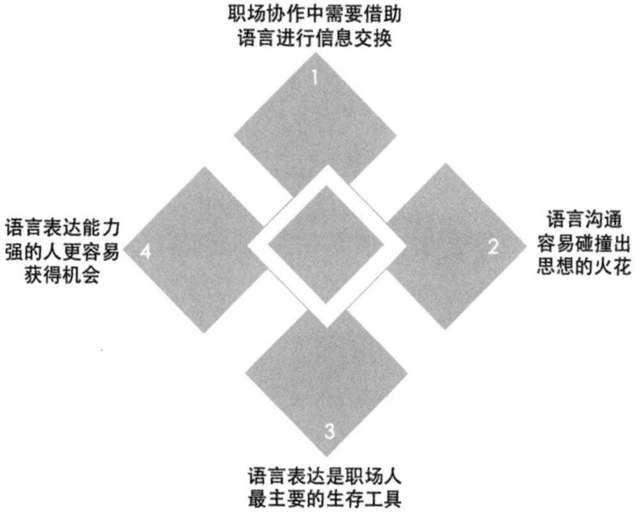

图 5-44　职场中提高语言表达能力的必要性

（1）职场协作中需要借助语言进行信息交换

职场是一个大型的多人协作的场合。无论在哪种类型的公司里面，职场人要想正常开展工作都离不开和别人的沟通协作，如果想取得优异的工作成果就更加离不开别人的协作支持，而在沟通协作中必须进行信息的交换，有了信息的交换才能够进行协作，进而完成组织的目标。

吴军老师在讲人类文明的专栏课程中提到过一个案例，现代人的祖先——现代智人曾经遇到过一个强有力的竞争对手——尼安德特人。最终，现代智人战胜了尼安德特人，其中一个很重要的原因就在于现代智人的信息传递能力，也就是语言表达能力比尼安德特人强。现代智人能够向同伴描述一个完整的思想，如会说：今天在南边打仗，你带上自己的兵器。而尼安德特人只能表达简单的概念：打仗，你，兵器。在这种情况下，尼安德特人只能和十几个人进行简单的沟通，而现代智人能够和数百人进行沟通。这意味着彼此能够组织和协调的人员力量是有巨大的差异的。所以，虽然尼安德特人身材高大强壮，但最终还是被现代智人消灭了。

在职场上，沟通协作是一个高频的场景，如果想高效地协作就需要团队成员都能够进行有效的信息交换，这就需要每个人具有较强的语言表达能力。试想在一个大家纷纷表达自己观点并激烈讨论的场合，一个沉默寡言无法提供信息的人怎么能够参与到这样的协作中成为有贡献的人呢？

（2）语言沟通容易碰撞出思想的火花

语言具有即时性强、交互快速的优势，因此非常适合职场中沟通的场景，如讨论业务发展方向、讨论产品功能等。在这些场景中沟通的问题往往还不是很清晰，需要大家通过语言信息的交换加深对于事件的认知，进而讨论出问题的解决方案。团队的不同成员之间的信息表达能够启发其他人进一步思考，从而使整体的讨论向着解决问题的方向前进。可能一个需要自己思考很久的问题，通过团队成员的讨论几分钟就能产出一个解决方案。

企业中为什么总是要开很多会，因为在会议中能够集思广益，听到不同人的思想表达，让不同的团队成员碰撞出思想的火花，产出更加合理有效的解决方案。虽然如今很多公司因为会议太多遭到人们的批评，但是不可否认，把大家集中起来进行问题讨论在很多场景下还是解决问题最为快速有效的方式。

（3）语言表达是职场人最主要的生存工具

在职场中沟通交流的方式主要有两种：一种是通过社交软件的碎片化交流，一种是通过面对面的语言交流。在移动互联网时代，虽然人们通过社交软件沟通的情形越来越多，但是面对面的语言沟通仍占据非常重要的位置，而且是社交软件不可替代的。社交软件只适合那些简单的、碎片化信息的传递和轻度决策的交流。一旦涉及传递系统化的复杂信息，或者需要重度的业务决策，就必须借助于面对面的语言表达。

由于语言具有快速、省时省力的特点，比书面语言又有较大的优势，所以语言表达是职场人沟通时采用的主要方式，语言表达能力是职场人最重要的生存工具。因此，职场人在工作中要尽量多进行面对面的语言交流沟通，提高自己的语言表达能力。更重要的是通过当面沟通，交流双方不仅要交换信息，而且要注重感情的交流。所谓“见面三分熟”，经过面对面的沟通之后，人们彼此之间会多一份信任，有利于后续的进一步沟通。这是通过隔着屏幕利用社交软件进行交流所无法取代的。

（4）语言表达能力强的人更容易获得机会

在职场中常常会遇到一类人——做事能力很一般，因为能说会道，往往容易获得上级的赏识，甚至因此而获得升迁。很多人对此不屑一顾，瞧不起这类人。然而，从另外一个方面来思考这类人就会发现，他们之所以能够获得上级的青睐不是没有道理的。

在职场中，一个人如果因为表达能力不强，无法很好地展现自己的能力还情有可原；如果语言表达能力没有问题，却不愿意和上级主动沟通，导致职业发展没有进步，那就是自己的问题了。一个人如果不主动表达自己的观点和想法，让上级多多了解自己，那怎么可能获得好的机会呢？通常每个上级都会有多个下属，而企业中的机会又很少，上级只能把有限的机会分配给那些了解更加充分、对事情有更多成功把握的人。所以，在职场中职场人要积极地提高自己的语言表达能力，并且充分利用这种能力，主动和上级进行沟通，争取获得更多的机会，为自己的职业发展铺垫更多的基石。

2. 如何提高自己的职场语言表达能力

职场人在提高语言表达能力时，可以从三个方面展开，如图 5-45 所示。

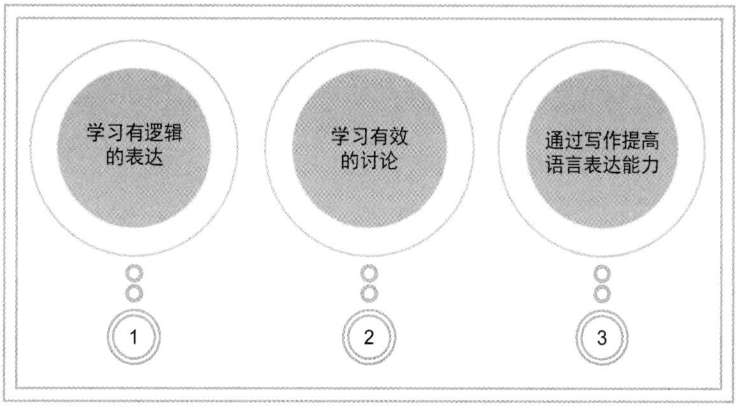

图 5-45　提高职场语言表达能力的方法

（1）学习有逻辑的表达

职场中的语言表达最关键的就是有逻辑性。无论是汇报工作还是讨论问题，都要让自己的发言清晰准确、逻辑严密，力求让信息的接收方能够轻松理解自己表达的意思。

要让发言有逻辑性，可采取三步策略，如图 5-46 所示。

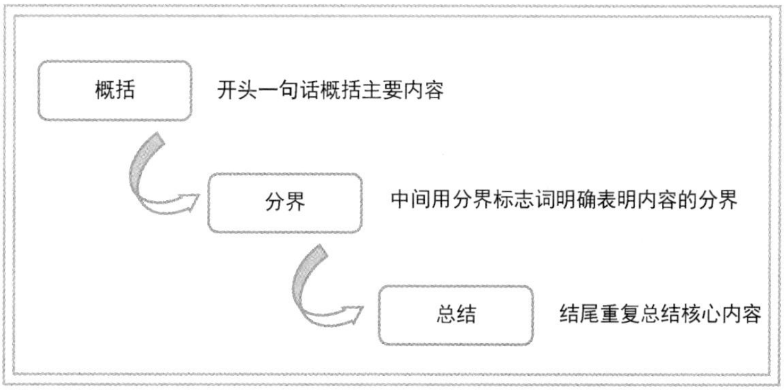

图 5-46　发言有逻辑性可采取的三步策略

第一步，开头一句话概括主要内容。

在进行语言表达时，表意不清、啰啰唆唆是一大忌讳。如果一段话都说完了，听者还不明白其中的意思，可能他就没有耐心继续往下听了。所以，一句话概括主要内容很重要，尤其是在开始时，一句提纲挈领的总结可以快速抓住听者的注意力，让对方有继续听下去的愿望，这样才会形成有效沟通的基础。一句话概括的原则，适用于任何进行语言和书面表达的场合。只要向别人传递信息，职场人就需要注意利用这一原则来达到自己的目的。

第二步，中间用分界标志词明确表明内容的分界。

在很多正式表达的场合中，信息量往往比较大，这对于听者来说其实是一个巨大的挑战，因为人类的大脑其实并不擅长记忆大量的信息，尤其是信息量堆积在一起时，对于信息的接收都已经是瓶颈了。所以，在语言表达时，要注意信息传递的节奏，在需要停顿时停顿，在需要强调的地方一定要突出语调。对于信息的不同层次，要明确地通过“第一、第二”这样明显的分界标志词说出来，以减轻听者的负担。

第三步，结尾重复总结核心内容。

作为讲话人，要达到传递信息、沟通交流的目的，一定要让听者记住最核心和关键的信息。语言传递的信息不同于书面信息，往往呈现的是瀑布流式的，而不是结构化的，同时人类往往擅长的是处理结构化的信息，非结构化的信息不太容易接收。所以，从听者的角度来讲，在通过听觉接收信息时，往往面临着不小的难题：听完后面的信息就忘记了前面的信息。

这就要求讲话人在进行语言表达时，应想方设法让听者记住自己想要传递的最核心的信息。在讲话即将结束时，讲话人通过结尾的重复总结，可以在一定程度上解决这个问题。如果没有总结，那么听者可能记住的信息都是自己有选择的注意到的信息，或者有选择的理解了的信息，而不是讲话人希望传递的信息。

当然，上述三步策略并不必然能够实现有逻辑的表达，关于表达的逻辑性，在本书前面的章节中也有讲述。职场人采取上述三步策略基本就可以实现发言有逻辑性及信息传递的基本目的。

（2）学习有效的讨论

职场中和上级、同事讨论问题是极其频繁的事情，在这个过程中如何做才是富有成效的讨论呢？所谓有成效指的是大家讨论问题都是站在同一信息层次和高度上，讨论问题的过程都是彼此相关的，最终讨论的结果是可落地执行的。要达到这样的效果就需要在语言表达的过程中借助一定的工具，使表达的内容能够更加清晰。

关于如何有效的讨论，清华大学管理学教授宁向东讲述了一个自己亲身经历的案例，展示了什么是有效的讨论。在他上大学期间，特别喜欢和别人讨论问题，很多讨论最后都变成了争论，变成了比谁的声音大，大家经常争得脸红脖子粗，但最终也没得出什么结果。直到有一天，当他们和一位老师争论时，老师的做法才让他悟出了正确的讨论方法。

这种方法就是在黑板上画图，通过图示把要讨论的事情之间的逻辑关系清晰地展现出来。那位老师的做法是这样的：先对要讨论的一个关键概念进行定义，告诉大家他对于 A 的定义是这样的，然后问大家有没有异议；得到肯定答复之后，然后说有 A 就有 B，继续问大家是否同意这个关系；得到肯定答复之后，再说 A 和 C 的关系……就这样，每一次，那位老师都针对具体的概念定义和逻辑关系反复问，看大家的理解是否一致。

宁向东教授说："那一次讨论给我的改变是脱胎换骨的。我突然意识到，过去我和大家之间的讨论，很多时候像两个空转的齿轮，由于没有咬合，你转你的，我转我的，虽然转得都很快，但彼此之间完全都是空转，没有交集，完全是无谓的争论。"①

在听过这个案例之后，我仔细回想过去很多年自己的做法，很多时候我和别人的讨论也像宁向东教授说的那样，是两个齿轮在空转。后来，我发现我的上级在讨论问题时也特别喜欢使用白板，如图 5-47 所示。如今我在和别人讨论问题的过程中，只要有条件就会使用白板，发现效果非常好。

所以，在工作中要和别人有效地讨论问题，最好借助于白板这种工具，使用画图的方式把自己想表达的意思、自己的解决方案，通过视觉形式呈现出来。通过这种讨论问题的方式，一方面能使讨论过程更加充分，便于快速产出结论；另一方面也避免了语言表达转瞬即逝，别人可能因为没有理解愿意造成错误的理解。除此之外，把关键的信息写在白板上还能拍照留存，便于事后回顾，可谓是一举多得。

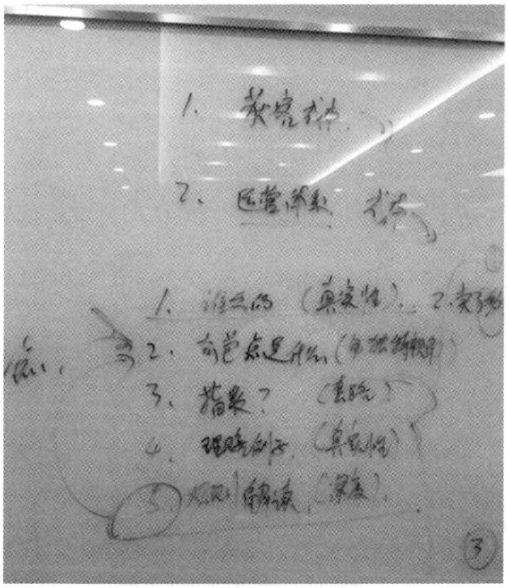

图 5-47　白板示例图

（3）通过写作提高语言表达能力

在职场中，有人讲话能够做到滔滔不绝，也有人确实语言表达能力不佳。例如，在工作汇报时因为思路被领导打断，在讨论问题时无话可说，想问题只能想到第一步，再无法深入下去……

我以前就是这样一个人，本来打算向领导汇报一个问题，结果因为被领导的一两个问题难

① 宁向东．宁向东的清华管理学课．得到专栏．

住，后面要说的内容就不知道如何表达了；或者本来想好的五件事，结果说了三件事，其他两件事就忘记了，回来之后还要再去找领导。总之，凡此种种的问题不一而足。一直以来，我为自己语言表达能力的问题而困惑，甚至一度认为自己表达能力欠缺是先天性的，后天是难以突破的。

后来从一篇文章中我了解到，很多人之所以说不出来是因为想不出来，表达不清楚从根本上来讲是因为没有思考清楚。了解了这一点之后，我明白了解决自己困境的方法。如果临场发挥我做不好，那是因为有时间压力；如果我提前把要说的事情想好，到了临场发挥时就不会出现上述所说的问题了。而把问题提前想好，解决起来就更加容易了，如果单纯依赖大脑无法思考清楚，那么可以用笔来写，通过写的方式把自己的思路理顺。

后来，凡是遇到重要的需要通过语言表达的事情，我都先通过写的方式理顺思路，然后通过语言来表达。例如，业务汇报的 PPT，我总是在做完 PPT 草稿之后开始写演讲稿，在写的过程中，一方面理顺演讲的逻辑，另一方面通过写的过程强化记忆。写完演讲稿之后，我先对着演讲稿讲两三遍，然后尝试复述演讲稿，直到基本熟练之后再给上级讲。通过这样的方式，我发现自己的临场演讲能力有了较大的提高。同样难度的问题，即使不借助纸和笔，也能比以前想得更为全面和深入。

很多人在思考问题时可能也会面临我曾经所处的这种困境：要么在横向思考上维度比较单一，总是在一两个维度上打转；要么在纵向思考上总是想得很浅，无法进行深入思考阶段的工作。当面临这种困境时，我建议拿起笔或者打开电脑用文档或者电子笔记的方式写下来，通过写的方式可以解决思路不清晰的问题，进而走出表达能力不好的困境。

5.3.3 书面表达能力

书面表达不是频繁使用的能力，对职场人来讲却是必须掌握的能力。书面表达能力是一个人职业素养的体现，它可以弥补职场人语言表达能力的不足，职场人借助文字记录有助于实现可叠加的成功。职场中的书面表达能力一般包含公文写作能力、PPT 制作能力、业务文案写作能力等。职场人要提高自己的书面表达能力，第一就是多写，第二注重提高自己的逻辑能力，第三可以通过快速模仿掌握各类书面文案的写作原理，以高效率解决工作问题为第一要务。

1. 职场人为什么要提高书面表达能力

职场中，书面表达这种沟通方式并不会非常频繁地使用，这给很多人造成错觉，认为书面表达能力并不重要。确实，在职场中会用到书面表达的场景无外乎写邮件、工作周报、复盘总结……而且这些场景出现的频次并不高，通常可能是以周、月为单位计算的，不像语言表达那样几乎天天、时时都会用到。在如此低频且场景有限的情况下，还提倡提高职场写作能力，其必要性在于三个方面，如图 5-48 所示。

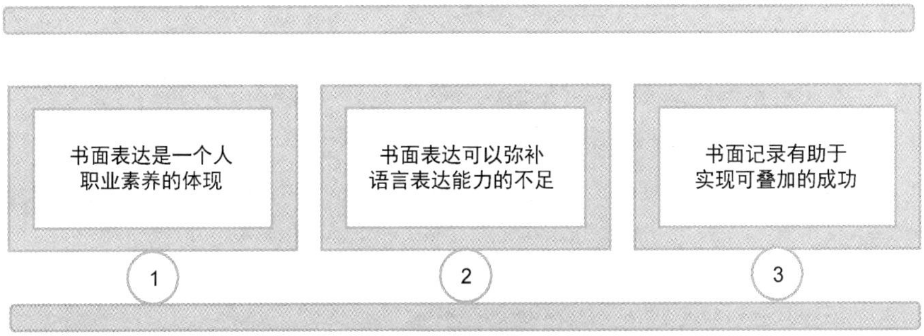

图 5-48　职场人提高书面表达能力的必要性

（1）书面表达是一个人职业素养的体现

在职场中，有的人书面表达能力很强，他们的工作总结写得逻辑顺畅、结构清晰，关键信息一目了然，上级看了很省心。也有很多人的书面表达能力很差，一封简单的邮件，总共不超过 100 个字，不仅没有清晰的逻辑层次，而且错别字频出，其他人读完之后也无法理解他想表达的主题是什么。这两类人表现出的不仅是工作能力的差异，而且是职业素养的差异。写好一封邮件是职场人最基本的职场生存技能，如果连这样基本的事情都做得如此敷衍潦草，那怎么能够期待这样的人做出重要的成果？上级又怎么放心把重要的事情交给这样的人呢？

（2）书面表达可以弥补语言表达能力的不足

在 5.3.2 节中针对语言表达能力不足的人，我给出了一个有效的解决办法就是通过写下来的方式来提前进行演练，通过预先准备的方式解决临场发挥欠佳的问题。很多人认为语言表达能力和书面表达能力之间是互不相关的，实际上这两种能力是彼此相关、相互“滋养”的。书写能力的提高会促进语言表达能力的提高，反之语言表达能力的提高也会促进书写能力的提高。我自己就是这种能力训练的受益者。以前由于临场语言表达能力相对较差，后来在凡是需要语言表达的正式场合，我都会提前将完整的表达内容写下来，并进行多次反复练习，经过这样提前准备，个人临场的语言能力逐步得到了提高。在这个过程中，我要进行书面表达逻辑的梳理，因此个人的书面表达能力也同样得到了加强。对于那些语言表达能力不足的人，我认为可以通过书面语言的演练来提升语言表达能力。

（3）书面记录有助于实现可叠加的成功

在职场中很多人两次犯同样的错误却不自知。出现这样的情况，与这些人不善于使用书面表达有关，事情做完就结束了，成功或者失败的经验没有文字的记录。“人的记忆力是有限的，不可能做到第十次事情时，能够把前九次的细节记得一清二楚。因此，很多人做事情总是不断重复错误，很难获得叠加式的成功。”①

吴军老师谈到在职场中提高写作能力的必要性时指出：“很多人能够进行有效的沟通，却不能把自己的意思用书面语表达出来。这样的人很难把事情做得很深入，因为只有善于写作和记录，总结第一次成功的经验，或者某一次失败的教训，才能让自己在做第二件事时站在第一次的基础之上，第三次站在第二次的基础之上，这样才有叠加效应，才能不断前进。”②

可见，书面表达是职场人获得叠加式成功的重要基础，只有把自己过往的成功和失败的经验通过文字记录下来，在这些工作经验的基础上前行才可能获得持续的成功。

2. 职场中需要什么样的书面表达能力

书面表达能力其实只是一个宽泛的定义，实际上，职场中的书面表达能力包含更多细分的类别，根据不同的工作场景一般包含三个类别：公文写作能力、PPT 制作能力、业务文案写作能力，如图 5-49 所示。每种能力虽然有相同的要求——逻辑性，但彼此之间仍有一定的差异。

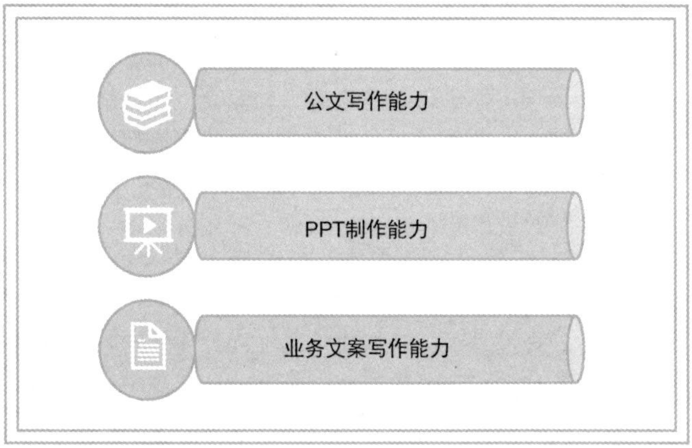

图 5-49　职场中需要的书面表达能力

（1）公文写作能力

第一种书面表达能力是公文写作能力，或者叫格式化文本的写作能力，如前面提到的邮件的

---

① 吴军. 硅谷来信. 得到专栏.

② 吴军. 硅谷来信. 得到专栏.

写作就属于此类，还有简历的写作、会议纪要、会议邀请通知、投标书等都属于此类。这些文案的写作通常有特定的格式和话语体系，强调逻辑性，不强调艺术性，写作时中规中矩。公文写作能力几乎是每个职场人都需要具备的，因为上述所说的场景是大家在工作中经常会遇到的。

（2）PPT 制作能力

PPT 是职场中使用非常广泛的一种工具，在工作汇报中、在会议演讲中都会用到 PPT。制作精美的 PPT 往往能够给人留下深刻的印象。PPT 的制作是多种能力的结合，制作人不仅要有一定的美术功底和审美能力，而且要有很强的写作能力。

好的 PPT 往往是艺术和逻辑的完美结合。对于大部分人而言，同时具备艺术功底和逻辑能力是比较困难的。在这种情况下，制作人至少应该做好其中的逻辑呈现，这也是 PPT 制作的关键。因为制作 PPT 最终还是为了进行信息沟通和交流，如果 PPT 的逻辑是混乱的，再美观的设计也是没有太大价值的。缺乏逻辑的文稿是无法说服别人的。

（3）业务文案写作能力

业务文案的写作并不是每个职场人都会遇到的，主要是一些侧重文字性工作的岗位会经常遇到，如互联网企业的产品经理和运营人员、市场人员、品牌岗位的人员。这些岗位基于撰写产品需求文档、活动运营文案、市场推广文案、品牌传播文案的需要，必须具备特定职位的基本文案写作能力。而且，不同岗位的文案写作方式有很大的差异，需要持续地刻意练习才能够掌握。以运营人员为例，运营人员需要写的活动文案、短信文案及 Push 文案都会有较大的差异，运营人员必须深入理解这些文案的写作特点和差异，只有这样才能产出符合业务特性的文案。

3．如何提高自己的书面表达能力

虽然职场的书面表达也是写作的范畴，但是本节中关于书面表达能力的提高，并不会涉及常规讲如何写作的那些方法，更多的是一些总体性的原则，而且是与职场文案写作相关的关键原则。提高职场书面表达能力的方法，如图 5-50 所示。

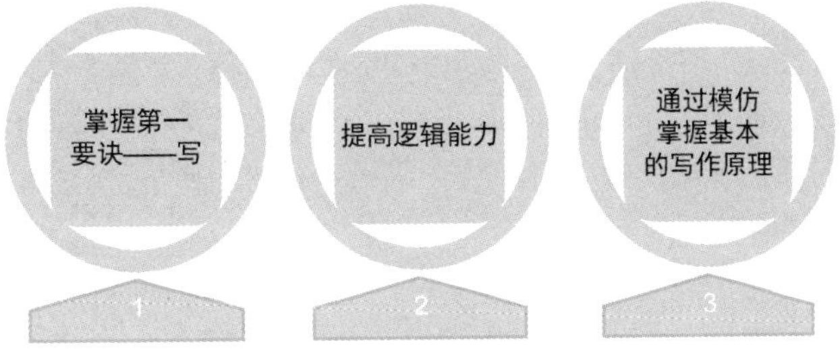

图 5-50　提高职场书面表达能力的方法

（1）掌握第一要诀——写

文字写作自古是一件苦差事，不论是古代文人的苦修，还是现代社会各种码字的工作，都是如此。即使是常规的职场写作，也是一种非常辛苦的事情。正因如此，绝大部分人都不愿意提高写作能力，也正是这个原因，导致擅长写作的人也很少。

作为职场中一种重要的能力，书面表达能力又是每个人必须掌握的。对于不擅长写作的人而言，要进行书面表达能力的提高，其实没有什么捷径可走，窍门就是写。知名媒体人王烁在谈到写作时认为："写作训练没秘密，就是要写，而写的第一步是马上写。"所以，要想提高自己的书面表达能力，不仅要写，而且要随时写、长期写。

（2）提高逻辑能力

职场的书面写作不同于上学阶段的写作文，也不同于小说、诗歌、散文这样的艺术创作。职场上的写作核心目的是信息沟通、说服别人，所以逻辑性是职场写作最重要的要求。

关于写作的逻辑性，北京大学教授何帆老师在《如何正确给领导写工作报告》中给出了一个简单的操作方法——何帆三招，具体步骤如下所述。

第一步，用第一句话作为中心句。每个自然段的第一句话必须是这一段的中心思想。

第二步，注意句与句之间的逻辑关系。每个自然段后面的几句话必须有逻辑关系，不管是递进关系、并列关系，还是对比关系，总之一定要有逻辑关系。

第三步，注意段与段之间的逻辑关系。上一个自然段的第一句话和下一个自然段的第一句话之间一定要有逻辑关系，不管是并列关系、递进关系，还是对比关系，总之一定要有逻辑关系。[①]

关于写作逻辑性的问题，在本书前面的章节中已有所阐述，职场人要想系统性地提高自己的写作能力，可以读一读《金字塔原理》这本书，并对其中的"金字塔原理"加以练习。

（3）通过模仿掌握基本的写作原理

职场是追求效率的场所，一切工作的关键原则就是工作的效率，即在最短的时间内通过最小的努力获得最大的成果。职场的写作也需要遵循这一原则。

当职场人遇到需要写作的场合，而又不知道如何写时，最快速的解决办法就是模仿他人的写作方法来完成任务。职场写作的目的不追求文字的优美、辞藻的华丽，也不要求所有的文字都是自己原创的，如果有别人成熟的写作经验，那么可以适当模仿，掌握写作的方法，尽快完成工作任务才是最重要的事情。

---

① 何帆. 何帆的读书俱乐部. 得到专栏.

5.3.4 职场学习能力

在职场中的学习不同于学校的学习，职场的学习可以更加灵活、自由。职场人提高自己的职场学习能力，可以探索自己的学习方法，也可以借鉴他人的学习方法。在探索自己的学习方法时，首先可能需要重新理解、学习有关学习的方法，然后探索适合自己的学习方法。如果自我学习面临困境，也可以借鉴他人已经成熟的学习方法。

1. 职场学习和学校学习有什么差别

“学习”是一个让人又爱又恨的词语。学生时代结束，很多人步入社会后原本以为一切学习都会结束，却“不幸”地发现职场只是又一段学习生涯的开始。只是这段学习生涯和前一段学习生涯有很大的不同。

要提高职场的学习能力，就需要进一步研究到底什么是职场学习，因为学习对于经历过多年学校生涯的人来说是再熟悉不过的。如果宽泛地谈论学习，不仅会给已经从学校学习解脱出来的职场人造成困惑和压力，而且可能也难以产生好的效果。所以，在谈到职场学习能力提高时，有必要对这两类学习进行对比。

（1）学习的目的不同

学校学习的目的和职场学习的目的是不同的。两种学习目标的差异，决定了在学习的内容和学习的方式及在对待这两类学习的态度上可以采取不一样的策略。

学校学习本来的目的应该是掌握知识、学习思维方法，这也是家长曾经最朴素的期望；在应试教育体系下，学习的目的异化为考出好成绩、考上好学校。

职场学习的目的与此有很大差异，职场学习不存在应对考试的问题，主要目的是解决各种各样的问题。因此，职场学习的学习行为都需要自己驱动、自主完成。

（2）学习的内容不同

学校学习的内容其实非常广泛，包含各种学科的知识，归结起来都是侧重于理论性的知识；职场学习的范围相对比较窄，也更加聚焦，不同岗位的人学习的方向可能就在特定的几个学科上，而且更多的是实用性比较强的技能和能力。

所以，学校学习更多是一种理论性的学习，而职场学习更多是一种技能性的学习。

（3）学习的方式不同

学校学习，主要通过背诵记忆的方式或者模拟练习的方式来掌握，这导致对学习效果的衡量往往很难得到直接的价值型反馈。

职场学习，更多以实战型的练习与直接应用的方式来完成，这种方式往往能够直接获得反馈。学得好不好？有没有实用的价值？学习效果能够很快在工作实践中得到检验。

上述三个方面的对比的启示如下所述。

第一，当提到学习时，不要立即产生应激性的压力，职场学习可以更加灵活、自由。

第二，应对职场学习，要采取不同于学校学习的策略。

2. 如何提高职场学习能力

职场学习和学校学习其实还存在一个差异：学校学习往往是一种集体性的活动，而且有老师的指导；而职场学习常常是一个人在探索，很多时候没有老师指导，一切都要靠自己解决。其实，这对职场人来讲既不利也有利。不利的方面在于因为没有了约束，学习的动力、主动性及学习的持久性都会面临巨大的挑战；有利的方面在于职场的学习可以完全按照自己的节奏自主规划，逐步提高自己的职场学习能力。提高职场学习能力，通常可以采取两种路径：探索自己的学习方法和借鉴他人的学习方法，如图 5-51 所示。

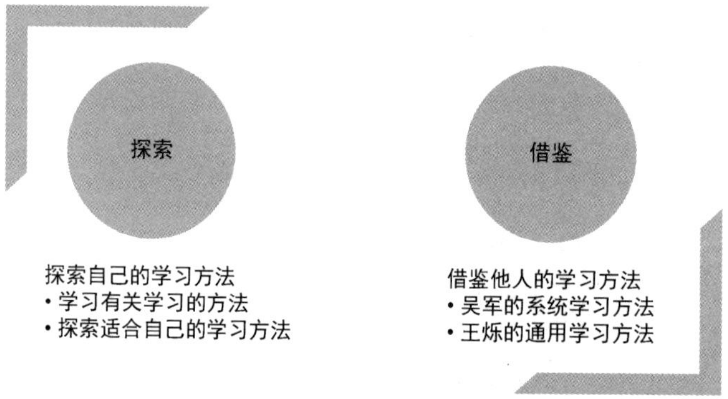

图 5-51　提高职场学习能力的两种路径

（1）探索自己的学习方法

学习有关学习的方法

“你会学习吗？”很多人可能从来没有思考过这个问题。如果让你回答这个问题，你能做出肯定的回答吗？

更进一步讲，你知道人是如何接收信息的吗？

你知道情绪在人的学习过程中会扮演什么样的角色吗？

你知道人掌握一种技能需要经过多久的刻意练习吗？

你知道刻意练习如何进行最有效吗？

学习主要使用的耳朵、眼睛、大脑等器官是如何协同工作的？

这些隐藏在学习方法论背后的问题和学习知识本身是一样重要的，甚至是更加优先的事情。然而，学校教育中一般很少探究这些问题。

在职场中进行学习，首先需要学习有关学习的方法，这并不是绕口令。学习有关学习的方法指的是在学习之前，先要掌握如何进行学习的方法，再开展对具体知识的学习。之所以先解决这个问题有以下几个方面的原因。

第一，很多人可能从来没有掌握适合自己的、有效的学习方法，而仅仅掌握了适合大多数人通用的学习方法。

第二，掌握了学习的方法，可以提高学习的效率，达到事半功倍的效果。

第三，职场的学习会有不同于学校学习的逻辑。

所以，当进入职场时，职场新人需要重新审视自己的学习能力，先学习有关学习的方法。

探索适合自己的学习方法

学校教育是工业化时代的产物，传统的学校教育假定人是无差异的个体，所以学校会有分班学习的制度，大家同处在一个教室中，由同一个老师用统一的教学方式进行无差别的授课。实际上，不存在适合于所有人的统一的学习模式，每个人都应该有适合自己的、独特的学习方式。

有的人可能通过阅读就能学得好，有的人可能通过听讲才能学得好。在学习这件事情上，每个人都需要找到适合自己的方法。虽然在学校接受教育的阶段，人没有足够自由的空间和灵活度，但是在职场中的学习，就可以相对比较自由了。职场学习的时间、地点、方式都可以很灵活，只要能够达到掌握技能的目的，就可以完全根据自己的实际情况进行灵活调整。所以，在职场学习中职场人可以跳出传统学习的牢笼，找到适合自己的学习方法。

（2）借鉴他人的学习方法

如前所述，每个人都应该探索适合自己的学习方法。完全自主地学习也可能找不到方法，当遇到学习困境无法突破时，我们可以尝试借鉴他人的学习方法。在此介绍一些不错的学习方法。

吴军的系统学习方法

得到专栏课程主理人吴军老师在谈到职场学习的方法时，给出了一种“系统学习”的方法，这种方法的基本操作路径如图 5-52 所示。

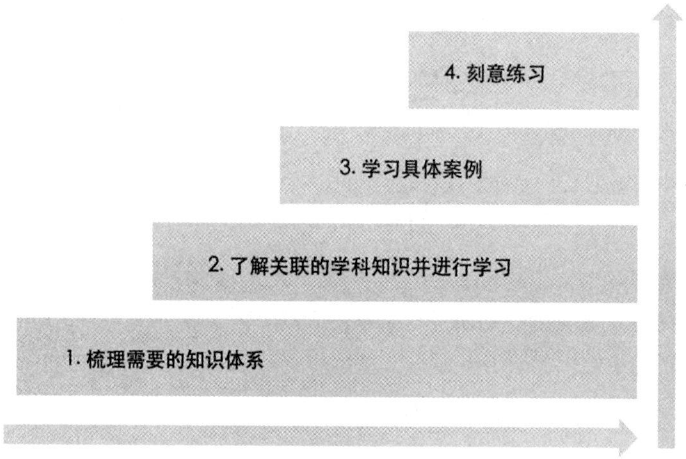

图 5-52　吴军的系统学习方法

为了便于掌握这种方法，吴军老师还列举了一个外行如何利用这种方法成为计算机工程师的具体案例。根据他的系统学习方法，具体的步骤如下所述。

- 梳理需要的知识体系。

吴军老师认为，要成为一名计算机工程师，首先要反过来考虑成为一名合格的计算机工程师需要什么样的知识体系。一名计算机工程师不仅要会写程序，还要理解搭建计算机软件的核心模块——数据结构和算法。因此，对于学习的人来讲，不仅要学习编程语言，还需要学习与数据库和算法相关的知识。

- 了解关联的学科知识并进行学习。

对于计算机工程师而言，仅仅完成了基本的知识体系的学习还不够，仅仅写出程序也还不够，要让写出的程序能够高效运行，还需要了解更多的知识，进行程序的优化。为此可能还需要学习其他的课程，如计算机的原理及计算机的系统结构。

- 学习具体案例。

吴军老师认为，完成了前两个阶段的学习还不够，因为掌握了知识和技能，离实用还有很大的距离，此时需要通过具体的案例学习，检验所学的知识是否能够应用于实际的工作，如要学习将一个生活中的问题变成一个计算机可以解决的问题。最简单的办法就是看一个例子模仿学习，如要理解如何用计算机识别人脸，可以先看看别人是怎么做的，然后自己尝试去做，通过贴近工作实战的案例学习来巩固技能。

- 刻意练习。

通常学习一两个案例只是对一门技能完成了入门，在实际工作中这是远远不够的。要想成为合格的计算机工程师，还需要对上述学过的内容进行刻意练习，甚至需要经过长时间的练习。正如吴军老师所说："如果你想成为顶级的工程师，1 万小时的练习恐怕是必要的。即使练了 1 万小时，也不敢保证你就能成为顶级人才，这中间有很多其他的因素影响最后的结果。"

在职场中，无论是学习一种工作技能，还是转行从事新的工作，都可以借鉴这种学习的方法，快速地完成技能的习得或者岗位的切换。例如，如果一个人想转行成为产品经理，也可以参考上述的学习方法步骤。

第一步，梳理需要的知识体系。

要想成为产品经理，首先需要了解产品经理的主要工作包含哪些主要内容和关键的工作技能，完成知识体系的搭建，在头脑中形成一个全局的框架。例如，产品经理的核心工作一般包括需求分析、产品规划与设计、产品开发实现、产品的迭代与生命周期管理等。要想转行成为产品经理，需要首先了解清楚这些工作都是些什么样的工作，具体的工作逻辑是什么，每项工作实际落地时如何具体开展。

第二步，了解关联的学科知识并进行学习。

想转行成为产品经理，除了要学习产品经理的核心工作内容和技能，还需要学习关联的知识。例如，如何做用户调研、如何做竞品分析，要了解交互设计工作，要了解数据分析、商业分析、项目管理等相关的知识。这些知识，虽然不是产品经理的主要工作技能，但是了解这些知识及工作的逻辑，有助于产品经理产出更好的成果。

第三步，学习具体案例。

前两个步骤主要是完成关于产品经理理论知识的学习，要让学到的知识和技能在实际的工作中应用落地，最好再结合具体的案例进行学习。例如，要学习产品规划设计，可以拆解一款具体的产品，了解产品的战略层、范围层、结构层、框架层、表现层分别是如何构建的。对于一个刚刚入行的产品经理来说，通过对一款产品的拆解，可以对产品设计工作有更加直观的感受，这样的案例学习虽然距离自己实际设计一款产品还有一定的距离，但是已经比较接近实际的产品设计工作了。

第四步，刻意练习。

虽然通过具体案例的学习是快速熟悉工作技能的一种最为有效的方式，但是任何一种工作技能要达到熟练程度，都需要多次反复的实践练习。只有通过多次的重复刻意练习，工作技能才能够内化为真正的能力，遇到问题时才能信手拈来快速解决问题。如果工作技能不熟悉，遇到问题时先熟悉工作技能再解决实际的问题，这种工作方式的效率是非常低的。

王烁的通用学习方法

关于职场的学习，另外一种方法是知名媒体人王烁的通用学习方法。这是一种更有针对性的技能学习方法，其主要的思想是先按步骤分解再组块，具体包括三个步骤。

第一步，将复杂技能细分解为难度适宜的多个步骤。

第二步，单个步骤反复练习，直到实现肌肉记忆。

第三步，将各个步骤重新组块，变成大一级的单元，在单元的层次上反复练习。

先层层拆解，再层层组合，反复迭代，直到掌握复杂技能整体；过程中使用刻意练习法，发现缺点，对缺点进行针对性练习，同样是反复迭代，直到消除所有缺点。这种方法的操作逻辑非常明晰，在此不再举例说明。

提到学习，人们惯性的思维是特定的场所、特定的仪式、正襟危坐……职场的学习其实不必设定约束，几乎可以随时随地向任何对象学习。在任何时候只要能获得启发、开阔眼界、打破思维的事情都值得学习；任何人，不论是你的上级、下属，还是你的谈判对象、竞争对手，只要对方有一点是自己所欠缺的都可以学习。学习的手段和方法可以不必拘泥，可以通过听、看、记任何一种方式开展学习，只要能够保证所学的东西以后可以随时提取使用就可以。

5.3.5 跨界学习与终身学习

跨界学习就是不设定自己学习的边界，对任何超出自己认知范围的事情都可以进行学习。跨界学习有助于突破思维的限制，增强对职场的适应能力，拓展职场生存空间；跨界学习有助于提高解决问题的综合能力；跨界学校有助于完善自我，弥补自己的缺陷，提高决策的能力。要进行跨界学习可以通过三个步骤来实现：第一，在横向上确定学习的宽度；第二，在纵向上集中精力逐个方向深化学习；第三，打通知识之间的联系。职场人面对快速变化的社会现实要树立终身学习的理念，终身学习才能保持持久的职场竞争力，跨界学习也要求职场人终身学习。要激励自己终身学习，首先要找到学习的意义和目标；其次，要与优秀的人为伍；再次，要获得学习的反馈。

在 5.3.4 节中我们介绍了职场学习，其实那是从狭义的角度、从完全功用性的角度出发介绍职场学习的。实际上，作为职场人，不仅要通过学习提高职场的工作能力、获得更高的职位成就，而且要通过学习完善自我，成为一个更全面的人。所以，不能单纯从狭义的角度确定自己的学习目标，不要把自己的学习对象限定在特定的职业技能方面，而要相对更加广泛的学习，进行跨界学习、终身学习。

进行跨界学习，不仅要学习不同岗位的知识，从全局了解整个公司各个岗位的运行逻辑，而且要学习各类知识。不管是技能方面的知识，还是思维方面的知识；不管是自己职业范围内的知识，还是他人职业范围内的知识；不管是自然科学类的知识，还是人文社科类的知识；不管是认为有用的知识，还是看似无用的知识……都可以纳入自己的视野范围，通过无边界的学习，极力开阔自己的眼界，扩展自己的思维边界。

终身学习，不仅在初入职场时要进行学习，而且在整个职业生涯中同样要进行学习，所谓活到老学到老。

1. 跨界学习

（1）为什么要跨界学习

之所以要进行跨界学习，就是要突破思维的约束，提高解决问题的能力，以便于完善自己，使自己成为一个能够解决复杂问题的职场人。对于职场人而言，跨界学习有极大的必要性，如图 5-53 所示。

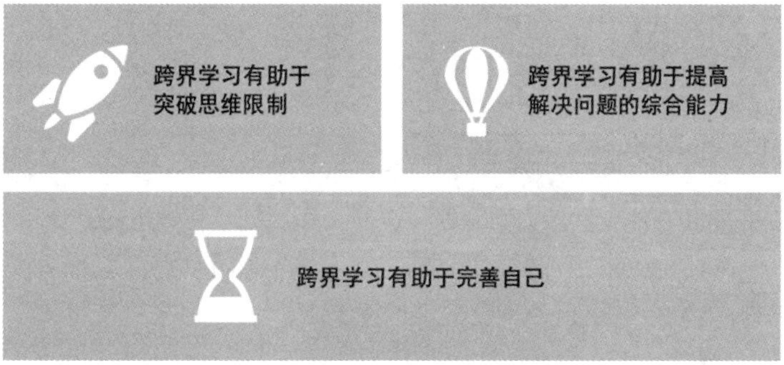

图 5-53　职场人跨界学习的必要性

跨界学习有助于突破思维限制

传统上的学习都是在特定专业领域内学习，虽然教育机构希望把人培养成专家型的人才，这本身没有错，但是分文理科教育的模式在某种程度上限制了思维的边界，让学生成为“学文科的人”和“学理科的人”，最终导致学生对相对立的学科范围的知识知之甚少。这种二分法不仅限制了学生的想象力，而且给人造成了思维误区：认为某些人只能学会做某事。

这种认知一旦形成，就会对思维造成极大的约束。正是因为这种缘故，所以绝大部分人会对专业领域之外的事情感到陌生，做市场的不懂运营，做运营的不了解市场，而且认为自己无法了解对方的专业领域。其实，如果市场人员入行初期不是做市场的，而是从运营开始做起的，相信一样能够做好运营。即使市场人员中途转行做运营，相信也一样能够胜任。因为专业化的分工，自己入行时候的选择，不仅选定了自己的职业，思维也被固化了。

进行跨界学习，了解不同专业领域的事情就能够突破这种思维的约束。当一个人有机会担任多种职位之后，就会明白自己其实是可以从事多个岗位的工作的，这种思维限制一旦被打破，职场人就会对职场的变化有更强的适应能力，进而会有更大的生存空间。

跨界学习有助于提高解决问题的综合能力

企业中的专业化分工有利也有弊，设置专人专岗的好处是能够提高效率，但这不仅限制了个人的创造力，也限制了企业的创新。在现在的企业中，典型的协作模式是不同岗位的人专司其职解决自己领域的问题，专业领域之外的问题交给别人。例如，在互联网公司中，运营人员如果发现一个问题需要定位，那么通常是让数据分析的同事帮忙分析问题，数据分析人员分析出结果后，再交给运营人员，由运营人员提出解决问题的办法，同时运营人员可能还需要借助产品人员最终解决问题。这种协作方式利用了各个岗位的专业化能力，在某种程度上确实提高了解决问题的效率。但在这个过程中也有很大的问题，数据分析人员可能并不了解业务的逻辑情况，运营人员可能也不了解数据分析的方法，这种信息的偏差很可能导致问题没有得到最优定位，也就无法产出更好的解决方案。如果遇到简单的问题，那么这种协作的模式还可以采用，然而当遇到复杂的问题时，这种割裂式的协作模式可能根本无法很好地解决问题，这就是在企业中真实存在的现状。

相反，如果一个数据分析人员能够懂得业务逻辑，了解运营人员的工作逻辑，运营人员也能懂得一定的数据分析知识，了解数据分析人员的工作逻辑，相互之间都能了解彼此的工作情况，那么对于问题的判断和解决也会更加有利。这就需要不同职位的人进行跨界学习，了解其他岗位的工作内容，掌握一定的其他岗位的工作技能。

跨界学习有助于完善自己

跨界学习不仅是职场中的要求，对生活也应该有这样的要求，所以跨界学习是一种无边界学习的思维，任何能够“为我所用”的知识和技能、思维都可以学习。这种不设限定条件的学习，可以打破自己的认知盲区，补充自己的思维缺陷，提高自己的决策能力。

一个人一生的学习，不能仅仅从实用主义的角度来学习，还需要从更加丰富的知识面角度来学习以完善自己。当一个人把视线从单纯的职场技能的学习扩展到无边的知识世界时，他就会发现完全不同的世界。例如，对于法律知识的学习，可以帮助自己防范生活和工作中的风险；对于精力管理和时间管理知识的学习，能够使自己的工作和生活更有效率；对于批判性思维知识的学习，能够让人具备独特的判断能力……当知识面涉猎广泛之后，人们就会发现不同知识领域的底层思维有很多相通的地方，这样又会提升自己从底层看待问题的能力。

（2）如何进行跨界学习

跨界学习如果区分不同的学习场景的话，那么可以从职场和个人发展的角度分别来看。从职场发展的角度来看，职场人可以采取“一专多知”的策略，深耕一个专业领域，多了解其他相关职业领域的知识。从个人发展的角度来看，职场人可以采取“广泛涉猎，定向深耕”的策略，首先把自己的涉猎面铺开，在此基础上发现有助于提升个人根本思考能力的知识领域，然后逐个深耕。跨界学习的策略可以采取三步，如图 5-54 所示。

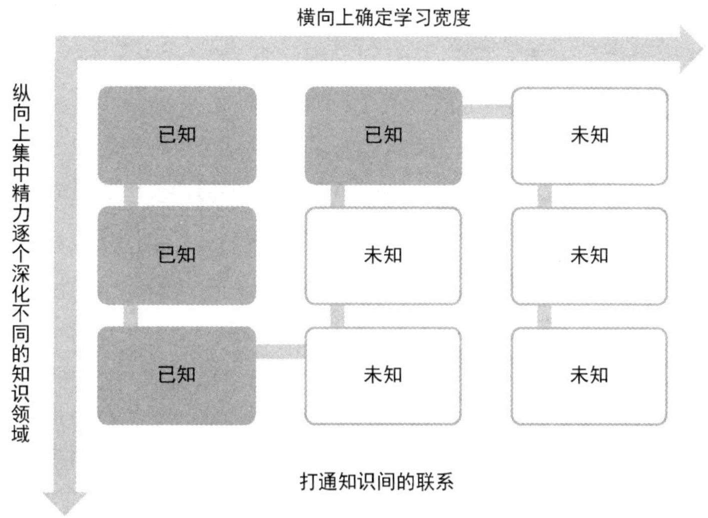

图 5-54　跨界学习的策略

横向上确定学习宽度

跨界学习时需要先确定自己学习的宽度，对于职业领域来讲，要知道和自己的职业领域相关的职业方向有哪些。例如，作为一个产品经理，如果计划将来向首席执行官的职位冲击，就不仅要了解运营岗位的内容，还需要了解市场推广的岗位内容。因为在升迁的道路上，职场人一定会遇到与自己管理相关部门的情形，如果没有相关领域的专业知识，那么不仅无法和这些部门的负责人和人员进行有效的沟通，而且无法了解各个部门与整体业务如何协同。在这样的情况下，职场人如何带领一条业务线或者公司的整体业务向前发展？如果业务没有突破，升迁又从何谈起？

从个人发展的角度来讲，要了解自己的认知盲区在哪里，需要广泛涉猎并了解那些未知的领域，包括拓宽自己的认知范围的知识及对自己有巨大价值的知识。例如，逻辑思维方面的知识、批判性思维知识、如何决策的知识、法律知识、演讲能力的知识、精力管理和时间管理的知识等。

当然，无论是在职业中，还是在个人发展方面，学习宽度的拓展都是一个逐步的过程，不可能在一开始就完全确定，甚至有的认知盲区是随着涉猎知识的扩展而逐步认识到的。

纵向上集中精力逐个深化不同的知识领域

当确定了基本的学习宽度之后，职场人需要根据自己的实际情况，按照各个知识领域在当下的优先级，选定一个方向进行聚焦学习。当在一个职业领域或者知识领域进行了一定的深入学习后，再向下一个方向进行扩展。跨界学习不应平均用力，期望在短时间内掌握多个领域的知识是不现实的，所以应先聚焦再扩展。

打通知识间的联系

知识之间是有联系的，不同的职业领域之间也是有联系的。学习不同领域知识的目的，是找到各种知识之间的联系，从而找到认识世界、解决问题的通用性的底层思维方法。学习不同职业领域知识的目的，是找到这些不同职业领域之间的联系，从整体上了解如何协调各个部门之间的工作才能产生协同效应，促进业务的不断发展壮大。

2．终身学习

终身学习是联合国教科文组织提出并倡导的一种学习理念。对于任何一个希望永葆竞争力的人来说，终身学习是必须付诸行动的一种修行。对于职场人来讲，如果希望在职场中有持续的竞争力，那么必须持续学习、终身学习。

（1）为什么要终身学习

终身学习才能保持持久的职场竞争力

现代社会是一个快速变化的时代，技术发展日新月异，商业环境时刻在变化，行业起起落落，每一个职场人的知识结构只有不断更新才能适应变化。如果只是依托在学校所学的知识，或者凭借刚刚入职时所掌握的职业知识和技能是无法适应新的职业现实情况的。企图通过“吃老本”而平稳走过整个职业生涯的想法是很难行得通的。所以，作为职场人必须通过持续不断学习来保持职场的竞争力。

要保持职场的竞争力，职场人必须跟随时代的脚步，了解新出现的技术、新的社会变迁、新的商业现实及这些新现实环境给职业可能造成的影响，并及时进行调整。要保持职场的竞争力，职场人还需要基于这些新现实环境的变化给自己可能造成的影响，学习新的职场技能，学习新的思维方法，及时切换自己的职业路径，踏入那些时代最前沿的领域。因为在最前沿的领域中才会有勃勃生机的行业和职业机会。

跨界学习需要终身学习

学习是一件需要投入时间和精力的事情。跨界学习的范围非常广泛，尤其是基于个人发展的跨界学习，在“广泛涉猎，定向深耕”的策略下，不管是长期在不同领域的学习，还是短期在一个领域进行深耕，都需要消耗大量的时间资源。如果职场人基于这种策略进行终身学习，所需要的时间就是一种倍乘的关系。所以，进行跨界学习的这种时间耗费也决定了职场人需要终身学习。

（2）如何激励自己终身学习

懒惰是人类的天性，节省心力是人的本能。学习是一件既需要勤奋又需要花费心力的事情，这种天然违背人类天性的事情对于绝大多数人来讲确实是一种挑战。对于一些人来讲，离开学校本来是一种解脱，进入职场还要学习对于他们来说简直是一种折磨。可能坚持一两年还可以，要终身学习这确实是一个巨大的挑战。职场人可以参考图 5-55 所示的激励终身学习的方法，不断激励自己学习。

图 5-55　激励终身学习的方法

明确学习的意义

终身学习首先要明确学习的目的和意义，如果不明确这一点是很难长期坚持学习的。在学校的学习至少还会有考试这样一个目的，那么终身学习的目的是什么呢？职场中终身学习的目的又是什么呢？以通用性的目的来说，把职场学习的目的定位在职位升迁并达到更高职业成就这样具体的目标上，有助于激发职场人的学习动力。而以个性化的目的来说，职场学习的目的可以定位到让自己的人格更加完善这样比较务虚的精神层面。

与优秀的人为伍

与优秀的人为伍是职场人激励自己终身学习的一个好方法，优秀的人都会持续地进行学习。成为优秀的人是终身学习的动因，而终身学习又让他们更加优秀。优秀的人是一面镜子，当与这些人为伍时，当看到他们比自己还优秀、比自己还努力时，对于很多人来说很难无动于衷。所以，在职场中，要成为一个有企图心的人，应尽可能加入那些优秀人扎堆的公司，“宁做鸡头不做凤尾”在这里不是一个好策略。优秀的人会迫使你也更加优秀。

获得学习反馈

学习一定要获得及时的反馈。在学校的学习中通过考试可以知道一个人掌握知识的情况；在职场中，技能的学习可以通过是否能够运用到工作中以获得检验。通过反馈，学习者不仅可以知道自己的付出产生的成果，而且通过反馈得到的获得感，可以给予自己继续学习的信心和动力。所以，在终身学习中，尤其是在自学的情况下，学习者一定要设计相应的机制或方法获得自我反馈，没有反馈的学习如果无法让人产生成就感或获得感，就会失去持续学习的动力。反馈的目的还在于判断学习的有效性，从而调整学习的方向。

获得学习反馈的方法可以自行设计。对于职场中技能、思维的学习，可以通过在实践中的应用来获得反馈；在个人发展方面的各种理论的学习，可以通过写作、演讲等方式来获得反馈，首先看自己是否能写出来，或者是否能给别人讲出来，通过这种方式来检验自己掌握的程度。即使掌握知识之后，学习者也需要在实际的生活和工作中进行运用，进一步检验理论知识对自己真正的价值。

第 6 章

职业规划：以终为始谋划你的职业

6.1 互联网职场人该如何规划职业生涯

职业生涯规划是职场人绕不开的一个话题。职业生涯规划要从职位升迁、能力进阶、工作成果、时间周期四个角度来考虑。在具体规划时，中长期规划更多是一种方向和目标的规划，需要短期职业规划来承接。短期职业规划一般可以分三步进行：第一步是发现自己的优劣势和职业兴趣；第二步是明确职业目标和方向；第三步是确定职业进阶的具体事项和执行进度表。

面试时，人力资源面试官一般都会发出一个“灵魂拷问”：未来三到五年你的职业规划是什么？

我在很多家公司面试时都曾经被问到这个问题，那时候没有认真思考过，每当遇到这个问题时，心里会掠过一丝嘲笑：我只是找一份工作，为什么要考虑职业规划那么长远且没有意义的事情呢？

职场中和我存在一样想法的人不在少数，很少有人认真地思考过职业规划的问题，即使思考也可能思考得比较浅，没有系统性想过这个问题。有的人干脆认为这样的规划是没有意义的，正如我曾经持有的观点一样。可是，职业生涯长达几十年，在如此漫长的岁月中，我们真的要“当一天和尚撞一天钟”得过且过吗？

虽然职业生涯规划的问题非常重要，但是在早期长达数年的职业生涯中我却从没有认真思考过这个问题，即使被人力资源面试官屡次追问，面试结束之后我还是把这样重要的问题抛到脑后。直到有一次受到“心灵撞击”之后，我才开始认真思考这个问题：我的职业规划到底是什么？到底该怎样规划自己的职业进阶路径呢？

6.1.1 职场人该如何思考职业规划

“职业规划”这个词人们经常听说，但如果继续追问什么是职业规划，可能很多人都答不上来。我认为，简单地说，职业规划就是在明确个人职业目标的基础上，考虑如何从一点走到另一点。具体地说，就是计划在什么时间段内、锻炼什么样的能力、取得什么成果、获得什么样职位的一种总体思想和路线图的谋划。所以，在职业规划时至少要从以下四个方面来考虑，如图 6-1 所示。

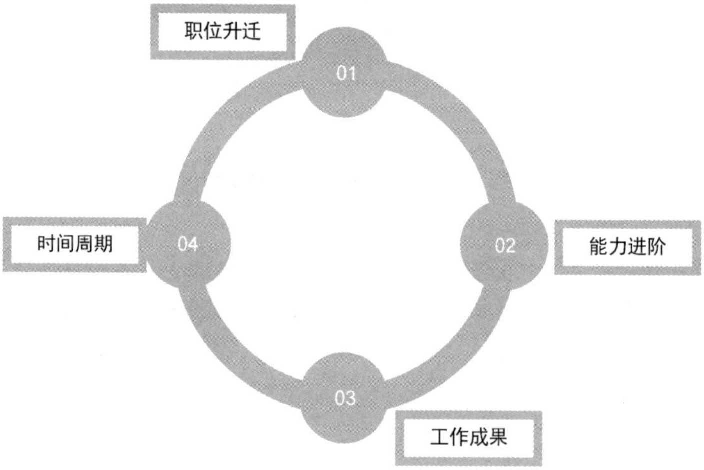

图 6-1　职业规划时需要考虑的四个方面

1. 从职位升迁的角度来考虑

在职场中获得升迁是每个职场人都期待的事情，也是职业生涯追求的重要目标之一。没有不想当将军的士兵，每个职场人都希望自己随着年龄的增长和能力的提升，职位也能不断地获得提升，从而满足自我实现的需求。但职场升迁是一个金字塔，高级职位在任何一家公司都是稀缺资源。越是稀缺资源，面临的竞争就越激烈。如何在激烈的竞争中胜出并获得升迁，是我们在做职业规划时首先要考虑的事情。

如果从职位升迁的角度来考虑职业规划，就需要明确以下事项：一个岗位通常的升迁路径和升迁的逻辑是什么；如何从下一层职位上升到更高一层职位；在向更高层职位跃迁的路径上需要做些什么，才更容易获得升迁。

2．从能力进阶的角度来考虑

在职场中的晋升往往取决于一个人自身能力的不断提升，职场人只有承担起更大的职责、做出业绩，才能逐步获得升迁。所以，在进行职业规划时，对于个人能力的锻炼也需要有一定的规划。在什么阶段锻炼什么能力，要制订一定的计划并落地执行，只有相应的能力达到了才能胜任更高职级的工作。否则，职场人即使有幸升迁到管理层面，也可能无法胜任而止步不前。

一个人在做纯粹执行层的阶段和做管理层的阶段所需要的能力是不同的。在做执行层的阶段，需要的能力更多的是与实际业务落地相关的能力。例如，产品经理所需要的能力就是产品规划、需求挖掘、用户调研等相关的能力。但当一个人进入管理层之后，业务能力的比重就只占一小部分，其他的能力比重会不断提高。例如，人员招聘、激励、培训，团队管理，沟通协调，绩效评估与考核等。所以，在职业规划中，需要把不同阶段需要的能力的培养计划也列出来，并定期回顾是否达成。

3．从工作成果的角度来考虑

职位升迁不仅要有能力，还要看是否取得了重要的成果，一种能力如果没有相应成果的检验是无法获得认可的。当然，成果的获得是与业务密切相关的，如果一项业务在公司不受重视，无法获得相应的匹配资源，那也是很难出成果的。所以，在职业规划和求职时及在开展具体业务初期，都需要对此有所考虑，不能埋头做事，要做出一些公司看重的工作成果，这样才容易获得晋升。

在职场中，一个人在职业生涯的不同阶段对成果的要求也是不同的。对处于执行层、初级管理层、中高级管理层的人，成果的要求也各有差异。在执行层阶段，只要自己做出业绩就可以获得升迁。但当到了初级管理层，对于成果的考核就不仅仅是自己一个人的业绩了，而在于能否帮助下属做出出色的成果。到了中高级管理层，对成果的要求又会更高，为企业培养人才才是他们的成果。当然，企业是营利性组织，任何时候对于业绩的要求都是必然的成果要求。随着职位越来越高，其他方面的成果要求就会越来越多，比重也会越来越大。

4．从时间周期的角度来考虑

对于职业规划的思考，时间是一个不可忽略的因素。无论是能力的提高，还是做出成果都需要一定的时间，每个阶段要能达到相应的能力，做出一定的成果，少则一两年，多则三五年。真正要在几十年的职业生涯中完成职位不断升迁，在时间方面必须进行周密的规划。

在职业规划中，时间方面要考虑三个阶段的规划：短期职业规划、中期职业规划、长期职业规划。

- 短期职业规划：这个阶段的规划主要是落地规划，一般是 1 ~ 2 年的规划。在这个周期内，通常要确定完成什么能力的锻炼、做出什么样的短期成果。因为时间周期比较短，很多事情相对来说比较容易确定，规划完成的可能性相对比较大。所以，这个阶段一定是重落地的规划。
- 中期职业规划：这个阶段的规划主要是衔接性规划，一般是 3 ~ 5 年的规划。在这个周期内需要确定完成什么样的层级转变，是从执行层到初级管理层的跃迁，还是从初级管理层升迁到中高级管理层。在中期职业规划执行的过程中，一般可能要面临业务的转换，甚至是就职公司的变迁。如果在一个公司无法完成既定的目标规划，那么职场人可能会从原有公司跳槽去一家新的公司完成这个阶段的目标。到底在什么情况下需要选择这种路径，职场人需要在中期职业规划中有所考虑。
- 长期职业规划：这个阶段主要是目标性规划，一般是 6 ~ 10 年的规划。这个阶段由于跨越的时间周期比较长，存在着很多不确定的因素，所以很难规划具体的事项。长期规划更多是宏观层面最终达到什么目标的规划，如成为产品总监之类的目标。

6.1.2 职业规划具体怎样做

职业规划不能仅仅停留在理念层面，必须落地为可操作性的行动方案。但中长期职业规划很难落地，能落地的只有短期职业规划。中长期职业规划更多是一种宽泛的目标和总体方向的规划，关注的是在一个较长的时期内如何达成最终目标的问题。而短期职业规划关注的是在短期内如何达成阶段性目标的问题。

不过，短期职业规划和中长期职业规划之间是紧密相关的，中长期职业规划是短期职业规划的指引，短期职业规划是中长期职业规划的构成部分。没有中长期职业规划，短期职业规划就可能偏离方向；没有短期职业规划，中长期职业规划就没有办法落地。所以，中长期职业规划需要一个个短期职业规划来承接实现。

那么，短期职业规划如何具体落地？怎样制订出可行的执行方案呢？短期职业规划的操作思路如图 6-2 所示。

1. 发现自己的优劣势和职业兴趣

要进行职业规划，首先需要对自己有充分的了解，在分析自身特长和优劣势的基础上，发现自己的职业兴趣点，以便确定适合自己的职业。在挖掘自身优劣势时，职场人可以借助一些量化的工具。在这方面，心理学提供了很多的职业测评工具，如 MBTI 测试、盖洛普优势识别器、DISC 模型。

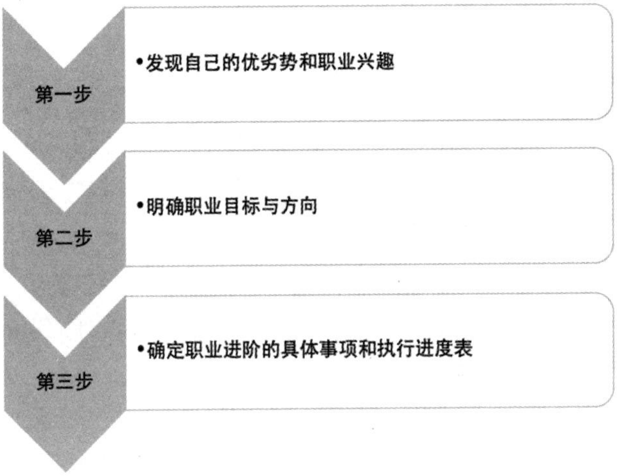

图 6-2　短期职业规划的操作思路

有人会说，我对自己非常了解，知道自己擅长做什么事情。实际上，如果没有基于一定的工具和科学方法，那么这种所谓的“了解”可能只是一种非常主观的虚幻感觉。这种感觉在大概率上是比较片面的，根据片面的认知做出喜欢什么职业的判断必然是有问题的，甚至整个职业方向都是完全偏离正确方向的。所以，在这个环节中职场人应尽可能使用职业测评工具来加深对自己的了解，不要依赖于自己的主观感觉。

需要说明的是，职场人在使用职业测评工具时要注意两个问题。

第一，不要依靠单一工具。

因为每种工具都是有一定局限性的，测评出来的结果可能会存在一定的偏差，所以需要利用多种工具进行综合评估。在多种工具测评出结果后，相对一致的部分就是比较显著的优劣势特征。

第二，求助于专业人士。

如果自己无法对职业测评的结果进行解读，可以求助于专业的职业测评师，请他们提供帮助。有的人觉得请职业测评师还需要付出一定的经济成本，但职业规划是关系人生前途的大事，在这种确定基本方向的事情上付出一定的经济成本是值得的。

2. 明确职业目标与方向

明确职业目标与方向有两个层次：第一个层次是确定是走专业路线还是走管理路线；第二

个层次是确定具体的职业方向，即确定自己做哪个职业，如在互联网行业中是选择做产品岗位、运营岗位，还是选择做市场推广岗位或者商务岗位。

确定是走专业路线还是走管理路线

在以前的企业中，无论是专业技术人员，还是业务人员，最终的职位升迁归宿都是走向管理岗位。这种单一路径的升迁通道不仅拥挤，而且会造成人才的浪费，不是任何人都适合做管理岗位的，也不是所有人都愿意走上管理岗位的。

在互联网时代，基于更好激励和管理知识工作者的需要，企业设置了两种升迁路径：专业路线和管理路线。这种设置使员工的升迁多了一种路径，避免了升迁通道的拥挤。同时，也能人尽其才，让那些有才华的人更加专注于从专业角度继续为企业贡献自己的才能，而不必一定升迁成为管理者来实现自身价值。例如，阿里巴巴、腾讯、百度的升迁路径就有 P（Profession 专业）线和 M（Manage 管理）线。所以，职场人若是在互联网企业中发展，可以在了解自己优劣势的基础上，选择是走专业路线还是走管理路线。

总体来说，专业路线要求的能力是专精和深厚，管理路线要求的能力是更宽广和全面。专业路线更多需要的是较强的专业解决问题的能力，对于管理能力等其他方面能力的要求会比较少，不用各种能力都面面俱到。管理路线要求的能力相对更加宽泛，需要沟通协调、人员选拔、激励培训、人际关系、商业分析等方面的能力，但在专业性解决业务问题的能力方面要求会略低，这种宽范围的能力要求和专业路线对于解决问题的专精要求差异还是比较大的。两种路线给互联网职场人提供了两种升迁的可能，大大地拓宽了职业的升迁通道。所以，在规划职业方向时，职场人可以根据自己的性格特点和优劣势进行选择，确定一个大体的方向，并且向着相应的方向努力。

确定具体的职业方向

具体的职业方向对于职场人整个职业生涯的发展是极为重要的，如果方向不对，既可能影响短期的职业规划，也可能影响长期的职业发展。所以，步入职场后，职场人应尽可能早一点确定自己的具体职业方向。否则，如果中途进行职业方向转换，代价就会比较大。

在确定职业方向时一般有三种方法：理论学习、咨询他人和自我实践。职场人最好将三种方法结合起来使用：先通过理论学习了解在企业中总体岗位划分的逻辑和各个岗位具体是做什么的，或者咨询有工作经验的人，然后选定一两个具体的方向花一定的时间亲自尝试实践，在此基础上最终确定自己的职业方向。

- 理论学习。

在进行职业方向探索时，职场人首先需要做的事情是了解企业通常的组织架构设计和岗位设置及背后的逻辑，然后了解每个岗位具体的工作内容。通过这样从全局到局部的方式，职场人能够对职业方向形成整体性的认知，便于做出正确的抉择。有的人在进行岗位的选择时，只是从自己听说过的几个岗位中选择，工作多年才知道原来公司里还有某一类自己从未听说过的岗位，这样一种偏狭的选择策略，怎么保证自己是选择了最能发挥个人能力的那类岗位呢？

与传统企业相比，互联网企业常规的组织架构设置有很大的差异。关于这方面的内容，职场人可以搜索典型的互联网企业的网站来了解。对具体岗位的工作内容，可以通过招聘网站搜索相关的岗位来了解。本书 2.2.2 节对此已有阐述，此处不再赘述。

- 咨询他人。

由于互联网行业发展速度很快，每隔一段时间就会出现一种新的岗位，而且市面上也缺乏专业书籍介绍相关的内容，此时了解企业动态最好的办法就是咨询业内人士，通过自己学长或者其他途径，找到互联网企业从业者向他们了解这些岗位的情况。

这种方法有明显的优点，可以非常直接地让对方讲解具体岗位的主要工作内容。但也有明显的缺点，由于大部分人只关注自己的职业领域，对其他岗位到底做什么其实并不了解，所以，职场人如果通过这种方法了解岗位的具体工作内容，就需要定向寻找在相应岗位的人。一般来讲，这种方法是第一种方法的补充。

- 自我实践。

“纸上得来终觉浅，绝知此事要躬行。”无论是理论学习还是咨询他人，得来的都是二手经验，即使看上一百遍或者听上一百遍，也始终无法形成直观的感受。职场人如果想对不同岗位的具体工作内容有深入了解，就需要通过亲自实践来体验，尝试不同的职业，以此来确定最终的方向。

所以，在职业生涯刚刚开始的一两年中，职场人可以不必着急马上确定自己的职业方向，而是根据理论学习和咨询他人筛选出两三个最可能的岗位方向，在这两三个岗位工作一段时间，通过实际的工作实践了解不同岗位之间的工作差异。无论是在同一家公司内部转换，还是跳槽去不同的公司转换都可以，重要的是尽可能在较短的时间内发现自己的职业兴趣。有时可能一两年都无法完成这种测试，时间稍微拉长一点也可以，在职业早期确定职业方向，总比工作几年后再转换成本要低。

需要说明的是，职业方向的确定不是短期内可以完成的，也不可能一蹴而就，通常可能要经历两三年的时间才能确定下来，职场人对此要有耐心。

3．确定职业进阶的具体事项和执行进度表

在确定了职业目标和方向之后，接下来就是确定职业进阶的具体事项和执行进度表。执行进度表是为了保证短期规划能够落地，让职业规划不再是一个模糊的想法。执行进度表一般包含具体事项、成果目标、落地执行时间三要素，如图 6-3 所示。

图 6-3　短期职业规划执行进度表三要素

首先，具体事项是支撑职业规划最重要的要素，但不是最小颗粒度的要素。最小颗粒度的要素应该是在事项基础下更加细分的具体工作内容，如“用户运营技能锻炼”这一事项下的“学会用户调研的方法”。

其次，成果目标是对应具体事项下面最小颗粒度工作所要达成的明确、具体的目标，它可以体现为一个交付物，如一份用户调研报告、一份用户画像报告。交付物是一个强制约束，没有交付物的强制约束，具体工作有可能难以真正落地，职场人也无法真正学到某项技能或者完成某项工作，最终也无法达成职业规划的目标。

最后，落地执行时间是对职业规划落地的另外一种约束。没有时间期限的约束，短期规划可能会被无限期拖延。时间期限并不是随意决定的一个时间，而是在对完成相应具体工作内容了解的基础上评估出的一个大致合理的时间范围。

短期职业规划执行进度表，如表 6-1 所示。

表 6-1　短期职业规划执行进度表

事项分类	事　项	具体工作	交付物	时　间	备　注
理论学习工作	用户运营技能锻炼	● 学会用户调研的方法； ● 学会用户画像的方法； ● 学会用户分层的方法； ……	● 一份用户调研报告； ● 一份用户画像报告； ● 用户分层的方法论； ……	20××年 1—6 月	—

续表

事项分类	事　项	具体工作	交付物	时　间	备　注
理论学习工作	活动运营技能锻炼	● 梳理活动规则制定的原则； ● 掌握活动运营的全流程是什么； ● 学习不同活动文案的撰写； ……	● 梳理出活动运营的标准作业流程（SOP）； ● 梳理出不同活动文案写作的原则； ……	20××年1—6 月	—
实践落地工作	用户运营工作	● 完成一次用户调研； ● 完成关于某个产品的用户画像工作； ……	● 用户调研报告； ● 用户画像报告； ……	20××年6—9 月	—
	活动运营工作	● 模拟或者实地完成一次活动运营； ……	● 活动运营复盘报告； ……	20××年9—12 月	—

当制定出具体执行进度表之后，一个相对完整的短期职业规划就完成了，剩下的事情则是对规划的执行、监控与修正。要根据进度表确定的时间段和事项有条不紊地推进，并不断监控执行的情况。在这个过程中，职场人一定会遇到各种问题，可能会发现规划的具体工作和实际的情况之间有较大的偏差，还需要调整计划适应实际的现实；或者改变自己的执行行为，使之与执行表相适应。至于是调整计划还是改变行为，要根据具体的情况来看，不管怎样调整，在执行中的总体目标都不应发生变化。

职业规划是一个动态的过程，也是一个存在不确定性的过程，更是一个“痛苦”的过程，职场人有时甚至还会自我怀疑这种规划的意义。但这个过程一定是有价值的，这种规划、执行、监控、修正的动态过程，不仅能使职场人对职业目标和方向更加清晰，而且能提高认识外在世界的能力。

6.2　产品新手如何进行职业规划

产品新手进行职业规划，首先要明确中长期职业规划的目标和方向，了解产品经理的职位升迁路径；然后根据短期职业规划的步骤，制定出具体的执行进度表；再根据规划执行进度表有条不紊地逐步完成职业技能的锻炼和目标进阶；最后通过一个个短期的职业规划落地，实现中长期的职业目标。

在 6.1 节中讲过，在职业规划中，中长期职业规划更多是一种宽泛的目标和总体方向的规划，关注的是在一个较长的时期内如何达成最终目标的问题，而短期职业规划关注的是在短期内如何达成阶段性目标的问题。中长期职业规划很难落地，能落地的只有短期职业规划。所以，本节对产品新手的职业规划主要是围绕短期职业规划展开阐述的。

职业规划通常都是针对具体岗位而言的，产品新手要进行短期职业规划，首先要明确中长期规划的目标和方向，这就需要了解产品经理的职位升迁路径。一般来说，每一个岗位都有特定的升迁路径，本书在 2.2.3 节介绍过产品经理的发展与成长路径。所以，长期而言，产品经理的发展方向和目标就是成为产品总监，甚至是向最高职位——首席执行官冲击。那么，产品新手要想达成最终的职业目标，就需要通过一个个具体的短期职业规划方案的落地来实现。根据短期职业规划的操作思路，产品新手的短期职业规划同样需要通过三步完成。

第一步，发现自己的优劣势和职业兴趣。

第二步，明确职业目标和方向。

第三步，确定职业进阶的具体事项和执行进度表。

6.2.1 发现自己的优劣势与职业兴趣

对于产品新手来讲，发现自己的优劣势和职业兴趣也是首先要做的事情，目的就是判断自己是否想做产品经理这个职位，以及是否适合做产品经理这个职位，确认职业兴趣与这个职位的工作内容和要求的匹配性。

在 2.2.3 节介绍了产品经理的主要工作有务虚和务实两个方面。在务虚方面，主要的工作包括用户研究、需求分析等；在务实方面，主要的工作包括产品规划、竞品分析、产品开发落地等。对应的工作能力也有很多，包括用户研究能力、竞品调研能力、数据分析能力、逻辑思维能力、项目管理能力、沟通协调能力、商业分析决策能力等。其中，最重要的能力是逻辑思维能力、把握用户需求的能力、商业分析决策能力。

- 逻辑思维能力更多是一种侧重理性的能力，也是产品经理必备的一种重要的基础能力。它在很大程度上决定了产品人员在落地具体产品的过程中，是否能够完成基本的产品开发工作，是否能够理顺流程，是否能够把一个合格的产品开发出来。
- 虽然把握用户需求的能力更多是一种感性的能力，但它也是一种更为重要的能力。在很大程度上，这种能力决定了产品经理是否有能力做出解决用户需求、让用户喜欢的产品。在互联网行业中，如果做出的产品无法击中用户痛点、解决用户需求，那么这款产品是没有生命力的。
- 商业分析决策能力是一种理性的能力。在互联网行业中，一款产品在成长初期和成长期可以没有利润的要求，一旦发展到成熟阶段，就需要在商业上进行变现，获得商业上的成功。而商业分析决策能力就是考验一个产品经理能否让一款产品在商业层面取得成功的关键。如果一款产品在商业上无法取得成功，那么产品经理也无法突破职业成长的瓶颈，无法继续向更高的职业阶梯迈进。

所以，职场人如果想在职业道路上选择产品经理这个职位，就需要仔细思考自己的这三种能力是否出色。如果这三种能力不强，职场人即使能够胜任初级产品经理的职位，到了自己掌舵一款产品整体规划发展时，也会捉襟见肘，进而影响到职场的业绩。

6.2.2　明确职业目标和方向

产品新手的职业规划也需要在两个层次上明确自己的目标和方向。在第一个层次上，产品经理的岗位注定是沿管理路线方向发展的。因为产品经理越往上升迁，最终必然成为一款产品或者一条业务线的负责人，到那个阶段就不能仅仅专注于产品开发，而要管理一个团队，要承担起团队管理更加宽广的工作内容。

产品新手的职业规划在第二个层次上要明确的是，产品经理这个方向从当下看是否仍旧是自己期待的职业方向。关于具体的职业方向的探索在 6.1.2 节已经有所阐述，这不是一个一蹴而就的过程，需要在两三年内持续不断的思考。因为在刚刚入行时无法马上判断出这个职业是否适合自己，所以在 6.1.2 节提到三种确定职业方向的工作是持续要做的事情。在新入这个行业的初期要通过理论学习、咨询他人和自我实践不断地评估自己选择的合理性。

6.2.3　确定职业进阶的具体事项和执行进度表

产品新手短期职业规划的第三步是确定职业进阶的具体事项和执行进度表。从产品经理的升迁路径来看，产品新手的短期职业规划大部分是在第一个阶梯的升迁，即从产品助理向产品经理进阶。在这个阶段中，产品新手需要规划自己需要花费几年的时间、掌握哪些职业技能、产出什么成果，以便完成向产品经理的跃迁。

在 2.2.3 节我们已经介绍过产品经理必备的技能。对产品新手来讲，这个阶段需要掌握的核心技能在于用户研究的方法、竞品调研的方法及基本的产品需求文档撰写等，通常完成这些能力的培养需要一两年的时间。在这一两年时间里，产品新手只有保证有机会真正做这些工作，才可能有机会锻炼这些能力，否则一两年的时间未必能够熟练掌握这些技能。当然，在工作之外，产品新手也可以通过自我修炼来锻炼这些能力，如竞品调研完全可以不依赖工作场景由自己独立进行训练。

产品新手要有成果产出的意识，除了技能的训练，还需要规划在这个阶段内要产出的明确的成果。例如，产出关于某一行业相关竞品的竞品调研报告，或者完成某个产品功能的独立开发上线。成果不仅是工作能力的证明，也是工作经历的一部分，这些成果是在产品经理这条道路上继续前行的“铺路石”。

技能的锻炼和成果的产出是相辅相成的，而且依托于要做的具体工作。也就是说，在相应岗位上确实要有机会去做对应的工作，这样才可能有机会锻炼相应的能力，产出相应的成果。是否有这样的机会，在很大程度上取决于当下就职的企业，所以在求职时职场人需要考虑好，一定要找能够提供这类机会的企业。

当然，上面说的锻炼技能和产出成果，不仅仅限于用户研究和竞品调研这两项工作。通常在产品岗位的工作中往往要同时做很多事情，这也就意味着同时可能会锻炼很多能力，如沟通协调、项目管理等工作在产品开发的过程中都会遇到。对于产品助理这样的初阶岗位，因为不可能对每类工作都要求达到，也不可能都同时得到锻炼，所以在这个阶段能力的锻炼和成果的产出还是要有重点的。要在某个阶段先聚焦完成两三项能力的锻炼，下一个阶段再选其他的能力进行锻炼。这就需要明确的执行进度表（见表 6-2），把需要锻炼的能力和要做的工作列出明细计划表，这样才能让一切变得具体可执行。

表 6-2 产品新手短期职业规划执行进度表

事项分类	事　项	具体工作	交付物	时　间
理论学习工作	用户研究	● 掌握用户研究的基本方法； ● 掌握用户画像的方法； ● 完成一次用户调研； ……	● 个人总结出来的用户调研方法； ● 用户画像的方法总结； ● 一份调研报告； ……	20××年 1—6 月
	竞品调研	● 掌握竞品调研的基本方法； ● 完成 3 款产品的竞品调研； ……	● 竞品调研的方法总结； ● 竞品调研报告； ……	20××年 1—6 月
	需求文档撰写	● 了解需求文档的写作规范； ● 了解需求文档的写作要点； ● 逆向拆解一款产品的特定功能并把需求文档写出来； ……	● 需求文档写作规范； ● 一份体验产品的需求文档； ……	20××年 1—6 月
实践落地工作	竞品调研	完成本岗位所负责产品的竞品调研	产出一份竞品调研报告	20××年 6—9 月

续表

事项分类	事　　项	具体工作	交付物	时　　间
实践落地工作	需求开发	● 做一次真实的关于本岗位所负责产品的需求开发，完成需求文档的撰写； ● 跟进需求的完整开发过程	需求开发文档	20××年 9—12 月

注：可以针对每项具体工作设定具体的时间节点。

表 6-2 既是一份产品新手短期职业规划执行进度表，其实也是一个产品新手短期进阶的路线图。当完成了这个阶段的进阶之后，从产品经理到高级产品经理的进阶也可以采取大致相似的路线图。只不过到了一个更高的阶段，所需要锻炼的能力和要产出的成果的要求会更高，这就需要职场人继续付出更多的努力。

6.3　运营新手如何进行职业规划

运营新手进行职业规划也要像产品新手一样，首先要明确自己的中长期目标和方向，了解运营人员的职位升迁路径。在此基础上把长期目标和方向拆解成一个个短期的职业规划，并为最近的一个短期职业规划制定出具体的执行进度表，之后根据进度表逐步进行职业技能的锻炼……通过一个个短期职业规划的落地，实现中长期的职业目标。

正如产品新手的职业规划一样，运营新手既要进行短期职业规划，又要明确中长期职业规划的目标和方向。这就需要了解运营人员的职位升迁路径。在 2.2.5 节介绍过运营人员的升迁（发展与成长）路径。在一个运营新手从运营助理一步步升迁到首席运营官的过程中，同样需要一个个具体的短期职业规划方案来帮助他实现最终的目标。运营人员的短期职业规划同样需要通过三步完成。

第一步，发现自己的优劣势和职业兴趣。

第二步，明确职业目标和方向。

第三步，确定职业进阶的具体事项和执行进度表。

6.3.1　发现自己的优劣势和职业兴趣

运营新手进行短期职业规划，首先也要了解自己的优劣势和职业兴趣，确认这两者与工作内容和要求的匹配性。

对运营人员来讲，虽然有分类广泛的不同运营岗位，这些岗位有通用的底层工作技能，如用户研究能力、内容运营能力、活动运营能力、数据分析能力、运营机制建设能力，但关键的是内容运营能力和活动运营能力及这两种能力的基础——用户研究能力。

- 用户研究能力包括用户调研、用户分层、用户画像的能力。用户研究能力是运营的基础的基础。管理大师德鲁克在《管理：使命、责任、实务》中谈到“什么是企业”时曾经说：企业的宗旨只有一种适当的定义——创造顾客。在互联网企业中，顾客这个概念就是用户。互联网企业的典型模式是尽一切努力先获得用户，然后寻求商业变现。任何一个互联网企业的生存发展都离不开用户。在互联网企业向外界展示企业业绩时，也往往使用用户量指标。而运营这个岗位实际上主要就是为用户而生的，在互联网企业中一切的运营工作都称作用户运营也不为过。所以，对于运营新手来说，是否要从事运营工作、是否适合运营工作，要看自己的性格特点是否喜欢和用户交流、是否对研究用户感兴趣。
- 内容运营能力是大部分运营人员都需要具备的一种能力，关于内容运营的定义和主要的工作内容在 2.2.5 节已有详细介绍。内容运营通常与文字处理能力密切相关，自己是否有与文字相关的功底、是否喜欢做此类的工作、是否擅长与文字相关的工作，是运营新手在确定这条职业方向时需要考虑的一个重要方面。
- 活动运营能力在运营的工作中也很重要，关于活动运营在 2.2.5 节也有介绍。活动运营是对时效性要求非常高的一项工作，而且要求从业者具有非常强的全盘操控能力，同时对于从业者的综合能力要求比较高。活动运营既是一项创意性的工作（活动创意和方案），也是一项逻辑性非常强的工作（活动流程的梳理与把控），更在沟通协调方面有高要求（需要协调各种资源和活动开发），还要求对数据极度敏感。所以，运营新手在进行职业规划时，需要考虑这种工作所需要的能力，以及自己是否有兴趣、是否有相应的优势。

所以，运营新手在评估自己的优劣势和职业兴趣时，对运营所需要的上述能力要有全面了解，要认真评估自己的优劣势是否能够匹配这些工作内容和相应的能力要求。

6.3.2 明确职业目标和方向

运营新手的职业规划也需要在两个层次上明确自己的目标和方向。在第一个层次上，运营人员的职业路径和产品人员一样，最终更多是沿管理路线方向发展的。因为运营天然和用户有紧密的联系，容易被要求承担起与商业目标相关的绩效指标，也就容易与业务产生密切的关联，所以运营人员往上升迁的路径，最终必定是要承担起团队管理工作的。

运营新手的职业规划在第二个层次上也需要反复确认，运营这个岗位是不是自己长期的职业方向。运营新手在入行初期的 1 ~ 2 年内，也需要通过理论学习、咨询他人和自我实践不断地评估自己的职业选择是否能够长久持续。

6.3.3 确定职业进阶的具体事项和执行进度表

运营新手短期职业规划的第三步是梳理出具体的执行进度表，以便能够有一个清晰的参照物来指导自己的具体行为。运营新手在从运营助理向运营主管的进阶过程中，要明确这个升迁的过程需要花费几年的时间、掌握哪些职业技能、产出什么成果才能够完成向运营主管第一个层级的跃迁。

具体而言，运营新手在这个阶段需要尽快掌握的核心技能主要在于内容运营能力和活动运营能力，而用户研究能力则不能心急，这是一种需要在更长工作时间内，基于更多工作经验的积累才能逐步掌握的能力。对于内容运营的能力可以不依赖于工作场景即可开展相应的锻炼，而活动运营能力的锻炼一定要依赖于工作场景，没有合适的工作场景所策划出来的活动只是一种理想化的方案，无法得到实际工作的检验，而且往往在落地时会发现各种各样的问题。

内容运营能力和活动运营能力一般情况下在 1 ~ 2 年内就会得到一定的锻炼，进而具备向下一个职位阶梯冲击的条件。

运营新手同样要有成果产出的意识，除了技能的锻炼，还需要规划在这个阶段内要产出的明确的成果。例如，可以产出用户分层体系，或者在该岗位上的内容运营框架及在此基础上的内容产出，产出也可以是自己做过的活动。对于活动成果方面需要说明的是，活动可能是成功的活动，也可能是失败的活动。运营新手一定要注意输出完整的活动总结，把活动运营从开始前的活动方案的策划准备，到活动执行中的问题及迭代，以及活动结束后的数据效果都要整理出来。对于成功的活动，总结下次可借鉴的经验；对于失败的活动，分析失败的原因以便下次避免。只有这样做才是完整的活动运营的产出。

运营技能的锻炼和成果的产出是相辅相成的，而且也要依托于具体的运营工作。在运营新手阶段求职时，一定要确保应聘公司有真正相应工作的锻炼机会。否则，两年的时间转瞬即逝，自己的职位升迁目标也很难完成。

运营人员的升迁，往往是从升迁路径的一个细分的运营岗位开始起步，然后逐步扩展的。所以，对运营新手来讲，入行时可以先从基础的运营岗位，如活动运营和内容运营开始，再去做侧重于技能性的岗位，了解各种岗位的工作逻辑；也可以从技能性的岗位，如社群运营、社区运营开始，在工作过程中直接锻炼内容运营能力和活动运营能力。两种路径都是可以的，重要的是开始时一定要聚焦，理解内容运营和活动运营这些基础工作的核心逻辑，只有把这些基础的能力掌握好，以后的工作做起来才更加得心应手，也更容易拿出成果进而快速地升迁。

运营新手短期职业规划执行进度表如表 6-3 所示。

表 6-3　运营新手短期职业规划执行进度表

事项分类	事　项	具体工作	交付物	时　间
理论学习工作	活动运营	● 掌握活动运营的基本流程； ● 了解活动成功的关键因素； ● 掌握活动规则制定的要点； ● 掌握活动预算方法； ● 掌握活动排期的方法； ……	● 活动运营的标准作业流程（SOP）； ● 活动执行排期表； ● 活动预算表； ……	20××年1—6 月
	内容运营	● 掌握新媒体内容运营的方法； ● 掌握互联网文案的写法； ● 掌握不同场景文案的写作特点； ● 学习《金字塔原理》； ……	● 文案写作的指导原则； ● 写好文章标题的原则； ……	20××年1—6 月
	用户研究	● 掌握用户访谈的方法； ● 掌握问卷调研的方法； ● 掌握用户画像的方法； ……	● 用户访谈设计的要点总结； ● 调研问卷设计的要点总结； ……	20××年1—6 月
实践落地工作	活动运营	● 制定 20××年全年的活动运营规划； ● 开展 *N* 次活动运营； ……	● 年度活动运营规划； ● ××活动运营的总结报告； ……	20××年6—9 月
	内容运营	基于自我练习场景： ● 练习写作 *N* 篇特定领域的新媒体文章； ● 练习写作 *N* 条活动文案； ● 练习写作 *N* 条推广文案； …… 基于真实工作场景： ● 配合活动运营完成内容的高质量输出； ● 每周原创文章3篇，持续一年时间； ……	各种基于练习或者工作产出的实际的内容成果	20××年9—12 月

注：可以针对每项具体工作设定具体的时间节点。

同样地，当运营新手完成从运营助理到运营主管的升迁之后，无论是从运营主管到运营经理的升迁，还是从运营经理到高级运营经理的升迁，都可以通过大致相似的方法来规划，并按照表 6-3 的执行进度表来完成相应的历练，逐步升迁到自己期望的最高目标职位。

6.4　职场新人必知的离职跳槽二三事

在职业生涯中，跳槽是必然要经历的事情。职场新手在离职时要正确面对离职的负疚心理，坦然地面对这类事情；跳槽要选择自己职业道路顺利时，而不是职业走下坡路时；提出离职申请最好以书面形式，找无法辩驳的理由。为了职业生涯考虑，不要裸辞，职场新人尽量避免和公司有不愉快的事情发生；同时涉及自己的正当的权益，应尽可能维护。

在互联网企业中，离职跳槽是一种极为常见的现象。关于离职跳槽，如果是职场经验丰富的人，在工作几年之后也会有自己的一番感受，从而形成自己的处理原则。但对职场新人来讲，由于缺乏这方面的经验，提前了解这些内容对求职和职业选择还是有很大的必要的。

在如今快速发展的社会中，人员的高速流动原本就是社会的特性。在一二线城市中，频繁跳槽已经成为一种常态，职场人不可能在一家公司一干到底。那么，职场人应在什么时候跳槽？以及该如何正确地跳槽呢？

6.4.1　正确面对离职的负疚心理

“入职了一家公司，可是刚刚干了两个月就有一种想离职的冲动。可是我又觉得公司刚刚招我进来，而且还培训了我几天，我提出辞职岂不是太对不起公司了，很困惑……”这是很多初入职场的人常常面临的一种两难困境。遇到这种两难的问题，职场新人该如何抉择呢？

关于离职的负疚心理，很多人刚开始工作时都会有，其实完全没必要。企业招聘必然是有成本的，这种人员的不适岗离职也是一种成本，企业对此也已经习以为常。一个正常的企业不会因为这一点而对职场人进行各种为难。如果有这种情况发生，那么更加说明这家企业没有什么留下来的价值。现代社会是一个自由社会，企图通过道德责难或者其他手段阻碍人员自由流动的企业是没有格局的，也是没有出路的。

因为离职跳槽本来就是职场的常态，所以对这件事情应该换一个角度来看，不管是主动离职还是被动离职都应以坦然的心态去接受。

很多职场新人在这种负疚心理之下，迟迟不能做出决定，自己很难受，其实对企业来讲也不是好事。如果一个人已经不能全心全意为一家公司做事时，对企业来讲就是一种资源的低效利用。因此，网上有职场新人提问："我是不是要等到合同期满时才能跳槽？"类似这样的问题，答案自然不言自明。

6.4.2 选择合适的时机跳槽

职场中有人喜欢积极主动地跳槽，有人往往是被动离职。主动跳槽的人、会跳槽的人，往往选择自己志得意满时跳槽。而大多数人跳槽都是被动的，都是在自己不顺心时跳槽：如想涨工资，企业无法满足；或者领导更迭了，不得不离开；或者业务调整了，无事可做等。

之所以出现普遍的被动离职现象，主要有两个方面的原因：一方面是因为人类的天性，人类天生厌恶不确定性，不喜欢从一个非常熟悉的环境进入一个陌生的环境，而且人的惰性还很强；另一方面是因为很多人往往持有错误的观念，总觉得跳槽是一件负面的事情，如果境况还不错就不会主动离职。

其实，被动跳槽对职场人来讲是很不利的。职场人应尽量避免让自己处于这种被动的境地，尽可能在自己春风得意、志得意满时跳槽，或者至少在危机来临之前跳槽。

为什么要在自己春风得意时跳槽呢？因为在此时跳槽有以下几个方面的优势。第一，时间方面比较充裕，不会有被人逼迫离职的压力。第二，此时离职自信心更强，得失心不会太重，选择也就更加淡然，也能做出更优的选择。第三，春风得意往往是由于自己还取得了不错的成果，此时业务还在蒸蒸日上，而不是日薄西山，出去求职时能让招聘方看到更多积极的成果。如果招聘方听到一个人做的产品或者项目被裁撤的话，他可能会把这种负面的结果映射到求职者的身上，会认为求职者一定是有能力等方面的问题。

关于离职的时间选择，还有以下两个具体的建议。

第一，不要在年底时离职。

尽量不要在年底时离职。此时离开，在上一家公司的年终奖就拿不到了，在下一家公司也没有年终奖。企业招聘有"金三银四"的说法，之所以出现这种情况就是与职场人年底离职少、年后集中离职有关。当然，年底不适合离职也不是一个绝对的原则，如果有一个非常不错的机会，也可以根据具体的情况仔细权衡。

第二，不要在月初时离职。

尽量不要在每个月的上旬离职。一般情况下，企业为员工缴纳社保和公积金都在每个月的15 日左右，如果在这个时间点前离职，很可能两家公司都无法缴纳社保，造成社保中断。如今，很多经济活动都需要完整的社保缴纳记录，一旦社保中断，对个人的经济生活会有很大的不利。

6.4.3　跳槽时如何正确地提出离职申请

1．提出离职最好以书面方式

关于离职申请的提出也有一些注意的事项。例如，选择口头提出离职？还是选择书面提出离职？一般情况下，提出离职申请最好是以书面邮件的形式为好，不要以聊天软件或者面对面找领导的方式提出离职申请。

一方面，通过书面的方式提出离职申请能体现出严肃性，更能体现自己去意已决的立场，尤其是打定主意要离开的情况。另一方面，书面的方式也会给领导缓冲的反应时间，直接当面口头提出离职申请可能会让领导措手不及。

其实，书面提出离职申请也是为自己留有更多的反应空间和时间。如果直接口头提出离职申请，对离职理由可能会表达得不清晰、理由阐述不完整，进而可能出现没有说服领导，反而被领导挽留的可能。而通过书面提出的方式，会有充足的时间来组织自己的表达逻辑。

2．找一个无法被驳回的离职理由

很多时候，离职并不会那么顺利，尤其是如果职场人本身的能力还不错，或者业务的发展正好缺人手时，公司和上级一般都会挽留一番。如果确定是坚决要离开，尤其是如果已经拿到了一个不错的Offer的话，那么在提出离职申请时一定要提出一个让上级无法驳回的理由。否则，职场人就会在对方挽留和新机会抉择之间备受煎熬。

6.4.4　跳槽时的禁忌

跳槽时，有些事情注意一定不要去做。因为这些事情可能对短期或者长期的职业发展产生不利影响。

1．不要裸辞

关于离职，第一件不要做的事情是裸辞。裸辞指的是在没有拿到下家公司的Offer时就提出离职。

裸辞首先意味着经济上的一系列损失，空置期的工资损失是一方面，重要的是社保和公积金都会断缴。尤其是在大城市，如果发生这种情况，对于非本地户籍的人来讲，买车买房、积分落户这些事情都会受到影响。

裸辞更大的不利之处在于，如果辞职后长时间没有找到合适的工作，求职者迫于各种压力就会一再降低自己的选择标准，到最后慌不择路随便选择一家公司就职。这对于职业发展是极为不利的。

所以，职场人在找工作时一定不要走入这种反向循环，一旦进入这种循环，那么职业之路有可能在三到五年甚至更长的周期内走向恶性循环。

2. 不要和公司或同事闹翻

离职时，职场人往往容易和公司产生矛盾。有些初入职场的人觉得离职后和这家公司脱离了雇佣关系，从此以后就会“相忘于江湖”。有的人此时因为一些小事，和公司或者同事闹得不愉快甚至闹翻，这样的做法是极其不明智的。

首先，离职可能仅仅是一个短期事件，假以时日可能会再次踏入这家公司，或许是以员工身份，或许是以合作伙伴身份。尤其是一些大的公司，求职者与其再次合作的概率还是很大的。如果离职时和公司闹翻了，那这种可能性就没有了。

其次，在职业生涯中，每进入一家公司时通常会有“背景调查”这一项。在中小型公司中，因为调查成本等各方面的因素，可能背景调查只是走走过场。但如果去的是一家大型的公司，背景调查一定是会有的，而且可能还会非常细致。如果和过去的公司同事有矛盾，尤其是曾经的上级，那这样的事情在背景调查时很可能就是一颗“定时炸弹”，可能会让职场人与工作良机失之交臂，而且这个问题在每次新入职时都可能会成为“绊脚石”。所以，在离职时如果遇到不愉快的事情，职场人应尽量妥善解决。

6.4.5 关于离职跳槽的补偿问题

工作久了，什么样的离职情况都会遇到。有时候职场人可能遇到被动辞退的情况，此时就会遇到一个典型的问题——离职补偿。在互联网企业中，很多已经发展起来的企业都是有比较完善的离职补偿的，这是相关法律规定的，一般情况下是 N+1（N 指的是在该企业的工作年限）个月平均工资，有的企业会更高。但也有的企业会千方百计地通过各种手段让员工主动提出离职从而逃避补偿。还有的企业是处于两可之间，如果员工提出则会给予补偿；如果员工没有主动提出，企业就会默不作声，最终不了了之。

对于离职补偿这个问题，作为职场人肯定都是从自己的角度出发的。一般如果公司有补偿，则接受补偿离开即可；如果没有补偿，要尽量和人力资源官谈判争取。因为相对于公司而言，个人的抗风险能力相对会弱一点，属于自己的正当权益还是要尽可能维护。

6.5　职场人如何正确面对创业抉择

职场人在职业生涯中大多会面临创业的机会，当遇到这种抉择时就需要考虑创业的利弊，根据自己的情况来抉择。创业能够锻炼个人的能力、丰富人生经历，并且有一定的可能性获得非常丰厚的回报。但创业也有弊端，创业具有较大的机会成本，并且可能存在低经济回报的可能。一个人如果想创业，首先心态要正确，不要抱着一夜暴富的念头创业，不要因为产生逃离职场的想法而创业，这种初始的不良动机很难得到善终的结局。一个人如果想创业，不要小白创业，不要拿自己的钱创业。创业是一件高门槛的事情，创业对创业者的自身素质要求其实是比较高的。如果一个人没有成功的强烈欲望、没有坚强的意志、没有一定的资源条件、没有较强的个人能力、没有强大的心理承受能力，是不适合创业的。

6.5.1　初入职场该不该创业

初入职场到底该不该创业是一个千人千面的问题，因为每个人的情况不同，所以在遇到这个问题时到底该如何抉择，取决于对创业利弊的分析和对每个人的具体情况的分析。

1. 初入职场创业的好处

创业虽然是一件高风险的事情，但是对职场人来讲，创业也是有好处的。创业是一个高强度的工作，创业者能够在其中收获很多东西，如图 6-4 所示。

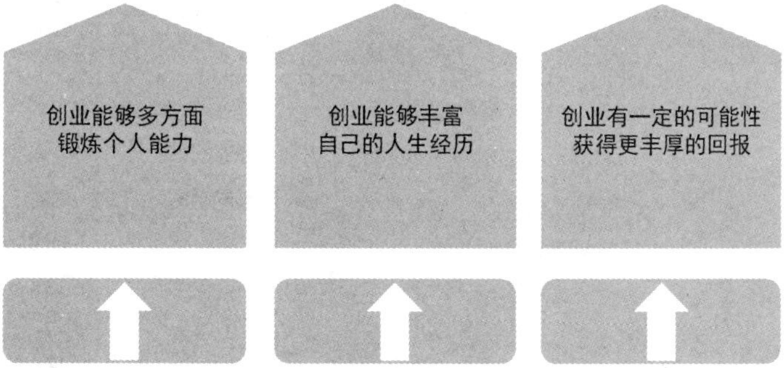

图 6-4　初入职场创业的好处

创业能够多方面锻炼个人能力

创业型公司一般没有完善的组织机构和人员配备，这意味着在创业型公司中一个人通常要身兼数职。同时，创业型公司通常发展速度很快，公司往往会经历一个甚至是多个产品或者业务从 0 到 1 的过程，甚至是从 1 到 N 的过程。在这个过程中，创业者可能在很短的时间内会经历很多事情，这对个人能力的锻炼是非常有帮助的。这一点不像在大型公司里面，职场新手更多是“一颗螺丝钉”，可做事情的范围非常狭窄，无法多方位锻炼个人的能力。

创业能够丰富自己的人生经历

创业是不同于职场人生的一种从业经历，创业者在这个过程中要承担更多的责任、会有更大的压力。创业者不仅要承担起个人的职业责任，而且要承担起对员工的责任。这是两种差异性很大的责任。创业者在创业的过程中不是做单维的事情，而是考虑的问题非常多，不仅要考虑业务发展方面的问题，还需要考虑风险控制、资金财务、外界沟通等方方面面的问题。这种多维度的事务对应于创业者的历练是多方面的，是一种不可多得的人生经历。

创业有一定的可能性获得更丰厚的回报

在互联网行业中，创业型公司开始时，短期内一般无法给予创业成员较高的工资，只能许诺给予一定的期权，在公司上市或者被收购后可以获得一定的经济回报。如果创业型公司业务发展顺利并且最终能够成功上市，或者被巨头收购，拿到期权的创业成员往往可以获得比较丰厚的回报。例如，早期加入阿里巴巴、腾讯、百度、新浪等这些互联网公司的创业者，不少人最终都获得了非常丰厚的回报。但创业是九死一生的事情，创业成功的概率其实非常低，能否有幸成为创业成功的那一小部分人，这不光是努力的问题，还需要不错的运气。

2. 初入职场创业的弊端

虽然初入职场创业对个人的职业发展来讲确实有很多好处，但是也有很多不利的方面。尤其是一家创业型公司如果无法快速发展，始终无法突破规模小的局限性，那么个人的职业发展在各个方面也会受到很大的限制，如图 6-5 所示。

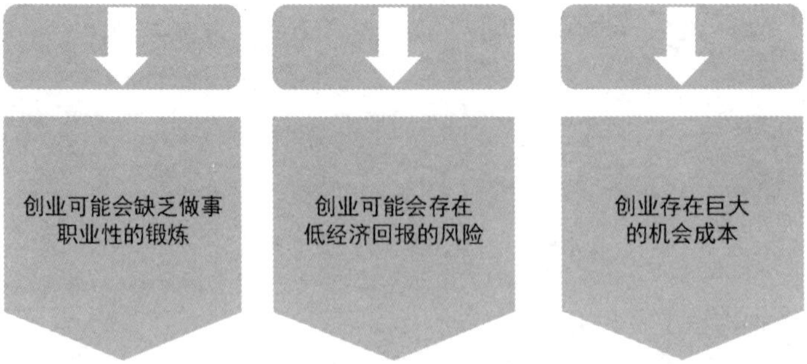

图 6-5　初入职场创业的弊端

创业可能会缺乏做事职业性的锻炼

个人创业或者加入创业型公司工作，对于个人的一个不利的方面是做事职业性的锻炼问题。由于创业型公司早期主要的精力全部放在如何扩大业务规模上，在员工培训等方面无法投入相应的精力和财力，所以个人的做事职业性方面很难获得锻炼，基本上需要靠自己摸索。当然，随着公司规模的扩大，这些问题都会逐步解决，但如果创业型公司一直没能扩大规模，这些事情将很难提上日程。当有一天创业难以为继，创业者重新踏入职场时，缺乏做事职业性就会成为一个潜在的制约。

创业可能会存在低经济回报的风险

创业型公司在发展中会面临很多难题，资金方面的难题是最大的问题。由于这个原因，创业型公司在初创之后比较长的一段时期内，都不可能给予员工比较优渥的工资待遇和福利。尤其是创始成员一般情况下都要接受低工资的现实，这种短期的“牺牲”要靠分发的股票期权这种长期的激励来平衡。但股票期权兑现的前提是公司上市或者被收购，如果创业型公司未能坚持到这个阶段，那么股票期权就是一纸空文，而不是真实的账面财富。但正如前文所述，创业成功的概率其实是很低的，作为创业者是否能够忍受这种低工资的情况，以及是否能够承受未来也无法拿回初创阶段那部分工资损失，这是创业者开始创业前需要认真考虑清楚的事情。

创业存在巨大的机会成本

一个人选择了创业就不可能再到成熟的公司工作，选择了一个行业创业就放弃了去其他行业和其他公司的机会。假设一名创业者没有创业而是去了一家不错的公司工作，几年之后也可能获得不错的发展。相反，如果选择了创业，但几年以后创业失败，他再加入一家公司，即使是一家不错的公司，也可能时过境迁，错过了最好的光景。例如，一个人 2010 年加入阿里巴巴和 2015 年加入阿里巴巴所获得的各种可能性肯定是不一样的。所以，创业的机会成本其实是比较大的。

上面只是列举了一部分创业的利弊，每个创业者在计划创业之前，应该仔细地权衡这些利弊因素，最终做出适合自己的决策。

6.5.2　创业的正确心态

创业其实是一件门槛较高和成功率较低的事情。如果没有正确的心态、没有做好心理准备，那么最好还是不要贸然创业。

1. 不要想着一夜暴富

很多人是抱着一夜暴富的心态去创业的，看到那些创业成功者获得的巨大经济回报和社会名誉，自己也跃跃欲试。创业成功可以致富，但抱着一夜暴富的心态是很难取得成功的。因为这种心态会让人行为偏激，会急功近利、急于求成，越是这样越容易缺乏耐心，没有定力踏踏实实地做事情。而真正能够成功的创业者都是认认真真、踏实做事而取得成功的。虽然有靠投机钻营而创业成功的，但这种案例非常少。

抱着一夜暴富的心理去创业，可能还会走上歧途，有的人为了达到目的不择手段，这种行为存在极大的风险，很可能给自己带来无法预料的后果。所以，创业者最好不要抱着这样的心态去创业。

2. 不要试图逃避职场人生

有的人创业是因为觉得给别人打工太委屈，不仅要努力工作，还要听从别人的指挥，看别人的脸色行事，反而觉得创业给自己打工是一条解脱之路。实际上，创业其实比职场工作更累。创业并不比在企业工作轻松，而且创业给自己打工也不可能获得完全的自由。虽说可能会有一定的自由空间，很多事情自己说了算，但摆脱了上级的束缚又会有其他的不自由。

6.5.3 创业的注意事项

如果一个人不是抱着不纯的目的和想法，而且认真地分析了创业的利弊，还是难以抑制自己胸中想创业的熊熊烈火，一定要走创业这条道路，那么可以尽管放手一搏，但也要注意在创业中不要跳入以下这些“大坑”。

1. 不要小白创业

职场小白最好不要创业，创业是一个聪明人扎堆的领域，而且是一项比求职工作更加复杂的课题，经验丰富的人都未必能够创业成功，职场小白怎么可能成功？很多人充满了盲目的自信，认为自己是那个与众不同的例外，一脚踏入创业的大门，结果撞得头破血流。

2. 不要拿自己的钱去创业

对于想创业的职场新人，尽量不要拿自己的钱去创业。很多人在创业时，都会自己借钱去创业，这种做法是非常不可取的。正如前面所说，创业是一件非常难的事情，成功的概率很低，如果拿自己的钱去创业或者借钱创业，失败后很可能会让自己陷入经济困境，进而陷入职业和生活的困境。

有的人可能会问：不拿自己的钱，那用什么钱来创业呢？答案是投资人的钱。如今是一个资金相对充裕的时代，创业者融资相对容易，如果想创业最好是向天使投资人融资。这样做的好处：第一，避免了自己的资金风险；第二，投资人能够对创业的项目起到一定的筛选和把关作用。如果一个项目连感兴趣的投资人都找不到，那么这个项目大概率是很难做起来的。

6.5.4　正确区分创业和做生意的区别

关于创业还有一个非常重要的问题需要说明，一定要区分创业和做生意的区别。这两者之间的差异是非常大的。创业和做生意之间最核心和关键的区别是业务是否具有高速成长性。如果业务能够快速发展且蒸蒸日上，规模能够不断扩大，那还算得上是创业。如果业务没有发展的潜力，只是局限在一个非常狭小的区域内勉强存活，或者即使能获得稳定的利润，但没有快速的增长也算不上是创业，充其量只是一门不错的生意。

有的人仅仅去做一点小生意也美其名曰创业。本来他可以去一家不错的公司工作，获得更好的发展，因为看到媒体报道对创业成功案例的宣传，抑制不住自己也想“干一番事业”，所谓的创业只是一个小本经营的生意，结果陷入一种低水平的生意的竞争中进退两难，浪费了自己大好的职场发展机会。

总之，创业是一件非常有挑战、难度较大的事情。创业并不是每个人都适合做的。尤其是对初入职场的人来说，计划创业时最好三思后行。根据我个人的总结，一个人是否具备下面的特征或者条件是判断他是否适合创业的前提。

第一，是否有做成事的强烈欲望和坚强意志。

创业是一件复杂度很高的事情，创业过程中会经历非常多的挑战。如果没有强烈的成功欲望、没有必胜的坚强意志，那么是很难创业成功的。只要一次挑战没有跨过去，就会“败走麦城”。

第二，是否有不错的创业条件。

很多人听多了媒体宣传的白手起家的创业故事，认为创业只需要有勇气就可以。实际上，现实中能够进行创业的人或者创业成功的人，往往有不错的资源和条件。白手起家且成功创业的人少之又少。

第三，是否有较强的能力。

创业者群体往往都是具有一定工作经历的人，这些工作经历让他们历练出了足够的能力，在创业时，这些能力能够帮助他们解决很多问题。相反，初入职场的人没有任何经验，进而缺乏相应的解决实际业务问题的能力，创业何其艰难，更别提创业成功。

第四，是否有较强的心理承受能力。

创业是一件压力巨大的事情，创业中面临的困难会非常多，一个人创业只有足够强的心理承受能力才能在遇到困难时挺过去。内心不够强大的人是不适合创业的。

附录 A

推荐阅读书目

A.1 产品岗位入门书籍推荐

下面这些书籍是入门或转型到产品岗位适合看的一些书籍。

1. 《用户体验的要素》（Jesse James Garrett 著）

【推荐语】

这是一本关于产品方面的理论性的薄册子，也是一本理论体系最为鲜明的书籍，全书从战略层、范围层、结构层、框架层、表现层 5 个维度清晰地阐述了在设计一款产品的过程中，如何从架构到最终实现的完整路径，这个理论框架成为产品经理文献方面引用比较多的一个权威理论，也是很多产品人借以开展产品工作的宏观指导框架。了解这个理论框架，可以形成对产品开发设计完整的认知。

2. 《产品的视角：从热闹到门道》（后显慧 著）

【推荐语】

这是一本偏重理论性的书籍，这本书从产品经理需要的能力出发，提出了产品经理职业规划的三圈模型，并指出不同阶段的产品经理需要掌握的能力。这本书对产品经理的工作日常、能力需要、思维理念等都有介绍，可以帮助职场新手对产品经理是一种什么岗位、都会做哪些事情形成综合性的认知。

3. 《人人都是产品经理》（苏杰 著）

【推荐语】

这是一本面向“1～3 岁”产品经理的入门书籍，基于作者实战派的背景，这本书在理论和实践方面相对比较平衡。全书从产品经理的“前世今生”出发，以一款产品完整的开发运营全过程为主线，讲解了产品经理要做的相关工作，并且拆解了这些工作的主要内容，具体包括产品概念的提出与筛选、需求采集与用户研究、需求分析的方法、功能确定与优先级、产品的开发执行落地、产品的中长期规划迭代、产品上线后的运营、产品的商业模式与创新等。

截至 2020 年，这本书已经上市 10 年，期间影响了很多人并引导他们走上产品经理的道路，如今这本书仍旧畅销不衰，其持久的生命力本身就是价值的证明。所以，产品新手可以把这本书作为备选的入门书之一。

4. 《一个 APP 的诞生——从零开始设计你的手机应用》（Carol 炒炒 刘焯琛 主编）

【推荐语】

这是一本偏实践的书籍，该书讲解了一个 App 从概念的产生到上线后运营的整个实现过程，比较全面地介绍了一款 App 产品在开发、上线、运营过程中，产品经理要做的一些关键性工作和关键能力维度，如竞品分析、用户研究、产品设计、交互设计、视觉设计、开发实现、上线运营等，它有助于产品新手对产品经理的具体工作内容形成直观的认识。

5. 《绝密原型档案》（Gara 著）

【推荐语】

这是一本偏实践性的书籍，是一本非常聚焦的书籍。本书以一款网络视频会议 App 产品的开发为基础详细地讲解了一款产品从创意到上线的完整过程，包含了一款 App 产品开发的所有工作的具体细节，包括如何做用户画像、如何画流程图、如何写需求文档等，对于产品新手来说非常值得参考借鉴。

A.2 运营岗位入门书籍推荐

下面这些书籍是入门或转型到运营岗位适合看的一些书籍。

1. 《运营之光：我的互联网运营方法论与自白 2.0》（黄有璨 著）

【推荐语】

这是一本汇编式的讲述运营的综合型书籍，它从探讨“运营是什么”这样一个非常基础的概念开始，逐步深入运营的分类、运营发展史、运营的思维和工作方法、运营人员的工作技能、运营的规律总结、运营的职业发展，内容非常丰富。

在宏观方面，该书搭建了一些理论性非常强的思维框架，如 4 个关键性的“运营思维”、撬动用户参与意愿的 8 个指导原则、产品生命周期与运营、如何搭建一款成熟产品的运营体系。在微观方面，该书收录了很多生动翔实的运营实战案例，通过案例让读者体悟运营工作的精妙与乐趣。

作者在书中通过自己的经历，对运营人员的职业发展与成长提出了很多具体的建议，以帮助那些面临同样职业困惑的运营人员拨开迷雾、寻找前路。如今这本书已经成为运营人员必读的一本书，书中很多运营思维可以直接借鉴并应用到工作中，本书可以作为一本运营的案头书。

2. 《从零开始做运营》（张亮 著）

【推荐语】

这是一本理论和实践相结合的运营书籍，也是运营领域非常早的一本专业书籍，是很多运营人的入门书籍。这本书主要从活动运营、内容运营、用户运营、数据分析 4 个维度详细讲述了什么是运营、如何开展运营工作。例如，内容运营中从内容生产者到内容消费者的 8 个环节，活动运营中从策划、开发到效果评估的 8 个步骤，用户运营中从开源、节流、促活跃到转付费 4 个环节，通过对这些关键运营工作的具体步骤、流程的梳理，给出了运营工作具体的实战参考方法。

这本书的一个重要价值在于给读者提供了一个简单实用的运营框架，即用户运营、活动运营、内容运营和数据分析这样一个基础认知框架。虽然如今运营的工作和细分模块有很多，但是，这个框架涵盖了运营工作最关键、最基础的方面。计划入行的人可以基于这个框架的任何一个维度作为初始的切入点，通过对一个关键方面的深入把握来完成运营入门。

3. 《参与感》（黎万强 著）

【推荐语】

这本书是小米公司的联合创始人黎万强写的一本关于小米运营的“心经”，正是这本书掀起了风靡一时的“互联网思维”热潮，让很多企业和从业者竞相追逐模仿小米的运营玩法。

这本书提出的一个关键概念就是“互联网思维”，书中认为互联网思维的核心是“口碑为王”，口碑的本质是用户思维，就是让用户有参与感，作者在此基础上提出了小米实践参与感的“三三法则”。

这本书围绕“互联网思维和参与感”这一核心命题，从产品、品牌、新媒体、服务、设计等几个维度，讲述了小米公司早期的一些运营实战。这本书会让求职者对运营有非常直观的感触，体验到运营计划和方案是如何落地的。虽然本书的理论性不是非常强，但是实践方面的参考借鉴价值比较强。

4.《运营前线》（兰军 等 著）

【推荐语】

《运营前线》分为1和2两册，涵盖了用户运营、运营推广、活动运营、社区运营、内容运营、产品营收、渠道运营、数据运营、运营思维 9 个方面的专题内容模块。这两册书是侧重于具体运营的实战性书籍，主要内容均为运营案例，正如书的封面所写的“一线运营专家的运营方法、技巧与实践”，它是一本由腾讯、阿里巴巴、百度、小米等一线知名互联网公司众多业内从业者所写的汇编型书籍，每节都由一个人单独写作完成。

具有不同运营经验的人对《运营前线》会有不同的理解和收获：运营经验不多的人，可以了解一个运营项目如何做，如一个运营活动的发起到完成；运营经验丰富的人，可以多方面了解各家互联网企业的运营策略，如腾讯QQ会员、迅雷会员的运营，以及企业数据运营体系的搭建等。因此，《运营前线》是非常值得借鉴和参考的运营书籍。

除了以上书籍，还有一些其他的运营书籍也可以参考，如《增长黑客》《我在阿里做运营》《运营笔记》等。

【推荐提示】

这些书籍不建议每本都看，大家根据自己的需要选择1～2本有重点地看即可，有余力的情况下再多看几本作为参考补充。